CAPITALISMO
O IDEAL DESCONHECIDO

AYN RAND

CAPITALISMO
O IDEAL DESCONHECIDO
AYN RAND

Com artigos adicionais de:
NATHANIEL BRANDEN, ALAN GREENSPAN E ROBERT HESSEN

Tradução:
VINICIUS SILVA ULHOA ROCHA

2ª edição

São Paulo | 2023

Título Original: *Capitalism: The Unknown Ideal*
Copyright © 1946, 1962, 1964, 1966 de Ayn Rand
Copyright © 1962, 1963, 1964, 1965 por The Objectivist Newsletter, Inc.
Copyright © 1966, 1967 por The Objectivist, Inc.
Copyright © 1962 por Alan Greenspan
Copyright © desta edição – LVM Editora

Os direitos desta edição pertencem à LVM Editora, sediada na
Rua Leopoldo Couto de Magalhães Júnior, 1098, Cj. 46
04.542-001 • São Paulo, SP, Brasil
Telefax: 55 (11) 3704-3782
E-mail: contato@lvmeditora.com.br

Gerente editorial | Chiara Ciodarot
Editor-chefe | Pedro Henrique Alves
Tradução | Vinicius Silva Ulhoa Rocha
Copidesque | Renan Meirelles
Revisão | Alexandre Ramos da Silva
Preparação de texto | Alexandre Ramos da Silva e Pedro Henrique Alves
Projeto gráfico | Mariangela Ghizellini
Diagramação | Décio Lopes

Impresso no Brasil, 2023

Dados Internacionais de Catalogação na Publicação (CIP)
Angélica Ilacqua CRB-8/7057

R152c	Rand, Ayn
	Capitalismo: o ideal desconhecido / Ayn Rand; tradução de Vinicius Silva Ulhoa Rocha. – 2ª edição. São Paulo: LVM Editora, 2023. 390 p.
	ISBN 978-65-5052-113-4 Título original: *Capitalism: The Unknown Ideal* 1. Capitalismo 2. Ciência política I. Título II. Rocha, Vinicius Silva Ulhos
23-4179	CDD 306.342

Índices para catálogo sistemático:

1. Ciências sociais - Capitalismo

Reservados todos os direitos desta obra.

Proibida a reprodução integral desta edição por qualquer meio ou forma, seja eletrônica ou mecânica, fotocópia, gravação ou qualquer outro meio sem a permissão expressa do editor. A reprodução parcial é permitida, desde que citada a fonte.

Esta editora se empenhou em contatar os responsáveis pelos direitos autorais de todas as imagens e de outros materiais utilizados neste livro. Se porventura for constatada a omissão involuntária na identificação de algum deles, dispomo-nos a efetuar, futuramente, as devidas correções.

SUMÁRIO

INTRODUÇÃO
- 7 -

- PARTE 1 | TEORIA E HISTÓRIA -

CAPÍTULO 1 | **O QUE É CAPITALISMO?** | *Ayn Rand*
- 13 -

CAPÍTULO 2 | **AS RAÍZES DA GUERRA** | *Ayn Rand*
- 39 -

CAPÍTULO 3 | **A MINORIA PERSEGUIDA DOS ESTADOS UNIDOS: GRANDES EMPRESAS** | *Ayn Rand*
- 49 -

Capítulo 4 | **ANTITRUSTE** | *Alan Greenspan*
- 69 -

Capítulo 5 | **FALÁCIAS COMUNS SOBRE O CAPITALISMO** | *Nathaniel Branden*
- 79 -

CAPÍTULO 6 | **OURO E LIBERDADE ECONÔMICA** | *Alan Greenspan*
- 105 -

CAPÍTULO 7 | **NOTAS SOBRE A HISTÓRIA DA LIVRE INICIATIVA NOS ESTADOS UNIDOS** | *Ayn Rand*
- 113 -

CAPÍTULO 8 | **OS EFEITOS DA REVOLUÇÃO INDUSTRIAL EM MULHERES E CRIANÇAS** | *Robert Hessen*
- 123 -

CAPÍTULO 9 | **O ATAQUE À INTEGRIDADE** | *Alan Greenspan*
- 131 -

CAPÍTULO 10 | **O STATUS DE PROPRIEDADE DE ONDAS AÉREAS** | *Ayn Rand*
- 137 -

CAPÍTULO 11 | **PATENTES E DIREITOS AUTORAIS** | *Ayn Rand*
- 147 -

CAPÍTULO 12 | **TEORIA E PRÁTICA** | *Ayn Rand*
– 153 –

CAPÍTULO 13 | **DEIXEM-NOS EM PAZ!** | *Ayn Rand*
– 159 –

– PARTE 2 | ESTADO ATUAL –

CAPÍTULO 14 | **A ANATOMIA DA TRANSIGÊNCIA** | *Ayn Rand*
– 167 –

CAPÍTULO 15 | **ESTARIA ATLAS SE REVOLTANDO?** | *Ayn Rand*
– 173 –

CAPÍTULO 16 | **OS TRAFICANTES DE INFLUÊNCIA** | *Ayn Rand*
– 191 –

CAPÍTULO 17 | **"EXTREMISMO", OU A ARTE DE DIFAMAR** | *Ayn Rand*
– 199 –

CAPÍTULO 18 | **A OBLITERAÇÃO DO CAPITALISMO** | *Ayn Rand*
– 211 –

CAPÍTULO 19 | **CONSERVADORISMO: UM OBITUÁRIO** | *Ayn Rand*
– 221 –

CAPÍTULO 20 | **O NOVO FASCISMO: GOVERNO POR CONSENSO** | *Ayn Rand*
– 233 –

CAPÍTULO 21 | **O NAUFRÁGIO DO CONSENSO** | *Ayn Rand*
– 253 –

CAPÍTULO 22 | **A CAPITALIZAÇÃO: A "REBELIÃO" ESTUDANTIL** | *Ayn Rand*
– 271 –

CAPÍTULO 23 | **ALIENAÇÃO** | *Nathaniel Branden*
– 309 –

CAPÍTULO 24 | **RÉQUIEM PELO HOMEM** | *Ayn Rand*
– 339 –

APÊNDICE | **OS DIREITOS DO HOMEM** | *Ayn Rand*
– 365 –

A NATUREZA DO GOVERNO | *Ayn Rand*
– 375 –

BIBLIOGRAFIA RECOMENDADA
– 385

Introdução

Este livro não é um tratado de economia. É antes uma coletânea de ensaios sobre os aspectos *morais* do capitalismo.
Nossa abordagem pode ser mais bem sumarizada por minha declaração na primeira edição de *The Objectivist Newsletter*, em janeiro de 1962:

> O Objetivismo é um movimento filosófico; uma vez que a política é um ramo da filosofia, o Objetivismo advoga certos princípios políticos — especificamente aqueles do capitalismo sem intervencionismo estatal (laissez-faire) — como a consequência e aplicação prática em última instância de seus princípios filosóficos fundamentais. Ele não considera a política como uma meta separada ou primária, ou seja, como uma meta que pode ser alcançada sem um contexto ideológico mais amplo.
>
> A política é baseada em três outras disciplinas filosóficas: metafísica, epistemologia e ética, em uma teoria da natureza do homem e da relação do homem com a existência. É apenas nessa base que se pode formular uma teoria política consistente e alcançá-la na prática. [...] Objetivistas não são conservadores. Nós somos radicais quanto ao capitalismo; lutamos pela base filosófica que o capitalismo não tem e sem a qual ele está condenado à derrocada.

Quero enfatizar que nosso interesse primário não é política ou economia como tais, mas sim *a natureza do homem e a relação do homem com a existência* — e que defendemos o capitalismo porque é o único sistema articulado à vida de um ser racional.

A respeito disso, há uma diferença fundamental entre nossa abordagem, a dos defensores clássicos do capitalismo e dos apologistas modernos. Com pouquíssimas exceções, eles são responsáveis — à revelia — pela destruição do capitalismo. O padrão consiste na inabilidade ou desinteresse deles em lutar onde se deve: no âmbito filosófico-moral.

Nenhum sistema econômico-político da história, até hoje, provou seu valor de forma tão eloquente ou beneficiou a humanidade tanto quanto o capitalismo, e nenhum jamais fora atacado de forma tão feroz, selvagem e cega quanto ele. A torrente de desinformação, interpretações errôneas, distorções e falsidade deslavada sobre o capitalismo é tamanha que os jovens de hoje não têm ideia (e virtualmente nenhum meio de obter qualquer ideia) de sua natureza real. Enquanto arqueólogos vasculham ruínas milenares em busca de restos de cerâmicas e fragmentos de ossos, por meio dos quais reconstituirão informações sobre a existência pré-histórica, os eventos de menos de um século atrás estão ocultos sob uma pilha mais impenetrável do que os destroços geológicos causados por ventos, *enchentes*[1] e terremotos: uma pilha de silêncio.

Obliterar a verdade em tal escala, esconder um segredo exposto do mundo, esconder — sem qualquer poder de censura, porém sem sequer um pio de protesto significativo — o fato de que um sistema social ideal já esteve quase ao alcance dos homens, não pode ser realizado por qualquer conspiração de malfeitores; não pode ser feito exceto com a complacência tácita daqueles que têm discernimento.

Por seu silêncio, pela sua *fuga do embate* entre capitalismo e altruísmo, são os supostos campeões do capitalismo os responsáveis pelo fato de o capitalismo estar sendo destruído sem uma audiência, sem um julgamento, sem qualquer conhecimento público de seus princípios, sua natureza, sua história ou seu significado moral. Ele está sendo destruído como em um linchamento, como se uma turba ensandecida pelo desespero queimasse um homem de palha, sem saber que o monte grotescamente deformado de palha oculta o corpo vivo do ideal.

O método de destruição do capitalismo consiste em nunca deixar o mundo descobrir *o que* está sendo destruído, em nunca permitir que isso seja identificado perto dos ouvidos dos jovens.

O propósito deste livro é identificar isso.

A culpa do presente estado do mundo repousa nos ombros daqueles que têm mais de quarenta anos hoje (com pouquíssimas exceções); aqueles que, quando falavam, diziam menos do que conheciam e de maneira menos clara do que o exigido pelo assunto.

Este livro é voltado aos jovens, em idade ou em espírito, que não têm medo de conhecer e não estão prontos para desistir.

---

[1] Todos os grifos que compõem obra são dos respectivos autores dos textos em que tais grifos aparecem. (N. E.)

O que eles precisam descobrir, quais são todos os esforços que os inimigos do capitalismo estão freneticamente focados em esconder, é o fato de que o capitalismo não é meramente "prático", mas o único sistema moral da história (veja *A Revolta de Atlas*).

Os aspectos políticos de *A Revolta de Atlas* não são seu tema. Seu tema é primariamente ético-epistemológico: o papel da mente na existência do homem — e política, necessariamente, é uma das consequências do tema. Mas o caos epistemológico de nossa era, fomentado pela filosofia moderna, é tamanho que muitos leitores jovens acham difícil traduzir abstrações em princípios políticos e aplicá-los à avaliação de eventos de hoje. Este livro pode ajudá-los. É uma nota de rodapé não-ficcional de *A Revolta de Atlas*.

Uma vez que todo sistema político se baseia em alguma teoria de ética, eu recomendo aos leitores com real interesse em entender a natureza do capitalismo, que leiam primeiro *A Virtude do Egoísmo*, uma coleção de ensaios sobre a ética objetivista, que é um alicerce necessário para este livro. Uma vez que nenhuma discussão política possa ser significativa ou inteligível sem uma clara compreensão de dois conceitos cruciais: "direitos" e "governo" — ainda assim esses são os dois conceitos mais evitados na técnica atual de ofuscação —, recomendo que você comece esse livro lendo (ou relendo) dois ensaios daquela coleção anterior, que encontrará republicados no apêndice: "Direitos do homem" e "A natureza do governo".

A maioria dos ensaios deste livro apareceu originalmente no *The Objectivist Newsletter* (agora, em formato de revista, *The Objectivist*); outros são baseados em palestras e artigos, conforme indicado. Alguns dos ensaios cobrem, em breve resumo, as respostas às falácias mais recorrentes sobre a economia do capitalismo. Esses ensaios foram publicados no "Departamento de Munição Intelectual" do *The Objectivist Newsletter* e foram escritos em resposta a perguntas de nossos leitores[2]. Quem tiver interesse em estudar

---

[2] Para não sobrecarregar a leitura com interrupções e remissões que afinal pouco esclarecem, informações sobre republicações, reimpressões, inserções e citações não devidamente delimitadas, tanto de *The Objectivist Newsletter* como de *The Objectivist*, e ainda de textos com publicação original em outros lugares foram dispensadas, sem prejuízo da integridade do conteúdo.

Como se verá, a autora principal, por exemplo, ao citar suas próprias obras dispensa-se de fornecer indicações mais específicas — às vezes mesmo o número da página — sobre a proveniência da citação, e do mesmo modo procederam os demais autores, às vezes emendando textos de origens, públicos-alvo e publicações diferentes.

economia política, encontrará, no final, uma bibliografia recomendada sobre o tema.

Agora uma palavrinha sobre os que contribuíram com este livro. Robert Hessen no momento completa seu doutorado em história na Universidade de Columbia e leciona na Faculdade de Administração de Columbia. Alan Greenspan é presidente da Townsend-Greenspan & Co., Inc., consultoria econômica.

Ayn Rand
Nova York, julho de 1966.

P. S. Nathaniel Branden não tem mais associação comigo, com minha filosofia ou com o *Objectivist*.

Ayn Rand
Nova York, novembro de 1970.

A quase totalidade dos textos foi produzida na década de 1960, como se verá com facilidade, mas é preciso manter esse fato em mente. O clima de uma coletânea de ensaios destinados mais ao calor do embate público e na forma literária mais apropriada a essa finalidade, dispensando as formalidades acadêmicas, foi mantido nesta edição com algumas adaptações em favor da organização do livro e da fluência do texto. Tenha-se em mente, porém, que duas das obras mais populares e, constantemente citadas nessa obra, se encontram publicadas pela LVM Editora através do Clube Ludovico: *A Virtude go Egoísmo* e *Objetivismo: introdução à epistemologia e teoria dos conceitos*. (N. E.)

Parte I
Teoria e História

CAPÍTULO 1
O QUE É CAPITALISMO? [3]
Ayn Rand

A desintegração da filosofia no século XIX e seu colapso no século XX levaram a um processo semelhante, embora muito mais lento e menos óbvio, no curso da ciência moderna.

O desenvolvimento frenético atual do campo da tecnologia tem uma qualidade que remonta aos dias que precederam ao desastre econômico de 1929: confiar em um impulso do passado, nos resquícios desconhecidos de uma epistemologia aristotélica, é uma expansão febril, ardorosa, inconsciente do fato de que seu relato teórico foi há muito exagerado, que no campo da teoria científica, incapaz de integrar ou interpretar seus próprios dados, cientistas estão encorajando o ressurgimento de um misticismo primitivo. Nas ciências humanas, no entanto, o desastre é passado, a depressão se estabeleceu e o colapso da ciência está praticamente completo.

A evidência mais clara disso pode ser vista em ciências comparativamente jovens, como a psicologia e a economia política. Na psicologia, pode-se observar a tentativa de estudar o comportamento humano sem referência ao fato de que o homem tem consciência. Na economia política, pode-se observar a tentativa de estudar e de se desenvolver sistemas sociais sem referência ao homem.

É a filosofia que define e estabelece os critérios epistemológicos para guiar o conhecimento do homem em geral e das ciências específicas em particular. A economia política ganhou destaque no século XIX, na era da desintegração filosófica pós-kantiana, e ninguém se levantou para verificar suas premissas ou desafiar seu embasamento. Implicitamente, sem críticas e, à revelia, a economia política aceitou os princípios fundamentais do coletivismo como seus axiomas.

---

[3] *The Objectivist Newsletter*, novembro e dezembro de 1965.

Economistas políticos — incluindo os defensores do capitalismo — definiram sua ciência como o estudo do gerenciamento, ou direção, ou organização, ou manipulação dos "recursos" de uma "comunidade" ou nação. A natureza desses "recursos" não foi definida; sua propriedade comunal foi presumida sem oposição, e presumiu-se que a meta da economia política é estudar como utilizar esses "recursos" para "o bem comum".

O fato de que o principal "recurso" envolvido era o próprio homem, que ele era uma entidade de natureza específica com capacidades e exigências específicas, recebeu a atenção mais superficial, se é que recebeu alguma atenção. O homem era considerado simplesmente um dos fatores de produção, junto com terras, florestas ou minas — como um dos fatores menos significativos, uma vez que mais estudos foram dedicados à influência e qualidade desses outros fatores do que ao papel ou qualidade do homem.

A economia política era, efetivamente, uma ciência começando em voga: ela observara que os homens produziam e comercializavam e presumiu que eles sempre o fizeram e sempre o fariam — ela aceitou o fato como dado, sem exigir consideração adicional —, e voltou-se ao problema de como desenvolver o melhor meio para a "comunidade" descartar o esforço humano.

Houve várias razões para essa visão tribal do homem. A moralidade do altruísmo era uma; a crescente dominância do estatismo político dentre os intelectuais do século XIX foi outra. Psicologicamente, a razão principal foi a dicotomia corpo-alma que permeava a cultura europeia: a produção material foi considerada uma tarefa depreciativa de ordem inferior, sem relação com as questões intelectuais do homem, uma tarefa atribuída a escravos ou servos desde o começo dos registros históricos. A instituição da servidão durou, de uma forma ou de outra, até meados do século XIX; ela foi abolida, politicamente, apenas pelo advento do capitalismo; politicamente, mas não intelectualmente.

O conceito de o homem ser um indivíduo livre e independente era profundamente alheio à cultura da Europa. Era uma cultura tribal até o seu cerne; no pensamento europeu, a tribo era a entidade, a unidade, e o homem era só uma de suas células descartáveis. Isso se aplicava a governantes e servos igualmente: os governantes deveriam manter seus privilégios apenas pela virtude dos serviços prestados por eles à tribo, serviços vistos como nobres. Notadamente, forças armadas ou defesa militar. Mas um nobre era tão propriedade da tribo quanto um servo: sua vida e posses pertenciam ao rei. Deve-se lembrar que a instituição da propriedade privada, no sentido completo e legal do termo, foi colocada no mundo apenas pelo capitalismo. Nas eras pré-capitalistas, a propriedade privada existia *de facto*, mas não *de jure*, ou seja, por tradição e tolerância, não por direito ou pela lei. Pela lei e por princípio, toda propriedade pertencia ao chefe da tribo, o rei, e era utilizada apenas com sua permissão, que ele poderia revogar em qualquer momento, a seu bel prazer (O rei poderia e até expropriou as terras de nobres recalcitrantes através do curso da história da Europa.)

A filosofia americana dos Direitos do Homem nunca foi assimilada completamente pelos intelectuais europeus. A ideia predominante de emancipação na Europa consistia em mudar o conceito do homem como um escravo de um estado absoluto encarnado por um rei pelo conceito do homem como um escravo de um estado absoluto encarnado pelo "povo" — ou seja, trocar a escravidão a um chefe tribal pela escravidão à tribo. Uma visão não tribal da existência não conseguiria penetrar nas mentalidades que consideravam o privilégio de governar produtores de materiais através da força física como um ícone de nobreza.

Portanto, os pensadores europeus não notaram o fato de que durante o século XIX os escravos das galés foram substituídos pelos inventores dos barcos a vapor e os ferreiros das aldeias pelos proprietários de altos-fornos, e seguiram pensando em tais termos (tais contradições em termos) como "escravidão salarial" ou "o egoísmo antissocial de industriais que tomam tanto da sociedade sem devolver nada em troca" — sob o axioma intocado de que a riqueza é um produto tribal, social e anônimo.

Essa noção não foi contestada até os dias de hoje; ela representa a presunção implícita e a base da economia política contemporânea.

Como um exemplo dessa visão e de suas consequências, citarei o artigo "Capitalismo" da *Encyclopaedia Britannica.* O artigo não fornece definição sobre o assunto; ele começa dessa forma:

> CAPITALISMO, um termo usado para denotar o sistema econômico que tem sido dominante no mundo ocidental desde a ruptura do feudalismo. São fundamentais para qualquer sistema chamado capitalista as relações entre proprietários privados de meios de produção impessoais (terras, minas, *fábricas*, etc., coletivamente conhecidos como capital) [grifo em itálico meu] e trabalhadores livres, mas sem capital, que vendem suas forças de trabalho

aos empregadores. [...] As barganhas salariais resultantes determinam a proporção em que o produto total da sociedade será dividido entre a classe de trabalhadores e a classe de empreendedores capitalistas[4].

Cito uma passagem da fala de Galt em *A Revolta de Atlas* descrevendo os princípios do coletivismo: "O industrial — silêncio — não existe. Uma fábrica é um 'recurso natural', como uma árvore, uma pedra ou uma poça de lama". O sucesso do capitalismo é explicado pela *Britannica* da seguinte forma:

> O uso produtivo do "excedente social" foi a virtude especial que permitiu ao capitalismo superar todos os sistemas econômicos anteriores. Ao invés de construir pirâmides e catedrais, quem estava no comando do excedente social optou por investir em navios, armazéns, matéria-prima, bens fabricados e outras formas materiais de riqueza. O excedente social foi, portanto, convertido em capacidade produtiva aumentada.

Isso foi dito em uma época quando a população da Europa subsistia em tanta pobreza que a mortalidade infantil beirava os cinquenta por cento e a periódica escassez de alimentos extinguiu a população "excedente" que as economias pré-capitalistas foram incapazes de alimentar. Porém, sem fazer distinção entre riqueza expropriada através de impostos e a produzida industrialmente, a *Britannica* afirma que foi a riqueza excedente daquela época que os capitalistas de outrora "comandaram" e "optaram por investir", e que esse investimento foi a causa da prosperidade estupenda da era seguinte.

O que é um "excedente social"? O artigo não fornece definição ou explicação. Um "excedente" pressupõe uma norma; se a subsistência em um nível de inanição crônica estiver acima da norma implícita, o que é essa norma? O artigo não responde.

Não há, obviamente, nada como um "excedente social". Toda riqueza é produzida por alguém e pertence a alguém. E "a virtude especial que permitiu que o capitalismo superasse todos os outros sistemas econômicos anteriores" foi a *liberdade* (um conceito eloquentemente ausente da definição da *Britannica*), que levou não à expropriação, mas à criação de riqueza.

Eu terei mais o que dizer futuramente a respeito desse artigo desgraçado (desgraçado em vários âmbitos, não no mais ínfimo, que é o estudo). A essa altura, eu o citei apenas como um exemplo sucinto da promessa tribal que embasa a economia política atual. Essa premissa é compartilhada tanto pelos

---

[4] *Encyclopaedia Britannica*, Inc., 1964. v. IV, p. 839-845.

inimigos quanto pelos campeões do capitalismo; ela fornece aos primeiros uma certa consistência interna e desarma os segundos através de uma sutil, porém devastadora aura de hipocrisia moral — como testemunham suas tentativas de justificar o capitalismo com base no "bem comum" ou "serviço ao consumidor" ou à "melhor alocação de recursos" (recursos de quem?).

Para compreender o capitalismo, essa *premissa tribal* precisa ser conferida — e contestada.

A humanidade não é uma entidade, um organismo, nem um recife de coral. A entidade envolvida na produção e comércio é o *homem*. É através do estudo do homem — não do agregado deslocado conhecido como "comunidade" — que qualquer ciência humana precisa começar.

Essa questão representa uma das diferenças epistemológicas entre as ciências humanas e as da natureza. Uma das causas do merecido complexo de inferioridade das humanas em relação às naturais é o fato de que uma ciência física não se permitiria (pelo menos, não ainda), ignorar ou contornar a natureza de seu assunto. Uma tentativa de fazer isso significaria uma ciência da astronomia que observou o céu, mas se recusou a estudar estrelas, planetas ou satélites em particular — ou uma ciência da medicina que estudou doenças, sem qualquer conhecimento ou critério sobre saúde e tomou, como seu assunto base para estudos, um hospital como um todo, sem jamais focar em pacientes individuais.

Pode-se aprender muito sobre a sociedade ao se estudar o homem; mas esse processo não pode ser revertido: nada pode ser aprendido sobre o homem ao se estudar a sociedade — ao se estudar as inter-relações de entidades que ninguém jamais identificou ou definiu. Porém é essa a metodologia adotada pela maioria dos economistas políticos. A atitude deles, efetivamente se resume ao postulado implícito e não-declarado: "O homem é aquilo que se encaixa em equações econômicas". Uma vez que ele obviamente não se encaixa, isso leva ao fato curioso de que, apesar da natureza prática de sua ciência, os economistas políticos são estranhamente incapazes de relacionarem suas abstrações à concretude da existência real.

Isso leva a um tipo surpreendente de duplo padrão duplo ou dupla perspectiva em sua forma de observar os homens e eventos: se eles observarem um sapateiro, não terão dificuldades para concluir que ele trabalha para se manter; mas como economistas políticos, sob a premissa tribal, eles declaram que seu propósito (e dever) é fornecer sapatos à sociedade. Se eles observarem um pedinte em uma esquina, eles o identificam como um vagabundo; na economia política, ele se torna "um consumidor soberano". Se eles ouvirem a doutrina comunista de que toda propriedade deve pertencer ao Estado, eles a rejeitam enfaticamente e sentem que, *sinceramente*, devem combater o comunismo até a morte; mas em economia política, eles falam do dever do governo para efetuar "uma redistribuição justa da riqueza", e também falam dos empresários como os melhores e mais eficientes administradores dos "recursos naturais" da nação.

É isso que uma premissa básica (e negligência filosófica) fará; é isso que a premissa tribal fez.

De modo a rejeitar essa premissa e começar do princípio — na abordagem de alguém à economia política e avaliação de vários sistemas sociais —, deve-se começar identificando-se a natureza do homem, ou seja, as características essenciais que o distinguem de todas as outras espécies vivas.

A característica essencial do homem é sua faculdade racional. A mente do homem é seu meio básico de sobrevivência, seu único meio de obter conhecimento.

> O homem não pode sobreviver como os animais, conduzido por meras percepções. [...] Ele não consegue atender suas necessidades físicas mais simples sem um processo de pensamento. Ele precisa de um processo de pensamento para aprender a plantar e cultivar seu alimento ou como fazer armas para caçar. Suas percepções podem levá-lo a uma caverna, se houver alguma disponível, mas para construir o mais simples dos abrigos, ele precisa de um processo de pensamento. Nenhuma percepção e nenhum "instinto" lhe dirá como fazer fogo, tear tecidos, forjar ferramentas, fazer uma roda, construir um avião, executar uma apendicectomia, como fabricar uma lâmpada elétrica, uma válvula eletrônica, um cíclotron ou uma caixa de fósforos. No entanto, sua vida depende desse conhecimento — e apenas um ato volitivo de sua consciência, um processo de pensamento, pode fornecê-lo[5].

Um processo de pensamento é um processo enormemente complexo de identificação e integração, que apenas uma mente individual pode executar. Não existe algum tipo de cérebro coletivo. Os homens podem aprender uns com os outros, mas aprender exige um processo de pensamento por parte de cada estudante em particular. Os homens podem cooperar na

---

[5] RAND, Ayn. "The Objectivist Ethics". In: RAND, Ayn. *The Virtue of Selfishness*. Nova York: The New American Library, 1965.

descoberta de novos conhecimentos, mas essa cooperação exige o exercício independente de sua faculdade racional por parte de cada cientista em particular. O homem é a única espécie viva que pode transmitir e expandir seu rol de conhecimentos de geração em geração; mas essa transmissão exige um processo de pensamento por parte de seus receptores individuais, que pode sofrer rupturas, como o testemunham os colapsos de civilizações, as idades das trevas na história, quando o conhecimento acumulado ao longo de séculos desapareceu das vidas de homens que foram incapazes, desinteressados ou proibidos de pensarem.

De forma a sustentarem suas vidas, os seres humanos precisam seguir um determinado curso de ação exigido por sua natureza. A ação exigida para sustentar a vida humana é primariamente intelectual: tudo que o homem precisa tem que ser descoberto por sua mente e produzido por seu esforço. A produção é a aplicação do raciocínio ao problema da sobrevivência.

Se alguns homens optarem por não pensar, eles só poderão sobreviver imitando e repetindo uma rotina de trabalho descoberta por terceiros — mas esses terceiros precisaram descobri-la, ou ninguém teria sobrevivido. Caso alguns homens optem por não pensar ou trabalhar, eles podem sobreviver (temporariamente) apenas ao saquear os bens produzidos por outros — mas esses outros têm que os produzir, ou nenhum teria sobrevivido. Independente da escolha feita, nessa questão, por qualquer homem ou homens, independente do curso cego, irracional ou maligno que eles optem por seguir — permanece o fato de que o raciocínio é o meio de sobrevivência do homem e que os homens prosperam ou fracassam, sobrevivem ou perecem em proporção ao grau de sua racionalidade.

Uma vez que o conhecimento, o pensamento e a ação racional são propriedades do indivíduo; uma vez que a escolha de exercer ou não a sua faculdade racional depende do indivíduo, a sobrevivência do homem exige que quem pense esteja livre da interferência daqueles que não pensam. Uma vez que os homens não são nem oniscientes nem infalíveis, eles precisam da liberdade para concordar ou discordar, cooperar ou perseguir seus próprios caminhos independentes, cada um de acordo com seu próprio julgamento racional. A liberdade é a exigência fundamental da mente do homem.

Uma mente racional não funciona sob compulsão; ela não subordina sua assimilação da realidade às ordens, diretrizes ou controles de ninguém; ela não sacrifica seu conhecimento e sua visão da verdade às opiniões, ameaças, planos, desejos ou "bem-estar" de ninguém. Uma mente dessas pode ser prejudicada por terceiros, pode ser silenciada, exilada, aprisionada ou destruída; não pode ser forçada; uma arma não é um argumento (Galileu é um exemplo e símbolo dessa atitude).

É do trabalho e da integridade inviolada de tais mentes, de inovadores intransigentes, que advieram todo o conhecimento e conquistas da humanidade (Veja *A Nascente*). É a essas mentes que a humanidade deve a sua sobrevivência (Veja *A Revolta de Atlas*).

O mesmo princípio se aplica a todos os homens, em todos os níveis de habilidade e ambição. Até onde o homem for guiado por seu julgamento racional, ele age de acordo com as exigências de sua natureza e, a esse limite, consegue, com sucesso, alcançar uma forma humana de sobrevivência e bem-estar; a partir do ponto em que ele age irracionalmente, age como seu próprio destruidor.

O reconhecimento social da natureza racional do homem — da conexão entre sua sobrevivência e seu uso de raciocínio — é o conceito de *direitos individuais*.

Devo lembrar ao leitor que "direitos" são um princípio moral que define e sanciona a liberdade de ação de um homem em um contexto social, e que derivam da natureza do homem como um ser racional e representam uma condição necessária ao seu modo de sobrevivência em particular. Devo lembrá-lo também de que o direito à vida é a fonte de todos os demais direitos, incluindo o direito à propriedade[6].

Com relação à política econômica, esta última precisa de uma ênfase especial: o homem precisa trabalhar e produzir de forma a sustentar sua vida. Ele precisa sustentar sua vida por meio de seu próprio esforço, direcionado por sua própria mente. Se ele não puder dispor do produto de seu esforço, ele não pode dispor de seu esforço; se ele não puder dispor de seu esforço, ele não pode dispor de sua vida. Sem direito à propriedade, nenhum outro direito pode ser praticado.

Agora, com esses fatos em mente, considere a questão de qual sistema social é adequado ao homem.

---

[6] Para uma discussão mais ampla sobre direitos, indico meus artigos "Direitos do homem", no Apêndice deste livro, e "Direitos Coletivizados" em *A Virtude do Egoísmo*.

Um sistema social é um conjunto de princípios econômicos, políticos e morais incorporados nas instituições, leis e governo de uma sociedade, que determinam as relações, os termos de associação entre os homens que habitam uma área geográfica em particular. É óbvio que esses termos e relações dependem de uma identificação da natureza do homem, que eles poderiam ser diferentes se pertencessem a uma sociedade de seres racionais ou a uma colônia de formigas. É óbvio que eles seriam radicalmente diferentes se cada homem lidar com o próximo como indivíduos independentes e livres, sob a premissa de que todo homem é um fim em si mesmo — ou como membros de uma manada, cada um percebendo o outro como um meio para os seus próprios fins e para os fins da manada "como um todo".

Há apenas duas perguntas fundamentais (ou dois aspectos da mesma pergunta) que determinam a natureza de qualquer sistema social: um sistema social reconhece direitos individuais? — e: um sistema social proíbe a força física em relacionamentos humanos? A resposta à segunda pergunta é a implementação prática da resposta à primeira.

O homem é um indivíduo soberano que possui sua própria pessoa, sua mente, sua vida, seu trabalho e seus produtos — ou ele é a propriedade de uma tribo (o Estado, a sociedade, o coletivo) que pode descartá-lo conforme sua vontade, que pode ditar suas convicções, prescrever o curso de sua vida, controlar seu trabalho e expropriar seus produtos? O homem tem o *direito* de existir por si mesmo — ou ele nasceu acorrentado, como um servo sob contrato que precisa continuar comprando sua vida através da servidão à tribo, mas que nunca poderá adquiri-la livremente?

Essa é a primeira pergunta a ser respondida. O resto são consequências e implementações práticas. A questão é apenas: o homem é livre?

Na história da humanidade, o capitalismo é o único sistema que responde: sim.

O capitalismo é um sistema social baseado no reconhecimento de direitos individuais, incluindo o direto à propriedade, no qual toda propriedade é uma posse privada.

O reconhecimento de direitos individuais acarreta a proibição da força física nas relações humanas: basicamente, direitos podem ser violados apenas por meio da força. Em uma sociedade capitalista, nenhum homem ou grupo pode *iniciar* o uso de força física contra terceiros. A única função do governo, em uma sociedade assim, é proteger os direitos do homem, ou seja, protegê-lo da força física; o governo age como um agente do direito à autodefesa do homem, e pode usar a força apenas em retaliação e apenas contra quem iniciar seu uso; portanto, o governo é o meio de inserir o uso retaliatório da força sob *controle objetivo*[7].

É o fato básico e metafísico da natureza do homem — a conexão entre sua sobrevivência e o uso do raciocínio — que o capitalismo reconhece e protege.

Em uma sociedade capitalista, todas as relações humanas são *voluntárias*. Os homens são livres para cooperarem ou não, lidarem uns com os outros ou não, conforme seus próprios julgamentos individuais, convicções e interesses ditarem. Eles podem lidar uns com os outros apenas em termos de, e por meio da razão, ou seja, por meio de discussão, persuasão e acordos *contratuais*, por escolha voluntária em benefício mútuo. O direito de concordar com terceiros não é um problema em nenhuma sociedade; é o *direito de discordar* que é crucial. É a instituição da propriedade privada que protege e implementa o direito de discordar — e, portanto, mantém a estrada aberta ao atributo mais valioso do homem (valioso pessoalmente, socialmente e *objetivamente)*: a mente criativa.

Essa é a diferença cardinal entre capitalismo e coletivismo.

O poder que determina o estabelecimento, as mudanças, a evolução e a destruição de sistemas sociais é a filosofia. O papel da sorte, acidentes ou tradição, nesse contexto, é o mesmo de seu papel na vida de um indivíduo: o poder deles é inversamente proporcional ao poder do aparato filosófico de uma cultura (ou de um indivíduo), e se expande conforme a filosofia desaba. É, portanto, em referência à filosofia que o caráter de um sistema social precisa ser definido e avaliado. Em correspondência aos quatro ramos da filosofia, as quatro bases do capitalismo são: metafisicamente, os requisitos para a natureza e sobrevivência do homem; epistemologicamente, razão; eticamente, direitos individuais; e politicamente, liberdade.

Isso, em substância, é a base da abordagem adequada à economia política e ao entendimento do capitalismo, não a premissa tribal herdada de tradições pré-históricas.

---

[7] Para uma discussão mais completa desse assunto, veja meu artigo "A natureza do governo" no Apêndice deste livro.

A justificativa "prática" do capitalismo não está na alegação coletivista que atesta "a melhor alocação de recursos nacionais". O homem não é um "recurso nacional" tampouco sua mente o é — e sem o poder criativo da inteligência do homem, a matéria-prima continuará sendo reles matéria-prima inútil.

A justificativa moral do capitalismo não está na alegação altruísta de que ele representa o melhor meio de alcançar "o bem comum". É verdade que o capitalismo o alcança — se a frase de efeito tiver algum sentido — mas isso é meramente uma consequência secundária. A justificativa moral do capitalismo reside no fato de que é o único sistema consoante com a natureza racional do homem, que ele protege a sobrevivência do homem como homem, e que seu princípio guia é: *justiça.*

Todo sistema social é baseado, explícita ou implicitamente, em alguma teoria de ética. A noção tribal de "bem comum" serviu como justificativa moral da maioria dos sistemas sociais e de todas as tiranias da história. O grau de escravização ou liberdade de uma sociedade correspondeu ao grau em que o *slogan* tribal foi invocado ou ignorado.

"O bem comum" (ou "o interesse público") é um conceito indefinido e indefinível: não há entidade tal qual "a tribo" ou "o público"; a tribo (ou o público ou sociedade) é apenas um número de homens individuais. Nada pode ser bom para a tribo dessa forma; "bom" e "valor" pertencem apenas a um organismo vivo, um organismo vivo individual —, não a um agregado incorpóreo de relacionamentos.

"O bem comum" é um conceito insignificante, a menos que seja tomado literalmente, no caso em que seu único sentido possível seja: a soma do bem de todos os homens individuais envolvidos. Mas nesse caso, o conceito é insignificante como um critério moral: ele deixa aberta a pergunta: o que é o bem de homens individuais, e como ele pode ser determinado?

Não é, no entanto, em seu significado literal que esse conceito geralmente é utilizado. Ele é aceito precisamente por seu caráter elástico, místico, indefinível, que serve não como um guia moral, mas como uma fuga da moralidade. Uma vez que o bem não é aplicável ao incorpóreo, ele se torna um cheque em branco de moral para quem tenta incorporá-lo.

Quando "o bem comum" de uma sociedade é considerado como uma coisa separada e superior ao bem individual de seus membros, significa que o bem de *alguns* homens tem precedência sobre o bem de outros, sendo os primeiros relegados ao *status* de animais de sacrifício. É tacitamente presumido, em casos assim, que "o bem comum" significa "o bem da *maioria*" contra a minoria ou o indivíduo. Observe o fato importante de que essa presunção é tácita: mesmo as mentalidades mais coletivizadas parecem perceber a impossibilidade de justificá-la moralmente. Mas "o bem da maioria" também é apenas uma pretensão e uma ilusão: uma vez que, efetivamente, a violação dos direitos de um indivíduo simboliza a revogação de todos os direitos, ele relega a maioria indefesa a qualquer gangue que declare ser "a voz da sociedade" e avance para governar por meio de força física, até sua deposição por outra gangue empregando o mesmo meio.

Ao se começar definindo o bem de homens individuais, será aceita adequadamente apenas uma sociedade na qual o bem é alcançado e *alcançável*. Mas ao se partir da aceitação do "bem comum" como um axioma e considerando o bem individual como sua consequência possível, mas não necessária (desnecessária em qualquer caso em particular), acabar-se-á em absurdos repulsivos como a Rússia Soviética, um país abertamente dedicado ao "bem comum", onde, com a exceção de um grupinho minúsculo de governantes, toda a população subsistiu em miséria sub-humana por mais de duas gerações.

O que faz as vítimas e, pior ainda, os observadores aceitarem essa e outras atrocidades históricas semelhantes e ainda se agarrarem ao mito do "bem comum"? A resposta está na filosofia — em teorias filosóficas da natureza de valores morais.

Há, essencialmente, três escolas de pensamento sobre a natureza do bem: a intrínseca, a subjetiva e a objetiva. A teoria *intrínseca* defende que o bem é inerente a certas coisas ou ações como tais, independentemente de seu contexto e consequências, e de qualquer benefício ou injúria que possa causar aos atores e sujeitos envolvidos. É a teoria que separa o conceito de "bem" de beneficiários, e o conceito de "valor" de avaliador e propósito, alegando que o bem é bom em, por e para si mesmo.

A teoria *subjetivista* defende que o bem não tem relação com os fatos da realidade, que ela é produto da consciência de um homem, criada por seus sentimentos, desejos, "intuições" ou caprichos, e que é meramente um "postulado arbitrário" ou uma "transigência emocional".

A teoria intrínseca defende que o bem reside em algum tipo de realidade, independente da consciência do homem; a teoria subjetivista defende que o bem reside na consciência do homem, independente da realidade.

A teoria *objetiva* defende que o bem não é nem um atributo das coisas "em si" nem dos estados emocionais do homem, mas uma *avaliação* dos fatos da realidade através da consciência do homem de acordo com um padrão racional de valor. (Racional, neste contexto, significa derivado dos fatos da realidade e validado por um processo de raciocínio). A teoria objetiva defende que *o bem é um aspecto da realidade em relação ao homem* — e que ele deve ser descoberto, e não inventado, pelo homem. É fundamental a uma teoria objetiva de valores a seguinte pergunta: de valor para quem e para quê? Uma teoria objetiva não permite o abandono de contextos ou "roubo de conceitos"; ela não permite a separação de "valor" de "propósito", do bem de beneficiários, e das ações do homem do raciocínio.

De todos os sistemas sociais da história da humanidade, *o capitalismo é o único sistema baseado em uma teoria objetiva de valores.*

A teoria intrínseca e a teoria subjetivista (ou um misto de ambas) são a base necessária de toda ditadura, tirania ou variante de Estado absoluto. Sejam elas mantidas consciente ou inconscientemente, na forma explícita de um tratado filosófico ou no caos implícito de seus ecos nos sentimentos de um homem comum, essas teorias possibilitam a um homem crer que o bem independe da mente do homem e pode ser alcançado por meio de força física.

Se um homem acredita que o bem é intrínseco a certas ações, ele não hesitará em forçar outros a executá-las. Se ele acredita que o benefício ou dano humano causados por tais ações não sejam significativos, ele considerará que um banho de sangue não tem importância. Se ele acredita que os beneficiários de tais ações sejam irrelevantes (ou intercambiáveis) ele considerará massacres ostensivos seu dever moral em prol de um bem "maior". É a teoria intrínseca de valores que produz um Robespierre, um Lenin, um Stalin ou um Hitler. Não é por acidente que Eichmann era um kantiano.

Se um homem acredita que o bem é uma questão de escolha arbitrária e subjetiva, a questão de bem ou mal se torna, para ele, uma questão de "meus sentimentos ou *os deles*?". Nenhuma ligação, compreensão ou comunicação é possível a ele. A razão é o único meio de comunicação entre os homens, e uma realidade objetivamente perceptível é seu único quadro de referências comuns; quando elas são invalidadas (ou seja, consideradas irrelevantes) no campo da moralidade, a força se torna o único caminho para os homens lidarem uns com os outros. Se o subjetivista almeja buscar algum ideal social próprio, ele se sente moralmente autorizado a forçar outros homens "para o seu próprio bem", uma vez que ele *sente* que está certo e que não há nada para se opor a ele além dos seus próprios e equivocados sentimentos.

Portanto, na prática, os proponentes das escolas intrínseca e subjetivista se unem e se misturam. (Eles também se misturam em termos de sua psico-epistemologia: por qual meio os moralistas da escola intrínseca descobrem seu "bem" transcendental, senão por meio de intuições e revelações não-racionais, ou seja, por meio de seus sentimentos?) É duvidoso se alguém consegue defender alguma dessas teorias como uma convicção real, ainda que errônea. Mas ambas servem como uma racionalização do desejo de poder e do governo por força bruta, libertando o ditador em potencial e desarmando suas vítimas.

A teoria objetiva de valores é a única teoria moral incompatível com o governo pela força. O capitalismo é o único sistema baseado implicitamente em uma teoria objetiva de valores, e a tragédia histórica é que isso jamais fora explicitado.

Se é sabido que o bem é *objetivo* — ou seja, determinado pela natureza da realidade, mas a ser descoberto pela mente do homem —, é sabido que uma tentativa de alcançar o bem por meio da força física é uma contradição monstruosa, que nega a moralidade em seu cerne ao destruir a capacidade do homem de reconhecer o bem, ou seja, sua capacidade de valorizar. A força invalida e paralisa o julgamento de um homem, exigindo que este aja contra aquele, e tornando-o, dessa forma, moralmente impotente. Um valor que precisa ser aceito à força, às custas da rendição da mente do sujeito, não é um valor para ninguém; aqueles forçados à irracionalidade não conseguem nem julgar, nem escolher, nem valorizar. Uma tentativa de atingir o bem por meio da força é como uma tentativa de dar uma galeria de retratos a um homem em troca de arrancar-lhe os olhos. Valores não podem existir (não podem ser valorizados) fora do contexto pleno da vida, necessidades, metas e *conhecimentos* de um homem.

A visão objetiva de valores permeia toda a estrutura de uma sociedade capitalista.

O reconhecimento de direitos individuais implica o reconhecimento do fato de que o bem não é uma abstração inefável em alguma dimensão sobrenatural, mas um valor pertencente à realidade, à esta terra, às vidas de seres humanos individuais (notemos o direito à busca pela felicidade). Implica que o bem não pode ser separado de seus beneficiários, que homens não devem ser considerados como intercambiáveis e que nenhum homem ou tribo deve tentar alcançar o bem de alguns ao custo da imolação de outros.

O livre mercado representa a aplicação social de uma teoria objetiva de valores. Uma vez que valores devam ser descobertos pela mente do homem, os homens devem ter liberdade para descobri-los — pensar, estudar, traduzir seu conhecimento em forma física, oferecer seus produtos ao comércio, julgá-los e escolher, sejam bens materiais ou ideias, um pão ou um tratado filosófico. Uma vez que valores sejam estabelecidos contextualmente, cada homem deve julgar por si, no contexto de seu próprio conhecimento, metas e interesses. Uma vez que os valores são determinados pela natureza da realidade, é a realidade que servirá como árbitro dos homens em última instância: se o julgamento de um homem estiver correto, as recompensas serão suas; se estiver errado, ele é sua única vítima.

É nessa visão de um mercado livre que compreender a distinção entre uma visão de valores intrínseca e subjetiva, e outra objetiva é particularmente importante. O valor de mercado de um produto *não* é um valor intrínseco, não é um "valor em si" pairando no vazio. Um livre mercado nunca perde de vista a pergunta: de valor para *quem?* E, dentro do campo amplo da objetividade, o valor de mercado de um produto não reflete seu valor *filosoficamente objetivo*, apenas seu valor socialmente *objetivo.*

Por "filosoficamente objetivo" falo de um valor estimado a partir do ponto de vista do melhor possível para o homem, ou seja, pelos critérios da mente mais racional em posse do maior conhecimento, em determinada categoria, em determinado período e em um contexto definido (nada pode ser estimado em um contexto indefinido). Por exemplo, pode ser racionalmente comprovado que o avião tem *objetivamente* um valor desmedidamente maior ao homem (ao *homem em seu melhor*) do que a bicicleta — e que as obras de Victor Hugo têm, *objetivamente*, um valor desmedidamente maior do que revistas de fofoca. Mas se o potencial intelectual de um determinado homem mal consegue apreciar fofocas, não há motivo para que seus ganhos, o produto de seu esforço, devam ser gastos em livros que ele não consegue ler — ou em financiar a indústria aeronáutica, se sua própria necessidade de transporte não for além do alcance de algumas pedaladas. (Também não há qualquer razão pela qual o resto da humanidade deva ser rebaixada ao seu gosto literário, sua engenhosidade ou seu salário. Valores não são determinados por decreto nem por voto majoritário).

Assim como o número de pessoas que aderem não comprova a veracidade ou falsidade de uma ideia, o mérito ou demérito de uma obra de arte, a eficácia ou ineficácia de um produto — assim também o valor de bens ou serviços no livre mercado não necessariamente representa seu valor objetivo, apenas seu valor socialmente *objetivo*, ou seja, a soma dos julgamentos individuais de todos os homens envolvidos no comércio em um dado momento; a soma do que *eles* estimaram, cada um no contexto de sua própria vida.

Portanto, um fabricante de batons pode muito bem fazer uma fortuna maior do que um fabricante de microscópios — ainda que possa ser demonstrado racionalmente que microscópios são cientificamente mais valiosos do que batons. Mas — valiosos para *quem?*

Um microscópio não tem valor para uma estenógrafa batalhando para ganhar a vida; um batom tem; um batom para ela pode fazer a diferença entre acreditar ou duvidar em si mesma, entre glamour e trabalho pesado.

Isso não significa, no entanto, que os valores que governam um livre mercado sejam *subjetivos*. Se a estenógrafa gasta todo o seu dinheiro em cosméticos, e não sobra nada para pagar por um exame clínico que envolva o uso de um microscópio *quando for necessário*, ela aprenderá um método melhor de orçar seus ganhos; o livre mercado será seu professor: ela não tem como penalizar terceiros por seus erros. Se ela fizer um orçamento corretamente, o microscópio sempre estará disponível para atender suas necessidades e *nada mais*, até onde ela sabe: ela não é taxada para apoiar um hospital inteiro, um laboratório de pesquisa ou uma viagem de nave espacial até a Lua. Dentro de seu poder produtivo, ela paga uma parte do custo de conquistas científicas *quando* e *conforme lhe for necessário*. Ela não tem uma "obrigação social", sua vida é sua única responsabilidade — e a única coisa que um sistema capitalista precisa dela é a coisa que a *natureza* precisa: racionalidade, ou seja, que ela viva e aja conforme julgar melhor.

Em cada categoria de bens e serviços oferecidos em um livre mercado, é o fornecedor do melhor produto com o preço mais baixo que ganha a maior recompensa financeira *naquele ramo* — *não* automaticamente nem imediatamente, nem por decreto, mas por virtude do livre mercado, que ensina todo participante a procurar pelo que é melhor *objetivamente* na categoria de sua competência e penaliza aqueles que agem por meio de considerações irracionais.

Agora observe que um livre mercado não nivela os homens por baixo com algum denominador comum — que o critério intelectual da maioria não governa um livre mercado ou uma sociedade livre e que os homens excepcionais, os inovadores, os gigantes intelectuais, não são retidos pela maioria. Na verdade, são os membros dessa minoria excepcional que elevam o todo de uma sociedade livre ao nível de suas próprias conquistas, enquanto ascendem cada vez mais.

Um livre mercado é um *processo contínuo* que não pode ser parado, um processo em ascensão que exige o melhor (o mais racional) de cada homem e a recompensa de acordo. Enquanto a maioria mal havia assimilado o valor do automóvel, a minoria criativa apresentava o avião. A maioria aprende por meio da demonstração, a minoria criativa tem liberdade para demonstrar. O valor "filosoficamente objetivo" de um novo produto serve como professor àqueles que têm disposição para exercitar suas faculdades racionais, cada um dentro da extensão de sua habilidade. Aqueles que não têm disposição continuarão sem recompensas, assim como aqueles que aspiram a mais do que suas habilidades produzem. Os estagnados, os irracionais e os subjetivistas não têm poder para impedir os melhores.

(A pequena minoria de adultos que estão *incapazes* de trabalhar, ao invés de indispostos, precisa depender de caridade voluntária; má-sorte não é desculpa para trabalho escravo; não existe isso de *direito* de consumir, controlar e destruir aqueles sem os quais não se conseguiria sobreviver. Quanto a depressões e desemprego em massa, eles não são causados pelo livre mercado, mas pela interferência do governo na economia.)

Os parasitas mentais — os imitadores que tentam oferecer o que eles pensam que sejam os gostos conhecidos do público — são constantemente derrotados pelos inovadores, cujos produtos elevam o conhecimento e o gosto do público para níveis cada vez mais altos. É nesse sentido que o livre mercado é regulado, não pelos consumidores, mas pelos produtores. Os mais bem-sucedidos são aqueles que descobrem novos campos de produção, campos que ainda não têm existência conhecida.

Um determinado produto pode não ser apreciado inicialmente, particularmente se for uma inovação muito radical; mas, salvo acidentes irrelevantes, ele vence no longo prazo. É nesse sentido que o livre mercado não é regulado pelo critério intelectual da maioria, que prevalece apenas por e para um momento qualquer; o livre mercado é governado por quem for capaz de ver e planejar em longo prazo — e quanto melhor a mente, maior o prazo.

O valor econômico do trabalho de um homem é determinado, em um livre mercado, por um princípio em particular: pelo consenso voluntário daqueles dispostos a negociá-lo em troca de serviços ou produtos. Esse é o significado moral da lei da oferta e da procura; ele representa a total rejeição de duas doutrinas ferozes: a premissa tribal e o altruísmo. Ele representa o reconhecimento do fato de que o homem não é propriedade nem servo da tribo, que *um homem trabalha para sustentar sua própria vida* — como ele deve fazer, por sua natureza —, que ele precisa ser guiado por seu próprio interesse racional, e se ele quiser negociar com terceiros, ele não pode esperar vítimas de sacrifícios, ou seja, ele não pode esperar receber valores sem dar valores proporcionais em troca. O critério singular do que é proporcional, nesse contexto, é o julgamento livre, voluntário e não coagido dos negociantes.

As mentalidades tribais atacam esse princípio de dois lados aparentemente opostos: elas alegam que um livre mercado é "injusto" tanto para o gênio quanto para o homem comum. A primeira objeção normalmente é expressa por uma questão como: "Por que Elvis Presley ganha mais dinheiro do que Einstein?". A resposta é: porque os homens trabalham para se sustentar e curtirem suas próprias vidas — e se muitos homens percebem valor em Elvis Presley, eles consideram gastar seu dinheiro em seu prazer pessoal. A fortuna de Presley não é tomada das pessoas que não se importam com o seu trabalho (eu sou uma delas), nem de Einstein — e ele também não é um empecilho para Einstein —, e Einstein também não sofre com falta de reconhecimento adequado e apoio em uma sociedade livre, em um nível intelectual adequado.

Quanto à segunda objeção, a alegação de que um homem médio sofre uma desvantagem "injusta" em um livre mercado:

> Olhe além do momento, vocês que gritam que temem competir com homens de inteligência superior, que a mente deles é uma ameaça à sua sobrevivência, que os fortes não dão chance aos fracos em um mercado de comércio voluntário. [...] Quando você vive em uma sociedade racional, na qual homens negociam livremente, você recebe um bônus incalculável: o valor material de seu trabalho é determinado não apenas pelo seu esforço, mas pelo esforço das melhores mentes produtivas que existem no mundo ao seu redor. [...]
>
> A máquina, a forma congelada de uma inteligência viva, é a força que expande o potencial da sua vida ao aumentar a produtividade do seu tempo. [...] Todo homem é livre para ascender tanto quanto ele seja capaz ou queira,

mas é apenas o grau de seu pensamento que determinará o grau a que ele ascenderá. O trabalho braçal como tal não pode ir além da extensão do momento. O homem que só realiza trabalho braçal consome o valor material equivalente de sua contribuição no processo de produção, e não deixa nenhum valor adicional, nem para si nem para o próximo. Mas o homem que produz uma ideia em qualquer campo ou empreitada racional — o homem que descobre novos conhecimentos — é o benfeitor permanente da humanidade. [...] É apenas o valor de uma ideia que pode ser compartilhado com um número ilimitado de homens, tornando mais ricos todos os seus compartilhadores, sem perdas ou sacrifícios de ninguém, elevando a capacidade produtiva de qualquer trabalho que eles executem. [...]

Proporcionalmente à energia mental que ele gastou, o homem que cria uma nova invenção recebe apenas uma pequena porcentagem de seu valor em termos de pagamento material, não importa quanta fortuna ele faça, não importando quantos milhões ele ganhe. Mas o homem que trabalha como zelador na fábrica produzindo essa invenção recebe um pagamento enorme em proporção ao trabalho mental que seu trabalho exige dele. E o mesmo é válido para todos os homens entremeios, em todos os níveis de ambição e habilidade. O homem no topo da pirâmide intelectual é o que mais contribui para todos aqueles abaixo dele, mas não ganha nada além de seu pagamento material, sem receber qualquer bônus intelectual de terceiros para acrescentar ao valor de seu tempo. O homem no fundo da pirâmide, que, se deixado por conta própria, morreria de fome em sua inépcia sem esperança, não contribui em nada àqueles acima dele, mas recebe o bônus de todos os seus cérebros. Essa é a natureza da "competição" entre os fortes e os fracos de intelecto. Esse é o padrão de "exploração" pelo qual vocês condenaram os fortes (*A Revolta de Atlas*).

E essa é a relação do capitalismo com a mente do homem e a sobrevivência do homem.

O progresso magnífico obtido pelo capitalismo em um curto intervalo de tempo — a melhoria espetacular das condições da existência do homem na terra — é uma questão de recorde histórico. Não deve ser ocultada, evitada ou explicada por toda a propaganda dos inimigos do capitalismo. Mas o que precisa de ênfase especial é o fato de que o progresso foi alcançado por meios que não envolvem sacrifícios.

O progresso não pode ser alcançado por meio de privações forçadas, ao se espremer um "excedente social" de vítimas famintas. O progresso só pode advir de excedente *individual*, ou seja, do trabalho, energia e abundância criativa de homens cuja habilidade produz mais do que seu consumo pessoal demanda, aqueles que são intelectual e financeiramente capazes de buscar o novo, melhorar o conhecido e seguir em frente. Em uma sociedade capitalista, na qual tais homens são livres para serem funcionais e assumirem seus próprios riscos, o progresso não é uma questão de sacrifício a um futuro distante qualquer, ele é parte do presente vivo, e é o normal e o natural, ele é alcançado durante e enquanto homens vivem e desfrutam de suas vidas.

Agora considere a alternativa — a sociedade tribal, na qual homens depositam seus esforços, valores, ambições e metas em uma reserva tribal ou caldeirão comum, depois aguardam famintos ao seu redor, enquanto o líder de um grupo de cozinheiros o mistura com uma baioneta em uma mão e um cheque em branco de todas as vidas deles na outra.

O exemplo mais consistente de um sistema assim é a União das Repúblicas Socialistas Soviéticas (URSS).

Há meio século, os governantes soviéticos ordenaram que seus súditos tivessem paciência, suportassem privações e fizessem sacrifícios em nome de "industrializar" o país, prometendo que tudo seria apenas temporário, que a industrialização lhes traria abundância e que o progresso soviético ultrapassaria o Ocidente capitalista.

Hoje, a Rússia Soviética ainda é incapaz de alimentar seu povo enquanto os governantes se desdobram para copiar, tomar emprestado ou roubar as conquistas tecnológicas do Ocidente. A industrialização não é uma meta estática; é um processo dinâmico com rápido índice de obsolescência. Então os servos esquálidos de uma economia tribal planejada, que passaram fome enquanto aguardavam por geradores elétricos e tratores, agora passam fome enquanto aguardam por energia atômica e viagens interplanetárias. Portanto, em um "Estado popular", o progresso da ciência é uma ameaça ao povo e cada avanço é arrancado da carne do povo.

Essa não foi uma história do capitalismo.

A abundância dos Estados Unidos não foi criada por sacrifícios públicos ao "bem comum", mas sim pela genialidade produtiva de homens livres que buscaram seus interesses próprios e a criação de suas fortunas privadas. Eles não fizeram o povo passar fome para pagar pela industrialização dos Estados Unidos. Eles deram melhores empregos ao povo, salários maiores e bens mais baratos com cada máquina que inventaram, com cada descoberta científica ou avanço tecnológico — e, portanto, o país inteiro estava avançando e lucrando, ao invés de sofrer em cada ponto do percurso.

No entanto, não cometa o erro de reverter causa e efeito: o bem do país foi possível precisamente pelo fato de que não foi forçado em cima de ninguém como meta moral ou dever; ele foi apenas um efeito; a causa foi o direito de um homem de buscar seu próprio bem. É esse direito — não suas consequências — que representa a justificativa moral do capitalismo.

Mas esse direito é incompatível com as teorias de valores intrínseca e subjetivista, com a moralidade altruísta e a premissa tribal. É óbvio qual atributo humano é rejeitado quando alguém rejeita a objetividade; e, em vista dos registros do capitalismo, é óbvio contra qual atributo humano a moralidade altruísta e a premissa tribal se unem: contra a mente do homem, contra a inteligência — particularmente contra a inteligência aplicada aos problemas da sobrevivência humana, ou seja, a habilidade produtiva.

Enquanto o altruísmo busca roubar as recompensas da inteligência, alegando que o dever moral dos competentes é servir aos incompetentes e se sacrificarem às necessidades de alguém, a premissa tribal vai um passo além: ela nega a existência da inteligência e seu papel na produção de riqueza.

É moralmente obsceno considerar a riqueza um produto tribal anônimo e discutir "redistribuí-la". A visão de que a riqueza é o resultado de algum processo coletivo e indiferenciado, que todos nós fizemos algo e é impossível determinar quem fez o que, fazendo assim com que algum tipo de "distribuição" igualitária seja necessária — pode ter sido adequada em uma selva primordial com uma horda selvagem deslocando pedregulhos por meio de puro trabalho braçal (embora até mesmo lá alguém teria que iniciar e organizar o deslocamento). Mas manter essa visão em uma sociedade industrial, na qual conquistas individuais são questão de registro público, é uma evasão tão crassa que dar-lhe sequer o benefício da dúvida é uma obscenidade.

Qualquer um que já tenha sido empregado ou empregador, que já observou homens trabalhando ou já tenha tido um dia de trabalho honesto alguma vez, sabe o papel crucial da habilidade e da inteligência de uma mente focada e competente em qualquer e em todas as linhas de trabalho, da mais baixa à mais alta. Ele sabe que a habilidade ou a falta dela (seja sua falta real ou volitiva) faz diferença de vida ou morte em qualquer processo produtivo. A evidência é tão esmagadora — teórica e praticamente, lógica e "empiricamente", em eventos históricos e no cotidiano das pessoas — que ninguém pode alegar que não a conhece. Erros dessa magnitude não são cometidos de maneira inocente.

Quando grandes industriais fizeram fortunas em um *livre* mercado (ou seja, sem o uso de força, interferência ou assistência governamental), eles *criaram* nova riqueza — eles não a tomaram de alguém que não a criou. Se você duvida disso, veja o "produto social total" e o padrão de vida de países em que homens assim não têm permissão para existir.

Observe o quão rara e inadequadamente a questão da inteligência humana é discutida nas obras de teóricos dos altruístas estatistas tribais. Observe o quão cuidadosamente os atuais defensores de uma economia mista evitam ou se esquivam de qualquer menção à inteligência ou à habilidade na abordagem de questões político-econômicas em suas declarações, demandas e batalha de grupos de pressão sobre a pilhagem do "produto social total".

Frequentemente se pergunta: por que o capitalismo foi destruído apesar de seu recorde incomparavelmente beneficente? A resposta está no fato de que a linha vital que alimenta qualquer sistema social é uma filosofia dominante da cultura, e o capitalismo nunca teve uma base filosófica. Foi o último e (teoricamente) incompleto produto de uma influência aristotélica. Conforme uma maré recorrente de misticismo engoliu a filosofia no século XIX, o capitalismo foi deixado em um vazio intelectual, com sua linha vital cortada. Nem sua natureza moral nem seus princípios políticos jamais foram plenamente compreendidos ou definidos. Seus supostos defensores o consideraram compatível com controles governamentais (ou seja, interferência governamental na economia), ignorando o sentido e as implicações do conceito de *laissez-faire*. Assim, o que existiu na prática, no século XIX, não foi o capitalismo puro mas diversas economias mistas. Uma vez que controles precisam de e criam controles adicionais, foi o elemento estatista das misturas que as devastou, mas foi o elemento capitalista livre que levou a culpa.

O capitalismo não pôde sobreviver em uma cultura dominada por misticismo e altruísmo, pela dicotomia corpo-alma e pela premissa tribal. Nenhum sistema social (e nenhuma instituição humana ou atividade de qualquer natureza) pode sobreviver sem uma base moral. Na base da moralidade altruísta, o capitalismo precisou ser — e foi — condenado desde o princípio[8].

---

[8] Para uma discussão sobre a omissão dos filósofos a respeito do capitalismo, veja o ensaio que dá título ao meu livro *Ao Novo Intelectual*.

Àqueles que não compreendem plenamente o papel da filosofia em questões político-econômicas, ofereço — como o exemplo mais claro do estado intelectual de hoje em dia — algumas citações adicionais do artigo da *Encyclopaedia Britannica* sobre o Capitalismo.

> Poucos observadores têm inclinação a encontrar defeitos no capitalismo como um impulsionador de produção. As críticas normalmente advêm da desaprovação *cultural* ou *moral* de certos aspectos do sistema capitalista, ou de vicissitudes de curta duração (crises e depressões) que são intercaladas com melhorias em longo prazo.

As "crises e depressões" foram causadas por interferência governamental, não pelo sistema capitalista. Mas o que foi a natureza da "desaprovação cultural ou moral"? O artigo não fala explicitamente, mas dá uma indicação eloquente:

> No entanto, da forma que eram, tanto as tendências e realizações [do capitalismo] possuem a marca inconfundível dos interesses do empresário e ainda mais da mentalidade do empresário. Além do mais, não era só a política, mas a filosofia de vida nacional e individual, o esquema de valores culturais, que também possuíam essa marca. Seu utilitarismo materialista, sua confiança ingênua em um certo tipo de progresso, suas verdadeiras conquistas no campo das ciências puras e aplicadas, a têmpera de suas criações artísticas, podem ser rememoradas ao *espírito de racionalismo* que emana do escritório do empresário. [Grifo meu em itálico]

O autor do artigo, que não é "ingênuo" o suficiente para acreditar em um tipo capitalista (ou *racional*) de progresso, aparentemente defende uma crença diferente:

> Ao final da Idade Média, a Europa ocidental estava onde vários países em desenvolvimento estão no século XX. [Isso significa que a cultura renascentista era quase equivalente ao Congo de hoje: caso contrário, isso significa que o desenvolvimento intelectual das pessoas não tem nada a ver com economia.] Em economias subdesenvolvidas a tarefa difícil do estatismo é entrar em um processo cumulativo de desenvolvimento econômico, pois uma vez que as coisas pegam embalo, avanços posteriores parecem advir mais ou menos automaticamente.

Uma noção semelhante embasa toda teoria de economia planificada. É por conta de alguma crença "sofisticada" que duas gerações de russos padeceram, à espera de progresso *automático*.

Os economistas clássicos tentaram uma justificação tribal do capitalismo, considerando que ele oferece a melhor "alocação" dos "recursos" de uma comunidade. É nesse momento que o passado cobra a conta:

> A teoria mercadológica de alocação de recursos dentro do setor interno é o tema central da economia clássica. O critério para a alocação entre os setores público e privado é formalmente o mesmo de qualquer outro tipo de alocação de recursos, isto é, uma comunidade deve receber satisfação igual de um incremento marginal de recursos usados na esfera pública ou na privada. [...] Vários economistas determinaram que há provas substanciais, talvez esmagadoras, de que o bem-estar total do capitalista Estados Unidos, por exemplo, seria melhorado por uma realocação de recursos no setor público — mais salas de aula e menos *shopping centers*, mais bibliotecas públicas e menos automóveis, mais hospitais e menos pistas de boliche.

Isso significa que alguns homens devem labutar suas vidas inteiras sem transporte adequado (automóveis), sem um número adequado de lugares para comprar os bens de que precisem (*shopping centers*), sem os prazeres de uma distração (pistas de boliche) — para que outros homens possam ter acesso a escolas, bibliotecas e hospitais.

Se você quiser ver os resultados definitivos e o pleno significado da visão tribal de riqueza — a obliteração total da distinção entre ação privada e ação governamental, entre produção e força, a obliteração total do conceito de "direitos", da realidade de um ser humano individual e sua substituição pela visão de homens como bestas de carga intercambiáveis ou "fatores de produção" — estude o seguinte:

> O capitalismo tem um viés contra o setor público por duas razões. Primeiro, todos os produtos e renda são acrescidos [?] ao setor privado enquanto recursos chegam ao setor público através do doloroso processo de tributação. Necessidades públicas são atendidas apenas pelo sofrimento de consumidores em seu papel de contribuintes [e quanto aos produtores?], cujos representantes políticos são extremamente conscientes dos sentimentos delicados de seus constituintes sobre tributação. O povo saber melhor do que os governos o que fazer com seu lucro é uma noção mais atraente do que a oposta, de que o povo recebe mais em troca de seus impostos do que com outros tipos de gastos. [Segundo qual teoria de valores? Segundo o julgamento de quem?] [...]
>
> Em segundo lugar, a pressão de empresas privadas para vender leva ao formidável conjunto de dispositivos modernos de marketing, que influenciam escolhas do consumidor e criam valores de consumo enviesados diante do

consumo privado [...] [Isso quer dizer que seu desejo de gastar o dinheiro que você ganha, ao invés dele ser tomado de você, é um mero viés.] Doravante, muitos gastos privados vão para desejos que não são exatamente urgentes em qualquer sentido fundamental. [Urgente — para quem? Que desejos são "fundamentais" além de uma caverna, uma pele de urso e um pedaço de carne crua?] O argumento central é que muitas necessidades públicas são negligenciadas porque esses desejos privados superficiais, gerados artificialmente, competem com êxito pelos mesmos recursos. [Recursos de quem?] [...].

Uma comparação de alocação de recursos nos setores público e privado sob o capitalismo e sob o coletivismo socialista é esclarecedora. [De fato.] Em uma economia coletiva, todos os recursos operam no setor público e estão disponíveis para educação, defesa, saúde, bem-estar e outras necessidades públicas sem qualquer transferência através da tributação. O consumo privado é restrito às reivindicações que são permitidas [por quem?] contra o produto social, tal qual serviços públicos em uma economia capitalista são limitados às reivindicações permitidas contra o setor privado. [Grifos meus em itálico.] Em uma economia coletiva, as necessidades públicas precisam usufruir do mesmo tipo de prioridade embutida que o consumo privado tem em uma economia capitalista. Na União Soviética os professores são abundantes, mas os automóveis são escassos, enquanto a condição oposta prevalece nos Estados Unidos.

Eis a conclusão desse artigo:

Predições concernentes à sobrevivência do capitalismo são, em parte, uma questão de definição. Pode-se ver por toda a parte em países capitalistas uma transição de atividade econômica partindo da esfera privada à pública. [...] Ao mesmo tempo [depois da Segunda Guerra Mundial] o consumo privado parecia destinado a aumentar em países comunistas. [Como o consumo de trigo?] Os dois sistemas econômicos pareciam se aproximar por meio de mudanças convergindo de ambas as direções. E ainda assim, diferenças significativas nas estruturas econômicas ainda existiam. Parecia razoável assumir que a sociedade que mais investiu no povo avançaria mais rápido e herdaria o futuro. A esse respeito importante, o capitalismo, aos olhos de alguns economistas, trabalha sob uma desvantagem fundamental, mas não inevitável, em competição com o coletivismo.

A coletivização da agricultura soviética foi alcançada por meio da fome planejada pelo governo — planejada e conduzida deliberadamente de forma a forçar camponeses a fazendas coletivas; inimigos da Rússia Soviética alegam que quinze milhões de camponeses morreram de fome; o governo soviético reconhece a morte de sete milhões.

O QUE É CAPITALISMO?

Ao final da Segunda Guerra Mundial, os inimigos da Rússia Soviética alegaram que trinta milhões de pessoas estavam em trabalho forçado em campos de concentração soviéticos (e morrendo de desnutrição planejada, vidas humanas eram consideradas mais baratas do que alimento); os apologistas da Rússia Soviética admitem o número de doze milhões de pessoas.

É a isso que a *Encyclopaedia Britannica* se refere como "investimento em pessoas".

Em uma cultura na qual tal declaração é feita com impunidade intelectual e uma aura de retidão moral, os homens mais condenáveis não são os coletivistas, os homens mais condenáveis são aqueles que, por falta de coragem para desafiar o misticismo ou o altruísmo, tentam burlar as questões de razão e moralidade e defender o único sistema racional e moral da história da humanidade — o capitalismo — em qualquer âmbito fora do racional e do moral.

CAPÍTULO 2
AS RAÍZES DA GUERRA [9]
Ayn Rand

Dizem que as armas nucleares tornaram as guerras horríveis demais para serem pensadas. Porém cada nação do planeta sente, em terror desamparado, que essa guerra pode acontecer.

A esmagadora maioria da humanidade — as pessoas que morrem nos campos de batalha ou de fome em meio às ruínas, não querem guerras. Elas nunca quiseram. No entanto, as guerras continuaram acontecendo ao longo dos séculos, como um longo rastro de sangue sublinhando a história da humanidade.

Os homens temem que a guerra possa acontecer porque eles sabem, consciente ou inconscientemente, que eles nunca rejeitaram a doutrina que causa guerras, que causou as guerras do passado e pode causá-las novamente — a doutrina de que é certo, prático ou necessário que homens alcancem suas metas através da força física (iniciando o uso da força contra outros homens) e que algum tipo de "bem" pode justificar esse ato. É a doutrina de que a força é uma parte adequada ou inevitável da existência do homem e das sociedades humanas.

Repare uma das características mais horrendas do mundo atual: a mistura de preparações exacerbadas de guerra com propaganda histérica sobre paz, e o fato de que *ambas* vêm da *mesma fonte* — da mesma filosofia política. A falida, mas ainda dominante, filosofia política de nossa era é o estatismo.

Repare na natureza dos supostos movimentos pela paz dos dias de hoje. Eles professam amor e preocupação com a sobrevivência da humanidade, eles continuam gritando que a corrida de armas nucleares deve cessar, que as forças armadas devem ser abolidas como um meio de encerrar disputas entre nações e que a guerra deve ser proibida em nome da humanidade.

---

[9] *The Objectivist*, junho de 1968.

Porém, esses mesmos movimentos pela paz não se opõem a ditaduras; as visões políticas de seus membros se estendem através de todos os tons do espectro do estatismo, do estatismo de bem-estar social ao socialismo, fascismo ou ao comunismo. Isso significa que eles se opõem ao uso de coerção de uma nação contra outra, mas não pelo seu uso por parte do governo de uma nação contra seus próprios cidadãos; isso significa que eles se opõem ao uso de força contra adversários *armados*, mas não contra os *desarmados.*

Considere a pilhagem, destruição, fome, brutalidade, os campos de trabalho escravo, as câmaras de tortura, a matança institucionalizada perpetrada por ditaduras. E ainda assim é isso que os supostos amantes da paz dos dias de hoje se dispõem a defender ou tolerar — em nome do amor pela humanidade.

É óbvio que a raiz ideológica do estatismo (ou coletivismo) é a premissa *tribal* de selvagens primordiais que, incapazes de conceber direitos individuais, acreditavam que a tribo é um governante supremo e onipotente, o qual detém as vidas de seus membros e pode sacrificá-las quando quiser, para qualquer coisa que considere o seu próprio "bem". Incapazes de conceber quaisquer princípios sociais exceto a lei da força bruta, eles acreditavam que os desejos da tribo são limitados apenas por sua proeza física e que outras tribos são suas presas naturais, a serem conquistadas, saqueadas, escravizadas ou aniquiladas. A história de todos esses povos primitivos é uma sucessão de guerras tribais e massacres intertribais. O fato dessa ideologia selvagem agora governar nações que têm armas nucleares deveria abreviar os pensamentos de qualquer indivíduo preocupado com a sobrevivência da humanidade.

O estatismo é um sistema de violência institucionalizada e guerras civis perpétuas. Ele deixa o homem sem escolha além de lutar para alcançar o poder político — roubar ou ser roubado, matar ou morrer. Quando a força bruta é o único critério de conduta social e a rendição irrestrita à destruição é a única alternativa, mesmo o mais baixo dos homens, mesmo um animal — até mesmo um rato encurralado — lutará. Não há paz possível em uma nação escravizada.

Os conflitos mais sangrentos da história não foram guerras entre nações, mas sim *guerras civis* entre homens da mesma nação, que não conseguiram encontrar recursos pacíficos por força de lei, princípio ou justiça. Observe que a história de todos os estados absolutistas é pontuada por rebeliões sangrentas — por erupções violentas de desespero cego, sem ideologia, programas ou metas — que normalmente eram encerradas através de extermínio desmedido.

Em uma ditadura plena, a guerra "fria" civil do estatismo toma a forma de expurgos sangrentos, quando um grupo depõe outro — como na Alemanha nazista ou na Rússia Soviética. Em uma economia mista, ela assume a forma de batalhas entre grupos de pressão, com cada grupo lutando em busca de legislações que possibilitem extorquir de outros grupos vantagens para si.

O grau de estatismo no sistema político de um país é o grau em que ele fragmenta o país em bandos rivais e coloca homens uns contra os outros. Quando direitos individuais são abolidos, não há como determinar quem é digno de quê; não há como determinar a justiça das declarações, desejos ou interesses de ninguém. O critério, portanto, reverte ao conceito tribal segundo o qual os desejos de um indivíduo são limitados apenas pelo poder de seu bando. De modo a sobreviver nesse sistema, os homens não têm escolha além de temer, odiar e destruírem uns aos outros; é um sistema de tramoias ocultas, de conspirações secretas, de acordos, favores, traições e golpes sangrentos repentinos.

Não é um sistema que conduz à irmandade, segurança, cooperação e paz.

O estatismo — na realidade e por princípio — não é nada além de um sistema de gangues. Uma ditadura é uma gangue dedicada a saquear os esforços dos cidadãos produtivos de seu próprio país. Quando um governante estatista exaure a economia de seu próprio país, ele ataca seus vizinhos. É o único meio de adiar o colapso interno e prolongar seu governo. Um país que viola os direitos de seus próprios cidadãos não respeitará os direitos de seus vizinhos. Aqueles que não reconhecem direitos individuais, não reconhecerão os direitos de nações: uma nação é só um punhado de indivíduos.

O estatismo *precisa* de guerras; um país livre, não. O estatismo sobrevive da pilhagem; um país livre se sustenta pela produção.

Repare que as maiores guerras da história foram começadas pelas economias mais controladas da época contra as mais livres. Por exemplo, a Primeira Guerra Mundial foi iniciada pela Alemanha monarquista e a Rússia czarista, que arrastaram seus aliados mais livres. A Segunda Guerra Mundial começou com a aliança da Alemanha nazista com a Rússia soviética e seu ataque conjunto à Polônia.

Repare que na Segunda Guerra Mundial, tanto a Alemanha quanto a Rússia tomaram e desmontaram fábricas inteiras em países conquistados, de forma a enviá-las para suas capitais — enquanto as economias mistas mais livres, os semicapitalistas Estados Unidos, enviaram bilhões em equipamentos alugados, incluindo fábricas inteiras, a seus aliados[10].

A Alemanha e a Rússia precisavam da guerra: os Estados Unidos *não precisavam* e não ganharam nada. (Na verdade, os Estados Unidos perderam, economicamente, ainda que tenham vencido a guerra: o país foi deixado com uma enorme dívida nacional, aumentada pela política grotescamente fútil de apoiar antigos aliados e inimigos até os dias de hoje.) E, no entanto, é o capitalismo que os amantes da paz de hoje atacam e é o estatismo que eles defendem — em nome da paz.

O capitalismo *laissez-faire* é o único sistema social baseado no reconhecimento de direitos individuais e, portanto, o único sistema que proíbe a força em relações sociais. Pela natureza de seus princípios e interesses básicos, ele é o único sistema fundamentalmente oposto à guerra.

Homens que são livres para produzir não têm incentivos para saquear; eles não têm nada a ganhar com a guerra e têm muito a perder. Ideologicamente, o princípio de direitos individuais não permite a um homem buscar seu próprio sustento sob ameaça armada, dentro ou fora de seu país. Economicamente, guerras custam dinheiro; em uma economia livre, na qual a riqueza é uma propriedade privada, os custos da guerra vêm da renda de cidadãos privados — não há tesouro público superfaturado para esconder esse fato — e um cidadão não pode esperar recuperar suas próprias perdas financeiras (como impostos ou deslocamentos de negócios ou destruição de propriedade) ganhando a guerra. Portanto, seus próprios interesses econômicos estão ao lado da paz.

Em uma economia estatista, na qual a riqueza é "propriedade pública", um cidadão não possui um interesse econômico a ser protegido ao preservar a paz — ele é só uma gota na bacia comunal — enquanto a guerra lhe dá uma esperança (falaciosa) de pagamentos maiores vindos de seus mestres. Ideologicamente, ele é treinado para enxergar homens como animais para sacrifício; ele mesmo é um deles; ele não consegue conceber

---

[10] Para um relato detalhado e documentado de toda a pilhagem feita pela Rússia, veja: KELLER, *Werner. East Minus West = Zero*. Nova York, G. P. Putnam's Sons, 1962.

porque estrangeiros não devem ser sacrificados no mesmo altar público de forma a beneficiar o mesmo estado.

O comerciante e o guerreiro foram fundamentalmente antagonistas através da história. O comércio não floresce em campos de batalha, fábricas não produzem sob bombardeio, lucros não crescem entre destroços. O capitalismo é uma sociedade de *comerciantes* — razão pela qual ele é denunciado por todo pretenso pistoleiro, que enxerga o comércio como "egoísta" e a conquista como "nobre".

Deixe que aqueles realmente preocupados com a paz observem que o *capitalismo deu à humanidade o maior período de paz da história* — um período durante o qual não houve guerras envolvendo todo o mundo civilizado — do fim das guerras napoleônicas em 1815 até a erupção da Primeira Guerra Mundial em 1914.

Deve-se lembrar que os sistemas políticos do século XIX não eram puro capitalismo, mas sim economias mistas. O elemento da liberdade, no entanto, era dominante; foi o mais próximo de um século de capitalismo que a humanidade já obteve. Mas o elemento de estatismo continuou crescendo através do século XIX, e à época em que ele se disseminou no mundo em 1914, os governos envolvidos já estavam dominados por políticas estatistas.

Do mesmo modo, em assuntos domésticos, todos os males causados pelo estatismo e controles governamentais foram colocados na conta do capitalismo e do livre mercado — dessa forma, nas relações internacionais, todos os males de políticas estatistas foram atribuídos ao capitalismo. Mitos como "imperialismo capitalista", "lucro com guerras" ou a noção de que o capitalismo precisa ganhar "mercados" através de conquista militar são exemplos da superficialidade ou falta de escrúpulos de comentaristas ou historiadores estatistas.

A essência da política externa do capitalismo é o *livre comércio*, ou seja, a abolição de barreiras comerciais, tarifas protetivas ou privilégios especiais — a abertura das rotas de comércio do mundo ao intercâmbio internacional e competição entre cidadãos privados de todos os países, negociando diretamente uns com os outros. Durante o século XIX, foi o livre comércio que libertou o mundo, podando e finalizando os resquícios do feudalismo e a tirania estatista de monarquias absolutistas.

Assim como com Roma, o mundo aceitou o império britânico porque ele abriu canais mundiais de energia para o comércio em geral. Embora um governo (de *status*) repressivo ainda fosse imposto em um grau considerável na Irlanda com resultados bem ruins como um todo, os produtos de importação invisíveis da Inglaterra foram o Direito e o livre comércio. Em termos práticos, apesar de a Inglaterra ter governado os mares, qualquer homem de qualquer nação poderia ir aonde desejasse, levando seus bens e dinheiro consigo, em segurança[11].

Como no caso de Roma, quando o elemento repressor da economia mista da Inglaterra se expandiu até se tornar sua política dominante e a transformou em estatismo, seu império ruiu. Não era a força militar que o mantinha inteiro.

O capitalismo ganha e detém seus mercados por meio da livre competição, em casa e fora dela. Um mercado conquistado pela guerra pode ter valor (temporariamente) apenas para os defensores de uma economia mista, que buscam vedá-lo à competição internacional, impor regulações restritivas e assim adquirir privilégios especiais à força. O mesmo tipo de empresários que buscavam vantagens especiais por meio de ações governamentais em seus próprios países, buscavam mercados especiais através de ações governamentais no exterior. A que custo? A custo de uma maioria esmagadora de empresários que pagaram os impostos de tais empreendimentos, mas não ganharam nada. Quem justificou tais políticas e as vendeu ao público? Os intelectuais estatistas que fabricaram doutrinas tais como "o interesse público" ou "prestígio nacional" ou "destino manifesto".

Aqueles que realmente lucram com as guerras em todas as economias mistas foram e são desse tipo: homens com influência política que adquirem fortunas por meio de favores governamentais, durante ou depois de uma guerra — *fortunas que eles não teriam adquirido em um livre mercado.*

Lembre-se que cidadãos privados — sejam eles ricos ou pobres, empresários ou trabalhadores — não têm poder para começar uma guerra. O poder é prerrogativa exclusiva de um governo. Que tipo de governo é mais inclinado a mergulhar um país em uma guerra: um governo de poderes limitados, barrado por restrições constitucionais — ou um governo ilimitado, aberto à pressão de qualquer grupo com interesses ou ideologias

---

[11] PATERSON, Isabel. *The God of the Machine*. Caldwell, Idaho: The Caxton Printers, 1964, p. 121. Publicado originalmente por G. P. Putnam's Sons, Nova York, 1943.

belicosas, capaz de comandar exércitos a marcharem ao capricho de um só chefe executivo?

No entanto, não é um governo limitado que os amantes da paz dos dias atuais estão defendendo.

(Desnecessário dizer que o pacifismo unilateral é meramente um convite à agressão. Assim como um indivíduo tem o direito à autodefesa, um país livre também tem, caso atacado. Mas isso não dá a seu governo o direito de recrutar homens compulsoriamente para prestar serviço militar — que é a violação estatista mais descarada ao direito do homem à sua própria vida. Não há contradição entre o moral e o prático: um exército voluntário é o exército mais eficiente, conforme várias autoridades militares comprovaram. Um país livre nunca sofreu com a falta de voluntários quando atacado por um agressor estrangeiro. Mas poucos homens seriam voluntários para empreitadas como a da Coreia ou do Vietnã. Sem exércitos compulsórios, as políticas externas de economias estatistas ou mistas não seriam possíveis).

Desde que um país seja ao menos semilivre, seus exploradores de economia mista não são a fonte de suas influências e políticas belicosas, nem são a causa primária de seu envolvimento em guerras. Eles são meros carniceiros políticos faturando em cima de uma tendência pública. A causa primária dessa tendência são os intelectuais de economias mistas.

Repare na conexão entre estatismo e militarismo na história intelectual dos séculos XIX e XX. Assim como a destruição do capitalismo e a ascensão do estado totalitário não foram causadas pelo comércio ou trabalho ou quaisquer interesses econômicos, mas sim pela ideologia estatista dominante dos intelectuais, do mesmo modo o ressurgimento das doutrinas de conquistas militares e cruzadas armadas por "ideais" políticos foram o produto da mesma crença de intelectuais de que "o bem" deve ser alcançado pela força.

A ascensão de um espírito de imperialismo nacionalista nos Estados Unidos não veio da direita, mas da esquerda, não de interesses de grandes empresas, mas dos reformistas coletivistas que influenciaram as políticas de Theodore Roosevelt e Woodrow Wilson. Para conhecer uma história dessas influências, veja *The Decline of American Liberalism*, de Arthur A. Ekirch, Jr.[12].

---

[12] EKIRCH, JR., Arthur A. *The Decline of American Liberalism*. Nova York: Longmans, Green & Co., 1955.

Nesses exemplos [escreve o Professor Ekirch] como a aceitação crescente dos progressistas quanto ao treinamento militar compulsório e o fardo do homem branco, houve lembretes óbvios do paternalismo de grande parte da sua legislação de reforma econômica. O imperialismo, de acordo com um estudo recente da política externa americana, foi uma revolta contra vários valores do liberalismo tradicional. "O espírito do imperialismo foi uma exaltação do dever acima dos direitos, do bem-estar coletivo acima do interesse individual, dos valores heroicos em oposição ao materialismo, ação ao invés de lógica, o impulso natural no lugar de intelecto puro"[13].

Quanto a Woodrow Wilson, o professor Ekirch escreve:

Wilson indubitavelmente preferiria que o crescimento do comércio exterior dos Estados Unidos fosse o resultado de livre competição internacional, mas ele achou fácil, com suas ideias de moralismo e dever, racionalizar intervenções americanas diretas como um meio de salvaguardar os interesses nacionais[14].

E: "Ele [Wilson], pareceu sentir que os Estados Unidos tinham uma missão de disseminar suas instituições — as quais ele concebeu como liberais e democráticas, às áreas mais desamparadas do mundo"[15,16]. Não foram os defensores do capitalismo que ajudaram Wilson a forçar uma nação relutante e pacífica à histeria de uma cruzada militar — foi a revista "liberal" *The New Republic*. Seu editor, Herbert Croly, usou argumentos como o de que "a nação americana precisa da tônica de uma aventura moral séria".

Assim como Wilson, um reformista "liberal", levou os Estados Unidos à Primeira Guerra Mundial, "para deixar o mundo seguro à democracia" — também Franklin D. Roosevelt, outro reformista "liberal", os levou à Segunda Guerra Mundial, em nome das "Quatro Liberdades"[17]. Nos dois

---

[13] *Ibid.*, p. 189. A citação sobre "o espírito do imperialismo" veio de OSGOOD, R. E. *Ideals and Self-Interest in America's Foreign Relations*. Chicago: University of Chicago Press, 1953, p. 47.

[14] *Ibid.*, p. 199.

[15] Cabe-nos pontuar que, também no original, algumas citações de fontes utilizadas pela autora carecem da especificação exata das páginas. (N. E.)

[16] *Ibid.*

[17] Liberdade de expressão; liberdade religiosa; liberdade de viver sem pobreza; liberdade de viver sem medo. Essas liberdades foram apresentadas como fundamentais para a existência digna do ser humano pelo presidente Franklin D. Roosevelt, no Discurso sobre o Estado da União em 6 de janeiro de 1941. (N. E.)

casos, os "conservadores" — e os interesses de grandes empresas — se opuseram esmagadoramente à guerra, mas foram silenciados. No caso da Segunda Guerra Mundial, eles foram desprezados como "isolacionistas", "reacionários" e "nacionalistas".

A Primeira Guerra Mundial não trouxe a democracia, mas a criação de três ditaduras: Rússia soviética, Itália fascista e Alemanha nazista. A Segunda Guerra Mundial não trouxe as "Quatro Liberdades", mas a rendição de um terço da população mundial à escravidão comunista.

Se a paz fosse a meta dos intelectuais de hoje, uma falha dessa magnitude — e a evidência de sofrimento indescritível em tamanha escala — os faria pausar e checar suas premissas estatistas. Ao contrário, cegados por seu ódio pelo capitalismo, eles agora afirmam que "a pobreza gera guerras" (e justificam a guerra simpatizando com uma "ganância material" do tipo). Mas a questão é: *o que gera pobreza?* Se repararmos no mundo de hoje e depois olharmos em retrospecto para a história, encontraremos a resposta: o grau de liberdade de um país é o grau de sua prosperidade.

Outra frase de efeito comum é a reclamação de que as nações do mundo são divididas em "providas" e "desprovidas". Repare que as "providas" são aquelas que têm liberdade e que é dessa liberdade que as "desprovidas" são desprovidas.

Se os homens querem se opor a guerras, é ao *estatismo* que eles devem se opor. Enquanto eles detiverem a noção tribal de que o indivíduo é material de sacrifício para o coletivo, que alguns homens têm o direito de governar outros pela força, que algum (qualquer) suposto "bem" possa justificar isso — então não há paz possível *dentro* de uma nação e nenhuma paz possível entre nações.

É verdade que as armas nucleares tornaram as guerras muito difíceis de serem consideradas. Mas não faz diferença para um homem ser assassinado por uma bomba atômica ou por dinamite, ou por um antiquado tacape. Assim como é irrelevante para ele o número de vítimas ou a escala da destruição. E há algo obsceno na atitude daqueles que enxergam o horror como questão de números, que estão dispostos a enviar um pequeno grupo de jovens para morrerem pela tribo, mas que gritam sobre o perigo contra a própria tribo — e mais, que estão dispostos a aceitar o massacre de vítimas indefesas, mas marcham em protesto contra guerras entre lados bem armados.

Sempre que os homens forem subjugados pela força, eles lutarão de volta e usarão quaisquer armas disponíveis. Se um homem for levado a uma câmara de gás nazista ou a um pelotão de fuzilamento soviético, sem vozes que se levantem para defendê-lo, ele sentiria qualquer amor ou preocupação pela sobrevivência da humanidade? Ou seria justificado que ele sentisse que uma humanidade canibalística, que tolera ditaduras, não merece sobreviver?

Se armas nucleares são uma ameaça assombrosa e a humanidade não consegue mais suportar guerras, então *a humanidade não consegue suportar mais o estatismo.* Que nenhum homem de bem considere em sua consciência defender a lei do mais forte — fora ou *dentro* de seu próprio país. Que todos aqueles que estão genuinamente preocupados com a paz — aqueles que amam o *homem* e se importam com sua sobrevivência — percebam que para que a guerra seja banida, é *o uso da força* que deve ser banido.

CAPÍTULO 3

A MINORIA PERSEGUIDA DOS ESTADOS UNIDOS: GRANDES EMPRESAS [18]

Ayn Rand

Se um pequeno grupo de homens sempre foi visto como culpado, em qualquer embate com qualquer outro grupo, independentemente das questões ou circunstâncias envolvidas, você chamaria isso de perseguição? Se sempre fizessem esse grupo pagar pelos pecados, erros ou falhas de qualquer outro grupo, você chamaria *isso* de perseguição?

Se esse grupo tivesse que viver sob um reino silencioso de terror, sob leis especiais, às quais todas as outras pessoas fossem imunes, leis que os acusados não conseguem compreender ou definir antecipadamente, as quais o acusador poderia interpretar da forma que desejasse, você chamaria *isso* de perseguição? Se esse grupo fosse penalizado, não por seus crimes, mas por suas virtudes, não por sua incompetência, mas por sua habilidade, não por seus fracassos, mas por suas conquistas, e, quanto maior a conquista, maior a penalidade — você chamaria *isso* de perseguição?

Se sua resposta for "sim" — então pergunte a si mesmo que tipo de injustiça monstruosa você está aceitando, apoiando ou executando. Esse grupo é composto pelos empresários americanos.

A defesa dos direitos de minorias é aclamada atualmente, virtualmente por todos, como um princípio moral de ordem superior. Pois esse princípio, que proíbe a discriminação, é aplicado pela maioria dos intelectuais "liberais" de maneira *discriminatória*: ele é aplicado apenas a minorias raciais ou religiosas. Ele não é aplicado àquela minoria ínfima que é explorada, denunciada e indefesa, que consiste nos empresários.

---

[18] Palestra ministrada no Salão do Fórum Ford, Boston, em 17 de dezembro de 1961 e na Universidade de Columbia em 15 de fevereiro de 1961, publicada pelo Instituto Nathaniel Branden, Nova York, 1962.

Ainda assim, todos os aspectos brutais e horrendos da injustiça contra minorias religiosas ou raciais são praticados contra empresários. Por exemplo, considere a maldade de condenar alguns homens e absolver outros, sem uma audiência, independentemente dos fatos. Os "liberais" de hoje em dia consideram um empresário culpado em qualquer conflito com um sindicato, independentemente dos fatos ou questões envolvidas, e se gabam de não cruzarem um piquete "para o lado certo ou o errado". Considere a maldade de julgar pessoas por um padrão enviesado e negar a alguns os direitos garantidos a outros. Os "liberais" de hoje reconhecem o direito dos trabalhadores (a maioria) a seu sustento (seus salários), mas negam o direito dos empresários (a minoria) ao sustento *deles* (seus lucros). Se trabalhadores batalham por salários mais altos, isso é aclamado como "ganho social"; se empresários batalham por lucros maiores, isso é condenado como "ganância egoísta". Se o padrão de vida dos trabalhadores for baixo, os "liberais" culpam os empresários por isso; mas se os empresários tentarem melhorar sua eficiência econômica, expandir seus mercados e aumentar os retornos financeiros de seus empreendimentos, assim tornando possíveis salários mais altos e preços mais baixos, os mesmos "liberais" denunciariam isso como "comercialismo". Se uma fundação não-comercial — ou seja, um grupo que não precisa obter lucros — patrocinasse um programa de TV defendendo suas opiniões particulares, os "liberais" a aclamariam como "iluminação", "educação", "arte" e "serviço público"; se um empresário patrocinar um programa de TV e quiser que ele reflita suas opiniões, os "liberais" gritarão, alegando "censura", "pressão" e "controle ditatorial". Quando três participantes da Irmandade Internacional dos Caminhoneiros privaram Nova York de seu suprimento de leite por quinze dias, nenhuma indignação ou condenação moral foi ouvida das sedes "liberais"; mas imagine o que aconteceria se um empresário interrompesse o abastecimento de leite por uma hora — e o quão rápido ele seria atacado por linchamento ou pelo massacre legalizado conhecido como "antitruste".

Em qualquer era, cultura ou sociedade, sempre que você encontrar fenômenos de preconceito, injustiça, perseguição e ódio cego e irracional direcionado a algum grupo minoritário, procure o grupo que tem algo a ganhar com essa perseguição, procure aqueles que têm interesse confirmado pela destruição dessas vítimas de sacrifício em específico. Invariavelmente, você descobrirá que a minoria perseguida serve de bode expiatório para algum movimento que não quer que a natureza de suas metas se torne conhecida. Cada movimento que busca escravizar um país, cada ditadura ou potencial ditadura precisa de algum grupo minoritário como um bode expiatório para culpar pelos problemas da nação e usar como justificativa para suas próprias demandas por poderes ditatoriais. Na Rússia soviética, o bode expiatório foi a burguesia; na Alemanha nazista, foi o povo judeu; nos Estados Unidos, são os empresários.

Os Estados Unidos ainda não chegaram ao estágio de uma ditadura. Mas, ao abrir caminho até ela, os empresários têm servido, por muitas décadas, como bode expiatório para movimentos *estatistas* de todos os tipos: comunistas, fascistas ou de bem-estar social. Os empresários são culpados pelos pecados e maldades de quem? Pelos pecados e maldades dos burocratas.

Um pacote intelectual desastroso, imposto a nós pelos teóricos do estatismo, é a equação de poder *econômico* com poder *político*. Você já ouviu falar dele em chavões como: "Um homem faminto não é livre" ou "Não faz diferença para um trabalhador receber ordens de um empresário ou de um burocrata". A maioria das pessoas aceita esses equívocos — e ainda assim sabem que o trabalhador mais pobre dos Estados Unidos é mais livre e seguro do que o comissário mais rico da Rússia soviética. Qual é o princípio básico, crucial e essencial que diferencia liberdade de escravidão? É o princípio da ação voluntária *contra* a coerção ou compulsão física.

A diferença entre poder político e qualquer outro tipo de "poder" social entre um governo e qualquer organização privada é o fato de que *um governo detém um monopólio legal do uso de força física.* Essa distinção é tão importante e tão raramente reconhecida atualmente que preciso insistir para que você se lembre dela. Vou repeti-la: *um governo detém um monopólio legal do uso de força física.*

Nenhum grupo privado ou indivíduo tem o poder legal de iniciar o uso de força física contra outros indivíduos ou grupos e compeli-los a agir contra sua própria escolha voluntária. Somente um governo detém esse poder. A natureza da ação governamental é a ação *coercitiva*. A natureza do poder político é o poder de forçar a obediência sob ameaça de danos físicos — a ameaça da expropriação da propriedade, aprisionamento ou morte.

Metáforas escusas, imagens toscas, poesia sem foco e equívocos — como "Um homem faminto não é livre" — não alteram o fato de que *somente* o poder político é o poder da coerção física e que a liberdade, em um contexto político, possui somente um sentido: *a ausência de coerção física.*

A única função adequada do governo em um país livre é agir como uma agência que protege os direitos de um indivíduo, ou seja, que protege o indivíduo contra a violência física. Um governo assim não tem o direito de *iniciar* o uso de força física contra ninguém — um direito que o indivíduo não possui e, portanto, não pode delegar a qualquer agência. Mas o indivíduo possui o direito à autodefesa e *esse* é o direito que ele delega ao governo, para o propósito de uma aplicação ordeira e legalmente definida. Um governo adequado tem o direito de usar força física apenas em retaliação e apenas contra aqueles que iniciam seu uso. As funções adequadas de um governo são a polícia, para proteger homens contra criminosos; as forças militares, para proteger homens contra invasores estrangeiros; e os tribunais legais, para proteger as propriedades e os contratos dos homens contra brechas de força ou fraudes, e solucionar disputas entre homens de acordo com leis definidas objetivamente.

Esses eram, implicitamente, os princípios políticos nos quais a Constituição dos Estados Unidos foi pautada; implícita, mas não explicitamente. Havia contradições na constituição que permitiram que estatistas ganhassem uma abertura, criassem brechas e, gradativamente, destruíssem sua estrutura.

Um estatista é um homem que acredita que alguns homens têm o direito de forçar, coagir, escravizar, roubar e assassinar outros. Para ser posta em prática, essa crença precisa ser implementada pela doutrina política de que o governo — o Estado — tem o direito de *iniciar* o uso de força física contra seus cidadãos. São questões irrelevantes: com que frequência a força deve ser usada, contra quem, sua extensão, seu propósito e em benefício de quem. O princípio básico e os resultados definitivos de todas as doutrinas estatistas são os mesmos: ditadura e destruição. O resto é apenas questão de tempo.

Agora consideremos a questão do poder econômico.

O que é poder econômico? É o poder de produzir e negociar o que alguém produziu. Em uma economia livre, na qual nenhum homem ou grupo de homens pode usar coerção física contra ninguém, o poder econômico pode ser obtido somente através de meios voluntários, pela escolha voluntária e acordo entre todos que participam no processo de produção e negociação. Em um mercado livre, todos os preços, salários e lucros são determinados não pelo capricho arbitrário dos ricos ou dos pobres, não pela "ganância" ou necessidade de ninguém, mas pela lei de oferta e procura. O mecanismo de um livre mercado reflete e resume todas as escolhas e decisões econômicas feitas por todos os participantes. Os homens comercializam seus bens ou serviços em consenso mútuo para vantagem mútua, de acordo com seu próprio julgamento independente e não-coagido. Um homem só pode enriquecer se for capaz de oferecer *valores* melhores, produtos ou serviços melhores, por um preço mais baixo do que os outros sejam capazes de oferecer.

Riqueza, em um livre mercado, é alcançada por um voto livre, geral e "democrático" — pelas vendas e compras de cada indivíduo que faz parte da vida econômica do país. Sempre que você compra um produto invés de outro, você vota no sucesso de um fabricante. E nesse tipo de votação, cada homem vota somente nas questões em que ele é qualificado a julgar: suas preferências, interesses e necessidades pessoais. Ninguém tem o poder de decidir para os outros ou substituir seu julgamento pelo de outrem; ninguém tem o poder de se apontar "a voz do público" e deixar o público sem voz e sem direitos.

Agora permita-me definir a diferença entre poder econômico e poder político: o poder econômico é exercido por meios *positivos*, ao se oferecer aos homens uma recompensa, um incentivo, um pagamento, um valor; o poder político é exercido por meios *negativos*, pela ameaça de punição, agressão, aprisionamento, destruição. A ferramenta do empresário são valores; a ferramenta dos burocratas é o *medo.*

O progresso industrial dos Estados Unidos, na curta duração de um século e meio, adquiriu o caráter de uma lenda: nunca foi igualado em qualquer lugar do planeta, em qualquer período histórico. Os empresários americanos, como uma classe, demonstraram a maior genialidade produtiva e as conquistas mais espetaculares já registradas na história econômica da humanidade. Que recompensa eles receberam de nossa cultura e seus intelectuais? A posição de uma minoria odiada e perseguida. A posição de um bode expiatório para as maldades dos burocratas.

Um sistema de capitalismo de *laissez-faire* puro e sem regulações jamais existiu em lugar nenhum. O que já existiu foram apenas as pretensas economias mistas, o que significa uma mistura, em graus variados, de liberdade e controles, de escolha voluntária e coerção governamental, de capitalismo e estatismo. Os Estados Unidos foram o país mais livre da Terra, mas elementos de estatismo estiveram presentes em sua economia desde o princípio. Esses elementos continuaram se expandindo sob a influência de seus intelectuais, que estavam majoritariamente comprometidos com a filosofia do estatismo. Os intelectuais — os ideólogos, intérpretes e assessores de eventos públicos — foram tentados pela oportunidade de tomar poderes políticos, cedidos por todos os outros grupos sociais, e estabelecer suas próprias versões de uma "boa" sociedade sob ameaça armada, ou seja, por meio de coerção física legalizada. Eles denunciaram os empresários livres como expoentes da "ganância egoísta" e glorificaram os burocratas como "servidores públicos" e exoneraram o poder político, transferindo assim o fardo da culpa dos políticos para os empresários.

Todos os males, abusos e iniquidades popularmente atribuídos aos empresários e ao capitalismo não foram causados por uma economia desregulada ou por um livre mercado, mas sim pela intervenção governamental na economia. Os gigantes da indústria americana — como James Jerome Hill ou Commodore Vanderbilt, Andrew Carnegie ou J. P. Morgan — foram empreendedores que ganharam suas fortunas por meio de habilidade pessoal e livre comércio em um livre mercado. Mas existia outro tipo de empresários, os produtos de uma economia mista, os homens com influência política, que fizeram fortunas por meio de privilégios especiais concedidos a eles pelo governo. Homens como os do quarteto da Ferrovia do Pacífico Central. Foi o poder político por trás de suas atividades — o poder de privilégios forçados, indignos e sem justificativa econômica — que causou deslocamentos na economia do país, dificuldades, depressões e protestos públicos crescentes. Mas foram o livre mercado e os empresários livres que levaram a culpa. Toda consequência calamitosa de controles governamentais foi usada como justificativa para a ampliação dos controles e poderes de um governo sobre a economia.

Se me pedissem para escolher uma data que marca o ponto de inflexão no caminho até a destruição definitiva da indústria americana, e o escrito mais infame de legislação da história americana, eu escolheria o ano 1890 e o Ato Sherman — que começou o crescimento irracional, grotesco e maligno de contradições inaplicáveis, incapazes de serem cumpridas ou julgadas, conhecidas como leis antitruste.

Sob as leis antitruste, um homem se torna um criminoso a partir do momento em que abre uma empresa, não importa o que ele faça. Se ele acatar uma dessas leis, ele enfrentará condenações criminais sob diversas outras. Por exemplo, se ele cobra preços que alguns burocratas julgarem muito altos, ele pode ser indiciado por monopólio ou talvez por uma "intenção de monopolizar" bem sucedida; se ele cobrar preços menores do que seus competidores, ele pode ser indiciado por "competição desleal" ou "restrições de comércio"; e se ele cobrar os mesmos preços de seus competidores, ele pode ser indiciado por "formação de cartel" ou "complô".

Eu recomendo que você dedique atenção ao excelente livro chamado *The Antitrust Laws of the USA*, de A. D. Neale[19]. Trata-se de um estudo acadêmico, imparcial e objetivo; o autor, um funcionário público inglês, não é um campeão do livre empreendimento; até onde pode-se dizer, ele provavelmente pode ser classificado como um "liberal". Mas ele não confunde fatos com interpretações, ele os mantém plenamente separados; e os fatos que ele apresenta são uma história de terror.

O sr. Neale aponta que a proibição de "restrição de comércio" é a essência do antitruste — e que nenhuma definição exata do que constitui "restrição de comércio" pode ser dada. Portanto ninguém pode dizer o que a lei proíbe ou permite a alguém; a interpretação dessas leis é deixada completamente para os tribunais. Um empresário ou seu advogado precisam estudar todo o corpo da pretensa lei — todos os registros de jurisprudência, precedentes e decisões — para conseguir ter ao menos uma ideia geral do sentido atual dessas leis; exceto pelo fato de que os precedentes podem ser contornados e as decisões revertidas amanhã ou na semana ou ano seguinte. "Os tribunais dos Estados Unidos estão envolvidos desde 1890 em decidir caso a caso exatamente o que a lei proíbe. Nenhuma definição ampla consegue desvendar o sentido do estatuto [...]"[20].

Isso significa que um empresário não tem como saber antecipadamente se a ação que ele toma é legal ou ilegal, se ele é culpado ou inocente. Isso significa que um empresário precisa viver sob a ameaça de um súbito desastre imprevisível, arriscando-se a perder tudo o que possui ou ser

---

[19] NEALE, A. D. *The Antitrust Laws of the United States of America: A Study of Competition Enforced by Law*. Cambridge, Inglaterra: Cambridge University Press, 1960.
20 *Ibid.*, p. 13.

sentenciado à prisão, com sua carreira, reputação, propriedade, fortuna e as conquistas de toda sua vida deixadas à mercê de um jovem burocrata ambicioso qualquer, que, por alguma razão pública ou privada, decida mover uma ação contra ele.

Leis retroativas (ou *ex post facto*) — ou seja, uma lei que pune um homem por uma ação que não era definida legalmente como um crime no momento em que ele a cometeu — são rejeitadas e contrárias à toda a tradição da jurisprudência anglo-saxã. É uma forma de perseguição praticada apenas em ditaduras e proibida por todos os códigos legislativos civilizados. É especificamente proibida pela Constituição dos Estados Unidos. Ela não deveria existir nos Estados Unidos e não é aplicada a ninguém — exceto aos empresários. Um caso no qual um homem não tem como saber até que seja condenado que a ação que ele executou no passado foi legal ou ilegal, certamente é um caso de lei retroativa.

Eu recomendo um pequeno e brilhante livro chamado *Ten Thousand Commandments*, de Harold Fleming[21]. Ele é escrito para leigos e apresenta em termos claros simples e lógicos, com riqueza de evidências detalhadas e documentadas — um retrato das leis antitruste, cuja palavra "pesadelo" é muito fraca para descrever.

> Um dos perigos [escreve Fleming] que gerentes de vendas precisam levar em conta agora é que alguma política seguida hoje à luz da melhor opinião legal pode ser reinterpretada como ilegal no ano seguinte. Nesse caso, o crime e a pena podem ser retroativos. [...] Outro tipo de perigo consiste na possibilidade de processos de indenização tríplice, também possivelmente retroativos. Firmas que, com as melhores intenções, entram em conflito com a lei em um dos exemplos acima, são abertas a sofrerem processos de indenização tríplice sob as leis antitruste, mesmo que suas ofensas tenham vindo de uma conduta que todos consideraram, à época, tanto legais quanto éticas, mas que uma reinterpretação subsequente da lei considerou ilegal[22].

O que os empresários dizem quanto a isso? Em um discurso intitulado "Culpado antes do julgamento", pronunciado em 18 de maio de 1950, Benjamin F. Fairless, à época presidente da Corporação Siderúrgica dos Estados Unidos, disse:

---

[21] FLEMING, Harold. *Ten Thousand Commandments*. Nova York: Prentice-Hall, 1951.
[22] *Ibid.*, p. 16-17.

Cavalheiros, eu não preciso lhes dizer que se persistirmos nesse tipo de sistema legal — e se o aplicarmos imparcialmente contra todos os transgressores — virtualmente todas as empresas dos Estados Unidos, grandes e pequenas, terão que ser geridas de Atlanta, Sing, Leavenworth ou Alcatraz.

O tratamento legal acordado a criminosos de verdade é muito superior ao acordado aos empresários. Os direitos dos criminosos são protegidos por leis objetivas, procedimentos objetivos, regras de evidências objetivas. Um criminoso é presumido inocente até que se prove que ele é culpado. Apenas empresários — os produtores, os fornecedores, os apoiadores, os Atlas que carregam nossa economia inteira em seus ombros — são considerados culpados por natureza e precisam provar sua inocência, sem qualquer critério definível de prova ou inocência, e são deixados à mercê do capricho, favoritismo ou malícia de qualquer político carente de publicidade, qualquer estatista desonesto, qualquer mediocridade invejosa que possa tentar galgar seu caminho até um cargo burocrático e que sinta um ímpeto para assassinar reputações.

O melhor e mais honrado tipo de oficiais governamentais protestou repetidamente contra a natureza não-objetiva das leis antitruste. No mesmo discurso, o sr. Fairless cita uma declaração de Lowell Mason, que era membro da Comissão Federal de Comércio à época:

> O empresariado americano está sendo assediado, sangrado e até mesmo sobrepujado sob um sistema de leis absurdo em forma de colcha de retalhos, leis essas muitas vezes incompreensíveis, inaplicáveis e injustas. Há tanta baderna de leis governando o comércio interestadual que o governo literalmente pode encontrar alguma acusação contra qualquer assunto que queira indiciar. Eu digo que esse sistema é um ultraje.

Adiante, o sr. Fairless cita um comentário escrito pelo juiz Jackson, da Suprema Corte, quando ele chefiou a Divisão Antitruste do Departamento de Justiça:

> É impossível para um advogado determinar qual conduta empresarial será considerada lícita pelos tribunais. Essa situação é constrangedora aos empresários que querem seguir a lei e aos oficiais do governo que tentam aplicá-la.

Esse constrangimento, no entanto, não é compartilhado por todos os membros do governo. O livro do sr. Fleming cita a seguinte declaração feita por Emanuel Celler, Presidente do Comitê Judiciário Doméstico, em um simpósio da Ordem dos Advogados do Estado de Nova York, em janeiro de 1950:

Eu gostaria de deixar claro que me oponho veementemente a quaisquer leis antitruste que tentem particularizar violações, criando cartas de direitos de particulares para substituir princípios gerais. A lei deve se manter fluida, permitindo uma sociedade dinâmica[23].

Eu gostaria de deixar claro que "lei fluida" é um eufemismo para "poder arbitrário" — que "fluidez" é uma característica mor da lei sob qualquer ditadura — e que o tipo de "sociedade dinâmica" cujas leis são tão fluidas que elas inundam e afogam o país podem ser vistas na Alemanha nazista ou na Rússia soviética.

A ironia trágica da questão como um todo é o fato de que as leis antitruste foram criadas e, até hoje, são apoiadas pelos pretensos "conservadores", pelos supostos defensores do livre empreendedorismo. Isso é uma prova sinistra do fato de que o capitalismo nunca teve defensores filosóficos adequados — e uma medida do quanto seus supostos campeões carecem de princípios políticos, qualquer conhecimento de economia e qualquer compreensão da natureza do poder político. O conceito de *livre* competição conduzido por força da lei é uma contradição grotesca de termos. Ele representa forçar pessoas a serem livres por meio de ameaça armada. Significa proteger a liberdade das pessoas pela regulação arbitrária de decretos burocráticos incontestáveis.

Quais foram as causas históricas que levaram à aprovação do Ato Sherman? Cito o livro de Neale:

> O ímpeto por trás do movimento da legislação mais antiga ganhou força durante as décadas de 1870 e 1880. [...] Depois da Guerra Civil, as ferrovias com seus privilégios, estatutos e subsídios, se tornaram os objetos principais de desconfiança e hostilidade. Vários corpos com nomes reveladores como "A Liga Nacional Antimonopólios de Fretes Baratos em Ferrovias" surgiram[24].

Esse é um exemplo eloquente dos empresários servindo como bodes expiatórios, levando a culpa pelos pecados dos políticos. Foi contra os privilégios garantidos politicamente — os estatutos e subsídios das ferrovias — que o povo se rebelou; foram esses privilégios que colocaram as ferrovias do oeste fora do alcance da competição e deram a elas um poder

---

[23] *Ibid.*, p. 22.
[24] NEALE, A. D. *The Antitrust Laws of the United States of America: A Study of Competition Enforced by Law*. Cambridge, Inglaterra: Cambridge University Press, 1960, p. 23.

monopolístico, com todos os seus abusos consequentes. Mas o remédio, escrito em lei por um Congresso *republicano*, consistia na destruição da liberdade dos empresários e na extensão do poder de controles políticos sobre a economia.

Se você quiser observar a verdadeira tragédia americana, compare a motivação ideológica das leis antitruste com seus resultados. Novamente cito Neale:

> Aparentemente, é provável que a desconfiança americana acerca de todas as fontes de poder desmedido é um motivo mais persistente e interiorizado por trás da política antitruste do que qualquer crença econômica ou tendência política radical. Essa desconfiança pode ser vista em várias esferas da vida americana [...] Ela é expressa nas teorias de "freios e contrapesos" e de "separação de poderes". Nos Estados Unidos o fato de que alguns homens possuem poder sobre as atividades e fortunas dos outros ocasionalmente é reconhecido como inevitável, mas jamais aceito como satisfatório. É sempre esperado que algum portador do poder em específico, *seja político ou econômico* será sujeito à ameaça de usurpação por parte de outras autoridades. [...] [Grifo meu.]

Em conjunto com essa motivação básica do antitruste está a confiança no processo legal e remediação judicial ao invés de regulação administrativa. A famosa prescrição da Carta de Direitos de Massachusetts — "até o fim há de ser um governo de leis e não de homens" — é uma das citações prediletas dos americanos e uma que é essencial para entender o antitruste. Sem esse fator seria impossível explicar o grau de aceitação — tão espantoso àqueles fora dos Estados Unidos — que é acordado à política antitruste por esses interesses, especialmente os interesses de "grandes empresas", que são frequente e ostensivamente sujeitos às suas sanções[25].

Eis aqui a tragédia do que acontece com intenções humanas sem uma teoria filosófica claramente definida para guiar sua implementação prática. A primeira sociedade livre na história destruída por sua liberdade — em nome da proteção da liberdade. A falha em diferenciar poder *político* de poder *econômico* permitiu aos homens suporem que a coerção poderia ser um "equilíbrio" adequado à produção, que ambos seriam atividades da mesma ordem, que poderiam servir como um "freio" uma à outra, que a

---

[25] *Ibid.*, p. 422-423.

"autoridade" de um empresário e a "autoridade" de um burocrata seriam rivais intercambiáveis à mesma função social. Buscando um "governo de leis e não de homens", os defensores do antitruste entregaram toda a economia americana a um poder tão arbitrário de governo de homens quanto qualquer ditadura esperaria estabelecer um dia.

Na ausência de qualquer critério racional de julgamento, as pessoas tentaram julgar as questões imensamente complexas de um livre mercado por um padrão tão superficial como *grandeza*. Você ouve isso até hoje: "*grandes* empresas", "*grandes* governos" ou "*grandes* sindicatos" são denunciados como ameaças à sociedade, sem nenhuma preocupação com a natureza, origem ou função da "grandeza", como se o tamanho por si só fosse algo mau. Esse tipo de raciocínio significaria que um "grande" gênio, como Edison, e um "grande" gângster, como Stalin, eram malfeitores iguais: um inundou o mundo com valores imensuráveis e o outro com uma matança incalculável, mas ambos o fizeram em uma escala muito *grande*. Duvido que alguém se importe em igualar esses dois, mas *essa* é a diferença exata entre grandes empresas e grandes governos. O único meio pelo qual um governo pode crescer é a força física; o único meio pelo qual uma empresa pode crescer, em uma economia livre, é a realização produtiva.

O único fator legítimo exigido para a existência de livre competição é a operação desimpedida e desobstruída do mecanismo de um livre mercado. A única ação que um governo pode tomar para proteger a livre competição é: *laissez-faire!*, que, em tradução livre, significa *deixar acontecer!*. Mas as leis antitruste estabeleceram condições exatamente opostas — e obtiveram o oposto exato dos resultados que pretendiam obter.

Não há como legislar sobre competição; não há padrões pelos quais pode-se definir quem deva competir com quem, quantos competidores devam existir em qualquer campo em particular, qual sua força relativa deva ser ou os seus supostos "mercados relevantes", que preços deveriam praticar, que métodos de competição seriam "justos" ou "injustos". Nada disso pode ser respondido porque *essas* são precisamente as perguntas que devem ser respondidas apenas pelo mecanismo de um livre mercado.

Sem princípios, padrões ou critérios para guiá-la, a lei antitruste é o registro de setenta anos de sofismas, casuística e pontas duplas, tão absurdo e tão deslocado de qualquer contato com a realidade quanto qualquer debate de estudiosos medievais. Com apenas uma diferença: os medievais tinham motivos melhores para fazer suas perguntas, e nenhuma vida ou fortuna humana em particular foi atacada como resultado de seus debates.

Eis alguns exemplos de casos de antitruste. No caso da *Associação de Imprensa contra os Estados Unidos* de 1945, a Associação de Imprensa foi considerada culpada porque suas leis restringiam a participação nela e dificultava muito a entrada de jornais recém-estabelecidos. Eis uma citação do livro de Neale:

> Foi contestado em defesa da Associação de Imprensa que houve outras agências de notícias das quais novos participantes poderiam obter suas notícias. [...] O tribunal defendeu que [...] a Associação de Imprensa era organizada coletivamente de forma a assegurar vantagens competitivas para membros sobre os não-membros e, como tal, causou restrições comerciais, apesar de não impedir qualquer não-membro de competir. [O serviço de notícias da Associação de Imprensa foi considerado uma instituição tão importante que] ao manter-se exclusivo para seus membros, a associação impõe um obstáculo verdadeiro a *pretensos competidores* [...]. Não conta como defesa o fato de que seus membros construíram uma instalação [...] para si mesmos; novos participantes ainda devem ter o direito de compartilhar dela em termos razoáveis *a menos que seja praticável* para eles competirem sem usá-la [Grifos meus.][26].

De quem são os *direitos* violados aqui? E de quem são os *caprichos* implementados por força da lei? O que qualifica alguém a ser um "pretenso competidor"? Se eu decidir começar a competir com a General Motors amanhã, que porção de suas instituições eles teriam que compartilhar comigo de modo que se torne "praticável" que eu consiga competir com eles?

No caso de *Milgram v. Loew's*, de 1951, a recusa consistente dos maiores distribuidores de filmes para garantir exibições inéditas a um cinema *drive-in* foi considerada prova de *complô*. Cada empresa tinha motivos obviamente válidos para sua recusa, e a defesa argumentou que cada um tomou sua decisão independente sem saber das decisões dos outros. Mas o tribunal estipulou que "práticas comerciais conscientemente paralelas" são prova suficiente de conspiração e que "provas adicionais de acordo real entre os réus não eram necessárias". O Tribunal de Apelações manteve essa decisão, sugerindo que evidências de ação paralela devem transferir

---

[26] *Ibid.*, p. 70-71.

o ônus da prova aos réus "de modo a explicarem a interferência de ação conjunta", que eles aparentemente não haviam explicado.

Considere por um momento as implicações *desse* caso. Se três empresários tomarem independentemente a mesma decisão comercial descaradamente óbvia — eles precisam provar que não conspiraram? Ou se dois empresários observarem uma política comercial inteligente desenvolvida pelo terceiro — eles deveriam evitar adotá-la, por medo de uma acusação de conspiração? Ou caso eles a adotem, o terceiro deveria ser arrastado a um tribunal e acusado de conspiração por conta de ações tomadas por dois homens que ele nunca viu? E como, então, ele "explica" sua culpa presumida e se prova inocente?

No caso de patentes, as leis antitruste parecem respeitar os direitos do proprietário de uma patente — desde que só ele use sua patente e não a compartilhe com mais ninguém. Mas caso ele decida não entrar em uma guerra por patentes com um competidor que detém patentes da mesma categoria geral — se ambos decidirem abandonar a suposta política "predatória" da qual empresários são acusados tão frequentemente — se eles decidirem agrupar suas patentes e licenciá-las para alguns outros fabricantes que eles *escolherem — então* as leis antitruste recairão sobre ambos. As penalidades nesses casos de agrupamento de patentes envolvem licenciamento compulsório das patentes a todo e qualquer recém-chegado — ou o confisco irrestrito das patentes.

Cito o livro de Neale:

> O licenciamento compulsório de patentes — mesmo de patentes válidas adquiridas licitamente através de esforços e pesquisa dos próprios funcionários da empresa — não tem o propósito de punição, mas sim de um meio pelo qual empresas rivais possam ser posicionadas no mercado. [...] No caso *I.C.I. e DuPont* de 1952, por exemplo, o juiz Ryan [...] ordenou o licenciamento compulsório das patentes existentes deles nas áreas às quais seus acordos de restrição se aplicavam e também das patentes de melhorias, mas não de novas patentes nessas áreas. Nesse caso uma remediação auxiliar foi concedida, o que se tornou comum recentemente. Tanto a I.C.I. quanto a DuPont receberam ordens para fornecer aos requerentes, por um valor razoável, manuais técnicos que mostrariam em detalhes como as patentes eram praticadas[27].

---

[27] *Ibid.*, p. 410.

Isso, pasme, não é considerado "punitivo"!

De quem é a mente, habilidade, conquista e direitos sacrificados aqui — e para benefícios desmerecidos *de quem?*

A decisão judicial mais chocante nessa progressão sinistra (até, exclusive, 1961) foi escrita — como quase seria de se esperar — por um distinto "conservador", o juiz Learned Hand. A vítima foi a ALCOA. O caso foi *Estados Unidos v. Companhia de Alumínio da América* em 1945.

Sob as leis antitruste, o monopólio, como tal, não é ilegal; o que é ilegal é a "intenção de monopolizar". Para conseguir condenar a ALCOA, o juiz Learned Hand precisou encontrar evidências de que a ALCOA tomou medidas agressivas para excluir competidores de seu mercado. Eis o tipo de evidência que ele encontrou e no que foi baseada a decisão que bloqueou a energia de um dos maiores interesses industriais americanos. Eu cito a opinião do juiz Hand:

> Não foi inevitável que ela [ALCOA] sempre antecipasse aumentos na demanda por lingotes e estivesse pronta para fornecê-los. Nada a compeliu a continuar dobrando e redobrando sua capacidade antes que outras empresas entrassem no ramo. Ela insiste que jamais excluiu concorrentes; mas não conseguimos pensar em uma exclusão mais eficiente do que progressivamente abraçar cada nova oportunidade conforme ela surgisse, e encarar cada recém-chegado com uma nova capacidade já instalada em uma grande empresa, com a vantagem de ter experiência, contatos comerciais e profissionais de elite[28].

Aqui, o significado e propósito das leis antitruste foram descarada e explicitamente expostos, o único sentido e propósito que essas leis *poderiam* ter, queiram seus autores ou não, é penalizar a habilidade por ser habilidade, penalizar o sucesso por ser sucesso e o sacrifícios de gênios produtivos às demandas da mediocridade invejosa.

Se esse princípio fosse aplicado a toda a atividade produtiva, se um homem inteligente fosse proibido de "abraçar cada nova oportunidade conforme ela surgisse" por medo de desencorajar algum covarde ou tolo que quisesse competir com ele, isso significaria que nenhum de nós, em qualquer profissão, deveria se aventurar adiante, ou crescer, ou melhorar, porque qualquer forma de progresso pessoal — seja a maior rapidez de um datilógrafo, telas melhores de um artista ou maiores porcentagens de cura

---

[28] *Ibid.*, p. 114.

de um médico — poderiam desencorajar o tipo de novatos que ainda não começaram mas que esperam começar competindo no topo.

Como um pequeno, porém definidor toque, citarei a nota de rodapé de Neale ao seu relato do caso da ALCOA:

> É interessante notar que a base na qual escritores economistas condenaram o monopólio do alumínio foi precisamente porque a ALCOA fracassou constantemente em abraçar oportunidades de expansão e, dessa forma, subestimou a demanda pelo metal do qual os Estados Unidos tinham uma capacidade produtiva pífia após as duas guerras mundiais[29].

Agora peço que se considere a natureza, a essência e o registro das leis antitruste, ao mencionar o clímax que torna insignificante todo o resto desse registro sórdido: o caso *General Electric*, de 1961.

A lista de acusados desse caso é como uma lista de chamada de honra da indústria de equipamentos elétricos: General Electric, Westinghouse, Allis-Chalmers e vinte e seis outras companhias menores. O crime delas foi fornecer os benefícios e confortos incomparáveis da era elétrica, de torradeiras a geradores de força. É por esse crime que elas foram punidas — porque elas não poderiam ter fornecido nada disso, nem se mantido abertas, sem quebrarem as leis antitruste.

A acusação contra elas foi que fizeram acordos secretos para fixar os preços de seus produtos e fraudar leilões. Mas sem esses acordos, as maiores companhias teriam abaixado tanto seus preços que as menores seriam incapazes de equipará-los e acabariam falindo, de modo que as empresas maiores teriam sido condenadas, sob essas mesmas leis antitruste, por "intenção de monopólio".

Cito um trecho do artigo de Richard Austin Smith intitulado "A incrível conspiração elétrica", na revista *Fortune* (abril e maio de 1961): "Se a G.E. controlasse 50% do mercado, mesmo empresas fortes como a ITE Circuit Breaker seriam feridas gravemente". Esse mesmo artigo mostra que os acordos de fixação de preços não beneficiaram a General Electric, que eles eram uma desvantagem, e que a General Electric foi, enfim, "a trouxa" e seus executivos sabiam disso, queriam sair da "conspiração" mas não tiveram escolha, por conta do antitruste e outros regulamentos governamentais.

---

[29] *Ibid.*

A melhor evidência do fato de que as leis antitruste foram um grande fator para forçar a "conspiração" sobre a indústria elétrica pode ser vista após esse caso — na questão de "decreto consensual". Quando a General Electric anunciou que agora ela pretendia cobrar os menores preços possíveis, foram as empresas menores e o governo, a Divisão Antitruste, que se opuseram.

O artigo do sr. Smith menciona o fato de que as reuniões dos "conspiradores" começaram como um resultado advindo do Escritório de Administração de Preços [OPA, na sigla em inglês]. Durante a guerra, os preços de equipamentos elétricos foram *fixados pelo governo* e os executivos da indústria elétrica se reuniram para discutirem uma política comum. Eles continuaram essa prática mesmo depois da dissolução do OPA.

Por qual padrão concebível poderia a política de fixar preços ser um crime, quando praticada por empresários, mas um benefício público, quando praticada pelo governo? Há várias indústrias, durante tempos de paz — como a de caminhões, por exemplo — cujos preços são fixados pelo governo. Se fixar preços é tão danoso à concorrência, à indústria, à produção, aos consumidores, à economia como um todo e ao "interesse público" — como os defensores das leis antitruste alegaram — então como as mesmas políticas danosas podem ser benéficas nas mãos do governo? Uma vez que não há resposta racional a esse questionamento, sugiro que você questione o conhecimento econômico, o propósito e os motivos dos defensores do antitruste.

As empresas elétricas não se defenderam contra a acusação de "conspiração". Elas alegaram *nolo contendere*, que significa: "sem contestar". E assim fizeram porque as leis antitruste colocam um perigo tão mortal no caminho de qualquer tentativa de se defender que a própria defesa se torna virtualmente impossível. Essas leis fazem com que uma empresa condenada por uma violação antitruste possa ser processada por *indenizações tríplices* por qualquer um que alegar ter sofrido dano. Em um caso de escala tão ampla quanto o da indústria elétrica, tais indenizações tríplices poderiam, concebivelmente, acabar com a existência de todos os réus. Com esse tipo de ameaça pairando sobre si, quem pode ou aceitará o risco de oferecer uma defesa em um tribunal que não possui leis objetivas, nem padrões objetivos de culpa ou inocência, nem maneira objetiva de estimar as chances de alguém?

Tente projetar que clamor de indignação e quais protestos seriam ouvidos ao nosso redor, se algum outro grupo de homens, algum outro grupo de minorias, fosse sujeito a um tribunal em que a *defesa* foi impossibilitada — ou no qual as leis prescrevessem que quanto mais séria a ofensa, mais perigosa seria a defesa. Certamente o oposto é verdade em relação a criminosos reais: quanto mais sério o crime, maiores as precauções e proteções prescritas pela lei para dar ao réu uma chance e o benefício de quaisquer dúvidas. São apenas os empresários que precisam ir ao tribunal amarrados e amordaçados.

Mas o que começou a investigação governamental na indústria elétrica? O artigo do sr. Smith declara que a investigação começou por conta de reclamações da TVA (Autoridade do Vale do Tennessee) e *demandas* do senador Kefauver. Isso foi em 1959, durante o mandato *republicano* de Eisenhower. Cito a revista *Time* de 17 de fevereiro de 1961:

> Normalmente o governo tem dificuldades para juntar evidências em casos de antitruste, mas dessa vez teve uma colher de chá. Em outubro de 1959, quatro empresários de Ohio foram sentenciados à prisão depois de alegarem *nolo contendere* em um caso antitruste. (Um deles cometeu suicídio no caminho para a prisão.) Essa notícia causou calafrios nos executivos de equipamentos elétricos sob investigação e alguns concordaram em testemunhar contra seus colegas sob a segurança de imunidade. Com as provas reunidas por meio deles (a maioria deles ainda está em suas empresas), o governo montou o caso.

A discussão feita aqui nesses termos não foi a respeito de gângsters, traficantes ou mafiosos, mas de *empresários* — os membros produtivos, criativos, eficientes e competentes da sociedade. Porém as leis antitruste *agora*, nessa nova fase, aparentemente focam em transformar empresas em um submundo, com informantes, delatores, traidores, "acordos" especiais e tudo mais da atmosfera de *Os Intocáveis.*

Sete executivos da indústria elétrica foram sentenciados à prisão. Jamais saberemos o que aconteceu nos bastidores desse caso ou nas negociações entre as empresas e o governo. Será que *esses sete* foram responsáveis pela suposta "conspiração"? Caso haja culpa, eles seriam mais culpados do que outros? Quem os "delatou" — e por quê? Eles foram falsamente incriminados? Eles foram traídos? De quem foram os propósitos, ambições ou metas atingidas através da imolação deles? Não sabemos. Sob uma armação tal qual as leis antitruste criaram, não há como saber.

Quando esses sete homens, que não puderam se defender, entraram no tribunal para ouvir suas sentenças, os advogados deles pediram clemência ao juiz. Cito a mesma história da *Time:*

> Veio perante a corte o advogado de [...] um vice-presidente da Westinghouse, para pedir clemência. Seu cliente, disse o advogado, era um sacristão da Igreja Episcopal de São João em Sharon, Pensilvânia, e também um benfeitor de caridade para crianças deficientes". O advogado de outro réu declarou que seu cliente era "o diretor de um clube de rapazes em Schenectady, NY e presidente de uma campanha para construir um novo seminário jesuíta em Lenox, Massachusetts.

Não foram as conquistas, a habilidade produtiva, o talento executivo, a inteligência ou seus direitos que os advogados julgaram necessário citar — mas seus "serviços" altruísticos ao "bem-estar dos necessitados". Os *necessitados* tinham um direito ao bem-estar — mas aqueles que o produziram e forneceram, não. O bem-estar e os direitos dos produtores não foram julgados dignos de consideração ou reconhecimento. *Essa* é a mais pesada acusação no presente estado de nossa cultura.

A cereja do bolo dessa farsa asquerosa foi a declaração do juiz Ganey. Ele disse: "O que está em julgamento aqui é a sobrevivência do tipo de economia que elevou os Estados Unidos à sua grandeza, o sistema de livre iniciativa". Ele disse isso enquanto dava o golpe mais incapacitante no sistema de livre empreendedorismo jamais visto, enquanto sentenciava sete dos seus melhores representantes à prisão e consequentemente declarava que a própria classe de homens que elevou os Estados Unidos à sua grandeza — os empresários — deverão agora ser tratados, por sua natureza e profissão, como criminosos. Encarnado nesses sete homens, o que ele condenava era o sistema de livre empreendedorismo.

Esses sete homens foram mártires. Eles foram tratados como animais de sacrifício — eles foram *sacrifícios humanos*, de forma mais real e cruel do que os sacrifícios humanos oferecidos pelos selvagens pré-históricos.

Se você se importa com justiça para grupos minoritários, lembre-se que os empresários são uma minoria ínfima — uma minoria *muito pequena*, comparados com o total de todas as hordas não-civilizadas do planeta. Lembre-se do quanto devemos a essa minoria — e que perseguição desgraçada eles aturam. Lembre-se também que a menor minoria do mundo é o indivíduo. Aqueles que negam direitos individuais não podem alegar que são defensores de minorias.

O que devemos fazer quanto a isso? Devemos exigir o reexame e revisão da questão inteira de antitruste. Devemos desafiar sua base filosófica, política, econômica e *moral*. Deveríamos ter um Sindicato de Liberdades Civis — para empresários. A rejeição às leis antitruste deveria ser nossa meta definitiva; ela exigirá uma longa batalha política e intelectual; mas, no presente momento e como um primeiro passo, devemos exigir que as provisões de prisão punitiva dessa lei sejam abolidas. Já é ruim o bastante se homens tiverem que sofrer penalidades financeiras, como multas, sob leis que todos concordam que são contraditórias, indefiníveis e subjetivas, uma vez que não há dois juristas que consigam concordar com seu sentido e aplicação; é obsceno impor sentenças de reclusão sob leis de natureza tão controversa. Devemos findar o ultraje de enviar homens à prisão por quebrarem leis ininteligíveis que eles não conseguem evitar quebrar.

Empresários são o único grupo que distingue o capitalismo e o estilo de vida americano do estatismo totalitarista que está engolindo o resto do mundo. Todos os outros grupos sociais — trabalhadores, fazendeiros, cientistas, soldados — existem sob ditaduras, mesmo que acorrentados, aterrorizados, miseráveis e sob progressiva autodestruição. *Mas não há um grupo como o dos empresários sob uma ditadura.* O lugar deles é tomado por capangas armados: burocratas e comissários. Empresários são o símbolo de uma sociedade livre — o símbolo dos Estados Unidos. Se e quando eles perecerem, a civilização irá com eles. Mas se você quiser lutar por liberdade, você precisa começar lutando por seus melhores representantes, ainda que sem reconhecimento, recompensas ou gratidão — os empresários americanos.

CAPÍTULO 4

ANTITRUSTE [30]

Alan Greenspan

O mundo do antitruste é um resquício do País das Maravilhas da Alice: tudo aparenta ser, porém aparentemente não é, simultaneamente. É um mundo no qual a concorrência é enaltecida como um axioma básico e princípio guia, mas concorrência "demais" é condenada como "traição". É um mundo no qual ações feitas para limitar a competição são consideradas criminosas quando tomadas por empresários, porém cultuadas como "iluminadas" quando iniciadas pelo governo. É um mundo no qual a lei é tão vaga que os empresários não têm como saber quais ações específicas serão declaradas ilegais até ouvirem o veredito do juiz — após o fato.

Em vista da confusão, das contradições e duplicidades legislativas que caracterizam o âmbito do antitruste, afirmo que o sistema antitruste como um todo precisa ser aberto à revisão. É um passo necessário para comprovar e estimar (a) as raízes históricas das leis antitruste e (b) as teorias econômicas sobre as quais essas leis foram baseadas.

Americanos sempre tiveram temor à concentração de poder arbitrário nas mãos de políticos. Antes da Guerra Civil, poucos atribuíram tal poder aos empresários. Era reconhecido que funcionários do governo tinham o poder legal de compelir à obediência por meio de força física — e que empresários não tinham esse poder. Um empresário precisava de fregueses. Ele precisava apelar aos interesses pessoais deles.

Essa avaliação da questão mudou rapidamente logo após a Guerra Civil, particularmente com a vinda da era das ferrovias. Externamente, as ferrovias não tinham o apoio de força legal. Mas para os fazendeiros do oeste, as ferrovias pareciam ter o poder arbitrário outrora atribuído

---

[30] Baseado em um artigo para o Seminário Antitruste da Associação Nacional de Economistas de Negócios em Cleveland, em 25 de setembro de 1961. Publicado pelo Instituto Nathaniel Branden, Nova York, 1962.

somente ao governo. As ferrovias pareciam intocadas pelas leis de competição. Elas pareciam capazes de cobrar preços calculados para manter os fazendeiros capazes de pagar pelo transporte só de sementes — nem mais nem menos. O protesto dos fazendeiros tomou a forma do Movimento Granjeiro Nacional, a organização responsável pela aprovação do Ato de Comércio Interestadual de 1887.

Os gigantes da indústria, como o Standard Oil Trust dos Rockfeller, que estavam crescendo durante esse período, também eram supostamente imunes à concorrência, da lei de oferta e procura. A reação pública contra os trustes culminou no Ato Sherman de 1890.

Foi alegado à época — como ainda é alegado atualmente, que se empresas fossem deixadas para agirem livremente, necessariamente se tornariam instituições dotadas de poder arbitrário. Essa afirmação é válida? O período pós-guerra civil deu à luz a uma nova forma de poder arbitrário? Ou o governo continua sendo a fonte desse poder, com empresas apenas fornecendo um novo caminho para o seu exercício? Essa é a questão histórica crucial.

As ferrovias se desenvolveram no Leste, antes da Guerra Civil, em concorrência acirrada umas com as outras e com os antigos meios de transporte — barcaças, barcos fluviais e carroças. Na década de 1860 surgiu um clamor político exigindo que as ferrovias fossem para o oeste e conectassem a Califórnia com o resto do país: o prestígio nacional estava em jogo. Mas o volume de tráfego fora do populoso leste era insuficiente para levar transporte comercial rumo ao oeste. O lucro potencial não assegurava o custo pesado do investimento em instalações de transporte. Em nome da "política pública" foi decidido, portanto, subsidiar ferrovias rumo ao oeste.

Entre 1863 e 1867, cerca de cem milhões de acres de terras públicas foram concedidas às ferrovias. Uma vez que essas concessões foram feitas para vias individuais, nenhuma ferrovia concorrente poderia competir pelo tráfego na mesma área no Oeste. Enquanto isso, as formas alternativas de competição (carroças, barcos fluviais, etc.) não conseguiam bancar a competição com as ferrovias no Oeste. Desse modo, com ajuda do governo federal, um segmento da indústria ferroviária conseguiu "se libertar" das amarras da concorrência que dominavam o Leste.

Como era de se esperar, os subsídios atraíram o tipo de promotores que sempre existem na margem da comunidade empresarial e que sempre buscam por um "negócio fácil". Várias das novas ferrovias do oeste foram mal construídas: elas não eram construídas para se trafegar, mas para receber concessões de terras.

As ferrovias do oeste eram verdadeiros monopólios no sentido literal da palavra. Elas podiam e se comportavam com uma aura de poder arbitrário. Mas o poder não era derivado de um livre mercado. Ele vinha de subsídios e restrições governamentais[31].

Quando, por fim, o tráfego do oeste aumentou para níveis que poderiam sustentar outras empresas de transporte lucrativas, o poder monopolístico das ferrovias logo foi cortado. Apesar de seus privilégios iniciais, elas foram incapazes de suportar a pressão da livre competição.

Ao mesmo tempo, no entanto, um ponto de inflexão sinistro aconteceu na história econômica americana: o Ato de Comércio Interestadual de 1887.

O ato não era necessário pelos "males" do livre mercado. Assim como legislações posteriores que controlavam negócios[32], o ato foi uma tentativa de remediar distorções econômicas *criadas* por intervenções governamentais anteriores, mas cuja culpa foi jogada no livre mercado. O Ato de Comércio Interestadual, por sua vez, produziu novas distorções na estrutura e finanças das ferrovias. Hoje, é proposto que essas distorções sejam corrigidas por meio de subsídios adicionais. As ferrovias estão à beira do colapso definitivo, porém ninguém desafia o diagnóstico errôneo original de forma a descobrir — e corrigir — a verdadeira causa de seus males.

Interpretar a história da ferrovia do século XIX como "prova" do fracasso do livre mercado é um erro desastroso. O mesmo erro — que persiste até hoje — foi o medo de "trustes" do século XIX.

O mais formidável dos "trustes" foi o da Standard Oil. No entanto, quando da aprovação do Ato Sherman, no período pré-automóveis, a indústria do petróleo inteira somava menos de um por cento do Produto Interno Bruto e era quase um terço do tamanho da indústria de calçados. Não foi o tamanho absoluto dos trustes, mas sim a dominação dentro de suas próprias indústrias que alimentou a apreensão. O que os observadores não conseguiram compreender, no entanto, foi o fato de que o controle da

---

[31] Agradeço a Ayn Rand por sua identificação desse princípio. Veja suas "Notas Sobre a História da Livre Iniciativa nos Estados Unidos", capítulo 7.

[32] Isto é, outras legislações, feitas após o Ato de Comércio Interestadual, as quais também controlavam as empresas. (N. E.)

Standard Oil, na virada do século, de mais de oitenta por cento da capacidade de refinação fazia sentido economicamente, e acelerou o crescimento da economia americana.

Tal controle rendeu ganhos óbvios em eficiência, através da integração de refino divergente, *marketing* e operações de dutos de transporte; também tornou o levantamento de capital mais fácil e mais barato. Trustes vieram a existir porque eles eram as unidades mais eficientes naquelas indústrias, que, sendo relativamente novas, eram pequenas demais para sustentarem mais do que uma empresa de grande porte.

Historicamente, o desenvolvimento geral da indústria tomou o seguinte curso: uma indústria começou com algumas firmas pequenas; eventualmente, várias delas se fundiram; isso aumenta eficiência e lucros. Conforme o mercado se expande, novas firmas entram no ramo, diminuindo assim a participação no mercado da firma dominante. Esse tem sido o padrão nas indústrias do aço, petróleo, alumínio, contêineres e diversas outras.

A tendência observável de empresas dominantes de uma indústria eventualmente perderem parte de sua participação no mercado não é causada por legislações antitruste, mas pelo fato de que é difícil evitar que novas firmas entrem no ramo quando a demanda por um certo produto aumenta. Texaco e Gulf, por exemplo, teriam se tornado grandes firmas mesmo se a Standard Oil original não tivesse sido dissolvida. De forma semelhante, o domínio da Corporação Siderúrgica dos Estados Unidos na indústria siderúrgica há meio século teria desabado com ou sem o Ato Sherman.

É necessária uma habilidade extraordinária para se controlar mais de cinquenta por cento do mercado de uma indústria grande em uma economia livre. É preciso haver uma habilidade produtiva incomum, tino comercial infalível, esforços implacáveis em busca de melhorias contínuas de produtos e técnicas. A rara empresa que for capaz de manter sua participação no mercado ano após ano e década após década o faz por meio de eficiência produtiva, e merece aplausos e não condenações.

O Ato Sherman pode ser compreensível quando visto como uma projeção do medo e da ignorância econômica do século XIX. Mas não faz o menor sentido no contexto do conhecimento econômico atual. Os setenta anos a mais de observação de desenvolvimento industrial deveriam ter nos ensinado alguma coisa.

Se as tentativas de justificar nossos estatutos antitruste usando exemplos históricos estiverem erradas e se tratar de um erro de interpretação da história, as tentativas de justificá-los por meio de teorias vêm de uma concepção errônea ainda mais fundamental.

Nos primeiros dias dos Estados Unidos, os americanos desfrutaram de muita liberdade econômica. Cada indivíduo era livre para produzir o que desejasse e vender a quem quisesse, por um preço fixado por acordo mútuo. Se dois concorrentes concluíssem que seria de interesse individual mútuo estipular políticas de preços em conjunto, eles eram livres para isso. Se um cliente exigisse um abatimento para fechar um negócio, uma empresa (normalmente uma ferroviária) poderia aceitar ou negar como achasse melhor. De acordo com a economia clássica, que teve uma influência profunda no século XIX, a concorrência manteria a economia equilibrada.

Mas enquanto várias teorias de economistas clássicos — como as descrições deles a respeito do funcionamento de uma economia livre — eram válidas, o conceito de competição deles era ambíguo e confundia as mentes de seus seguidores. Entendia-se que ele queria dizer que a concorrência consistia meramente em produzir e vender o máximo possível, como um robô, passivamente aceitando o preço de mercado como uma lei da natureza, sem jamais fazer qualquer tentativa de influenciar as condições do mercado.

Os empresários da segunda metade do século XIX, no entanto, tentaram agressivamente afetar as condições de seus mercados com propagandas, variações em taxas de produção e barganhas nos preços com fornecedores e clientes.

Vários observadores assumiram que essas atividades eram incompatíveis com a teoria clássica. Eles concluíram que a concorrência havia deixado de funcionar efetivamente. No sentido pelo qual eles entendiam a concorrência, ela jamais funcionou ou existiu, exceto possivelmente em alguns mercados agropecuários isolados. Mas em um sentido significativo da palavra, a competição existiu e ainda existe — tanto no século XIX quanto hoje.

"Concorrência" é um substantivo ativo, e não passivo. Ele se aplica a toda a esfera de atividade econômica, não meramente à produção, mas também ao comércio; ela implica na necessidade de empreender ações de modo a afetar as condições do mercado em favor de alguém.

O erro dos observadores do século XIX foi que eles restringiram uma abstração ampla — competição — a um conjunto restrito de particularidades, à competição "passiva" projetada por suas próprias interpretações de economia clássica. Como resultado, eles concluíram que o suposto "fracasso" dessa fictícia "competição passiva" refutou todo a estrutura teórica de economia clássica, incluindo a demonstração do fato de que a política de *laissez-faire* é a mais eficiente e produtiva de todos os sistemas econômicos possíveis. Eles concluíram que um livre mercado, por sua natureza, leva à sua autodestruição — e chegaram à contradição grotesca de tentar preservar a liberdade do mercado através de controles governamentais, ou seja, preservar os benefícios da política de *laissez-faire* ao aboli-la.

A pergunta crucial que eles não fizeram é se a concorrência "ativa" inevitavelmente leva ao estabelecimento de monopólios coercitivos, como eles supunham, ou se uma economia *laissez-faire* de concorrência "ativa" tem um regulador internalizado que a preserva. Essa é a pergunta que devemos examinar agora.

Um "monopólio coercitivo" é uma empresa que pode definir seus preços e políticas de produção independentemente do mercado, com imunidade à concorrência, à lei de oferta e demanda. Uma economia dominada por esses monopólios seria rígida e estagnada.

A precondição necessária para um monopólio coercitivo é a entrada restrita — uma restrição a todos os produtores concorrentes em um ramo específico. Isso pode ser conseguido apenas por um ato de intervenção governamental, na forma de regulamentos especiais, subsídios ou concessões. Sem assistência governamental, é impossível que um pretenso monopolista consiga estabelecer e manter suas políticas de preço e produção independentes do resto da economia. Pois caso ele tentasse estabelecer seus preços e produção em um nível que rendesse lucros a novos participantes significativamente acima daqueles disponíveis em outras áreas, os concorrentes certamente invadiriam sua indústria.

O regulador supremo da concorrência em uma economia livre é o *mercado de capitais.* Desde que o capital seja livre para fluir, ele tende a buscar as áreas que ofereçam o maior retorno.

O potencial investidor de capital não considera meramente a taxa de retorno corrente recebida por empresas dentro de uma indústria específica. Sua decisão a respeito de onde investir depende do que ele mesmo consegue lucrar naquela linha específica. As margens de lucro existentes dentro de uma indústria são calculadas em termos de custos existentes. Ele precisa considerar o fato de que um novo participante pode não conseguir, de uma vez só, uma estrutura de custo tão baixo quanto a de produtores experientes.

Portanto, a existência de um mercado de capital livre não garante que um monopolista que desfrute de altas margens será necessária e imediatamente confrontado pela competição. O que é garantido é que um monopolista cujas altas margens sejam causadas por *preços altos*, ao invés de custos baixos, logo encontrará concorrência advinda do mercado de capitais.

O mercado de capitais age como um regulador de preços, não necessariamente de lucros. Ele deixa um produtor individual livre para lucrar o quanto ele puder ao reduzir seus custos e aumentar sua eficiência em relação a terceiros. Portanto, constitui-se de um mecanismo que gera maiores incentivos à produtividade aumentada e leva, como consequência, a uma melhoria no padrão de vida.

A história da Companhia de Alumínio dos Estados Unidos antes da Segunda Guerra Mundial ilustra o processo. Visando os próprios interesses e lucratividade de longo prazo em termos de um mercado crescente, a ALCOA manteve o preço do alumínio cru em um nível compatível com a expansão máxima de seu mercado. Com um preço desse nível, no entanto, os lucros eram advindos apenas por meio de esforços tremendos para melhorar eficiência e produtividade.

A ALCOA foi um monopólio — a única produtora de alumínio cru — mas não foi um monopólio coercitivo, ou seja, não estipulou seus preços e políticas de produção independentemente do mundo competitivo. Na verdade, foi apenas porque a empresa enfatizou a eficiência e a redução de custos, ao invés de aumentar preços, que ela foi capaz de manter sua posição como única produtora de alumínio primário por tanto tempo. Se a ALCOA tentasse aumentar seus lucros elevando preços, logo ela estaria competindo com novatos no ramo da produção de alumínio cru.

Ao analisar os processos competitivos de uma economia de *laissez--faire*, deve-se reconhecer que as despesas de capital (investimentos em novas fábricas e equipamentos, tanto de produtores já existentes quanto de novatos na área) não são determinadas apenas pelos lucros atuais. Um investimento deixa ou não de ser feito dependendo do valor estimado atual *descontado* de lucros futuros esperados. Consequentemente, a questão de um novo investidor optar por entrar ou não em uma indústria outrora monopolística é determinada por seu lucro futuro esperado.

O valor presente do desconto de lucros futuros esperados de uma indústria em particular é representado pelo valor do mercado de ações comuns de empresas daquele ramo[33]. Se o preço das ações de uma empresa em específico (ou uma média de uma indústria em específico) aumentar, a manobra implica em um valor presente mais alto para ganhos futuros esperados.

Evidências estatísticas demonstram a correlação entre preços de ações e despesas de capital, não apenas para a indústria em geral, mas também dentro de grupos industriais majoritários[34]. Além do mais, o tempo entre as flutuações de preços de ações e as flutuações de despesas de capital correspondentes é pequeno, um fato que implica que o processo de relacionar novos investimentos de capital a expectativas de lucro é relativamente rápido. Se essa correlação funciona tão bem assim, considerando os impedimentos governamentais de hoje ao movimento livre de capital, é possível concluir que em um mercado completamente livre o processo seria muito mais eficiente.

O deslocamento do capital de uma nação, em uma economia plenamente livre, seria continuamente transferir capital para áreas lucrativas, e isso efetivamente controlaria preços competitivos e políticas de produção de empresas, tornando um monopólio coercitivo impossível de se manter. É apenas em uma pretensa economia mista que um monopólio coercitivo pode surgir, protegido da disciplina do mercado de capitais graças a concessões, subsídios e privilégios especiais dados por reguladores governamentais.

Para resumir: toda a estrutura de estatutos antitruste no país é uma mistura de irracionalidade e ignorância econômica. Ela é produto (a) de uma interpretação enganosa crassa da história e (b) de teorias econômicas deveras ingênuas e certamente não realísticas.

Como último recurso, algumas pessoas discutem que pelo menos as leis antitruste não causaram nenhum prejuízo. Elas afirmam que embora o

---

[33] GREENSPAN, Alan. "Stock Prices and Capital Evaluation" ["Preços de Ações e Avaliação de Capital"]. Artigo entregue em uma sessão conjunta da Associação Americana de Estatística com a Associação Americana de Finanças em 27 de dezembro de 1959.

[34] Para uma análise detalhada dessa correlação, veja GREENSPAN, Alan, "Business Investment Decisions and Full Employment Models" ["Decisões de Investimento Empresarial e Modelos de Pleno Emprego"]. Associação Americana de Estatística, 1961, Anais da Seção de Estatísticas Econômicas e Empresariais.

processo competitivo em si iniba monopólios coercitivos, não há prejuízo em se certificar duplamente declarando ilegais certas ações econômicas.

Mas a existência desses *status* indefiníveis e casos legais contraditórios inibem empresários de se dedicarem ao que poderiam ser empreendimentos produtivos saudáveis. Ninguém jamais saberá quais novos produtos, processos, máquinas e fusões para cortar gastos nunca chegaram a existir, assassinados pelo Ato Sherman antes de nascerem. Ninguém poderá computar o preço que todos nós pagamos pelo Ato que, ao induzir uso menos efetivo de capital, baixou nosso padrão de vida para menos do que teria sido possível de outra maneira.

No entanto, nenhuma especulação é necessária para avaliar a injustiça e o prejuízo às carreiras, reputações e vidas de executivos presos por causa das leis antitruste.

Aqueles que alegam que o propósito das leis antitruste é proteger a concorrência, empreendimento e eficiência, precisam ser lembrados da seguinte citação do indiciamento das pretensas práticas monopolistas da ALCOA feito pelo juiz Learned Hand:

> Não foi inevitável que ela [ALCOA] sempre antecipasse aumentos na demanda por lingotes e estivesse pronta para fornecê-los. Nada a compeliu a continuar dobrando e redobrando sua capacidade antes que outras empresas entrassem no ramo. Ela insiste que jamais excluiu concorrentes; mas não conseguimos pensar em uma exclusão mais eficiente do que progressivamente abraçar cada nova oportunidade conforme ela surgisse, e encarar cada recém-chegado com uma nova capacidade já instalada em uma grande empresa, com a vantagem de ter experiência, contatos comerciais e profissionais de elite.

A ALCOA foi condenada por ser uma concorrente bem-sucedida demais, eficiente demais e boa demais. Quaisquer prejuízos que as leis antitruste possam ter causado à nossa economia, quaisquer distorções da estrutura do capital de uma nação que elas tenham criado, são menos desastrosas do que o fato de que o propósito efetivo, a intenção oculta e a verdadeira prática das leis antitruste nos Estados Unidos causaram a condenação de membros eficientes e produtivos de nossa sociedade *porque* eles eram produtivos e eficientes.

CAPÍTULO 5

FALÁCIAS COMUNS SOBRE O CAPITALISMO [35]

Nathaniel Branden

MONOPÓLIOS

Em uma sociedade de capitalismo laissez-faire, o que evitaria a formação de monopólios poderosos, capazes de controlar toda a economia?

Uma das piores falácias do campo econômico propagadas por Karl Marx e aceita por quase todo mundo atualmente, incluindo muitos empresários, é a noção de que o desenvolvimento de monopólios é um resultado intrínseco e inevitável da operação de uma economia livre e sem regulações, quando a verdade é o exato oposto: é um livre mercado que torna os monopólios impossíveis.

É imperativo que sejamos claros e específicos ao definir "monopólio". Quando as pessoas falam, em um contexto político ou econômico, dos perigos e males do monopólio, o que elas querem dizer é um monopólio coercitivo — ou seja, controle exclusivo de uma área de produção em particular que seja fechada e isolada da concorrência, de modo que quem controla a área seja capaz de estipular políticas de produção arbitrárias e cobrar preços arbitrários, independentemente do mercado e imune à lei de oferta e procura. Um monopólio assim, é importante notar, envolve mais do que a *ausência* de concorrência; ele envolve a impossibilidade de concorrer. Esse é o atributo característico de um monopólio coercitivo, que é essencial a qualquer condenação de tal monopólio.

---

[35] Estes artigos apareceram originalmente no "Departamento de Munição Intelectual" do *The Objectivist Newsletter*. Eles foram respostas breves às questões econômicas mais frequentemente perguntadas por nossos leitores, questões que refletem as concepções enganosas mais disseminadas a respeito do capitalismo.

Em toda a história do capitalismo, ninguém foi capaz de estabelecer um monopólio coercitivo por meio de competição em um mercado livre. Só há uma maneira de proibir a entrada de concorrentes em qualquer área de produção: por força da lei. Todo monopólio coercitivo que existe e já existiu — nos Estados Unidos, na Europa ou em qualquer lugar do mundo — foi *criado* e *possibilitado* apenas por um *ato governamental*, por concessões especiais, licenças e subsídios, por ações *legislativas* que concederam privilégios especiais (impossíveis de serem obtidos em um livre mercado) a um homem ou grupo de homens, e que proibiram todos os outros de entrarem em um ramo específico.

Um monopólio coercitivo não é o resultado do *laissez-faire*; ele só pode resultar da abolição do *laissez-faire* e da introdução do princípio oposto — o princípio do estatismo.

Nos Estados Unidos, uma empresa de serviços públicos é um monopólio coercitivo: o governo lhe concede uma concessão para um território exclusivo e ninguém mais pode fazer aquele serviço naquele território; um pretenso competidor, tentando vender energia elétrica, seria impedido pela lei. Uma companhia telefônica é um monopólio coercitivo. Na época da Segunda Guerra Mundial, o governo ordenou que as duas empresas de telégrafos do país, Western Union e Postal Telegraph, se fundissem em um monopólio.

Nos dias comparavelmente livres do capitalismo americano, no final do século XIX e começo do século XX, houve várias tentativas de se "encurralar o mercado" de várias *commodities* (como algodão e trigo, para citar exemplos famosos) — e então fechar o ramo à competição e acumular lucros altíssimos através de vendas com preços exorbitantes. Todas as tentativas do tipo fracassaram. Os homens que tentaram foram compelidos a desistir — ou irem à falência. Eles foram derrotados, não pela ação legislativa, mas pela ação do livre mercado.

A pergunta feita frequentemente: e se uma empresa grande e rica continuasse comprando seus concorrentes menores ou continuasse expulsando-os do mercado através de meios como a redução de preços, vendendo mesmo com prejuízo, ela não seria capaz de ganhar o controle de uma área específica e então começar a cobrar preços altos, ficando livre para estagnar sem medo da concorrência? A resposta é: não, isso não poderia ser feito. Se uma empresa assumisse prejuízos pesados para expulsar competidores, e então começasse a cobrar preços altos para recuperar o que perdeu, isso serviria de incentivo para novos concorrentes entrarem na área e tirarem vantagem da alta lucratividade, sem quaisquer prejuízos para recuperar. A nova concorrência forçaria a queda de preços ao nível do mercado. A grande empresa teria que abandonar sua tentativa de estabelecer preços de monopólio — ou falir, combatendo os concorrentes que suas próprias políticas atrairiam.

É uma questão factual histórica que nenhuma "guerra de preços" jamais teve êxito para estabelecer um monopólio ou manter os preços *acima* do valor de mercado, fora da lei de oferta e procura. "Guerras de preços", no entanto, já serviram como impulso à eficiência econômica de empresas concorrentes — e desse modo resultaram em enormes benefícios ao público, em termos de produtos melhores por preços mais baixos.

Ao considerar essa questão, as pessoas frequentemente ignoram o papel crucial do mercado de capitais em uma economia livre. Como Alan Greenspan observa em seu artigo "Antitruste"[36]: se a entrada em uma certa área de produção não for impedida por regulações governamentais, concessões ou subsídios, "o regulador supremo de concorrência em uma economia livre é o *mercado de capitais*. Desde que o capital seja livre para fluir, ele tende a buscar as áreas que ofereçam o maior retorno". Investidores estão constantemente buscando os usos mais rentáveis de seu capital. Portanto, se alguma área de produção for vista como altamente rentável (particularmente quando a rentabilidade é alta por conta de preços altos ao invés de custos baixos), empresários e investidores necessariamente serão atraídos àquela área; e, conforme a oferta do produto em questão é aumentada em relação à demanda por ele, os preços cairão de acordo. "O mercado de capitais", escreve Greenspan, "age como um regulador de preços, não necessariamente de lucros. Ele deixa um produtor individual livre para lucrar o quanto ele puder ao reduzir seus custos e aumentar sua eficiência em relação a terceiros. Dessa forma, constitui-se num mecanismo que gera maiores incentivos à produtividade aumentada e leva, como consequência, a uma melhoria no padrão de vida".

O livre mercado não permite ineficiência ou estagnação com impunidade econômica — em qualquer área de produção. Considere, por exemplo, um incidente bem conhecido na história da indústria automobilística

---

[36] Veja o *Capítulo 4*.

americana. Houve um período quando o Modelo T de Henry Ford deteve uma parte enorme do mercado automobilístico. Mas quando a empresa de Ford tentou estagnar e resistir a mudanças de estilo — "Você pode ter um Modelo T de qualquer cor que desejar, desde que seja preto" — a General Motors, com seu Chevrolet de estilo mais atraente, entrou em um dos principais segmentos do mercado da Ford. E a Ford foi compelida a mudar suas políticas de modo a poder competir. É possível encontrar exemplos desse princípio na história de praticamente toda indústria.

Agora, se alguém considerar o único tipo de monopólio que pode existir no capitalismo, um monopólio não-coercitivo, pode-se ver que seus preços e políticas de produção não são independentes do resto do mercado em que ele opera, mas estão plenamente vinculados à lei de oferta e procura; de que não há motivo específico ou valor em reter a designação de "monopólio" quando alguém a usa em algum sentido não-coercitivo; e que não há embasamento racional para condenar tais "monopólios".

Por exemplo, se uma cidade pequena tiver apenas uma farmácia, que mal consegue sobreviver, pode-se descrever que seu dono desfruta de um "monopólio" — exceto que ninguém pensaria em usar o termo nesse contexto. Não há necessidade econômica ou mercado para uma segunda farmácia, não há comércio suficiente para sustentá-la. Mas se aquela cidade crescesse, sua única farmácia não teria meios nem poder para evitar a abertura de outras farmácias.

É comum pensar que o ramo da mineração é especialmente vulnerável ao estabelecimento de monopólios, uma vez que os materiais extraídos da terra existem em quantidades limitadas e, assim, acredita-se que alguma firma possa ganhar controle de todas as fontes de alguma matéria-prima. Mas repare que a International Nickel, do Canadá produz mais de dois terços do níquel do mundo — porém não cobra preços de monopólio. Ela precifica seus produtos *como se* tivesse vários competidores grandes — e a verdade é que ela *tem* vários competidores grandes. Níquel (na forma de ligas e aço inoxidável) compete com o alumínio e diversos outros materiais. O princípio pouco reconhecido envolvido nesses casos é que nenhum produto, *commodity* ou material em particular é ou pode ser indispensável a uma economia *independentemente de preço*. Uma *commodity* pode ser apenas *relativamente* desejável a outras *commodities*. Por exemplo, quando o preço do carvão betuminoso subiu (graças a John L. Lewis forçar um

CAPITALISMO: O IDEAL DESCONHECIDO | AYN RAND

aumento salarial sem justificativa), isso foi fundamental para trazer uma conversão de larga escala do uso de petróleo e gás em várias indústrias. O livre mercado é seu próprio protetor.

Mas se uma empresa fosse capaz de conquistar e manter um monopólio não-coercitivo, se ela fosse capaz de conquistar todos os clientes de uma área específica, sem ser através de privilégios especiais concedidos pelo governo, mas por pura eficiência produtiva — por sua habilidade de manter seus preços baixos e/ou oferecer um produto melhor do que qualquer concorrente — não haveria embasamento para se condenar tal monopólio. Ao contrário, a empresa que o conquistou mereceria as maiores ovações e valorização.

Ninguém pode alegar moralmente o *direito* de concorrer em uma área em particular se não for capaz de se equiparar à eficiência produtiva daqueles com quem espera competir. Não há motivo pelo qual as pessoas devam comprar produtos inferiores por preços mais altos para manter empresas menos eficientes no mercado. Sob o capitalismo, qualquer homem ou empresa que consiga suplantar seus concorrentes é livre para isso. É dessa maneira que o livre mercado recompensa habilidade e trabalho, para o benefício de todos, exceto daqueles que buscam o que não merecem.

Uma falácia frequentemente citada nessa conexão pelos oponentes do capitalismo é a história do velho merceeiro que foi levado à falência por uma grande rede de supermercados. Qual é a implicação clara em seu protesto? É que as pessoas que moram no bairro de sua mercearia precisam continuar comprando dele, apesar do supermercado de rede poder fornecer melhor serviço por preços menores e, portanto, lhes permite poupar dinheiro. Sendo assim, tanto os proprietários do supermercado quanto os moradores do bairro serão penalizados de modo a proteger a estagnação da velha mercearia. Por *qual direito?* Se a mercearia não é capaz de concorrer com o supermercado, então, adequadamente, não há escolha para o merceeiro além de se mudar ou trocar o tipo do comércio, ou até mesmo buscar um emprego no supermercado. O capitalismo, por sua natureza, envolve um processo constante de movimento, crescimento e progresso; ninguém tem um *direito investido* a uma posição se outros puderem fazer algo melhor.

Quando as pessoas denunciam o livre mercado como "cruel", o fato pelos quais elas protestam é que o mercado é controlado por um só princípio moral: *justiça*. E *essa* é a raiz do ódio delas pelo capitalismo.

Só há um tipo de monopólio que os homens condenam justamente — o único tipo cuja designação de "monopólio" é economicamente relevante: um monopólio *coercitivo*. (Repare que em um sentido não-coercitivo do termo, *todo* homem pode ser descrito como um "monopolista" — uma vez que ele é o proprietário exclusivo de seus próprios esforços e produtos. Mas *isso* não é considerado maligno — exceto pelos socialistas.)

Na questão dos monopólios, assim como em tantas outras questões, o capitalismo normalmente é culpado pelos males causados por seus destruidores: não é o livre comércio em um livre mercado que cria monopólios coercitivos, mas sim legislações governamentais, ações governamentais e controles governamentais. Se os homens estiverem preocupados com os males dos monopólios, deixe que eles identifiquem o vilão real na questão e a verdadeira causa dos males: a intervenção governamental na economia. Que eles reconheçam que só há um caminho para destruir monopólios: a separação entre Estado e economia — ou seja, a instituição do princípio de que o governo não pode reduzir a liberdade de produção e comércio.

DEPRESSÕES
Depressões periódicas são inevitáveis
em um sistema de capitalismo laissez-faire?

É característico dos inimigos do capitalismo o denunciarem por males que são, na verdade, resultado não do capitalismo, mas do estatismo: males que são possibilitados e resultam apenas de intervenções governamentais na economia.

Eu discuti sobre um exemplo flagrante dessa política: a acusação de que o capitalismo leva ao estabelecimento de monopólios coercitivos. O exemplo mais notável dessa política é a alegação de que o capitalismo, por sua natureza, inevitavelmente leva a depressões periódicas.

Estatistas afirmam repetidamente que depressões (o fenômeno do pretenso ciclo do comércio, de "inflar e explodir") são inerentes ao *laissez-faire*, e que o grande *crash* da Bolsa de 1929 foi a prova final do fracasso de uma economia de livre mercado sem regulação. Qual é a verdade sobre o assunto?

Uma depressão é um declínio de produção e comércio em larga escala; ela é caracterizada por uma queda brusca em produtividade, investimento, empregos e valor de bens de capital (fábricas, maquinário, etc.). Flutuações comerciais normais ou um declínio temporário na taxa de expansão industrial não constituem uma depressão. Uma depressão é uma retração da atividade comercial em nível nacional — e um declínio geral no valor de bens de capital — de grandes dimensões.

Não há nada na natureza de uma economia de livre mercado que cause um evento assim. As explicações populares de depressões, como "produção excessiva", "consumo reduzido", monopólios, máquinas que reduzem a necessidade de trabalho humano, má distribuição, acúmulo excessivo de riqueza, etc. foram expostos como falácias várias vezes[37].

Reajustes de atividade econômica, mudanças laborais ou de capital de uma indústria a outra devidos a mudanças em condições, acontecem constantemente no capitalismo. Isso é ocasionado no processo de movimentação, crescimento e progresso que caracteriza o capitalismo. Mas sempre existe a possibilidade de empreitadas rentáveis em uma área ou em outra, sempre há necessidade e procura por bens, e tudo que pode ser mudado é o tipo de bens que se tornam mais rentáveis de se produzir.

Em qualquer indústria, é possível que a oferta exceda a procura, no contexto de todas as outras demandas existentes. Em um caso assim, há uma queda nos preços, em lucratividade, em investimentos e em empregos naquela indústria em particular; capital e empregos tendem a fluir para outras áreas, buscando usos mais recompensadores. Tal indústria passa por um período de estagnação, como resultado de um investimento infundado, ou seja, improdutivo, não-lucrativo nem economicamente viável.

Em uma economia livre que funciona em um padrão ouro, tal investimento improdutivo é extremamente limitado; especulações infundadas não avançam, descabidamente, até engolirem um país inteiro. Em uma economia livre, as reservas financeiras e o crédito necessário para financiar empreendimentos comerciais são determinados por fatores econômicos *objetivos*. É o sistema bancário que age como o guardião da estabilidade econômica. Os princípios governando reservas financeiras operam de forma a impedir investimentos infundados em larga escala.

A maioria das empresas financiam suas empreitadas, pelo menos parcialmente, através de empréstimos bancários. Bancos funcionam como uma câmara de compensação de investimentos, aplicando as poupanças de

---

[37] Veja mais sobre isso em SNYDER, Carl. *Capitalism the Creator*. Nova York: The Macmillan Company, 1940.

seus clientes em empresas que prometem ser as mais bem-sucedidas. Bancos não têm fundos ilimitados para emprestar; eles são limitados pelo crédito que eles conseguem estender pela quantia de suas reservas de ouro[38]. De forma a continuarem bem-sucedidos, a lucrar e assim atrair as poupanças de investidores, os bancos precisam emprestar dinheiro cautelosamente: eles precisam procurar quais investimentos julgam serem os mais sólidos e potencialmente rentáveis.

Se, em um período de especulação crescente, os bancos forem confrontados com um número excessivo de pedidos de empréstimo, então, em resposta à decrescente disponibilidade de dinheiro, eles (a) aumentam suas taxas de juros e (b) pesquisam mais minuciosamente os investimentos que exigem esses empréstimos, estipulando padrões mais exigentes do que constitui um investimento plausível. Como consequência, é mais difícil obter fundos e há um encurtamento e contração de investimentos em negócios. Empresários normalmente ficam incapazes de tomar os empréstimos que desejam e precisam reduzir planos de expansão. A compra de ações comuns, o que reflete as estimativas dos investidores nos ganhos futuros de empresas, é encurtada de forma semelhante; ações supervalorizadas sofrem quedas de preço. Empresas envolvidas em empreitadas sem fundamento econômico, agora incapazes de obter crédito adicional, são forçadas a fecharem as portas; um desperdício adicional de fatores produtivos é interrompido e erros econômicos são liquidados.

Na pior das hipóteses, a economia pode experimentar uma recessão leve, ou seja, um sutil declínio geral em investimentos e produção. Em uma economia sem regulação, reajustes ocorrem relativamente rápido e então a produção e os investimentos voltam a crescer. A recessão temporária não é prejudicial, mas benéfica; ela representa um sistema econômico no processo de corrigir seus erros, de interromper doenças e retornar à saúde.

O impacto de uma recessão assim pode ser sentido significativamente em algumas indústrias, mas não destrói uma economia inteira. Uma depressão de nível nacional, como a ocorrida nos Estados Unidos na década de 1930, não teria sido possível em uma sociedade plenamente livre. Ela foi possibilitada

---

[38] Cabe-nos notar que os artigos que compõem este livro são todos da década de 1960, ou seja, anteriores à abolição do padrão ouro pelo presidente Nixon, em 1971, pelo Acordo de Breton Woods. (N. E.)

apenas pela intervenção governamental na economia — mais especificamente, pela manipulação de reservas financeiras por parte do governo.

A política do governo consistiu, essencialmente, em anestesiar os reguladores, inerentes em um sistema bancário livre, que preveniriam especulações de fuga e o consequente colapso econômico.

Toda intervenção governamental na economia é baseada na crença de que leis econômicas não precisam operar, que princípios de causa e efeito podem ser suspendidos, que tudo que existe é "flexível" e "maleável" exceto os caprichos de um burocrata, que é onipotente; realidade, lógica e economia não podem entrar no caminho.

Essa foi a premissa implícita que levou ao estabelecimento, em 1913, do Sistema de Reserva Federal — uma instituição com controle (através de meios complexos e normalmente indiretos) sobre bancos individuais através do país. A Reserva Federal [Federal Reserve - FED, o banco central americano] retirou de bancos individuais livres as "limitações" impostas a eles pela quantia de suas reservas individuais, de modo a libertá-los das leis do mercado — e a atribuir injustamente a funcionários públicos o direito de decidir quanto crédito eles queriam disponibilizar e em que momento.

Uma política de "dinheiro barato" foi a ideia guia e a meta desses funcionários. Os bancos não poderiam mais limitar seus empréstimos com base na quantidade de suas reservas de ouro. As taxas de juros não poderiam mais ser elevadas em resposta à crescente especulação e demandas por fundos. O crédito deveria continuar prontamente disponível — até e a menos que o FED mudasse de ideia[39].

O governo argumentou que, ao tomar o controle do dinheiro e do crédito das mãos de banqueiros privados, e ao contratar e expandir o crédito à vontade, guiado por considerações além daquelas que influenciam os banqueiros "egoístas", ele poderia — em conjunto com outras políticas intervencionistas — controlar os investimentos de maneira a garantir um estado de prosperidade praticamente constante. Vários burocratas acreditaram que o governo poderia manter a economia em um estado de florescimento perene.

---

[39] Veja ANDERSON, Benjamin M. *Economics and the Public Welfare*. Princeton, New Jersey: Van Nostrand Co., 1949. Esse é o melhor histórico financeiro e econômico dos Estados Unidos de 1914 a 1948.

Tomando emprestada uma metáfora valiosa de Alan Greenspan: se, sob o sistema *laissez-faire*, o sistema bancário e os princípios controladores da disponibilidade de fundos agem como um fusível para impedir uma pane na economia — então o governo, através do da Reserva Federal, *jogou uma moeda na caixa de fusíveis*. O resultado foi a explosão conhecida como Crash de 1929.

Durante a maior parte da década de 1920, o governo compeliu bancos a manterem taxas de juros baixas de forma artificial e antieconômica. Como consequência, o dinheiro era depositado em toda sorte de empreendimento especulativo. Em 1928, os sinais de alerta de perigo eram claramente aparentes: investimentos sem sentido aconteciam irrestritamente e as ações eram cada vez mais supervalorizadas. O governo optou por ignorar esses sinais de perigo.

Um sistema bancário livre teria sido compelido, por necessidade econômica, a apertar o freio nesse processo de especulação acelerada. Crédito e investimento, em um caso desses, seriam drasticamente encurtados; os bancos que fizeram investimentos que deram prejuízos, os empreendimentos que provaram ser improdutivos e todos aqueles que negociaram com eles, sofreriam — mas seria apenas isso; o país inteiro não seria arrastado junto. No entanto a "anarquia" de um sistema bancário livre fora abandonada — em favor do "iluminado" planejamento governamental.

A expansão e a especulação brutal — que foram precursoras de toda grande depressão — puderam crescer descontroladamente, envolvendo, em uma rede crescente de maus investimentos e cálculos errados, toda a estrutura econômica de uma nação. As pessoas estavam investindo em praticamente tudo e ganhando fortunas da noite para o dia — em teoria. Os lucros eram calculados em avaliações histericamente exageradas de ganhos futuros de empresas. O crédito era esticado com abandono promíscuo, sob a premissa de que de algum jeito os bens estariam lá para sustentá-los. Era como a política de um homem que passa cheques sem fundo, contando com a esperança de que de algum jeito ele conseguirá o dinheiro necessário e o depositará no banco antes que alguém desconte um de seus cheques.

Mas A é A — e a realidade não é infinitamente elástica. Em 1929, a estrutura financeira e econômica do país se tornou impossivelmente precária. Quando o governo finalmente aumentou freneticamente as taxas de juros já era tarde demais. É duvidoso se alguém poderia afirmar com certeza quais eventos iniciaram o pânico e isso não importa: a queda se tornou inevitável; qualquer evento poderia ter sido o pontapé inicial. Mas quando as notícias do primeiro banco e falência comercial começaram a se espalhar, a incerteza tomou o país em ondas crescentes de terror. As pessoas começaram a vender suas ações, na esperança de saírem do mercado com seus ganhos, ou obter o dinheiro que de repente precisavam para pagar empréstimos bancários que estavam sendo cobrados — e outras pessoas, vendo isso, começaram a apreensivamente vender *suas* ações — e, praticamente da noite para o dia, uma avalanche jogou o mercado de ações abaixo, preços caíram, a seguridade perdeu seu valor, empréstimos foram cobrados, muitos dos quais não puderam ser cobertos, o valor de bens de capital afundou bizarramente, fortunas foram extintas e, em 1932, a atividade comercial quase parou. A lei de causalidade havia vingado a si mesma.

Essencialmente, essa era a natureza e a causa da depressão de 1929. Ela fornece uma das ilustrações mais eloquentes das consequências desastrosas de uma economia "planificada". Em uma economia livre, quando um empresário individual comete um erro de julgamento econômico, *ele* (e talvez aqueles que lidam pessoalmente com ele) sofrem as consequências; em uma economia controlada, quando um planejador central comete um erro de julgamento econômico, o país inteiro sofre as consequências.

Mas não foi o FED, tampouco a intervenção governamental que foram culpados pela depressão de 1929 — foi o capitalismo. A liberdade — gritaram estatistas de toda estirpe e tradição — teve sua oportunidade e fracassou. As vozes dos poucos pensadores que apontaram para a causa real dos males foram afogadas entre denúncias contra empresários, a ambição pelo lucro e ao capitalismo.

Se os homens tivessem optado por entender a causa do *crash* da bolsa, o país teria sido poupado da maior parte da agonia que aconteceu a seguir. A depressão foi prolongada por anos tragicamente desnecessários pelo mesmo mal que a causou: controles e regulações governamentais.

Em oposição à concepção popular errônea, controles e regulações começaram muito antes do *New Deal*; na década de 1920, a economia mista já era um fato estabelecido na vida americana. Mas a tendência ao estatismo começou a deslanchar sob o mandato de Hoover — e com o advento *do New Deal* de Roosevelt ela se acelerou em um ritmo jamais visto. Os ajustes econômicos necessários de forma a encerrar a depressão foram impedidos de acontecer — pela imposição de controles sufocantes, taxas aumentadas e legislação trabalhista. Essa última teve o efeito de forçar salários a níveis altos sem fundamento algum, desse modo aumentando os custos dos empresários precisamente no momento em que os custos precisavam ser reduzidos, a fim de reviver investimentos e produção.

O Ato de Recuperação da Indústria Nacional, o Ato Wagner e o abandono do padrão ouro (com o subsequente mergulho do governo rumo à inflação e uma orgia de gastos em déficit) foram apenas três das várias propostas desastrosas executadas pelo *New Deal* com o propósito declarado de retirar o país da depressão; todas tiveram o efeito inverso.

Como Alan Greenspan destaca em *Stock Prices and Capital Evaluation* ["Preços de Ações e Avaliação de Capital"][40], o obstáculo para a recuperação empresarial não consistia exclusivamente na legislação específica do *New Deal* que foi aprovada; a atmosfera geral de incerteza engendrada pela administração era ainda mais danosa. Os homens não tinham como saber qual lei ou regulação poderia cair sobre suas cabeças a qualquer momento; eles não tinham como fazer planos de longo prazo.

De modo a agir e produzir, empresários exigem *conhecimento*, a possibilidade de um cálculo racional, e não "fé" e "esperança" acima de tudo, nem "fé" e "esperança" a respeito das reviravoltas imprevisíveis da cabeça de um burocrata.

Os avanços que as empresas foram capazes de conquistar sob o *New Deal* ruíram em 1937 — como um resultado de uma intensificação de incerteza a respeito de qual ação o governo tomaria a seguir. O desemprego subiu para mais de dez milhões e a atividade comercial caiu quase ao ponto baixo de 1932, o pior ano da depressão.

Faz parte da mitologia oficial do *New Deal* que Roosevelt "nos tirou da depressão". Como, afinal, o problema da depressão finalmente foi "resolvido"? Pelo expediente favorito de todos os estatistas em tempos de emergências: uma guerra.

A depressão precipitada pelo *crash* da bolsa de 1929 não foi a primeira da história americana — embora tenha sido incomparavelmente mais severa

---

[40] GREENSPAN, Alan. "Stock Prices and Capital Evaluation" ["Preços de Ações e Avaliação de Capital"]. Artigo entregue em uma sessão conjunta da Associação Americana de Estatística com a Associação Americana de Finanças em 27 de dezembro de 1959.

do que qualquer uma que a precedeu. Se alguém estudar as depressões anteriores, a mesma causa base e denominador comum será encontrado: de uma forma ou de outra, por um meio ou outro, a manipulação governamental da reserva de capital. É típico da maneira com a qual o intervencionismo cresce, o Sistema de Reserva Federal foi instituído como um antídoto proposto contra aquelas depressões anteriores, que por sua vez foram elas mesmas produtos de manipulações monetárias do governo.

O mecanismo financeiro de uma economia é o centro sensível, o coração pulsante da atividade comercial. Em nenhuma outra área a intervenção governamental consegue produzir consequências tão desastrosas. Para uma discussão geral do ciclo comercial e sua relação com a manipulação governamental da reserva de capital, veja *Ação Humana*[41], de Ludwig von Mises.

Um dos fatos mais chocantes da história é o fracasso do homem para aprender com ela. Para mais detalhes, veja as políticas da administração atual.

O PAPEL DOS SINDICATOS
Sindicatos elevam o padrão de vida geral?

Uma das desilusões mais difundidas de nosso tempo é a crença de que o trabalhador americano deve seu alto padrão de vida a sindicatos e à legislação trabalhista "humanitária". Essa crença é contradita pelos fatos e princípios mais fundamentais da economia — fatos e princípios que sistematicamente são evitados pelos líderes sindicais, legisladores e intelectuais de persuasão estatista.

O padrão de vida de um país, incluindo os salários de seus trabalhadores, depende da produtividade do trabalho; alta produtividade depende de máquinas, invenções e investimento de capital; os quais dependem da engenhosidade criativa de homens em particular; os quais exigem, para seu exercício, um sistema econômico-político que proteja direitos e liberdades individuais.

O valor produtivo do trabalho braçal por si só é baixo. Se o trabalhador de hoje produz mais do que o trabalhador de cinquenta anos atrás, não é porque o de hoje exerceu mais esforço físico do que o de outrora; é justamente o contrário: o esforço físico exigido dele é muito menor. O valor

---

[41] MISES, Ludwig von. *Human Action*. New Haven, Connecticut: Yale University Press, 1949.

produtivo de seu esforço foi multiplicado várias vezes pelas ferramentas e máquinas com as quais ele trabalha; elas são cruciais para determinar o valor econômico de seus serviços. Para ilustrar esse princípio: considere qual seria a recompensa econômica de um homem, em uma ilha deserta, por esticar um dedo da mão rumo ao nada; então considere o salário pago, para esticar um dedo da mão e pressionar um botão, de um ascensorista em Nova York. Não são os músculos que fazem a diferença.

Como observado por Ludwig von Mises:

> Os salários americanos são mais altos do que os salários de outros países porque o capital investido *per capita* no trabalhador é maior e as fábricas estão, portanto, na posição de usar as ferramentas e máquinas mais eficientes. O que é chamado de Estilo de Vida Americano é o resultado do fato de que os Estados Unidos puseram menos obstáculos no caminho de poupar e acumular capital do que outras nações. O atraso econômico de países como a Índia consiste precisamente no fato de que as políticas de lá atrasam tanto o acúmulo de capital quanto o investimento de capital estrangeiro. Como falta o capital necessário, as empresas indianas são impedidas de empregar quantidades suficientes de equipamento moderno e, portanto, produzem muito menos por hora/homem e só conseguem pagar salários que, comparados com os padrões salariais americanos, parecem ser assustadoramente baixos[42].

Em uma economia de livre mercado, empregadores precisam competir pelos serviços de trabalhadores, assim como precisam competir sobre todos os outros fatores de produção. Se um empregador tentar pagar salários que são mais baixos do que seus trabalhadores conseguem encontrar em outro lugar, ele perderá seus trabalhadores e então será compelido a mudar sua política ou fechar seu negócio. Se, todo o mais se mantendo igual, um empregador pagar salários que estão acima do nível de mercado, seus custos mais altos lhe trarão desvantagem competitiva para vender seus produtos, e ele será mais uma vez compelido a mudar suas políticas ou fechar o seu negócio. Empregadores não reduzem salários porque são cruéis, nem aumentam salários porque são bondosos. Salários não são determinados pelo *capricho* de um empregador. Salários são o preço pago pelo trabalho humano e, como todos os outros preços em uma economia livre, são determinados pela lei de oferta e procura.

---

[42] MISES, Ludwig von. *Planning for Freedom*. 2ª ed. South Holland, Illinois: Libertarian Press, 1962, p. 151-152.

Desde o começo da Revolução Industrial e do capitalismo, os salários aumentaram regularmente como uma consequência inevitável do crescente acúmulo de capital, progresso tecnológico e expansão industrial. Conforme o capitalismo criou incontáveis mercados novos, também criou um mercado cada vez maior para o trabalho: ele multiplicou o número e os tipos de empregos disponíveis, aumentou a demanda e a concorrência pelos serviços dos trabalhadores e desse modo elevou os valores salariais.

Foi o *interesse pessoal econômico* dos empregadores que os levou a aumentar salários e diminuir horas de trabalho, não a pressão de sindicatos. A jornada de oito horas diárias foi estabelecida na maior parte das indústrias americanas muito antes dos sindicatos obterem tamanho ou poder econômico relevante. Em uma época na qual seus concorrentes pagavam a seus trabalhadores entre dois e três dólares por dia, Henry Ford ofereceu cinco dólares por dia, desse modo atraindo a força de trabalho mais eficiente do país, de maneira que aumentou sua própria produção e lucros. Na década de 1920, quando o movimento trabalhista na França e na Alemanha era muito mais dominante do que nos Estados Unidos, o padrão de vida do trabalhador americano era muito superior. Isso foi a consequência da *liberdade* econômica.

É inútil dizer que os homens têm o direito de se organizarem em sindicatos, desde que voluntariamente, ou seja, desde que ninguém seja *forçado* a se associar. Sindicatos podem ter valor como organizações fraternais, ou como meios de manter seus membros informados sobre as atuais condições de mercado, ou como forma de barganhar mais efetivamente com empregadores — especialmente em pequenas comunidades isoladas. Pode acontecer o caso em que um empregador em particular esteja pagando salários que, no contexto geral do mercado, sejam baixos demais; em uma situação assim, uma greve ou apenas a ameaça de uma greve pode compeli-lo a mudar sua política, uma vez que ele descobrirá que ele não consegue obter uma força de trabalho adequada pelos salários oferecidos. No entanto, a crença de que sindicatos podem causar um aumento *geral* no padrão de vida é um mito.

Hoje, o mercado de trabalho não é mais gratuito. Sindicatos desfrutam de um poder único e quase monopolístico sobre vários aspectos da economia. Isso pode ser obtido através de legislação, que forçou homens a se afiliarem a sindicatos, quisessem eles ou não, e forçou empregadores a tratarem com esses sindicatos, quisessem eles ou não. Como consequência, os salários em várias indústrias não são mais determinados por um livre mercado; os sindicatos têm sido capazes de forçar salários consideravelmente acima do seu nível normal de mercado. Esses são os "ganhos sociais" normalmente creditados aos sindicatos. No entanto, na verdade o resultado das políticas sindicais tem sido (a) encolhimento de produção, (b) alastramento do desemprego e (c) penalização de trabalhadores de outras indústrias, assim como do resto da população.

a) Com o aumento dos salários a níveis desordenadamente altos, os custos são tão grandes que cortes na produção se tornam frequentemente necessários, novas empreitadas se tornam muito caras e o crescimento é prejudicado. Com custos aumentados, produtores marginais — aqueles que mal conseguem competir no mercado — acabam incapazes de continuarem a operar. O resultado em geral: bens e serviços que seriam produzidos nunca existirão.

b) Como resultado dos salários elevados, empregadores podem contratar menos trabalhadores; como resultado da produção encolhida, empregadores precisam de menos trabalhadores. Assim, um grupo de trabalhadores recebe salários altos sem justificativa às custas de outros trabalhadores que não conseguem encontrar emprego nenhum. Isso — em conjunto com leis de salário mínimo — é a causa do desemprego geral. *O desemprego é o resultado inevitável de forçar salários acima de seu nível de livre mercado.* Em uma economia livre, na qual nem empregadores nem trabalhadores estão sujeitos a coerção, os salários sempre tendem rumo ao nível no qual todos que buscam empregos conseguirão obtê-lo. Em uma economia controlada e congelada, esse processo é bloqueado. Como resultado de legislação supostamente "pró-trabalhista" e do poder monopolístico desfrutado pelos sindicatos, trabalhadores desempregados não têm liberdade para competir no mercado de trabalho oferecendo seus serviços por valores abaixo dos salários vigentes; os empregadores não são livres para contratá-los. No caso de greves, se trabalhadores desempregados tentassem obter os cargos deixados pelos grevistas do sindicato, se oferecendo para trabalhar por salários menores, eles normalmente estariam sujeitos a ameaças e violência física por parte dos sindicalistas. Esses fatos são tão notáveis quanto evitados na maioria das discussões atuais sobre o problema do desemprego — particularmente por funcionários públicos.

c) Quando as condições do mercado são tais que os produtores cujos custos de trabalho aumentaram não podem elevar os preços dos bens vendidos, acontece um encolhimento na produção, conforme indicado acima; e a população como um todo sofre uma perda proporcional de bens e serviços em potencial. (A noção de que produtores podem "absorver" esses aumentos salariais "reduzindo seus lucros" sem detrimento da produção futura é pior do que economicamente ingênuo; são os lucros que possibilitam a produção futura; a quantidade de lucros que não é dedicada a investimentos, mas sim ao consumo pessoal do produtor, é ínfima no contexto econômico geral). Até onde as condições do mercado permitirem, produtores cujos custos trabalhistas aumentaram são obrigados a aumentar os preços de seus produtos. Então trabalhadores em outras indústrias notam que seu custo de vida aumentou, que eles agora precisam pagar preços mais altos pelos bens que compram. Então eles, por sua vez, exigem um aumento em *suas* indústrias, o que leva a novas altas de preços, que leva a novos aumentos salariais, etc. (Líderes sindicais normalmente expressam indignação quando preços são aumentados; os únicos preços que eles consideram moral aumentar são os preços pagos pelo trabalho, ou seja, salários). Trabalhadores não-sindicalizados, e o resto da população em geral, enfrentam o mesmo aumento corriqueiro em seu custo de vida; eles são feitos para subsidiar os salários aumentados sem justificativa dos trabalhadores sindicalizados e são as vítimas desconhecidas dos "ganhos sociais" do sindicato. E pode-se observar o espetáculo de peões de obra que ganham salários duas ou até mesmo três vezes maiores do que quem trabalha em escritórios e professores universitários.

Não se pode enfatizar o suficiente que não é o sindicalismo, mas sim os controles governamentais que possibilitam esse estado das coisas. Em uma economia livre e sem regulamentos, em um mercado no qual a coerção é proibida, nenhum grupo econômico consegue obter poder para vitimizar o resto da população. A solução não está em novas leis direcionadas contra sindicatos, mas na rejeição à legislação que possibilitou o surgimento do mal agora instalado.

A inabilidade dos sindicatos para obter aumentos salariais reais e irrestritos — aumentar o padrão de vida de forma geral — em parte é obscurecida pelo fenômeno da inflação Como uma consequência da política governamental de gasto deficitário e expansão de crédito, o poder de compra da unidade monetária, o dólar, diminuiu drasticamente ao longo dos anos. Salários nominais aumentaram consideravelmente mais do que salários *reais*, ou seja, salários medidos em termos de poder de compra.

O que serviu mais ainda para obscurecer essa questão é o fato de que os salários reais aumentaram consideravelmente desde o começo do século. Apesar das restrições governamentais crescentes e destrutivas na liberdade de produção e comércio, grandes avanços em ciência, tecnologia e acúmulo de capital foram feitos e aumentaram o padrão de vida geral. Deve-se somar a isso que esses avanços são menores do que os que teriam acontecido em uma economia plenamente livre, pois conforme os controles continuam a ficar mais restritivos, esses avanços se tornam mais lentos e mais raros.

É relevante considerar quais obstáculos os empresários precisaram superar para continuarem produzindo — quando ouvimos líderes sindicais proclamando, em tom de indignação, o direito dos trabalhadores a um "quinhão maior" do "produto nacional". Parafraseando John Galt: quinhão maior — providenciado por quem? Silêncio.

O progresso econômico, como qualquer outra forma de progresso, tem apenas uma fonte: a mente do homem — e só pode existir à medida em que o homem é livre para traduzir seus pensamentos em ações.

Pegue qualquer um que acredite que um padrão de vida alto é conquista de sindicatos e controles governamentais, e faça a essa pessoa a seguinte pergunta: se ela tivesse uma máquina do tempo e transportasse os chefões dos sindicatos dos Estados Unidos, mais três milhões de burocratas do governo, de volta ao século X — eles seriam capazes de fornecer luz elétrica, geladeiras, automóveis e televisores aos medievais? Quando entendemos que eles não seriam capazes, é possível identificar quem e o que possibilitou o surgimento dessas coisas[43].

---

[43] Para excelentes e mais detalhadas discussões dessas questões, veja *Planning for Freedom*, [*Planejamento para a Liberdade*] de Ludwig von Mises, especialmente o capítulo "Salários, Desemprego e Inflação"; e o livro de Henry Hazlitt, *Economia em Uma Única Lição* (Nova York: Harper and Brothers, 1946), especialmente os capítulos "Leis de Salário Mínimo" e "Sindicatos Realmente Aumentam Salários?".

PS: Depois de escrever tudo acima, eu soube de um artigo do *The New York Times* que é pertinente demais para ser desconsiderado aqui. O artigo, intitulado "Dez líderes do UAW [Sindicato Automobilístico Americano] descobrem que sindicatos estão perdendo aderência de membros", de Damon Stetson, relata que executivos do Sindicato Automobilístico Americano se reuniram para discutir o problema da crescente falta de aderência à liderança e à solidariedade sindical. Um encarregado da UAW declarou: "Como aumentamos a aderência dos indivíduos ao sindicato? A corporação agora dá aos trabalhadores todas as coisas pelas quais lutamos. Precisamos descobrir outras coisas que o empregador não quer dar a eles e temos que desenvolver nosso programa ao redor dessas coisas como motivos para pertencer ao sindicato".

É necessário comentar a respeito?

EDUCAÇÃO PÚBLICA

*A educação pública deveria ser compulsória
e paga pelo contribuinte como é hoje?*

A resposta para essa pergunta torna-se evidente se a pergunta for mais concreta e específica, desta forma: o governo deve ter permissão para remover crianças de seus lares à força, com ou sem consentimento dos pais, e sujeitá-las a treinamentos e procedimentos educacionais que os pais podem ou não aprovar? Os cidadãos devem ter suas riquezas expropriadas para sustentar um sistema educacional que elas podem ou não aceitar, e pagar pela educação de crianças que não são deles? Para qualquer pessoa com discernimento e consistentemente comprometida com o princípio de direitos individuais, a resposta claramente é *não*.

Não há qualquer base moral para defender que a educação é uma prerrogativa do Estado — ou para a afirmação de que seja adequado expropriar a riqueza de alguns homens para o benefício imerecido de outros.

A doutrina de que a educação deva ser controlada pelo Estado é consistente com as teorias governamentais comunistas ou nazistas. Ela não é consistente com a teoria governamental americana.

As implicações totalitárias da educação estatal (absurdamente descrita como "educação gratuita") em parte foi ofuscada pelo fato de que nos Estados Unidos, ao contrário da Alemanha nazista ou da Rússia soviética, as escolas particulares são legalmente toleradas. Essas escolas, no entanto, não existem por direito, mas apenas por permissão.

Além disso, restam os fatos de que (a) a maioria dos pais são essencialmente compelidos a enviar seus filhos a escolas públicas, já que eles pagam impostos para bancar essas escolas e não conseguem pagar as mensalidades adicionais necessárias para mandar seus filhos para escolas privadas; (b) os padrões de educação, que regem todas as escolas, são instituídos pelo Estado; (c) a tendência crescente na educação americana é de que o governo exerça cada vez mais controle sobre cada aspecto da educação.

Um exemplo desse último fato: quando vários pais, que se opuseram ao método pictográfico de ensinar alunos infantis a ler, decidiram ensinar seus filhos em casa através do método fonético — uma proposta legal foi feita para proibir os pais de ensinarem. Qual a implicação disso, além da mente da criança pertencer ao Estado?

Quando o Estado assume o controle financeiro da educação, a consequência lógica é que ele assumirá também, progressivamente, o controle do conteúdo da educação — já que o Estado tem a responsabilidade de julgar se seus recursos estão ou não sendo usados "satisfatoriamente". Mas quando um governo entra na esfera das ideias, quando ele presume ter a prerrogativa em questões a respeito de conteúdo intelectual, isso é a morte de uma sociedade livre.

Isabel Paterson em *The God of the Machine* [*O Deus da Máquina*], diz:

> Textos educacionais são necessariamente seletivos quanto a assuntos, linguagem e pontos de vista. O caminho feito pelas escolas particulares apresentará variações consideráveis em escolas diferentes; os pais devem julgar o que eles querem que seja ensinado para suas crianças, pelo currículo oferecido. Então cada um deve almejar a verdade objetiva. [...] Em nenhuma deverá haver incentivos para o ensino da "supremacia do estado" como uma filosofia compulsória. Mas cada sistema educacional politicamente controlado vai inserir a doutrina da supremacia do estado nele mais cedo ou mais tarde, seja como o direito sagrado dos reis ou a "vontade do povo" na "democracia". Uma vez que a doutrina tenha sido aceita, torna-se uma tarefa quase sobre-humana quebrar as amarras do poder político sobre a vida do cidadão. Ela toma para si seu corpo, propriedade e mente desde a infância[44].

---

[44] PATERSON, Isabel. *The God of the Machine*. Caldwell, Idaho: The Caxton Printers, 1964, p. 271-272. Publicado originalmente por G. P. Putnam's Sons, Nova York, 1943.

O nível vergonhosamente baixo da educação na América contemporânea é o resultado previsível de um sistema escolar controlado pelo Estado. A escolaridade, em grande medida, tem se tornado um ritual e símbolo de *status*. Cada vez mais pessoas ingressam em universidades, e cada vez menos pessoas saem adequadamente educadas. Nosso sistema educacional é como uma vasta burocracia, um vasto serviço público, no qual a tendência é em direção a uma política que considera tudo sobre a qualificação de um professor (como o seu número de publicações), exceto sua capacidade de ensinar; e de considerar tudo sobre as qualificações de um estudante (como a sua "adaptabilidade social"), exceto a sua competência intelectual.

A solução é levar o campo da educação para o mercado.

Existe uma *necessidade* econômica urgente por educação. Quando instituições educacionais precisam competir umas com as outras sobre a qualidade do ensino que oferecem — quando precisam competir pelo valor que será atribuído ao diploma que elas conferem — os padrões educacionais irão necessariamente se elevar. Quando elas precisarem competir pelos serviços dos melhores professores, os professores que atrairão o maior número de estudantes, então o nível do ensino — e dos salários dos professores — irá necessariamente se elevar. (Hoje, os professores mais talentosos com frequência abandonam suas profissões e entram na indústria privada, onde sabem que seus esforços serão mais bem recompensados.) Quando for permitido que os princípios econômicos que resultaram na eficiência superlativa da indústria americana operem também no campo da educação, o resultado será uma revolução em direção a um crescimento e desenvolvimento educacionais sem precedentes.

A educação deve ser liberta do controle de intervenções governamentais e voltada ao empreendedorismo privado e *gerador de lucro*, não porque a educação não tenha importância, mas porque a educação tem importância *crucial*.

Deve-se desafiar a crença prevalente de que a educação é um tipo de "direito natural" — em suma, um presente gratuito da natureza. Não *existem* presentes grátis. Mas faz parte dos interesses do estatismo fomentar essa ilusão — de forma a jogar uma cortina de fumaça sobre a questão a respeito da liberdade de quem que deve ser sacrificada para bancar tais "presentes grátis".

Como resultado do fato de que a educação tem sido paga por impostos por tanto tempo, a maioria das pessoas tem dificuldade para projetar uma alternativa. Mesmo assim, não há nada único sobre a educação que a separe das várias outras necessidades humanas que precisam ser atendidas pelo empresariado privado. Se, por vários anos, o governo tivesse se dedicado a fornecer calçados a todos os cidadãos (alegando que calçados são uma necessidade urgente), e se alguém eventualmente propusesse que essa questão devesse ser voltada ao empresariado privado, certamente diriam a essa pessoa com indignação: "Então você quer que todos que não são ricos andem por aí descalços?".

Mas a indústria dos calçados tem feito seu trabalho com competência imensuravelmente maior do que a educação pública tem feito o dela.

Citando Isabel Paterson novamente:

> O ressentimento mais vingativo deve ser esperado da profissão pedagógica, por qualquer sugestão de que eles devam ser desalojados de sua posição ditatorial; ele será expressado principalmente em epítetos tais como "reacionário", no melhor dos casos. Independentemente disso, a pergunta a ser feita a qualquer professor movido por tal indignação é: "Você acha que alguém confiaria os próprios filhos a você e te pagaria para lecionar para eles *por vontade própria*? Por que você precisa extorquir suas mensalidades e captar seus pupilos compulsoriamente?"[45].

RIQUEZA HERDADA

*A riqueza herdada concede a alguns indivíduos
uma vantagem injusta em uma economia competitiva?*

Ao considerar a questão da riqueza herdada, deve-se começar reconhecendo-se que o direito crucial envolvido não é o do herdeiro, mas do *produtor* original da riqueza. O direito à propriedade é o direito do uso e disposição; assim como o homem que produz riqueza tem direito de usar e dispor dela ao longo de sua vida, ele também tem o direito de escolher quem deve recebê-la após sua morte. Ninguém mais tem direito a essa escolha. É irrelevante, portanto, nesse contexto, considerar o merecimento ou a falta dele para qualquer herdeiro em particular; não é dele o direito básico em jogo; quando as pessoas denunciam riqueza herdada, na verdade elas estão atacando o *direito do produtor*.

---

[45] *Ibid.*, p. 274.

Há discussões sobre que, uma vez que o herdeiro não trabalhou para produzir a riqueza, ele não tem direito inerente a ela. Isso é verdade: o direito do herdeiro é *derivado*; o único direito *primário* é o do produtor. Mas se o futuro herdeiro não tem direito moral à riqueza, exceto pela escolha do produtor, *ninguém mais o tem* — certamente não o governo nem "o público".

Em uma economia *livre*, a riqueza herdada não é um impedimento ou uma ameaça a quem não a possui. É importante lembrar que a riqueza não é uma quantidade estática e limitada que só pode ser dividida ou tomada; a riqueza é produzida; sua quantidade potencial é virtualmente ilimitada.

Se um herdeiro for merecedor de seu dinheiro, ou seja, se ele o usar produtivamente, ele fará com que mais riqueza exista, ele elevará o padrão de vida geral — e, nessa medida, ele facilitará o caminho do sucesso de qualquer novato talentoso. Quanto maior for a quantidade de riqueza, de desenvolvimento industrial em existência, maiores serão as recompensas econômicas (em salários e lucros) e *maior será o mercado* de habilidades para novas ideias, produtos e serviços.

Quanto menos riqueza existir, maior e mais longa será a batalha para todos. Nos anos iniciais de uma economia industrial, os salários são baixos; há pouco mercado para habilidades incomuns. Mas a cada geração seguinte, conforme o acúmulo de capital aumenta, a demanda econômica por homens habilidosos cresce. Os estabelecimentos industriais precisam desesperadamente desses homens; eles não têm escolha exceto ofertar salários cada vez mais altos pelos serviços desses homens — e desse modo *treinar seus próprios futuros concorrentes* — de modo que o tempo necessário para um novato talentoso acumular sua própria fortuna e estabelecer seu próprio negócio diminua continuamente.

Se o herdeiro não for merecedor de seu dinheiro, a única pessoa ameaçada por isso é ele mesmo. Uma economia livre e competitiva é um processo constante de melhoria, inovação, progresso; ela não tolera a estagnação. Se um herdeiro que não possui habilidade alguma obtiver uma fortuna e um grande estabelecimento comercial de seu pai bem-sucedido, ele não conseguirá mantê-lo por muito tempo; ele não será um igual perante a concorrência. Em uma economia livre, na qual burocratas e legisladores não têm o poder de vender ou conceder favores econômicos, todo o dinheiro do herdeiro não seria suficiente para comprar proteção contra sua incompetência; ele precisaria ser eficiente ou perderia seus consumidores para empresas geridas por homens com habilidades superiores. Não há nada tão vulnerável quanto uma grande empresa mal gerida que compete com outras menores e mais eficientes.

Os luxos pessoais ou festas regadas a álcool de que o herdeiro incompetente pode desfrutar graças ao dinheiro de seu pai não têm significado *econômico*. No comércio, ele não seria capaz de fazer frente a competidores talentosos ou servir como um empecilho a homens habilidosos. Ele não encontraria segurança automática em lugar nenhum.

Na virada do século, houve uma frase popular que é muito eloquente a respeito do que foi supracitado: "De mangas arregaçadas a mangas arregaçadas em três gerações". Se um homem que teve sucesso por suas habilidades deixar sua empresa para herdeiros indignos, seu neto voltará a usar as mangas arregaçadas em empregos obscuros. (Ele *não* acabou com a governança de um estado.)

É uma economia *mista* — como a variedade semissocialista ou semifascista que temos hoje — que protege os ricos improdutivos congelando uma sociedade em um determinado nível de desenvolvimento, congelando as pessoas em classes e castas e dificultando cada vez mais a ascensão ou a queda de homens entre uma e outra casta; de maneira que quem tenha herdado fortunas antes do congelamento possa mantê-la com pouco temor à competição, como um herdeiro em uma sociedade feudal.

É importante saber quantos herdeiros de fortunas industriais, os milionários de segunda e terceira geração, são estatistas do bem-estar social, cobrando cada vez mais controles. O alvo e as vítimas desses controles são homens habilidosos que, em uma economia livre, deslocariam esses herdeiros; os homens com quem os herdeiros seriam incapazes de competir.

Como Ludwig von Mises escreve em *Ação Humana*:

Os impostos de hoje frequentemente absorvem a maior parte dos lucros "excessivos" do novo empresário. Ele não consegue acumular capital; ele não pode expandir o seu próprio negócio; ele nunca se tornará um grande empresário e um oponente à altura dos interesses estabelecidos. As firmas mais antigas não precisam temer sua competição; elas estão abrigadas do coletor de impostos. Elas podem desfrutar impunemente da rotina [...]. É verdade, o imposto sobre a renda também as impede de acumular novos capitais; mas o mais importante para elas é que ele impede os perigosos recém-chegados de acumular capital. Elas são virtualmente privilegiadas pelo sistema fiscal. Nesse sentido, o imposto progressivo impede o progresso econômico e fomenta a rigidez. [...]

Os intervencionistas reclamam que as grandes empresas estão se tornando rígidas e burocráticas, e que já não é possível aos novos e talentosos recém-chegados ameaçarem os interesses estabelecidos das famílias ricas mais antigas. Porém, apesar das reclamações terem algum fundamento, eles estão reclamando de coisas que são meramente resultado de suas próprias políticas[46].

A PRATICIDADE DO CAPITALISMO

Há alguma validade na afirmação de que o capitalismo laissez-faire se torna menos praticável conforme a sociedade se torna mais complexa?

Essa alegação é o tipo de falácia coletivista que "liberais" repetem ritualmente, sem qualquer tentativa de prová-la ou embasá-la. E basta examiná-la para perceber que é absurda.

A mesma condição de liberdade que é necessária para se obter um alto nível de desenvolvimento industrial — um alto nível de "complexidade" — é necessária para *mantê-lo*. Dizer que uma sociedade se tornou mais complexa quer dizer apenas que mais homens vivem na mesma posição geográfica e lidam uns com os outros, que eles se envolvem em um volume maior de comércio, e em um número maior e mais diverso de atividades produtivas. Não há nada nesses fatos que justifique conceitualmente o abandono da liberdade econômica em prol do "planejamento" governamental.

Pelo contrário: quanto mais "complexa" uma economia, maior o número de escolhas e decisões que precisam ser feitas — e, dessa forma, mais claramente impraticável se torna para uma autoridade governamental central dominar esse processo. Se existirem graus de irracionalidade, seria mais plausível imaginar que uma economia primitiva e pré-industrial poderia ser gerida, de forma não-desastrosa, pelo Estado; mas a noção de gerir uma sociedade científica e altamente industrializada com trabalho escravo é bárbara na medida da ignorância que revela.

---

[46] MISES, Ludwig von. *Human Action*. New Haven, Connecticut: Yale University Press, 1949, p. 804-805.

Repare que o mesmo tipo de gente que defende essa doutrina também declara que nações subdesenvolvidas não são aptas à liberdade econômica, que seu nível primitivo de desenvolvimento torna o socialismo imperativo. Assim, elas defendem simultaneamente que um país não deve ter liberdade porque é pouco desenvolvido economicamente, e que outro país não deve ter liberdade porque é *muito* desenvolvido economicamente.

As duas posições são racionalizações crassas por parte de mentalidades estatistas que nunca compreenderam o que possibilita a civilização industrial.

CAPÍTULO 6

OURO E LIBERDADE ECONÔMICA [47]

Alan Greenspan

Um antagonismo quase histérico perante o padrão ouro é uma questão que une estatistas de todas as correntes. Eles parecem sentir — talvez mais clara e sutilmente do que vários defensores consistentes do *laissez-faire* — que ouro e liberdade econômica são inseparáveis, que o padrão ouro é um instrumento de *laissez-faire* e que um implica e exige o outro.

Para entender a fonte desse antagonismo, primeiro é necessário entender o papel específico do ouro em uma sociedade livre.

O dinheiro é o denominador comum de todas as transações econômicas. Ele é a *commodity* que serve como meio de troca, ele é universalmente aceitável para todos os participantes de uma economia de trocas como pagamento por seus bens ou serviços, e pode, portanto, ser usado como um padrão de valor de mercado e como uma reserva de valor, ou seja, um meio de poupança.

A existência de tal *commodity* é uma pré-condição de uma economia de divisão de trabalho. Se os homens não possuíssem alguma *commodity* de valor objetivo geralmente aceita como o dinheiro, eles teriam que se ater à prática de barganha primitiva ou serem forçados a viver em fazendas autossuficientes e a descartar as vantagens inestimáveis da especialização. Se os homens não tivessem meios de fazer reservas de valor, ou seja, de poupar, nem o planejamento de longo prazo nem o comércio seriam possíveis.

Que meio de troca seria aceitável para todos os participantes em uma economia não é determinado arbitrariamente. Primeiro, o meio de troca deve ser durável. Em uma sociedade primitiva, de pouca riqueza, o trigo poderia ser durável o bastante para servir como um meio, já que todas as trocas aconteceriam apenas durante e imediatamente após a colheita, sem

---

[47] *The Objectivist*, julho de 1968.

nenhum valor acumulado para ser poupado. Mas onde as considerações sobre reservas de valor são importantes, à medida em que sociedades mais ricas e civilizadas surgem, o meio de troca precisa ser uma *commodity* durável, normalmente um metal. Normalmente escolhe-se algum metal porque ele é homogêneo e divisível: cada unidade é a mesma que qualquer outra e pode ser misturada ou moldada em qualquer quantidade. Joias preciosas, por exemplo, não são homogêneas nem divisíveis.

Não obstante, a *commodity* escolhida como meio deve ser um luxo. Os desejos humanos por luxos são ilimitados e, portanto, bens de luxo sempre têm procura e sempre serão aceitáveis. O trigo é um luxo em civilizações malnutridas, mas não em uma sociedade próspera. Cigarros normalmente não serviriam como dinheiro, mas foram usados como tal na Europa pós-Segunda Guerra Mundial, onde eram considerados um luxo. O termo "bem de luxo" implica escassez e valor unitário alto. Por ter um alto valor unitário, o bem é fácil de transportar; por exemplo, 20 gramas de ouro valem meia tonelada de ferro gusa.

Nos primeiros estágios de uma economia monetária, vários meios de troca podem ser usados, já que uma ampla variedade de *commodities* pode preencher as condições supracitadas. No entanto, uma das *commodities* gradualmente desbancará as outras, por ser muito mais aceita. A preferência sobre o que é mantido como reserva de valor eventualmente mudará para a *commodity* mais aceita, que, por sua vez, se tornará ainda mais aceita. A mudança é progressiva até que aquela *commodity* se torne o único meio de troca. O uso de um só meio de troca é muito vantajoso pelas mesmas razões que uma economia monetária é superior à uma economia de barganha: ela possibilita trocas em uma escala incalculavelmente maior.

Quer o meio de troca único seja o ouro, prata, conchas, gado ou tabaco é opcional, a depender do contexto e do desenvolvimento de uma economia em particular. Na verdade, todos já foram usados, em várias épocas, como meio de troca. Mesmo no século XX, duas *commodities* maiores, ouro e prata, têm sido usadas como meio internacional de troca, com o ouro se tornando o mais predominante. O ouro, por ter usos artísticos e funcionais e ser relativamente escasso, sempre foi considerado um bem de luxo. Ele é durável, portátil, homogêneo, divisível e, portanto, tem vantagens significativas sobre todos os outros meios de troca. Desde o começo da Primeira Guerra Mundial ele tem sido praticamente o único padrão internacional de troca.

Se todos os bens e serviços fossem pagos em ouro, grandes pagamentos seriam difíceis de executar e isso poderia limitar o alcance da divisão de trabalho e a especialização de uma sociedade. Assim, uma extensão lógica da criação de um meio de troca é o desenvolvimento de um sistema bancário e instrumentos de crédito (cédulas e depósitos bancários) que agem como um substituto para o ouro, porém que ainda tenha poder de conversão.

Um sistema bancário livre baseado em ouro é capaz de estender crédito e, portanto, criar cédulas (moedas) e depósitos bancários, de acordo com os requisitos de produção da economia, e os proprietários individuais de ouro são induzidos, pelo pagamento de juros, a depositarem seu ouro em um banco (os quais eles podem usar para emitir cheques). Mas uma vez que raramente acontece de todos os depositários pretenderem sacar todo o seu ouro ao mesmo tempo, o banqueiro precisa manter apenas uma fração de seu total em depósitos de ouro como reservas. Isso permite ao banqueiro emprestar além do volume dos seus depósitos de ouro (o que quer dizer que ele detém crédito do ouro, ao invés do ouro como um seguro para seus depósitos). Mas a quantia de empréstimos que ele pode dispor não é arbitrária: ele precisa medi-la em relação às suas reservas e ao *status* de seus investimentos.

Quando bancos emprestam dinheiro para financiar empreitadas produtivas e financeiras, os empréstimos são ressarcidos rapidamente e o crédito do banco continua geralmente disponível. Mas quando os empreendimentos financiados pelo crédito bancário são menos rentáveis e demoram mais para serem pagos, os banqueiros logo percebem que seus empréstimos em inadimplência são excessivos em relação às suas reservas de ouro, e então começam a encurtar novos empréstimos, normalmente por meio da cobrança de juros mais altos. Isso costuma restringir o financiamento de novos empreendimentos e exige que os tomadores de empréstimos melhorem sua rentabilidade antes que consigam obter crédito para expansão futura. Assim, sob o padrão ouro, um sistema bancário livre é um protetor da estabilidade e do crescimento balanceado de uma economia.

Quando o ouro é aceito como um meio de troca por todas as nações ou pela maioria delas, um padrão ouro internacional sem restrições serve para fomentar uma divisão mundial de trabalho e o maior comércio internacional. Ainda que as unidades de troca (dólar, libra, franco, etc.) sejam diferentes em cada país, quando todos são definidos em termos de ouro, as economias de diferentes países agem como uma só — desde que não haja restrições comerciais ou sobre a movimentação de capital. Crédito, taxas de juros e preços costumam seguir padrões semelhantes em todos os países. Por exemplo, se os bancos em um país estenderem o crédito de forma muito liberal, as taxas de juros daquele país terão tendência a cair, induzindo os depositários a levarem seu ouro para bancos que pagam taxas de juros mais altas em outros países. Isso imediatamente causará uma falta nas reservas bancárias no país do "dinheiro fácil", induzindo padrões de crédito mais rígidos e outro retorno a taxas de juros competitivamente mais altas.

Ainda não houve um sistema bancário plenamente livre e um padrão ouro plenamente consistente. Mas antes da Primeira Guerra Mundial, o sistema bancário dos Estados Unidos (e de maior parte do mundo) foi baseado em ouro, e ainda que os governos tenham interferido ocasionalmente, a atividade bancária era mais livre do que controlada. Periodicamente, como resultado de uma expansão de crédito excessivamente acelerada, os bancos fizeram empréstimos até o limite de suas reservas de ouro, as taxas de juros subiram acentuadamente, cortou-se crédito novo e a economia entrou em uma forte, porém curta, recessão. (Em comparação com as depressões de 1920 e 1932, os declínios comerciais pré-Primeira Guerra Mundial foram de fato leves). Foram as reservas limitadas de ouro que interromperam as expansões desequilibradas da atividade comercial, antes que elas pudessem evoluir até o tipo de desastre que aconteceu depois da Primeira Guerra Mundial. Os períodos de reajustes foram pequenos e a economia rapidamente restabeleceu uma base sólida a fim de continuar se expandindo.

Mas o processo de cura foi diagnosticado erroneamente como sendo a doença: se a escassez de reservas bancárias era a causa do declínio comercial — argumentaram intervencionistas econômicos —, por que não encontrar um jeito de fornecer reservas maiores aos bancos para que elas nunca sejam escassas? Se os bancos podem continuar a emprestar dinheiro indefinidamente — segundo foi dito — nunca haveria empecilhos à atividade comercial. E então o Sistema de Reserva Federal foi organizado em 1913. Ele consistia em doze bancos regionais da Reserva Federal nominalmente de posse de banqueiros privados, mas na realidade patrocinados, controlados e sustentados pelo governo. O crédito estendido por esses bancos é, na prática (embora não legalmente) apoiado pelo poder de taxação do governo federal. Tecnicamente, continuamos no padrão ouro; indivíduos ainda tinham liberdade de possuir ouro e o ouro continuou a ser usado como reserva bancária. Mas agora, além do ouro, o crédito estendido pelos bancos da Reserva Federal (reservas "de papel") poderia servir como moeda legal para pagar os depositários.

Quando empresas nos Estados Unidos passaram por uma leve retração em 1927, a Reserva Federal criou mais reservas de papel na esperança de adiar previamente qualquer possível escassez de reserva bancária. No entanto, o fato ainda mais desastroso foi a tentativa da Reserva Federal de ajudar a Grã-Bretanha, que estava perdendo ouro para os Estados Unidos porque o Banco da Inglaterra se recusou a permitir aumento nas taxas de juros conforme o mercado demandava (pois isso era politicamente intragável). O raciocínio das autoridades envolvidas foi o seguinte: se a Reserva Federal inserisse reservas de papel excessivas nos bancos americanos, as taxas de juros cairiam a um nível comparável ao dos juros da Grã-Bretanha; isso serviria para interromper a perda de ouro da Grã-Bretanha e evitaria o constrangimento político de precisar aumentar as taxas de juros.

O FED obteve sucesso: impediu a perda de ouro, mas quase destruiu as economias do mundo no processo. O excesso de crédito que o FED injetou na economia respingou em todo o mercado de ações — causando uma explosão especulativa. Tardiamente, funcionários da Reserva Federal tentaram enxugar o excesso de reservas e finalmente conseguiram frear a explosão. Mas era tarde demais: em 1929 os desequilíbrios especulativos se tornaram tão devastadores que a tentativa precipitou uma redução brusca e uma consequente desmoralização da confiança comercial. Como resultado, a economia americana ruiu. A Grã-Bretanha se saiu ainda pior, e ao invés de absorver as consequências plenas de seu vacilo anterior, abandonou completamente o padrão ouro em 1931, destruindo de vez o que restava do tecido de confiança e induzindo uma série mundial de falências bancárias. As economias do mundo afundaram na Grande Depressão da década de 1930.

Com uma lógica remanescente de uma geração anterior, os estatistas defenderam que o padrão ouro era a maior causa para o desfalque de crédito que levou à Grande Depressão. Se o padrão ouro não tivesse existido, eles defendiam, o abandono dos pagamentos por ouro na Grã-Bretanha em 1931 não teria causado a falência de bancos no mundo inteiro. (A ironia foi que desde 1913 estivemos não com um padrão ouro, mas no que pode ser chamado de "um padrão ouro *misto*"; porém foi o ouro que levou a culpa.)

Mas a oposição ao padrão ouro em qualquer forma — vinda de um número crescente de defensores do Estado de bem-estar social — foi causada por um pensamento muito mais sutil: a descoberta de que o padrão ouro é incompatível com a geração crônica de déficit (o marco histórico do Estado de bem-estar social). Despido de seu jargão acadêmico, o Estado de bem-estar social não é nada além de um mecanismo pelo qual governos confiscam a riqueza de membros produtivos de uma sociedade para bancar uma ampla gama de esquemas de bem-estar social. Uma parte relevante do confisco acontece pela taxação. Mas os estatistas do bem-estar social foram rápidos para reconhecer que se eles quisessem manter o poder político, a quantidade de taxação precisaria ser limitada e eles teriam que recorrer a programas de geração pesada de déficit, ou seja, pegar dinheiro emprestado por meio da emissão de títulos governamentais, de forma a financiar gastos com bem-estar social em larga escala.

Sob um padrão ouro, a quantidade de crédito que uma economia consegue sustentar é determinada pelos bens tangíveis da economia, uma vez que cada instrumento de crédito é, em última instância, um vale sobre algum bem tangível. Mas títulos governamentais não são endossados por riqueza tangível, apenas pela promessa do governo de pagar lucros de impostos futuros e não consegue ser facilmente absorvida pelos mercados financeiros. Um grande volume de novos títulos governamentais pode ser vendido apenas com taxas de juros progressivamente mais altas. Dessa maneira, a geração de déficit governamental sob um padrão ouro é consideravelmente limitada.

O abandono do padrão ouro possibilitou aos estatistas do bem-estar social *usarem o sistema bancário* como meio para uma expansão de crédito ilimitada. Eles criaram reservas de papel na forma de títulos governamentais que, por meio de uma série complexa de passos, os bancos aceitam no lugar de bens tangíveis e tratam como se fosse um depósito de verdade, ou seja, como o equivalente ao que outrora foi um depósito em ouro. O portador de um título governamental ou de um depósito bancário criado por reservas de papel acredita que ele tem um vale legítimo de um bem real. Mas o fato é que agora existem mais vales do que bens reais.

Não se deve burlar a lei de oferta e demanda. Conforme a oferta de dinheiro (de vales) aumenta em relação à oferta de bens tangíveis na economia, os preços eventualmente precisarão subir. Portanto os ganhos poupados pelos membros produtivos da sociedade perdem valor em termos de bens. Quando os registros da economia finalmente estiverem equilibrados, haverá a descoberta de que essa perda de valor representa os bens comprados pelo governo para bancar o bem-estar social ou outros propósitos, com o dinheiro vindo de títulos governamentais financiados pela expansão de crédito bancário.

Na ausência do padrão ouro, não há como proteger poupanças do confisco através da inflação. Não há reserva de valor segura. Se houvesse, o governo teria que tornar sua posse ilegal, como foi feito com o ouro. Se todos decidissem, por exemplo, converter todos os seus depósitos bancários em prata ou cobre ou qualquer outro bem, e depois se recusassem a aceitar cheques como pagamentos por bens, os depósitos bancários perderiam seu poder de compra e o crédito bancário criado pelo governo seria inútil como um vale sobre bens. A política financeira do bem-estar social exige que não haja como os donos da riqueza se protegerem.

Esse é o segredo pífio das desavenças dos estatistas do bem-estar social contra o ouro. A geração de déficit é simplesmente um esquema para o confisco "secreto" de riqueza. O ouro fica no caminho desse processo insidioso. Ele é um protetor dos direitos de propriedade. Quem conseguir entender isso, não terá dificuldade para entender o antagonismo dos estatistas diante do padrão ouro.

CAPÍTULO 7

Notas sobre a história da livre iniciativa nos Estados Unidos [48]

Ayn Rand

Se um estudo factual detalhado fosse feito acerca de todos os exemplos da história americana que os estatistas usaram como uma acusação contra a livre iniciativa e como um argumento a favor de uma economia controlada pelo governo, descobriríamos que as ações atribuídas aos empresários foram causadas, feitas necessárias e possibilitadas apenas por intervenções governamentais no comércio. Os males, popularmente atribuídos aos grandes industriais, não foram o resultado de uma indústria sem regulações, mas do poder governamental sobre a indústria. O vilão em questão não foi o empresário, mas o legislador, não o livre comércio, mas os controles governamentais.

Os empresários foram as vítimas, porém vítimas que levaram a culpa (e ainda levam), enquanto as partes culpadas usaram sua própria culpa como um argumento para a extensão de seus poderes, para oportunidades cada vez mais amplas de cometerem o mesmo crime em uma escala cada vez maior. A opinião pública tem sido tão mal-informada sobre os fatos reais que agora chegamos em um estágio em que, como uma cura para os problemas de um país, o povo pede cada vez mais pelo veneno que o adoeceu antes de tudo.

Para ilustrar, listo abaixo alguns exemplos que descobri no curso da minha pesquisa histórica sobre uma só indústria: as ferrovias americanas.

Um dos argumentos dos estatistas a favor de controles governamentais é a noção de que as ferrovias americanas foram construídas principalmente através de ajuda financeira do governo e que não seria possível construí--las sem essa ajuda. Na verdade, a ajuda governamental para construir as ferrovias se resumiu a dez por cento do custo de todas as ferrovias do país

---

[48] Publicado pelo Instituto Nathaniel Branden, Nova York, 1959.

— e as consequências dessa ajuda têm sido desastrosas para as ferrovias. Stewart H. Holbrook, na obra *The Story of American Railroads* [*A História das Ferrovias Americanas*], diz:

> Em pouco mais de duas décadas, foram construídas três ferrovias transcontinentais com ajuda do governo. Todas as três acabaram no tribunal em processos de falência. E assim, quando James Jerome Hill disse que construiria uma linha dos Grandes Lagos até o estuário de Puget, sem dinheiro público nem concessões de terras, até mesmo seus amigos próximos *acharam* que ele estava louco. Mas sua empresa ferroviária, a *Great Northern*, chegou em Puget sem nenhum centavo de auxílio federal e não foi um fracasso. Foi uma conquista que envergonhou a muito aclamada construção do Canal de Erie[49].

O grau de auxílio governamental recebido por qualquer ferrovia foi diretamente proporcional aos problemas e falhas de cada ferrovia. As ferrovias com os piores históricos de escândalos, acordos dúbios e falências foram as que receberam mais ajuda do governo. As ferrovias mais bem-sucedidas e que nunca foram à falência foram as que nunca receberam nem pediram auxílio governamental. Pode haver exceções a essa regra, mas em todas as minhas leituras sobre o assunto eu ainda não encontrei nenhuma.

É comum acreditar que no período de construção das primeiras ferrovias do país houve um certo "exagero na construção", muitas linhas que foram começadas e abandonadas depois que se foi provado que elas não compensavam mais e arruinando os envolvidos. Os estatistas normalmente usam esse período como um exemplo do "caos sem planejamento" da livre iniciativa. A verdade é que a maioria (e talvez todas) das ferrovias inúteis foram construídas não por homens que queriam construir uma ferrovia para lucrar, mas sim por especuladores com influência política, que começaram essas empreitadas com o único propósito de obter dinheiro do governo.

Houve várias formas de auxílio governamental nesses projetos, como concessões de terras federais, subsídios, títulos estatais, títulos municipais, etc. Muitos especuladores começaram projetos de ferrovias como um meio rápido de obter algum dinheiro do governo, sem preocupações futuras ou as possibilidades comerciais de suas ferrovias. Eles tiveram o trabalho de fazer muitos quilômetros de trilhos malfeitos, em qualquer lugar, sem

---

[49] HOLBROOK, Stewart H. *The Story of American Railroads*. Nova York: Crown Publishers, 1947, p. 8-9.

investigar se os locais selecionados teriam algum uso para ferrovias ou alguma economia futura. Alguns desses homens coletaram o dinheiro e sumiram, sem ao menos começarem quaisquer ferrovias. Essa é a fonte da impressão popular de que a origem das ferrovias americanas foi um período de especulação brutal e inescrupulosa. Mas as ferrovias desse período que foram planejadas e construídas por empresários com um propósito comercial, particular e adequado foram as únicas que sobreviveram, prosperaram e tiveram previsões incomuns na escolha de suas localidades.

Dentre as nossas maiores ferrovias, as histórias mais escandalosas foram a da Union Pacific e a da Central Pacific (agora chamada Southern Pacific). Foram duas linhas construídas com um subsídio do governo federal. A Union Pacific caiu em falência pouco depois de sua construção, com o que foi, talvez, o maior escândalo da história das ferrovias; o escândalo envolveu corrupção de funcionários públicos. A via não foi organizada nem gerenciada adequadamente até ter sido comandada por um capitalista privado, Edward H. Harriman.

A Central Pacific — que foi construída pelo *Big Four*[50] da Califórnia, com subsídios federais — foi a ferrovia culpada por todos os males popularmente atribuídos às ferrovias. Por quase trinta anos a Central Pacific controlou a Califórnia, manteve um monopólio e impediu a entrada de concorrentes no estado. Ela cobrava preços absurdos, mudava-os todo ano e arrancou praticamente todo o lucro dos fazendeiros ou transportadores da Califórnia, que não tinham outra ferrovia para usar. O que possibilitou isso? Tudo foi feito através do poder legislativo da Califórnia. O *Big Four* controlava a legislação e fechou o estado contra concorrentes por meio de restrições legais, como, por exemplo, um ato legislativo que deu ao *Big Four* controle exclusivo sobre toda a costa da Califórnia e proibiu qualquer outra ferrovia de entrar em qualquer porto. Durante esses trinta anos, houve várias tentativas por parte de interesses privados em construir ferrovias concorrentes na Califórnia e quebrar o monopólio da Central Pacific. Essas tentativas foram derrubadas, não por métodos de livre comércio e livre competição, mas por ação legislativa.

---

[50] A alcunha "Big Four" foi dada, nesse caso, a um grupo de magnatas americanos que juntos fundaram a Ferrovia Central do Pacífico, ou Central Pacific para os mais íntimos, o grupo era composto por Leland Stanford, Collins Potter Huntington, Mark Hopkins e Charles Crocker.

NOTAS SOBRE A HISTÓRIA DA LIVRE INICIATIVA NOS ESTADOS UNIDOS

Esse monopólio de trinta anos do *Big Four* e as práticas nas quais eles se envolveram sempre são citadas como um dos males das grandes empresas e do livre comércio. Mas ninguém do *Big Four* nunca foi um empreendedor livre; eles não foram empresários que conquistaram o poder por meio de comércio sem regulação.

Eles foram representantes típicos do que agora é chamado de economia mista. Eles obtiveram poder com intervenções legislativas no comércio; nenhum de seus abusos teria sido possível em uma economia livre e sem regulações.

A mesma Central Pacific é notável por um acordo territorial que levou à desapropriação de fazendeiros e manifestações sangrentas no fim da década de 1870. Esse foi o incidente que serviu como base do romance anticomércio *The Octopus* [*O Polvo*], de Frank Norris, o incidente que causou grande indignação pública e causou ódio contra todas as ferrovias e grandes empresas. Mas esse romance envolveu terras dadas ao *Big Four* pelo governo — e a injustiça que se seguiu foi possibilitada apenas por meio de assistência legislativa e judicial. Porém não foi a intervenção governamental no comércio que levou a culpa, mas o comércio[51].

Do outro lado da balança, a ferrovia que teve a história mais limpa, foi a construída com mais eficiência nas circunstâncias mais difíceis, e foi diretamente responsável pelo desenvolvimento de todo o noroeste americano, foi a Great Northern, construída por J. J. Hill sem qualquer tipo de auxílio federal. Mas Hill foi perseguido pelo governo durante toda a sua vida — sob o Ato Sherman, por ser um monopolista (!).

Mas a pior injustiça cometida por uma concepção popular enganosa foi contra Commodore Vanderbilt, da New York Central. Ele sempre foi chamado de "um velho pirata", "um monstro de Wall Street", etc., e sempre denunciado pela suposta falta de escrúpulos por suas atividades em Wall Street. Eis sua verdadeira história:

Quando Vanderbilt começou a organizar diversas ferrovias menores e obscuras no que se tornaria o sistema New York Central, ele precisou obter uma concessão da Câmara Municipal para permitir que sua ferrovia, a Nova York e Harlem, pudesse entrar na cidade. A Câmara era conhecida por ser

---

[51] Para uma boa história factual sobre a Central Pacific, veja LEWIS, Oscar. *The Big Four*. Nova York: Alfred A. Knopf, 1938.

corrupta, e se alguém quisesse uma concessão teria que pagar por ela, o que Vanderbilt fez. (Ele deveria ser culpado por isso ou a culpa está no fato de que o governo detinha um poder arbitrário e incontestável quanto ao assunto, de modo que Vanderbilt não tinha escolha?) As ações de sua empresa subiram, uma vez que se soube que ela havia conseguido a permissão para entrar na cidade. Pouco depois, a Câmara repentinamente revogou a concessão — e as ações de Vanderbilt começaram a cair. Os vereadores (que pegaram o dinheiro de Vanderbilt), junto com uma corja de especuladores, apostaram em uma queda das ações de Vanderbilt. Vanderbilt os combateu e salvou sua ferrovia. Sua falta de escrúpulos consistiu em comprar suas ações tão rápido quanto elas foram lançadas no mercado, assim impedindo que seu preço caísse ao nível baixo que aqueles que apostaram na queda precisavam. Ele arriscou tudo que tinha nessa disputa, mas venceu. A corja e os vereadores foram à falência.

E, como se isso não fosse o suficiente, o mesmo truque foi repetido pouco depois, dessa vez envolvendo a Legislatura do Estado de Nova York. Vanderbilt precisava de um ato legislativo para lhe permitir consolidar as duas ferrovias que tinha. Novamente, ele precisou pagar legisladores por uma promessa de aprovação da legislação necessária. As ações de sua empresa subiram, os legisladores começaram a vendê-las apostando em queda e negaram a legislação prometida a Vanderbilt. Ele precisou passar novamente pela mesma batalha em Wall Street, assumiu uma responsabilidade assustadora, arriscou tudo que tinha mais milhões emprestados de amigos, mas venceu e arruinou os políticos de Albany. "Nós quebramos toda a legislatura", ele disse "e alguns dos honoráveis membros tiveram que ir para casa sem pagar suas contas do conselho".

Nada é dito ou conhecido hoje sobre os detalhes dessa história, e é ferozmente irônico que Vanderbilt agora seja usado como um dos exemplos dos males do livre comércio por parte daqueles que defendem controles governamentais. Os políticos de Albany foram esquecidos e Vanderbilt recebeu a pecha de vilão. Se você perguntar às pessoas agora qual foi o mal causado por Vanderbilt, elas responderão: "Ora, ele fez algo cruel em Wall Street e arruinou várias pessoas"[52].

---

[52] Para detalhes sobre essa história, veja MARSHALL, David. *Grand Central*. Nova York: McGraw-Hill (Whittlesey House), 1946, p. 60-64, e HARLOW, Alvin F. *The Road of the Century*. Nova York: Creative Age Press, 1947, p. 166-173.

A melhor ilustração da confusão geral sobre o assunto de comércio e governo pode ser encontrada no já referido livro de Stewart Holbrook. Na página 231, ele escreve:

> Quase desde o começo, as ferrovias precisaram passar pelo assédio de políticos e suas armadilhas, ou pagar por chantagens de uma forma ou de outra. O método era praticamente garantido; o político, normalmente um membro do governo estadual, elaborava alguma lei ou regulação que inviabilizaria ou encareceria as ferrovias em seu estado. E então ele a colocava na forma de um projeto de lei, propagandeava o projeto, sobre como ele deveria ser aprovado para que a soberania do povo fosse protegida contra a ferrovia monstruosa e então esperava algum encarregado da ferrovia dissuadi-lo através de um método tão antigo quanto a humanidade. Há registros de pelo menos trinta e cinco projetos que dificultariam a introdução de ferrovias em um só mandato.

E o mesmo Holbrook escreveu no mesmo livro apenas quatro páginas adiante (páginas 235-236):

> Em suma, em 1870, para escolher uma data arbitrária, o ramo das ferrovias se tornou, assim como tantos outros oradores apontaram, uma questão legislativa por si só. Eles compraram senadores e congressistas dos Estados Unidos assim como compravam trilhos e locomotivas — com dinheiro. Eles tinham legislaturas inteiras no bolso e muitas vezes até tribunais estaduais. [...] Chamar as ferrovias de 1870 de corruptas não era um exagero.

A conexão entre essas duas declarações e a conclusão obtida entre elas aparentemente nunca ocorreu a Holbrook. São os ferroviários que ele culpa e chama de corruptos. Mas o que esses ferroviários poderiam fazer, além de tentar "comprar legislaturas inteiras", se essas legislaturas detinham poder de vida ou morte sobre eles? O que os ferroviários poderiam fazer, além de recorrer a subornos, se quisessem apenas existir? Quem deveria ser culpado e quem era "corrupto"? Os empresários que precisavam pagar por "proteção" para assegurar o direito de continuarem nos negócios — ou os políticos que tinham o poder de vender esse direito?

Outra acusação popular contra as grandes empresas é a ideia de que interesses privados e egoístas restringem e atrasam o progresso, quando eles são ameaçados com uma nova invenção que pode destruir os seus mercados. Nenhum interesse privado poderia fazer ou já fez isso, a menos que tivesse ajuda do governo. A história inicial das ferrovias é uma boa ilustração. As ferrovias sofriam oposição violenta dos donos de hidrovias e empresas de barcos a vapor, que faziam a maior parte dos transportes à época. Um grande número de leis, regulações e restrições foi aprovado por várias legislaturas, em atendimento aos interesses dos donos de hidrovias em uma tentativa de atrapalhar e interromper o desenvolvimento das ferrovias. E isso foi feito em nome do "bem-estar público" (!). Quando a primeira ponte ferroviária foi construída sobre o Mississippi, os interesses dos hidroviários processaram seu construtor e a corte ordenou a destruição da ponte, chamando-a de "obstrução material e estorvo". A Suprema Corte reverteu a decisão, por uma margem estreita, e permitiu que a ponte continuasse a existir[53]. Pergunte a si mesmo qual seria o destino de todo desenvolvimento industrial dos Estados Unidos se essa margem estreita tivesse sido diferente — e qual é o destino de todo o progresso econômico quando ele é relegado não a demonstrações objetivas, mas a decisões arbitrárias de poucos homens armados com poder político.

É importante notar que os donos de ferrovias não começaram seus negócios corrompendo o governo. Eles precisaram começar a prática de subornar legisladores apenas como autoproteção. Os primeiros e melhores construtores de ferrovias eram empreendedores livres que assumiram grandes riscos por si mesmos, com capital privado e sem auxílio governamental. Foi apenas quando eles demonstraram ao país que a nova indústria tinha uma promessa de riqueza tremenda que os especuladores e os legisladores entraram de sola no jogo de drenar a nova gigante até o seu último centavo. Foi só quando os legisladores começaram as chantagens para ameaçar a passagem de regulações desastrosas e impossíveis que os donos de ferrovias precisaram recorrer a subornos.

É relevante notar que os melhores ferroviários, que começaram com fundos privados, não subornaram políticos para espantar a concorrência nem obter qualquer tipo de vantagem legal ou privilégio. Eles fizeram suas fortunas com suas habilidades pessoais — e se eles recorreram a subornos em algum momento, como Commodore Vanderbilt, foi apenas para comprar a remoção de alguma restrição artificial, como uma permissão para se consolidarem. Eles não pagaram para obter algo da legislatura, mas

---

[53] Veja SPEARMAN, Frank H. *The Strategy of Great Railroads*. Nova York: Scribner's, 1904, p. 273-278.

somente para retirarem a legislatura de seu caminho. Mas os ferroviários que começaram com assistência governamental, como o *Big Four* da Central Pacific, foram os que usaram o governo para obter vantagens especiais e deviam suas fortunas mais às legislações do que a suas habilidades pessoais. Esse é o resultado inevitável de qualquer tipo ou nível de economia mista. É somente com a ajuda de regulações governamentais que um homem menos habilidoso pode destruir seus melhores competidores — e ele é o único tipo de homem que recorre ao governo para pedir ajuda econômica.

Não é uma questão de personalidades acidentais, de "empresários desonestos" ou "legisladores desonestos". A desonestidade é inerente e criada pelo sistema. Então enquanto um governo detiver o poder de controle econômico, ele necessariamente criará uma "elite" especial, uma "aristocracia de influência", ele atrairá a estirpe de políticos corruptos à legislatura e trabalhará em prol do empresário desonesto, e penalizará e eventualmente destruirá os honestos e os capazes.

Os exemplos citados são apenas poucos dentre os mais óbvios; há uma ampla gama de outros, todos demonstrando o mesmo argumento. Eles foram retirados da história de uma só indústria. É fácil imaginar o que seria descoberto se buscássemos os mesmos detalhes na história de outras indústrias americanas.

É hora de esclarecer ao público a confusão perniciosa que foi criada pelo marxismo e que a maioria das pessoas aceitou sem pensar: a noção de que controles econômicos são a função adequada do governo, que o governo é uma ferramenta de interesses de classes, e que o problema é apenas qual classe específica ou grupo de pressão deveria ser servido pelo governo. A maioria das pessoas acredita que o livre mercado é uma economia controlada supostamente servindo aos interesses dos industriais — em oposição ao estado de bem-estar social, que é uma economia controlada supostamente servindo aos interesses dos trabalhadores. A ideia ou possibilidade de uma economia *sem controles* foi completamente esquecida e agora é deliberadamente ignorada. A maioria das pessoas não veria diferença entre empresários como J. J. Hill da Great Northern e empresários como os do *Big Four* da Central Pacific. A maioria das pessoas simplesmente descartaria a diferença dizendo que empresários são bandidos que sempre hão de corromper o governo, e que a solução é deixar o governo ser corrompido por sindicatos.

A questão não está entre controles favoráveis ao comércio ou controles favoráveis a sindicatos, mas sim entre controles e liberdade. Não é o *Big Four* contra o estado de bem-estar social, mas sim o *Big Four* e o estado de bem-estar social de um lado — contra J. J. Hill e cada trabalhador honesto do outro. Controles governamentais na economia, não importa em nome de quem seja, têm sido a fonte de todos os males em nossa história industrial — e a solução é o capitalismo *laissez-faire*, ou seja, a abolição de toda e qualquer forma de intervenção governamental na produção e comércio, a separação entre Estado e economia, da mesma forma e pelos mesmos motivos da separação entre a Igreja e o Estado.

CAPÍTULO 8

Os efeitos da revolução industrial em mulheres e crianças [54]

Robert Hessen

Trabalho infantil e a Revolução Industrial

O aspecto menos compreendido e mais deturpado da história do capitalismo é o trabalho infantil.

Não se pode avaliar o fenômeno do trabalho infantil na Inglaterra durante a Revolução Industrial do final do século XVIII e começo do século XIX, a menos que se perceba que a introdução do sistema fabril ofereceu um sustento, um meio de sobrevivência, para dezenas de milhares de crianças que não teriam vivido até serem jovens em eras pré-capitalistas.

O sistema fabril causou uma ascensão no padrão de vida geral, de taxas de mortalidade urbana caindo rapidamente e mortalidade infantil decrescente — e produziu uma explosão populacional sem precedentes.

Em 1750, a Inglaterra tinha uma população de seis milhões de pessoas; que se tornou nove milhões em 1800 e doze milhões em 1820, uma taxa de crescimento sem precedentes em qualquer época. A distribuição etária da população mudou bastante; a proporção de crianças e jovens aumentou bruscamente. "A proporção daqueles nascidos em Londres que morriam antes dos cinco anos de idade" caiu de 74,5% em 1730-1749 para 31,8% em 1810-1829[55]. Crianças que outrora teriam morrido na infância agora tinham uma chance de sobrevivência.

Tanto a população crescente quanto o aumento na expectativa de vida denunciam a mentira das alegações de socialistas e fascistas que

---

[54] *The Objectivist Newsletter*, abril e novembro de 1962.
[55] BUER, Mabel C. *Health, Wealth and Population in the Early Days of the Industrial Revolution, 1760-1815*. Londres: George Routledge & Sons, 1926, p. 30.

criticam o capitalismo, que as condições da classe trabalhadora estava progressivamente se deteriorando durante a Revolução Industrial.

É tão moralmente injusto quanto ignorante perante a história aquele que culpa o capitalismo pela condição das crianças durante a Revolução Industrial, uma vez que, na verdade, o capitalismo trouxe uma melhora enorme nas condições de vida em comparação à época anterior. A fonte dessa injustiça foram romancistas e poetas emocionados e mal-informados, como Dickens e a sra. Browning; medievalistas fantasiosos, como Southey; escritores de política se passando por historiadores de economia, como Engels e Marx. Todos eles pintaram um quadro vago e esperançoso de uma "era de ouro" perdida das classes trabalhadoras, que, supostamente, foi destruída pela Revolução Industrial. Os historiadores não apoiavam as afirmativas deles. A investigação e o bom senso desfizeram o glamour do sistema pré-fabril de indústria doméstica. Naquele sistema, o trabalhador fazia um investimento inicial alto, ou pagava aluguéis caros, por um tear ou bastidor, e corria a maioria dos riscos especulativos envolvidos. Sua dieta era insossa e pífia, e mesmo a subsistência de um homem normalmente dependia da possibilidade de se encontrar trabalho para sua esposa e filhos. Não havia nada romântico ou invejável sobre uma família morando e trabalhando junta em uma cabana inacabada, mal iluminada e sem ventilação adequada.

Como as crianças prosperavam antes da Revolução Industrial? Em 1697, John Locke escreveu um relatório para o Conselho de Comércio sobre o problema da pobreza e de sua erradicação. Locke estimou que um homem trabalhador e sua esposa, em boas condições de saúde, não poderiam sustentar mais do que duas crianças, e recomendou que *todas as crianças com mais de três anos de idade* deveriam ser educadas para bancarem seu sustento em escolas técnicas, aprendendo tear e tricô, nas quais elas receberiam comida. "O que elas recebem em casa, de seus pais," escreveu Locke, "raramente passa de pão e água, e ainda assim são escassos".

O professor Ludwig von Mises nos lembra:

> Os donos de fábricas não tinham poder algum para compelir ninguém a aceitar um emprego fabril. Eles só podiam contratar pessoas que estivessem dispostas a trabalhar pelos salários oferecidos. Por mais baixos que esses salários fossem, eles ainda assim eram muito mais do que a maioria dos pobres conseguiria ganhar em qualquer área a que tivessem acesso. É a distorção dos fatos que afirma que as fábricas retiraram donas de casa dos seus lares e cozinhas e crianças de suas brincadeiras. Essas mulheres não

tinham nada para cozinhar e alimentar seus filhos. Essas crianças estavam desamparadas e passando fome. O único refúgio delas era a fábrica. Ela as salvou, no sentido estrito do termo, da morte por inanição[56].

As crianças das fábricas iam trabalhar por insistência de seus pais. As crianças tinham muitas horas de trabalho, mas o trabalho normalmente era mais simples — geralmente era reatar fios de uma máquina de tear ou tecer quando eles se rompiam. Não foi em defesa dessas crianças que a agitação a favor de legislações fabris se iniciou. A primeira lei de trabalho infantil na Inglaterra (1788) regulou as horas e condições de trabalho das crianças miseráveis que trabalhavam limpando chaminés — um trabalho sujo e perigoso datado de muito antes da Revolução Industrial, e que não era conectado a fábricas. O primeiro ato dedicado a crianças em fábricas foi aprovado para proteger quem fosse submetido a condições análogas à escravidão por autoridades paroquiais, *um corpo governamental:* elas eram crianças abandonadas ou órfãs que estavam sob a "custódia dos pobres" dos oficiais legais da paróquia, e eram vinculadas a esses oficiais em longos acordos de aprendizagem não-remunerada em troca da mera subsistência.

As condições sanitárias e de emprego eram reconhecidamente as melhores nas maiores e mais novas fábricas. Conforme Atos Fabris sucessivos, entre 1819 e 1846, colocaram cada vez mais restrições ao emprego de crianças e adolescentes, os donos das fábricas maiores, que eram mais fácil e frequentemente alvo de visitação e inspeção dos inspetores de fábricas, optaram por progressivamente dispensar crianças de seus empregos ao invés de se sujeitarem às regulações complicadas, arbitrárias e sempre em mudança sobre como eles deveriam gerir uma fábrica que empregava crianças. O resultado da intervenção legislativa foi que essas crianças dispensadas, que precisavam trabalhar para sobreviver, eram forçadas a buscar emprego em fábricas menores, mais velhas e longe da fiscalização, onde as condições empregatícias, sanitárias e de segurança eram notavelmente inferiores. Quem não encontrasse emprego era reduzido ao *status* de suas contrapartes cem anos antes, ou seja, ao trabalho agrícola irregular, ou pior, nas palavras do professor von Mises — a "infestarem o país como vagabundos, mendigos, pedintes, ladrões e prostitutas".

---

[56] MISES, Ludwig von. *Human Action*. New Haven, Connecticut: Yale University Press, 1949, p. 615.

O trabalho infantil não foi extinto por feitos legislativos; o trabalho infantil acabou quando ficou economicamente desnecessário que crianças trabalhassem para sobreviver — quando o lucro de seus pais se tornou suficiente para sustentá-las. Os emancipadores e benfeitores dessas crianças não foram legisladores nem inspetores de fábricas, mas sim os fabricantes e financiadores. Os esforços e investimentos deles em máquinas promoveram um aumento salarial real, abundância crescente de bens por preços menores e melhorias incomparáveis no padrão de vida em geral.

A resposta adequada aos críticos da Revolução Industrial é dada pelo professor T. S. Ashton:

> Há hoje nas planícies da Índia e da China homens e mulheres, pestilentos e famintos, vivendo vidas pouco melhores, aparentemente, do que a do gado que labuta com eles durante o dia e divide com eles seu local de dormir durante a noite. Tais padrões asiáticos, e horrores sem mecanização, são o destino de quem cresce em números sem passar por uma revolução industrial[57].

Eu gostaria de acrescentar que a Revolução Industrial e sua consequente prosperidade foram conquistas do capitalismo, e não poderiam ser obtidas sob qualquer outro sistema econômico ou político. Como prova, ofereço o espetáculo da Rússia soviética, que combina industrialização e fome.

Mulheres e a Revolução Industrial

Para condenar o capitalismo, deve-se primeiro deturpar a história. A noção de que o capitalismo industrial levou apenas miséria e degradação para mulheres é um artigo de fé dos críticos do capitalismo. É tão prevalente quanto a visão de que crianças foram vitimizadas e exploradas pela Revolução Industrial — e é igualmente falsa.

Vamos examinar a fonte dessa visão. Para apreciar os benefícios que o capitalismo trouxe às mulheres, deve-se comparar o *status* delas sob o capitalismo com sua condição nos séculos anteriores. Mas os críticos do capitalismo no século XIX não fizeram isso; ao invés disso, eles distorceram e falsearam a história, glamourizando o passado e depreciando tudo o que for moderno por contraste.

---

[57] ASHTON, T. S. *The Industrial Revolution, 1760-1830*. Londres: Oxford University Press, 1948, p. 161.

Por exemplo, Richard Oastler, um dos mais fanáticos inimigos do capitalismo no século XIX, alegou que todos viviam melhor espiritual e materialmente na Idade Média do que no começo do século XIX. Ao descrever a Inglaterra medieval, Oastler poetizou sobre uma era de ouro perdida: "Oh, que bela nau a Inglaterra fora! Era bem construída, bem manejada, bem provisionada, bem equipada! Todos eram então alegres, felizes e contentes a bordo".

Isso tudo foi dito sobre séculos nos quais "o grosso da população eram camponeses em condição servil, limitados por seu *status*, sem liberdade para mudar seu modo de vida ou se mudar de sua terra natal"[58], quando as pessoas só tinham a promessa de felicidade na vida além-túmulo para socorrê-los contra pragas desoladoras, inanição recorrente e estômagos no máximo meio cheios, quando pessoas que viviam em lares tão infectos com sujeira e vermes que o veredito de um historiador a respeito dessas cabanas é: "do ponto de vista da saúde, a única coisa favorável que pode ser dita é que elas se incendiavam com muita facilidade"[59]!

Oastler representou o ponto de vista dos medievalistas. Os socialistas, que concordavam com eles, eram historiadores igualmente imprecisos.

Por exemplo, ao descrever as condições das massas nos séculos pré-industriais XVII e XVIII, Friedrich Engels alegou: "os trabalhadores vegetaram ao longo de uma existência razoavelmente confortável, levando a uma vida íntegra e pacífica em plena piedade e honradez; e a posição material deles era muito melhor do que a de seus sucessores".

Isso foi escrito sobre uma época caracterizada por taxas de mortalidade assustadoramente altas, especialmente entre crianças — cidades e vilas apinhadas de pessoas e sem qualquer saneamento — e consumo de gin notavelmente alto. A dieta da classe trabalhadora consistia principalmente em aveia, leite, queijo e cerveja; enquanto pão, batatas, café, chá, açúcar e carne ainda eram luxos muito caros. Banhos eram esparsos e lavar roupas era raridade porque o sabão era muito caro, e as roupas — que precisavam durar uma década ou geração — não durariam se fossem lavadas muito frequentemente.

---

[58] BUER, Mabel C. *Health, Wealth and Population in the Early Days of the Industrial Revolution, 1760-1815*. Londres: George Routledge & Sons, 1926, p. 250.
[59] *Ibid.*, p. 88.

A mudança mais rápida advinda da Revolução Industrial foi o deslocamento da indústria têxtil de casa para a fábrica. Sob o sistema anterior, chamado de "indústria doméstica", o tear e a tecelagem eram feitos na casa do trabalhador com a ajuda de sua esposa e filhos. Quando avanços tecnológicos levaram a produção têxtil às fábricas, isso levou, segundo um crítico do capitalismo, "à ruptura do lar como uma unidade social"[60].

A professora Wanda Neff escreve em tom de aprovação que "sob o sistema de indústria doméstica, os pais e os filhos trabalharam juntos, o pai era o líder autocrático, embolsando os ganhos da família e direcionando seu gasto". O tom dela se inclina para a condenação quando ela relata que "sob o sistema fabril os membros da família tinham seus próprios ganhos individuais, eles trabalhavam em departamentos separados do moinho, voltando para casa apenas para comer e dormir. A casa era pouco mais que um abrigo"[61].

As fábricas foram responsabilizadas, graças a esses críticos, por cada problema social daquela época, incluindo promiscuidade, infidelidade e prostituição. Implícita na condenação do trabalho das mulheres nas fábricas, estava a noção de que o lugar de uma mulher era no lar e que seu único papel era a manutenção doméstica para seu marido e o cuidado dos filhos. As fábricas foram acusadas simultaneamente de remover meninas do confinamento cuidadoso de seus pais e de encorajar casamentos precoces; e depois, de fomentar negligência materna e incompetência nos cuidados do lar, e também de encorajar a falta de subordinação feminina e o desejo por luxos.

É uma acusação condenatória do sistema pré-fabril considerar que tipo de "luxos" a Revolução Industrial colocou ao alcance do poder aquisitivo da classe trabalhadora. As mulheres tinham acesso a luxos como sapatos, ao invés de tamancos, chapéus ao invés de xales, "iguarias" como café, chá e açúcar ao invés de "comida insossa".

Críticos denunciavam o hábito crescente de vestir roupas fabricadas e enxergavam a substituição de lã e linho por algodão barato como um sinal de pobreza crescente. As mulheres eram condenadas por não fazerem à mão

---

[60] NEFF, Wanda. *Victorian Working Women*. Nova York: Columbia University Press, 1920, p. 51.
[61] *Ibid*.

o que elas poderiam comprar mais barato, graças à revolução na produção têxtil. Os vestidos não precisavam durar uma década mais, mulheres não precisavam vestir anáguas ásperas até elas se desfazerem em sujeira ou por ficarem gastas; vestidos e roupas íntimas feitos de algodão barato foram uma revolução na higiene pessoal.

As duas explicações do século XIX mais prevalentes sobre as mulheres trabalharem em fábricas foram (a) que seus "maridos preferiam ficar em casa à toa, bancados por suas esposas" e (b) que o sistema fabril "deslocou homens adultos e impôs às mulheres 'a tarefa e o dever de sustentar seus maridos e suas famílias'". Essas acusações são examinadas em *Wives and Mothers in Victorian Industry* [*Esposas e Mães na Indústria Vitoriana*], um estudo definitivo feito pela professora Margaret Hewitt, da Universidade de Exeter. A conclusão dela foi que "nenhuma dessas presunções têm provas nem qualquer fundamento estatístico"[62].

De fato, as mulheres trabalhavam nas fábricas por motivos muito mais convencionais. Hewitt os enumera: várias mulheres trabalhavam porque "os salários de seus maridos não eram suficientes para manter uma casa"; outras eram viúvas ou foram abandonadas; outras eram estéreis ou tinham filhos crescidos; outras tinham maridos desempregados ou empregados em trabalhos sazonais; e algumas poucas optaram por trabalhar para ganhar dinheiro para confortos adicionais para a casa, apesar dos salários de seus maridos serem suficientes para cobrir suas necessidades[63].

O que o sistema fabril ofereceu a essas mulheres não foi miséria e degradação, mas sim um meio de sobrevivência, de independência econômica, de ascender além da subsistência pífia. Por mais duras que as condições de uma fábrica no século XIX fossem comparadas com as condições do século XX, as mulheres preferiam cada vez mais trabalhar nas fábricas do que em qualquer outra alternativa que tinham, como o trabalho doméstico ou trabalho braçal em grupos agrícolas, ou trabalhar como puxadoras de carrinhos em minas; além disso, se uma mulher pudesse se sustentar, ela não seria compelida a um casamento precoce.

---

[62] HEWITT, Margaret. *Wives and Mothers in Victorian Industry*. Londres: Rockliff, 1958, p. 190.
[63] *Ibid.*, p. 192, 194.

Mesmo o professor George Trevelyan, que difamava recorrentemente as fábricas e exaltava "os bons dias de outrora" admitiu:

> [...] as mulheres que foram trabalhar nas fábricas, apesar de perderem algumas das melhores coisas da vida [Trevelyan não explica quais coisas], ganharam independência [...]. O dinheiro que elas ganharam era posse delas. A trabalhadora da fábrica adquiriu uma posição econômica para ela mesma, que ao longo do tempo outras mulheres passaram a invejar.

E Trevelyan conclui que "os lares da classe trabalhadora normalmente se tornavam mais confortáveis, silenciosos e higiênicos quando deixavam de ser uma fábrica em miniatura"[64].

Críticos do sistema fabril ainda tentam argumentar que os fiandeiros e tecelões domésticos poderiam ter um orgulho de criador por seu trabalho, o qual eles perderam ao se tornarem meras engrenagens em um enorme complexo industrial. A dra. Dorothy George facilmente destrói essa tese: "Parece pouco provável que o tecelão médio, trabalhando por horas a fio jogando a lançadeira do tear para trás e para frente em um trabalho cansativo e monótono, tivesse as reações que satisfariam um entusiasta moderno das artes camponesas"[65].

Por fim, o trabalho fabril foi culpado por deixar as mulheres muito preocupadas com confortos materiais às custas de considerações espirituais.

A miséria na qual as mulheres viveram antes do capitalismo pode tê-las feito apreciar a injunção do Novo Testamento: "Não amem o mundo nem o que nele há". Mas o esplendor produtivo do capitalismo desfez essa visão. Hoje os maiores campeões desse ponto de vista são o professor Galbraith e os pregadores de austeridade atrás da Cortina de Ferro.

---

[64] TREVELYAN, George M. *English Social History*. Nova York e Londres: Longmans, Green & Co., 1942, p. 487.
[65] GEORGE, M. Dorothy. *England in Transition: Life and Work in the Eighteenth Century*. Londres: Penguin, 1953, p. 139.

CAPÍTULO 9

O ATAQUE À INTEGRIDADE [66]

Alan Greenspan

A proteção do consumidor contra "práticas comerciais desonestas e inescrupulosas" se tornou um ingrediente cardinal do estatismo de bem-estar social. É suposto que, se deixados por conta própria, os empresários tentariam vender comida e medicamentos de procedência duvidosa, seguros fraudulentos e edifícios mal-acabados. Portanto, disputa-se que a Administração de Alimentos e Drogas, a Comissão de Seguridade e Comércio e diversas agências reguladoras da produção são indispensáveis para proteger o consumidor da "ganância" dos empresários.

Mas é precisamente a "ganância" dos empresários, ou, mais adequadamente, sua busca por lucros, que é o protetor insuperável do consumidor.

O que os coletivistas se recusam a reconhecer é que faz parte do interesse pessoal de todo empresário manter uma reputação de negócios honestos e produtos de qualidade. Uma vez que o valor de mercado de um negócio em funcionamento seja avaliado por seu potencial de ganhar dinheiro, a reputação ou a "boa vontade" são bens tão consideráveis quanto suas fábricas e equipamentos físicos. Para as fabricantes de remédios, o valor de sua reputação, que é refletida como a rentabilidade de sua marca, normalmente é um de seus maiores bens. A perda de reputação através da venda de um produto perigoso ou mal-acabado reduziria drasticamente o valor de mercado de uma fábrica de remédios, apesar de seus recursos físicos continuarem intactos. O valor de mercado de uma empresa de corretagem é ainda mais vinculado a seus bens de boa vontade. Títulos que valem centenas de milhões de dólares são negociados pelo telefone todos os dias. A menor dúvida quanto à credibilidade da palavra ou austeridade de um corretor o colocaria no olho da rua imediatamente.

---

[66] *The Objectivist Newsletter*, agosto de 1963.

Reputação em uma economia sem regulações é, portanto, uma grande ferramenta competitiva. Empreiteiros que adquiriram reputação de construírem edifícios de qualidade superior tomarão o mercado dos concorrentes menos escrupulosos ou conscientes. As seguradoras mais respeitáveis conseguirão o grosso do ramo de comissões. Fabricantes de medicamentos e alimentos competem entre si para que suas marcas sejam sinônimo de boa qualidade.

Médicos precisam ser igualmente escrupulosos ao julgar a qualidade dos medicamentos que prescrevem. Eles também estão no ramo e competem por credibilidade. Até mesmo a mercearia da esquina está envolvida nisso: ela não pode vender alimentos nocivos se quiser ganhar dinheiro. Na verdade, de um jeito ou de outro, cada produtor e distribuidor de bens ou serviços acaba envolvido na competição por reputação.

Obter uma reputação e estabelecê-la como uma vantagem comercial exige anos de constante performance excelente. Portanto, um esforço maior ainda é necessário para mantê-la: uma empresa não pode arriscar seus anos de investimento reduzindo seus padrões de qualidade por um momento ou com um produto inferior; e também não poderia ser tentada por qualquer "lucro rápido" em potencial. Os novatos que entrarem no ramo não conseguem competir imediatamente com as empresas estabelecidas e confiáveis e precisam passar anos trabalhando em uma escala mais modesta para conquistar uma reputação equivalente. Portanto, o incentivo à atuação escrupulosa opera em todos os níveis de um ramo de produção em particular. É uma salvaguarda interna do sistema de livre comércio e a única proteção real de consumidores contra a desonestidade de empresas.

As regulações governamentais não são meios alternativos de proteção ao consumidor. Elas não acrescentam qualidade aos bens, nem precisão às informações. Apesar dos eufemismos dos comunicados de imprensa do governo em contrário, a base da regulamentação é a força armada. No fundo da pilha interminável de papelada que caracteriza todas as regulamentações está uma arma. Quais são os resultados?

Parafraseando a Lei de Gresham: má "proteção" expulsa a boa. A tentativa de proteger o consumidor à força rompe com a proteção que ele recebe por incentivos. Primeiramente, ela destrói o valor da reputação colocando a empresa renomada na mesma base das desconhecidas, das novatas ou das oportunistas. A legislação declara, efetivamente, que todos são igualmente suspeitos e que anos de reputação provando o contrário não libertam um homem dessa suspeita. Em segundo lugar, ela concede uma garantia automática (ainda que essencialmente inalcançável) de segurança dos produtos de qualquer companhia que siga seus padrões mínimos arbitrários. O valor de uma reputação consistia do fato de que era necessário que os consumidores julgassem a escolha dos bens e serviços que comprassem. A "garantia" do governo sabota essa necessidade; ela declara aos consumidores que, efetivamente, não há escolha ou julgamento necessário — e que o recorde de uma companhia, seus anos de conquista, é irrelevante.

O padrão mínimo, que é a base das regulações, gradualmente é inclinado a se tornar também o padrão máximo. Se códigos de edificação estabelecem padrões mínimos de construção, um empreiteiro não recebe muita vantagem competitiva excedendo esses padrões e, em conformidade, tende a atender somente ao mínimo. Se houver especificações mínimas para vitaminas, há pouco lucro ao se produzir algo de qualidade acima da média. Gradualmente, mesmo a tentativa de manter padrões mínimos se torna impossível, já que a drenagem de incentivos voltados para a melhora da qualidade por fim sabota até o mínimo.

O propósito guia do regulador governamental é a prevenção, ao invés da criação de qualquer coisa. Ele não recebe crédito se uma nova droga milagrosa for descoberta por cientistas de uma empresa farmacêutica; ele recebe se proibir a talidomida. Essa ênfase no negativo estabelece o alicerce sob o qual até mesmo os reguladores mais conscientes precisam operar. O resultado é um corpo crescente de legislação restritiva em testes, experimentos e distribuição de medicamentos. Como em qualquer pesquisa, é impossível acrescentar restrições ao desenvolvimento de novos medicamentos sem simultaneamente excluir as recompensas secundárias de tal pesquisa — a melhoria de medicamentos existentes. Melhoria de qualidade e inovação são inseparáveis.

Códigos de edificação deveriam proteger o público. Mas ao serem forçados a aderir a padrões de construção muito tempo depois que eles foram ultrapassados por descobertas tecnológicas, os empreiteiros desviam seus esforços para manter o antigo ao invés de adotarem técnicas de construção mais novas e mais seguras.

Regulações — que são baseadas na força e no medo — sabotam a base moral dos acordos comerciais. Torna-se mais barato subornar um inspetor predial do que atender aos padrões de construção. Um segurador oportunista pode rapidamente atender a todos os requisitos de sua agência reguladora, ganhar uma presunção de respeitabilidade e então fraudar seus clientes. Em uma economia sem regulações, o segurador precisaria passar anos se envolvendo em acordos respeitáveis antes que conseguisse conquistar uma posição de confiança suficiente para induzir um número de investidores a confiarem seus fundos a ele.

A proteção ao consumidor por meio de regulações é então ilusória. Ao invés de isolar o consumidor do empresário desonesto, ela gradualmente destrói a única proteção confiável que o consumidor tem: a competição por reputação.

Apesar de o consumidor ser colocado em perigo, a maior vítima de regulações "protetoras" é o produtor, o empresário. Regulações que agem para destruir a competição de reputação de empresários sabotam o valor de mercado da boa vontade, a qual alguns empresários cultivaram ao longo dos anos. É um ato de expropriação da riqueza criada pela integridade. Uma vez que o valor de uma empresa — sua riqueza — esteja em sua habilidade de fazer dinheiro, os atos de um governo ao se apossar da fábrica de uma empresa ou desvalorizar sua reputação estão na mesma categoria: ambos são atos de expropriação.

Além do mais, a legislação "protetora" entra na categoria de lei preventiva. Os empresários são sujeitos à coerção governamental antes de cometerem qualquer crime. Em uma economia livre, o governo só pode atuar quando uma fraude foi efetuada, ou algum prejuízo demonstrável foi causado a um consumidor; nesses casos a única proteção necessária é a da lei criminal.

Regulações governamentais não eliminam indivíduos potencialmente desonestos, apenas tornam suas atividades mais difíceis de se detectar ou mais fáceis de serem caladas. Além disso, a possibilidade de desonestidade intelectual se aplica plenamente a funcionários públicos tanto quanto a qualquer outro grupo de homens. Não há nada para assegurar os padrões superiores de julgamento, conhecimento e integridade de um inspetor ou um burocrata — e as consequências mortais de conceder a ele poderes arbitrários são óbvias.

A marca registrada dos coletivistas é sua desconfiança intrínseca na liberdade e nos processos de livre mercado; mas é a defesa deles da pretensa "proteção ao consumidor" que expõe a natureza de suas premissas básicas com particular clareza. Ao preferir força e medo em oposição a incentivos e recompensas para servirem de motivação humana, eles reiteram a sua visão de que o homem é um ser bruto e estúpido, funcional apenas na duração de um momento, cujo interesse pessoal legítimo está no "oportunismo" e em fazer "lucros rápidos". Eles confessam sua ignorância quanto ao papel da inteligência no processo produtivo, do contexto intelectual amplo e da visão de longo alcance necessários para manter uma indústria moderna. Eles confessam sua incapacidade de compreender a importância crucial dos valores morais que são o poder motivador do capitalismo. O capitalismo é baseado em interesse pessoal e autoestima; ele detém a integridade e a credibilidade como virtudes cardinais e as faz renderem no mercado, desse modo exigindo que homens sobrevivam por meio de virtudes, não de vícios. E é esse sistema superlativamente moral que os estatistas do bem-estar social se propõem a tentar melhorar por meio de leis preventivas, burocratas xeretas e a incitação crônica do medo.

CAPÍTULO 10
O STATUS DE PROPRIEDADE DE ONDAS AÉREAS [67]

Ayn Rand

Qualquer elemento ou recurso material que, para se tornar útil ou ter valor para o homem, exija a aplicação de conhecimento e esforço humano, deve ser propriedade privada — pelo direito daqueles que aplicaram o conhecimento e o esforço.

Isso é verdade em especial quanto às ondas ou frequências de transmissão, porque elas são produzidas pela ação humana e não existiriam sem ela. O que existe na natureza é apenas o potencial e o espaço pelo qual essas ondas devem viajar.

Assim como dois trens não podem viajar nos mesmos trilhos ao mesmo tempo, duas transmissões não podem usar a mesma frequência ao mesmo tempo e no mesmo local sem interferirem umas nas outras. Não há diferença no princípio entre a propriedade de terras e a propriedade de ondas aéreas. A única questão é a tarefa de definir a aplicação de direitos de propriedade a essa esfera em específico. Foi nessa tarefa que o governo americano fracassou tristemente, com consequências incalculáveis e desastrosas.

Essencialmente, não há diferença entre uma transmissão e um concerto: o primeiro apenas transmite som através de uma distância maior e exige equipamento técnico mais complexo. Ninguém ousaria afirmar que um pianista tem posse de seus dedos e de seu piano, mas o espaço dentro do auditório — através do qual as ondas sonoras produzidas por ele viajam — é "propriedade pública" e, portanto, ele não tem o direito de fazer um concerto sem uma licença do governo. Porém esse é o absurdo imposto à nossa indústria radiofônica.

---

[67] *The Objectivist Newsletter*, abril de 1964.

O principal argumento em apoio à noção de que frequências de transmissão devam ser "propriedade pública" foi proferido sucintamente pelo juiz Frankfurter: "As estações [de rádio] são limitadas; elas não estão disponíveis a todos que queiram usá-las; o espectro do rádio simplesmente não é grande o suficiente para acomodar a todos. Há uma limitação natural fixa no número de estações que podem operar sem interferirem umas com as outras".

A falácia desse argumento é óbvia. O número de frequências de transmissão é limitado; assim como o número de auditórios para concertos; assim como a quantidade de petróleo, trigo ou diamantes; tal qual os quilômetros de terra na superfície do globo. Não há elemento ou valor material que exista em quantidade *ilimitada*. E se um "desejo" de usar uma certa "estação" é o critério do direito de seu uso, então o universo simplesmente não é grande o suficiente para acomodar todos aqueles que desejam o que não conquistaram.

É uma tarefa própria do governo a proteção de direitos individuais e, como parte disso, formular as leis pelas quais esses direitos são implementados e julgados. É responsabilidade do governo definir a aplicação de direitos individuais em determinada esfera de atividade — *definir* (ou seja, identificar), *não* criar, inventar, doar ou expropriar. A questão de definir a aplicação de direitos de propriedade tem sido levantada frequentemente, após as maiores invenções ou descobertas científicas, como a questão dos *royalties* do petróleo, direitos sobre espaços verticais etc. Na maioria dos casos, o governo americano foi guiado pelo princípio correto: ele buscou proteger todos os direitos individuais envolvidos, não revogá-los.

Um exemplo notável do método adequado de estabelecer propriedade privada do zero, em uma área anteriormente sem propriedade, foi a Lei de Propriedade Rural de 1862, com a qual o governo abriu a fronteira ocidental para ocupação e entregou "terras públicas" para proprietários privados. O governo ofereceu uma fazenda de 160 acres a qualquer cidadão adulto que se instalasse nela e a cultivasse por cinco anos, que depois se tornaria sua propriedade. Embora a terra tenha sido originalmente considerada, na lei, como "propriedade pública", o método de sua alocação, *na verdade*, seguiu o princípio adequado (*na verdade* mas não na intenção ideológica explícita). Os cidadãos não precisaram *pagar* ao governo como se ele fosse dono das terras; a posse começou com *eles*, e eles a obtiveram pelo método que é fonte e raiz do conceito de "propriedade": trabalhando em recursos materiais sem uso, transformando uma área selvagem em uma instalação civilizada. Assim, o governo, nesse caso, agia não como se fosse dono, mas como se tivesse *custódia* de recursos sem proprietários, que definia regras objetivamente imparciais através das quais proprietários em potencial poderiam adquiri-los.

Esse deveria ter sido o princípio e o padrão de alocação de frequências de transmissão.

Assim que se tornou aparente que transmissões de rádio abriram um novo âmbito de recursos materiais, que, pela falta de definições legais, se tornariam uma área selvagem de disputa de direitos individuais, o governo deveria ter promulgado o equivalente à Lei de Propriedade Rural das ondas aéreas — um ato definindo os direitos de propriedade privada no novo âmbito, estabelecendo a regra de que o usuário de uma frequência de rádio deve ter posse dela depois de gerir uma estação por um certo número de anos, e alocar todas as frequências pela lei de prioridade, ou seja, "quem chegar primeiro, leva".

Tenha em mente que o desenvolvimento do rádio comercial levou muitos anos de batalha e experimentação, e que a corrida do ouro dos "pretendentes" não começou até que os pioneiros — que assumiram os riscos de se aventurarem rumo ao desconhecido — a construíram com a promessa brilhante de grande valor comercial. Por qual direito, código ou padrão alguém teria direito a esse valor, além dos homens que o criaram?

Se o governo tivesse acatado o princípio de direitos de propriedade privada, e a posse dos pioneiros tivesse sido estabelecida legalmente, então um retardatário que quisesse adquirir uma estação de rádio teria que *a comprar* de um dos proprietários originais (como é o caso de qualquer outro tipo de propriedade). O fato de que o número de frequências disponíveis era limitado teria servido não para blindar os proprietários originais, mas para ameaçar sua posse, caso eles não fizessem o melhor uso financeiro de sua propriedade (que é o que a livre concorrência faz com qualquer outro tipo de propriedade). Com um suprimento limitado e uma demanda crescente, a competição teria elevado tanto o valor de mercado de uma estação de rádio (e futuramente de TV), que apenas os homens mais competentes teriam conseguido comprar ou manter uma delas; um homem incapaz de gerar lucros não poderia se dar ao luxo de desperdiçar uma propriedade tão valiosa. Quem, em um livre mercado, determina o sucesso ou fracasso econômico de um empreendimento? O *público* (o público como uma soma de produtores, espectadores e ouvintes individuais, cada qual tomando suas próprias decisões — não como um só *coletivo*, desamparado e desincorporado com alguns poucos burocratas se passando como porta-vozes de sua vontade na Terra).

Em oposição ao "argumento da escassez", se você quiser disponibilizar um recurso "limitado" para todas as pessoas, transforme-o em propriedade privada e coloque-o em um mercado aberto e livre.

O "argumento da escassez", incidentalmente, é obsoleto, mesmo em seu sentido literal: com a descoberta de frequências ultra altas, há mais canais de transmissão disponíveis hoje do que interessados em busca de serem os pioneiros de seu desenvolvimento. Como de costume, os "desejosos" buscam não criar, mas apropriar-se das recompensas e vantagens criadas por terceiros. A história da coletivização do rádio e televisão demonstra, de forma condensada, um tipo de microcosmo, o processo e as causas da destruição do capitalismo. Ela é uma ilustração eloquente do fato de que o capitalismo está definhando devido à omissão filosófica de seus pretensos defensores.

Os coletivistas frequentemente citam os primeiros anos do rádio como um exemplo do fracasso do livre empreendedorismo. Naquela época, quando os donos de emissoras não tinham direitos de propriedade, recursos ou proteção legal sobre as rádios, as ondas aéreas eram uma terra de ninguém caótica, onde qualquer um poderia usar a frequência que desejasse e interferir na transmissão de todos. Alguns transmissores profissionais tentaram dividir suas frequências através de acordos privados, que eles não podiam aplicar a terceiros; e também não podiam combater a interferência de quaisquer amadores mal-intencionados. Esse estado de negócios foi usado, na época e hoje, para demandar e justificar o controle governamental para as rádios.

Esse é um exemplo do capitalismo levando a culpa pelos males de seus inimigos.

O caos das ondas aéreas foi um exemplo, não de livre empreendedorismo, mas de anarquia. Ele foi causado não por direitos de propriedade privada, mas pela ausência deles. Ele demonstrou porque o capitalismo é incompatível com a anarquia, porque homens precisam de um governo e qual a devida função de um governo. O que era necessário era legalidade, não controles.

O que foi imposto foi pior do que o controle: nacionalização descarada. Através de um processo gradual e incontestado — por revelia ideológica — foi presumido que as ondas aéreas pertencem "ao povo" e são "propriedade pública".

Se quiser saber o estado intelectual da época, peço-lhe que dê um palpite para adivinhar qual era a ideologia política do autor da seguinte citação:

> A comunicação radiofônica não deve ser considerada meramente um negócio gerido para obter ganhos privados, para publicidade privada ou entretenimento dos curiosos. É uma questão pública impressionada com a administração pública e deve ser considerada primariamente do ponto de vista do interesse público no mesmo alcance e embasada nos mesmos princípios gerais de outras utilidades públicas.

Não, a citação não foi dita por um coletivista odiador de empresas ansioso por estabelecer a supremacia do "interesse público" sobre o "ganho privado"; não foi dita por um planejador socialista nem por um conspirador comunista; ela foi dita por Herbert Hoover, à época Secretário do Comércio, em 1924.

Foi Hoover quem lutou em prol do controle governamental sobre o rádio e, como Secretário do Comércio, fez repetidas tentativas de estender o poder governamental além dos limites estipulados pela legislação da época, tentativas de anexar condições detalhadas a licenças de rádio, as quais ele não tinha autoridade legal para fazer e que foram negadas repetidamente pelos tribunais. Foi a influência de Hoover a maior responsável pelo sepultamento da indústria do rádio (e pela ainda vindoura indústria da televisão), conhecida como Ato de 1927, que estabeleceu a Comissão Federal de Rádio com todos os seus poderes autocráticos, discricionários, indefinidos e indefiníveis. (O Ato — com pequenas revisões e emendas, incluindo o Ato de 1934 que transformou a Comissão Federal de Rádio na Comissão Federal de Comunicações [FCC, na sigla em inglês] — ainda é, em todos os quesitos essenciais, o documento legal base gerindo a indústria de teletransmissões até os dias atuais)[68].

"O que estamos fazendo", disse o Newton N. Minow, presidente da FCC em 1962, "não começou com a Nova Fronteira". Ele tinha razão.

---

[68] Cabe-nos recordar ao leitor que o texto versa sobre a sociedade e suas questões da década de 1960. (N. E.)

O ato de 1927 não concedeu ao governo o papel de um policial de trânsito aéreo que protege os direitos de radiotransmissores contra interferências técnicas (que é tudo o que era necessário e tudo que o governo deveria fazer corretamente). Ele estabeleceu serviço ao "interesse, conveniência ou necessidade do público" como critérios pelos quais a Comissão Federal de Rádio deveria julgar candidatos às licenças de transmissão e aceitá-los ou rejeitá-los. Uma vez que não existe nada como o "interesse público" (além da soma de interesses individuais de cidadãos individuais), uma vez que o bordão dos coletivistas nunca foi nem pode ser definido, ele culminou em um cheque em branco no poder totalitarista sobre a indústria de transmissões, concedido a quaisquer burocratas que porventura fossem indicados à Comissão.

"O interesse público" — a lâmina intelectual da guilhotina de sacrifícios do coletivismo, a qual os operadores de estações de transmissão precisam testar ao colocarem suas cabeças na reta a cada três anos — não foi içada sobre seus pescoços pelos inimigos do capitalismo, mas sim por seus próprios líderes.

Foram os pretensos "conservadores" — incluindo alguns dos pioneiros, alguns dos executivos da indústria de transmissão que, nos dias de hoje, reclamam e protestam — que exigiram do governo controles e regulações, que celebraram a noção de "propriedade pública" e serviço ao "interesse público", e então plantaram as sementes cujas flores lógicas e consistentes são o sr. Minow e o sr. Henry. A indústria de transmissões foi escravizada com a sanção de suas vítimas — mas elas não foram vítimas plenamente inocentes.

Vários empresários, de persuasão da economia mista, se ressentem a respeito da verdadeira natureza do capitalismo; eles acreditam que é mais seguro defender uma posição, não por direito, mas por favoritismo; eles têm pavor da competição de um livre mercado e sentem que a amizade de um burocrata é muito mais fácil de se conquistar. Influência, não mérito, é a forma de "seguridade social" deles. Eles acreditam que sempre terão êxito para cortejar, pressionar ou subornar um burocrata, que é um "bom companheiro", com quem eles "conseguem se dar bem" e que sempre os protegerá contra aquele estranho impiedoso: um concorrente mais habilidoso.

Considere os privilégios especiais descobertos no *status* de um servidor de "interesse público" certificado e de um usuário licenciado de "propriedade privada". Ele não apenas coloca um homem além do alcance da competição econômica, mas também o poupa da responsabilidade e dos *custos* envolvidos na propriedade privada. Eles concedem a ele gratuitamente o uso de uma frequência de transmissão *pelo qual* ele teria que pagar um preço enorme em um livre mercado e não seria capaz de se manter por muito tempo se transmitisse o tipo de lixo insuportável que se transmite atualmente.

Esses interesses dedicados foram possibilitados pela doutrina do "interesse público" — e são os beneficiários de qualquer forma, versão ou grau da doutrina da "propriedade pública".

Agora observe a demonstração prática do fato de que sem direitos de propriedade, nenhum outro direito é possível. Se a censura e a supressão da liberdade de expressão forem estabelecidas nesse país algum dia, elas serão advindas do rádio e da televisão.

O Ato de 1927 concedeu a uma comissão governamental poder pleno sobre o destino profissional de donos de rádios, com o "interesse público" usado como critério para julgamento — e, simultaneamente, proibiu a comissão de censurar programas de rádio. Desde o princípio, e progressivamente mais barulhentas com o passar dos anos, várias vozes apontaram que essa é uma contradição impossível na prática. Se um comissário precisa julgar qual candidato a uma licença de teletransmissão servirá melhor o "interesse público", como ele pode julgá-lo sem julgar o conteúdo, natureza e valor dos programas que os candidatos ofereceram ou oferecerão?

Se o capitalismo tivesse quaisquer defensores intelectuais à altura, eles deveriam ter sido mais barulhentos na oposição à uma contradição dessa natureza. Mas não foi esse o caso: foram os *estatistas* que o fizeram, não em defesa da liberdade de expressão, mas em apoio ao "direito" da comissão para censurar programas. E enquanto o critério do "interesse público" permanecesse intocado, a lógica estava ao lado dos estatistas.

O resultado foi o que deveria ser (ilustrando novamente o poder de princípios básicos): através de passos graduais, discretos e progressivamente mais rápidos, a comissão aumentou seu controle sobre o conteúdo dos programas de rádio e televisão, levando a ameaças e ultimatos descarados por parte do sr. Minow, que meramente deixou explícito o que todos sabiam implicitamente por muitos anos. Não, a comissão não censurou programas específicos: ela meramente obteve conhecimento do conteúdo dos programas à época da renovação das licenças. O que foi estabelecido foi pior do que censura declarada (que poderia ser derrubada em um tribunal): foi a *censura* intangível, insidiosa e impossível de ser provada, por meio de — pasme — o costumeiro e único resultado de qualquer legislação sem objetividade.

Todas as mídias de comunicação causam influências entre si. É impossível computar como o alcance da mediocridade cinza, dócil, temerosa e apaziguadora de um meio tão poderoso como a televisão contribuiu para a desmoralização de nossa cultura.

Da mesma forma, a liberdade de um meio de comunicação não pode ser destruída sem afetar todos os outros. Quando a censura do rádio e da televisão se tornarem plenamente aceitas como um fato consumado, não há de se demorar muito até que todas as outras mídias — livros, revistas, jornais, palestras — sigam o mesmo caminho, discretamente, extraoficialmente e através do mesmo método: abertamente, em nome do "interesse público"; às escondidas, por medo de represálias governamentais. (Esse processo já está acontecendo.)

De nada valeu a relação entre direitos "humanos" e direitos de propriedade.

Uma vez que "propriedade pública" é uma ficção coletivista, já que o público como um todo não pode dispor de sua "propriedade", aquela "propriedade" sempre será tomada por alguma "elite" política, por um grupinho que então administrará o público — um público de, literalmente, proletários despossuídos.

Se quiser mensurar a distância entre uma teoria coletivista e a realidade, pergunte a si mesmo: por qual padrão inconcebível pode-se alegar que as ondas aéreas de transmissão são propriedade de algum arrendatário analfabeto que nunca foi capaz de compreender o conceito de eletrônica, ou de algum matuto cuja capacidade em engenharia não é sequer suficiente para lidar com um alambique — e que transmissões, o produto de uma quantidade incalculável de gênio científico, deve ser administrado segundo a vontade desses donos[69]?

---

[69] Veja meus artigos "Have Gun, Will Nudge" [Tenho Arma, Vou Mandar] e "Vast Quicksands" [Deserto Movediço], no *Objectivist Newsletter* de março de 1962 e julho de 1963, respectivamente. Para um relatório gráfico sobre o estado da indústria televisiva, veja os artigos de Edith Efron: "TV: The Timid Giant" [TV: O Gigante Tímido] e "Why the Timid Giant Treads Softly" [Porque o Gigante Tímido Pisa em Ovos], na revista TV Guide, de 18 de maio e 10 de agosto de 1963, respectivamente.

Lembre-se de que esse é *literalmente* o suposto princípio na base de toda a estrutura legal de nossa indústria de teletransmissões.

Há apenas uma solução para esse problema, e ela precisa começar na base; nada menos que isso funcionará. As ondas aéreas devem ser entregues à iniciativa privada. O único jeito de fazer isso agora é leiloar as frequências de rádio e televisão pelos melhores preços (através de um processo imparcial, aberto e objetivamente definido) — desse modo colocando um fim na asquerosa ficção da "propriedade pública".

Tal reforma não pode ser concluída de um dia para o outro; será necessária uma longa batalha; mas essa é o objetivo final que os defensores do capitalismo deveriam ter em mente. É o único jeito de corrigir o erro desastroso e atávico cometido pelos supostos defensores do capitalismo. E digo "atávico" porque demorou muitos séculos até que as tribos nômades primitivas de selvagens chegassem ao conceito de propriedade privada — especificamente, propriedade de *terras*, o que marcou o começo da civilização. É uma ironia trágica que diante de um novo âmbito aberto por uma imensa conquista da ciência, nossos líderes políticos e intelectuais regrediram à mentalidade de nômades primitivos e, incapazes de conceber direitos de propriedade, declararam que o novo âmbito seria um território tribal de caça.

A brecha entre as conquistas científicas do homem e seu desenvolvimento ideológico está crescendo a cada dia. É hora de perceber que os homens não conseguirão sustentar essa brecha por muito mais tempo se continuarem a regredir à selvageria ideológica a cada passo do progresso científico.

CAPÍTULO 11
Patentes e direitos autorais [70]
Ayn Rand

Patentes e direitos autorais são a implementação legal da base de todos os direitos de propriedade: o direito de um homem ao produto de sua mente.

Todo tipo de trabalho produtivo envolve uma combinação de esforços mentais e físicos; de pensamentos e ações físicas para traduzir aquele pensamento em uma forma material. A proporção desses dois elementos varia em tipos diferentes de trabalho. Na extremidade mais baixa da escala, o esforço mental necessário para executar trabalho manual destreinado é mínimo. Na outra extremidade, o que as leis de patentes e direitos autorais reconhecem é o papel fundamental do esforço mental na produção de valores materiais; essas leis protegem a contribuição mental em sua forma mais pura: a origem de uma *ideia*. O tema central de patentes e direitos autorais é a propriedade *intelectual*.

Uma ideia não pode ser protegida até que receba uma forma material. Uma invenção precisa ser incorporada em um modelo físico antes de ser patenteada; uma história precisa ser escrita ou impressa. Mas o que a patente ou os direitos autorais protegem não é o objeto em si, mas a *ideia* que ele incorpora. Ao proibir uma reprodução desautorizada do objeto, a lei declara, efetivamente, que o trabalho físico de cópia não é a fonte do valor do objeto, que aquele valor é criado pelo autor da ideia e não pode ser usado sem seu consentimento; portanto a lei estabelece o direito de propriedade de uma mente sobre o que ela criou.

É importante frisar, nessa conexão, que uma *descoberta* não pode ser patenteada, somente uma *invenção*. Uma descoberta científica ou filosófica, que identifica uma lei ou princípio da natureza ou um fato da realidade

---

[70] *The Objectivist Newsletter*, maio de 1964.

previamente desconhecido, não pode ser propriedade exclusiva de seu descobridor porque (a) ele não *criou* nada e (b) se ele se importa a ponto de publicar sua descoberta, alegando que seja verdadeira, ele não pode exigir que os homens continuem a buscar ou praticar falsidades a menos que tenham sua permissão. Ele pode ter direitos autorais pelo livro no qual ele apresenta sua descoberta e exigir que sua autoria da descoberta seja reconhecida, que nenhum outro homem faça plágio ou se aproprie do crédito dado por ela — mas ele não pode exigir direitos autorais sobre conhecimento *teórico*. Patentes e direitos autorais pertencem apenas à aplicação prática de conhecimento, à criação de um objeto específico que não existe na natureza — um objeto que, no caso de patentes, poderia nunca existir sem seu criador em específico; e no caso de direitos autorais, jamais teria existido.

O governo não "concede" uma patente ou direito autoral, no sentido de um presente, privilégio ou favor; o governo meramente assegura o direito — ou seja, o governo certifica a origem de uma ideia e protege o direito exclusivo de seu dono para usar e dispor dela. Um homem não é forçado a se candidatar para uma patente ou direito autoral; ele pode doar sua ideia, se assim o desejar; mas se ele quiser exercer seu direito à propriedade, o governo vai protegê-lo como protege todos os outros direitos. Uma patente ou direito autoral representa o equivalente formal de se registrar um certificado ou título de propriedade. A notificação de patente ou direito autoral de um objeto físico representa uma declaração pública das condições sob as quais o inventor ou autor pretende vender seu produto: para o uso do comprador, mas não para reprodução comercial.

O direito à propriedade intelectual não pode ser exercido perpetuamente. A propriedade intelectual representa uma reivindicação, não sobre objetos materiais mas sobre a ideia que eles incorporam, o que significa não apenas sobre riqueza existente, mas sobre riqueza a ser produzida — uma reivindicação de pagamento pelo trabalho do autor ou do inventor. Nenhuma dívida pode ser estendida ao infinito.

A propriedade material representa uma quantia estática de riqueza já produzida. Ela pode ser deixada para herdeiros, mas não consegue continuar em sua posse perpetuamente sem qualquer esforço; os herdeiros podem consumi-la ou precisam merecer sua posse continuada através de seu próprio trabalho produtivo. Quanto mais alto for o valor da propriedade, maior será o esforço necessário por parte do herdeiro. Em uma sociedade livre e competitiva, ninguém poderia reter a propriedade de uma fábrica ou de um pedaço de terra sem exercer um esforço proporcional.

Mas a propriedade intelectual não pode ser consumida. Se ela fosse mantida perpetuamente, ela levaria ao oposto do seu princípio base; ela levaria não a uma recompensa ou conquista merecida, mas ao apoio indigno do parasitismo. Ela se tornaria uma garantia cumulativa de produção de gerações vindouras, que por fim as paralisaria. Considere o que aconteceria se, ao produzir um automóvel, tivéssemos que pagar *royalties* aos descendentes de todos os inventores envolvidos, começando com o inventor da roda e assim por diante. Além da impossibilidade de manter tais registros, considere o *status* acidental desses descendentes e a irrealidade de suas reivindicações não merecidas.

A herança de propriedades materiais representa uma reivindicação dinâmica sobre uma quantia de riqueza estática; a herança de uma propriedade intelectual representa uma reivindicação estática sobre um processo dinâmico de produção.

Uma conquista intelectual, na verdade, não pode ser transferida, assim como a inteligência, habilidades ou qualquer outra virtude pessoal não pode ser transferida. Tudo que pode ser transferido é o resultado material de uma conquista, na forma de riqueza devidamente produzida. Pela própria natureza do direito que embasa a propriedade intelectual — o direito de um homem ao produto de sua mente — aquele direito se encerra junto com ele. Ele não pode dispor do que não consegue julgar ou saber: os potenciais resultados indiretos ou ainda não produzidos de sua conquista, quatro gerações ou quatro séculos depois.

É quanto a essa questão que nossa terminologia parcialmente coletivista pode ser enganosa: no vencimento de uma patente ou direito autoral, a propriedade intelectual envolvida não se torna "propriedade pública" (embora seja registrada como "de domínio público"); ela deixa de existir como propriedade. E se a invenção ou o livro continuar a ser fabricado, o benefício da propriedade anterior não será "público", ele será apenas de seus devidos herdeiros: os produtores, os que exercem o esforço de incorporar a ideia em novas formas materiais e que, dessa forma, a mantém viva.

Uma vez que direitos de propriedade intelectual não podem ser exercidos perpetuamente, a questão de seu prazo é extremamente complexa. Se ela fosse restrita ao tempo de vida de seu criador, perderia seu valor ao impossibilitar a produção de acordos contratuais de longo prazo: se um inventor morresse um mês depois do lançamento de sua invenção no mercado, isso poderia arruinar o fabricante que investiu uma fortuna em sua produção. Sob tais circunstâncias, os investidores seriam incapazes de assumirem riscos de longa duração; quanto mais uma invenção fosse revolucionária ou importante, menor seria sua chance de encontrar patrocinadores. Portanto, a lei precisa definir um período durante o qual protegeria os direitos e interesses de todos os envolvidos.

No caso de direitos autorais, a solução mais racional é o Ato de Direitos Autorais da Grã-Bretanha, de 1911, que estabeleceu que a duração dos direitos autorais de livros, pinturas, filmes, etc. deve ser mantida enquanto o autor for vivo e mais cinquenta anos depois de sua morte.

No caso de patentes, a questão é muito mais complexa. Uma invenção patenteada costuma atrapalhar ou restringir mais pesquisas e desenvolvimento em alguma área específica da ciência. Várias patentes cobrem áreas justapostas. A dificuldade está em definir os direitos específicos do inventor sem incluir mais do que ele possa reivindicar justamente, na forma de consequências indiretas ou implicações ainda desconhecidas. Uma patente vitalícia poderia se tornar uma barreira injustificável ao desenvolvimento do conhecimento além do poder potencial ou conquistas reais do inventor. O problema legal é estabelecer um limite de tempo que asseguraria o maior benefício possível ao inventor sem infringir os direitos de terceiros para se dedicarem a pesquisas independentes. Como em várias outras questões legais, esse limite de tempo precisa ser determinado pelo princípio de definir e proteger todos os direitos individuais envolvidos.

Como uma objeção à legislação de patentes, algumas pessoas citam que dois inventores podem trabalhar independentemente por anos na mesma invenção, mas um deles pode ganhar a corrida até o cartório de patentes um dia e obter um monopólio exclusivo, enquanto o trabalho do outro será totalmente desperdiçado. Esse tipo de objeção é baseada no erro de igualar o potencial com o real. O fato de que um homem *pode* ter sido o primeiro não altera o fato de que ele *não foi*. Uma vez que a questão é de direitos comerciais, o perdedor em um caso dessa natureza precisa aceitar o fato de que, ao buscar negociar com terceiros, ele precisa aceitar a possibilidade de um concorrente vencer a corrida, o que é verdade em todos os tipos de competição.

Atualmente, as patentes são um alvo especial dos ataques dos coletivistas — direta e indiretamente, através de questões como a proposta de abolição de marcas registradas, nomes de marcas, etc. Enquanto os pretensos "conservadores" enxergam esses ataques com indiferença ou, ocasionalmente, com aprovação, os coletivistas parecem perceber que as patentes são o coração e o cerne dos direitos de propriedade, e que, assim que forem destruídos, a destruição de todos os outros direitos acontecerá automaticamente, como um breve epílogo.

O estado atual do nosso sistema de patentes é um pesadelo. Os direitos dos inventores são regularmente infringidos, rompidos, dilapidados, corroídos e violados de tantas formas, sob a cobertura de tantos estatutos sem objetividade, que industriais começaram a confiar no sigilo para proteger invenções valiosas que eles temem patentear. (Considere o tratamento dado às patentes sob as leis antitruste, como um de vários exemplos.)

Quem observa o espetáculo do colapso progressivo de patentes — o espetáculo da mediocridade tentando faturar em cima das conquistas de gênios — e que entendem suas implicações, entenderão por que nos parágrafos finais do capítulo VII, parte II de *A Revolta de Atlas*, um dos homens mais culpados é o passageiro que disse: "Por que Rearden deveria ser o único com permissão de fabricar o Metal Rearden?".

CAPÍTULO 12
Teoria e prática [71]
Ayn Rand

Os odiadores de homens

Poucos erros são tão ingênuos e suicidas quanto as tentativas dos "conservadores" de justificar o capitalismo com bases em coletivismo e altruísmo.

Várias pessoas acreditam que altruísmo representa bondade, benevolência ou respeito pelos direitos dos outros. Mas na verdade representa o oposto: ele ensina a se sacrificar, assim como sacrificar terceiros, em prol de alguma "necessidade pública" indefinida; ele enxerga o homem como um animal para sacrifício.

Acreditando que os coletivistas são motivados por uma preocupação genuína com o bem-estar da humanidade, os supostos defensores do capitalismo garantem a seus inimigos que o capitalismo é o caminho prático para as metas dos socialistas, o melhor meio para o mesmo fim, o melhor "funcionário" de necessidades públicas.

E então eles se perguntam onde fracassaram — e porque a imundície sangrenta da socialização continua se disseminando pelo globo.

Eles fracassaram porque nenhum bem-estar pode ser obtido através do sacrifício de alguém — e porque o bem-estar do homem não é a meta dos socialistas. Não é devido às suas supostas falhas que os coletivistas altruístas odeiam o capitalismo, mas devido às suas virtudes.

Se você duvida disso, considere alguns exemplos.

Vários historiadores criticam a constituição dos Estados Unidos com a alegação de que seus autores eram ricos proprietários de terras, que supostamente foram motivados não por ideais políticos, mas apenas por seus próprios interesses econômicos "egoístas".

---

[71] Consolidação de dois artigos foram publicados originalmente na coluna de Ayn Rand no *Los Angeles Times*, em 1962. (N. E.)

Isso, obviamente, não é verdade. Mas é verdade que o capitalismo não exige o sacrifício dos interesses de ninguém. E o que importa aqui é a natureza da moralidade por trás do argumento dos coletivistas.

Antes da Revolução Americana, ao longo de séculos de feudalismo e monarquia, os interesses dos ricos eram atendidos por meio de expropriação, escravidão e miséria do resto do povo. Uma sociedade, portanto, na qual os interesses dos ricos exigem liberdade em geral, produtividade irrestrita e a proteção de direitos individuais, deveria ter sido aclamada como um sistema ideal por qualquer um cuja meta fosse o bem-estar do homem.

Mas essa não é a meta dos coletivistas.

Uma crítica semelhante é proferida pelos ideólogos coletivistas sobre a Guerra Civil Americana. O Norte, segundo eles alegam de forma depreciativa, foi motivado não por preocupações de autossacrifício a respeito do sofrimento dos escravos, mas por interesses econômicos "egoístas" do capitalismo, que exigem um mercado de trabalhadores livres.

Essa última alegação é verdadeira. O capitalismo não funciona com trabalho escravo. Foi o Sul agrário e feudal que continuou com a escravidão. Foi o Norte industrializado e capitalista que a aboliu — da mesma forma que o capitalismo acabou com a escravidão e o trabalho servil em todo o mundo civilizado do século XIX.

Que virtude maior pode-se atribuir a um sistema social, além do fato de que ele não deixa possibilidade para que qualquer homem trabalhe segundo seus próprios interesses escravizando outros homens? Que sistema mais nobre poderia ser desejado por qualquer um cuja meta é o bem-estar do homem?

Mas essa não é a meta dos coletivistas.

O capitalismo criou o padrão de vida mais alto já visto no planeta. As evidências são incontestáveis. O contraste entre a Berlim ocidental e a oriental é a demonstração mais recente, como um experimento de laboratório para que todos vejam. Porém os que alegam mais veementemente seu desejo de erradicar a pobreza são os mais veementes em denunciar o capitalismo. O bem-estar do homem não é a meta deles.

As nações "subdesenvolvidas" são um suposto problema do mundo. A maioria delas é desamparada. Algumas, como o Brasil, saqueiam (ou nacionalizam) a propriedade de investidores estrangeiros; outras, como o Congo, massacram estrangeiros, incluindo mulheres e crianças; e em seguida todas elas imploram por ajuda, dinheiro e técnicos de outros países. É apenas a indecência das doutrinas altruístas que permite a eles a esperança de impunidade.

Se fosse ensinado a essas nações como estabelecer o capitalismo, com plena proteção de direitos de propriedade, os problemas deles sumiriam. Os homens que têm poder aquisitivo poderiam investir capital privado no desenvolvimento de recursos naturais, esperando receber lucros. Eles trariam os técnicos, fundos, influência civilizatória e os empregos de que essas nações tanto precisam. Todos sairiam ganhando, sem recorrer às custas ou sacrifício de ninguém.

Mas isso seria "egoísta" e, portanto, maligno — de acordo com o código dos altruístas. Ao invés disso eles preferem tomar os ganhos dos homens — através de impostos — depositá-los em algum ralo estrangeiro e verem nosso próprio crescimento econômico diminuir a cada ano.

Da próxima vez que você negar a si mesmo o atendimento de alguma necessidade ou algum pequeno luxo que teria feito a diferença entre o lazer e o trabalho penoso, pergunte a si mesmo que parte do seu dinheiro sumiu para pagar por uma estrada esburacada no Camboja ou pelo apoio daqueles pequenos altruístas "caridosos" do Corpo da Paz, que atuam como figurões nas selvas, às custas dos contribuintes.

Se você quiser impedir essa prática, precisa começar percebendo que o altruísmo não é uma doutrina de amor, mas sim de ódio aos homens. O coletivismo não prega o sacrifício como um meio temporário para um fim desejável. O sacrifício é seu próprio fim — sacrifício como meio de vida. É a independência, o sucesso, a prosperidade e a felicidade do homem que os coletivistas desejam destruir.

Repare no ódio histérico e feroz com o qual eles lidam com qualquer sugestão de que sacrifícios não são necessários, que uma sociedade sem sacrifícios é possível aos homens, que é a única sociedade capaz de alcançar o bem-estar dos homens.

Se o capitalismo nunca tivesse existido, qualquer humanista honesto estaria se esforçando para criá-lo. Mas quando vemos homens se esforçando para evitar a sua existência, deturpando sua natureza e destruindo seus resquícios — pode-se ter certeza de que certamente o amor pelo homem não faz parte de suas motivações.

CAOS CEGO

Há uma lição política importante a ser aprendida dos eventos atuais da Argélia[72].

O presidente Kennedy tem travado uma guerra ideológica contra a ideologia. Ele tem afirmado repetidamente que a Filosofia Política é inútil e que a "sofisticação" consiste em agir de acordo com a conveniência do momento.

No dia 31 de julho, ele declarou a um grupo de estudantes brasileiros que não havia regras ou princípios que governam "os meios de fornecer progresso", e que todos os sistemas políticos são igualmente bons, incluindo o socialismo, desde que representem "uma escolha livre" do povo.

No dia 31 de agosto, apenas um mês depois, a história — como uma peça teatral bem construída — deu-lhe uma resposta eloquente. A população de Argel marchou pelas ruas da cidade em um protesto desesperado contra a nova ameaça de guerra civil, gritando: "Queremos paz! Queremos um governo!".

Como os povos de lá estão na tentativa de conseguirem essas coisas?

Através dos anos de guerra civil, eles foram unidos, não por filosofia política, mas somente por uma questão racial. Eles lutavam não por algum programa, mas apenas contra o domínio francês. Quando ganharam sua independência, eles se desfizeram em tribos rivais e províncias armadas, lutando entre si.

O *The New York Times* (2 de setembro de 1962) descreveu a situação como "uma amarga contenda por poder entre os homens que teoricamente deveriam governar o país". Mas levar o país para onde? Na falta de princípios políticos, a questão governamental é uma questão de tomar o poder e governar por meio da força bruta.

O povo da Argélia e seus vários chefes tribais, que representam a maioria que lutou na guerra contra a França, estão sendo derrubados por uma minoria bem organizada que não entrou em cena até depois da vitória. Essa minoria é conduzida por Ben Bella e foi armada pela Rússia soviética.

Uma maioria sem uma ideologia é uma multidão desamparada, a ser conquistada por qualquer um.

---

[72] Isto é, por volta de 1962. (N. E.)

Considere agora o sentido do conselho de Kennedy aos brasileiros e ao mundo. Não foi a filosofia política dos Estados Unidos que ele enunciou, mas sim o princípio de governo irrestrito da maioria — a doutrina de que a maioria pode escolher qualquer coisa que desejar, que qualquer coisa feita pela maioria é correta e prática, porque sua vontade é onipotente.

Isso significa que a maioria pode votar contra os direitos de uma minoria — e descartar a vida, liberdade e propriedade de um indivíduo, até que, caso aconteça, ele consiga reunir seu próprio grupo de maioria. Isso, de alguma forma, há de garantir a liberdade política.

Mas desejar não fará isso acontecer — nem para um indivíduo nem para uma nação. A liberdade política exige muito mais do que a vontade do povo. Ela exige um conhecimento amplamente complexo de teoria política e de como implementá-la na prática.

Demorou séculos de desenvolvimento intelectual e filosófico até que fosse alcançada a liberdade política. Foi uma batalha longa, que se estendeu de Aristóteles a John Locke e os Pais Fundadores. O sistema que eles estabeleceram não foi baseado no governo irrestrito da maioria, mas em seu contrário: em direitos individuais, que não deveriam ser alienados pelo voto da maioria ou por tramas da minoria. O indivíduo não era deixado à mercê de seus vizinhos ou líderes: o sistema constitucional de freios e contrapesos foi desenvolvido cientificamente de forma a protegê-lo de ambos.

Essa foi a grande conquista americana, e se a preocupação com o bem-estar real de outras nações fosse uma motivação de nossos líderes atuais, era isso que eles deveriam ensinar ao mundo.

Ao invés disso, estamos iludindo os ignorantes e os semisselvagens ao lhes contar que não é necessário nenhum conhecimento político — que nosso sistema é apenas questão de preferência subjetiva — que qualquer forma pré-histórica de tirania tribal, domínio grupal e massacre será igualmente boa, com nossa sanção e apoio.

E é por isso que encorajamos o espetáculo dos trabalhadores da Argélia marchando pelas ruas e gritando a exigência: "Trabalho, não sangue!" — sem saber que grandes quantidades de conhecimento e virtude são necessárias para atendê-la.

Do mesmo jeito, em 1917, os camponeses russos exigiam "Terra e Liberdade!". Mas o que eles receberam foi Lênin e Stalin.

Em 1933, os alemães demandavam: "Lugar para viver!". Mas o que eles receberam foi Hitler.

Em 1793, os franceses gritavam: "Liberdade, Igualdade, Fraternidade!". O que eles receberam foi Napoleão.

Em 1776, os americanos proclamavam "Os Direitos do Homem" — e, guiados por filósofos políticos, eles os obtiveram. Nenhuma revolução, independentemente de ser justa ou não, e nenhum movimento, não importa quão popular, jamais teve êxito sem uma filosofia política para guiá-lo, determinar sua meta e direção. Os Estados Unidos — o magnífico exemplo histórico de um país criado por teóricos políticos — abandonou sua própria filosofia e está desabando. Como uma nação, estamos nos fragmentando em tribos rivais que — apenas pelo embalo efêmero de uma tradição civilizada — são chamadas de "grupos de pressão econômica", no momento. Em oposição ao crescente estatismo, não temos nada além dos fúteis protestos dos pretensos "conservadores", que estão batalhando não por princípios políticos, mas apenas contra os "liberais".

Amargurados pela derrocada da Argélia rumo ao caos, um de seus líderes comentou: "Nós ríamos dos congoleses; agora está acontecendo com a gente".

E acontece conosco também.

CAPÍTULO 13

Deixem-nos em paz! [73]

Ayn Rand

Uma vez que o "crescimento econômico" é o grande problema de hoje, e nossa administração atual promete "estimulá-lo" — de modo a alcançar a prosperidade geral por meio de controles governamentais mais amplos, enquanto gasta uma riqueza ainda não produzida — eu imagino: quantas pessoas sabem a origem do termo *laissez-faire*?

A França, no século XVII, foi uma monarquia absolutista. O sistema de lá foi descrito como "absolutismo limitado pelo caos". O rei tinha poder total sobre a vida, trabalho e propriedade de todos — e apenas a corrupção de funcionários do governo dava ao povo uma margem extraoficial de liberdade.

Luís XIV foi um déspota arquetípico: uma mediocridade pretensiosa com ambições de grandeza. Seu reino é considerado como um dos períodos mais brilhantes da história da França; ele forneceu ao país uma "meta nacional" na forma de longas e bem-sucedidas guerras; ele estabeleceu a França como o poder principal e o centro cultural da Europa. Mas "metas nacionais" custam dinheiro. As políticas fiscais de seu governo levaram a um crônico estado de crise, resolvido pelo expediente imemorial de drenar o país através de taxação galopante.

Colbert, conselheiro-chefe de Luís XIV, foi um dos primeiros estatistas modernos. Ele acreditava que regulações governamentais podem criar prosperidade nacional e que uma receita fiscal maior pode ser obtida apenas através do "crescimento econômico" do país; assim sendo, ele se dedicou a buscar "um aumento geral de riqueza através do encorajamento industrial". O encorajamento consistia em impor incontáveis controles governamentais e regulações minuciosas que sufocaram a atividade comercial; o resultado foi um fracasso tenebroso.

---

[73] Baseado em uma coluna do *Los Angeles Times*, agosto de 1962

Colbert não foi um inimigo do comércio; não mais do que nossa presente administração pública. Colbert estava ansioso para ajudar a engordar vítimas para um sacrifício — e em uma ocasião histórica, ele perguntou a um grupo de donos de fábricas o que ele poderia fazer pela indústria. Um industrial chamado Legendre respondeu: *"Laissez-nous faire!"* ("Deixe-nos fazer!").

Aparentemente os empresários franceses do século XVII tinham mais coragem do que seus semelhantes americanos do século XX, e um entendimento melhor de economia. Eles sabiam que a "ajuda" governamental a empresas é tão desastrosa quanto a perseguição governamental e que o único jeito de um governo ser útil à prosperidade nacional é mantendo-se longe.

Dizer que o que era verdade no século XVII possivelmente não pode ser verdade atualmente, porque hoje viajamos em aviões a jato enquanto eles viajavam de carroça — é como dizer que não precisamos de comida como os homens no passado, porque agora vestimos sobretudos e calças ao invés de perucas com pó de arroz e anáguas. É o tipo de superficialidade quase concreta, ou a inabilidade de compreender princípios, de distinguir o essencial do não-essencial — que cega as pessoas para o fato de que a crise econômica atual é a mais velha e batida da história.

Considere o essencial. Se controles governamentais pudessem atingir qualquer coisa além de paralisia, fome e colapso em uma era pré-industrial, o que aconteceria quando se impusesse controles em uma economia altamente industrializada? O que é mais fácil de regular para os burocratas: a operação de um tear ou forja manuais, ou a operação de siderúrgicas, fábricas de aviões e eletrônicos? Quem tem maior chance de trabalhar sob coerção: uma horda de homens brutalizados fazendo trabalho manual destreinado, ou o número incalculável de indivíduos de genialidade criativa necessários para construir e manter uma civilização industrial? E se os controles do governo falharem mesmo no primeiro caso, que profundidade de evasão permitirá aos estatistas modernos terem a esperança de sucesso com o segundo?

O método epistemológico dos estatistas consiste em debates intermináveis sobre questões momentâneas particulares, concretas e sem contexto, sem jamais permitir que elas sejam integradas em uma súmula, sem nunca se referirem a princípios básicos ou consequências definitivas, e assim induzindo um estado de desintegração intelectual em seus seguidores. O propósito da névoa verbal é ocultar a evasão de dois fundamentos: (a) que produção e prosperidade são produtos da inteligência do homem e (b) que o poder governamental é o poder de coerção pela força.

Assim que esses dois fatos forem conhecidos, a conclusão a ser obtida é inevitável: a inteligência não trabalha sob coerção, a mente do homem não funcionará sob ameaça armada.

Essa é a questão essencial que deve ser considerada; todas as outras considerações são detalhes triviais em comparação.

Os detalhes da economia de um país são tão variados quanto as várias culturas e sociedades que já existiram. Mas toda a história da humanidade é a demonstração prática do mesmo princípio básico, não importa quais as variantes de forma: o grau de prosperidade, progresso e conquistas humanas são uma função direta e o corolário do grau de liberdade política. Como testemunhas, temos a Grécia antiga, a Renascença, o século XIX.

Em nossa era, a diferença entre a Alemanha oriental e a Alemanha ocidental é uma demonstração tão eloquente da eficácia de uma economia (comparativamente) livre contra uma economia controlada que não é necessário haver mais discussões. E nenhum teórico pode ser digno de atenção se ele evitar a existência desse contraste, deixando suas implicações de lado, suas causas sem identificação e sem aprender sua lição.

Agora considere o destino da Inglaterra, "o experimento pacífico de socialismo", o exemplo de um país que cometeu suicídio por votação: não houve violência, derramamento de sangue nem terror, apenas o processo sufocante dos controles governamentais "democraticamente" impostos — mas repare nas reclamações atuais sobre a "fuga de cérebros" da Inglaterra, sobre o fato de que os melhores e mais capazes homens, especialmente os cientistas e engenheiros, estão abandonando a Inglaterra rumo a qualquer resquício de liberdade que eles possam encontrar em algum lugar do mundo.

Lembre-se que o muro de Berlim foi levantado para interromper uma "fuga de cérebros" semelhante na Alemanha oriental; lembre-se que depois de quarenta e cinco anos de uma economia plenamente controlada, a Rússia soviética, que possui algumas das melhores terras de cultivo do mundo, foi incapaz de alimentar sua população e precisou importar trigo da América semicapitalista; leia *East Minus West = Zero* [*Leste Menos Oeste = Zero*], de Werner Keller[74], para obter um panorama gráfico (e não

---

[74] KELLER, Werner. *East Minus West = Zero*. Nova York: G. P. Putnam's Sons, 1962.

refutado) da impotência da economia soviética — e *então*, julgue a questão da liberdade contra controles.

Independentemente do propósito que se busca atender com ela, a riqueza primeiro deve ser produzida. Até onde se considera a economia, não há diferença entre os motivos de Colbert e os do presidente Johnson. Ambos queriam obter prosperidade nacional. Quer a riqueza extorquida através de impostos seja drenada para o benefício imerecido de Luís XIV ou para o benefício imerecido dos "desprivilegiados", isso não faz diferença para a produtividade econômica de uma nação. Independentemente de estar atrelada a um propósito "nobre" ou um ignóbil, para benefício dos pobres ou dos ricos, em prol das "necessidades" de um ou da "ganância" de outrem — quem está acorrentado não consegue produzir.

Não há diferença no destino definitivo de todas as economias acorrentadas, independente de quaisquer justificativas para as correntes.

Considere algumas dessas justificativas:

A criação da "demanda de consumo"? Seria interessante computar quantas donas de casa com cheques de pensão seriam equivalentes às "demandas de consumo" de Madame de Maintenon e suas várias colegas.

Uma distribuição "justa" de riqueza? Os favoritos privilegiados de Luís XIV não desfrutaram de uma desvantagem tão injusta sobre outras pessoas como nossos "aristocratas influentes", as variantes reais e poderosas de Billie Sol Estes ou Bobby Baker.

As exigências do "interesse nacional"? Se houver algo como um "interesse nacional", obtido através do sacrifício de direitos e interesses de indivíduos, então Luís XIV se absolveu de forma extraordinária. A maior parte de sua extravagância não era "egoísta": ele elevou a França a uma grande potência internacional — e devastou sua economia. (O que quer dizer que ele obteve "prestígio" entre outros governantes totalitários à custa do bem-estar, do futuro e das vidas de seus súditos.)

A promoção de nosso progresso "cultural" ou "espiritual"? É duvidoso que um projeto teatral subsidiado pelo governo produza eventualmente um conjunto de gênios comparável àquele apoiado pela corte de Luís XIV em seu papel de "patrono das artes" (Corneille, Racine, Molière, etc.). Mas ninguém jamais computará o gênio natimorto daqueles que padecem sob sistemas como aquele, indispostos a aprenderem a arte de puxação de saco exigida por qualquer político patrono das artes (Leia *Cyrano de Bergerac).*

O fato é que motivos não alteram fatos. O requisito fundamental à produtividade e à prosperidade de uma nação é a liberdade; os homens não podem — e, moralmente, não irão — produzir sob controles e sob compulsão.

Não há nada de novo ou misterioso sobre os problemas econômicos atuais. Assim como Colbert, o presidente Johnson está apelando a vários grupos econômicos, buscando conselhos sobre o que pode fazer por eles. E se ele não quiser entrar para a história com um recorde semelhante ao de Colbert, lhe faria bem ouvir a voz de um Legendre moderno, caso exista um, que poderia lhe dar o mesmo conselho imortal em uma só palavra: "Descontrole!".

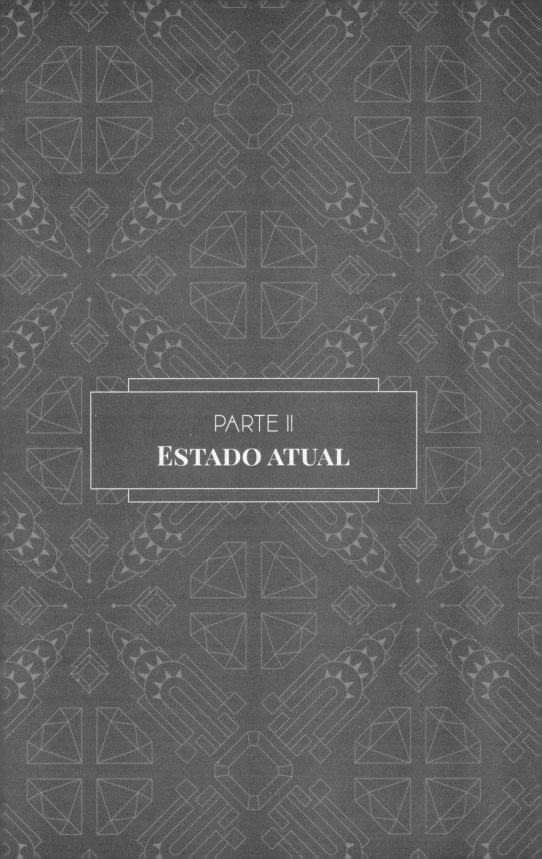

PARTE II
Estado atual

CAPÍTULO 14
A ANATOMIA DA TRANSIGÊNCIA [75]

Ayn Rand

Um dos maiores sintomas da desintegração intelectual e moral de um homem — ou uma cultura — é o encolhimento da visão e metas até o limite concreto do momento imediato. Isso significa o desaparecimento progressivo de abstrações dos processos mentais de um homem ou das preocupações de uma sociedade. A manifestação da desintegração de uma consciência é a incapacidade de pensar e agir em termos de princípios.

Um princípio é uma "verdade fundamental, primária ou geral da qual outras verdades dependem". Portanto, um princípio é uma abstração que subordina um número maior de concretos. E é apenas por meio de princípios que se pode estabelecer metas de longo prazo e avaliar as alternativas concretas de qualquer momento em particular. São apenas os princípios que permitem a um homem planejar seu futuro e alcançá-lo.

O atual estado de nossa cultura pode ser medido pela extensão em que os princípios sumiram da discussão pública, reduzindo nossa atmosfera cultural à incoerência sórdida e mesquinha de uma família brigona que pechincha acerca de concretos triviais, enquanto trai todos os seus valores maiores, vendendo seu futuro em troca de alguma vantagem momentânea espúria.

Para tornar a coisa mais grotesca, essa pechincha é acompanhada por uma aura de retidão moral pessoal histérica, na forma de afirmações beligerantes de que um sujeito deve ser transigente perante qualquer coisa ou pessoa (exceto perante o dogma de que o sujeito deve ser transigente) e por meio de apelos surtados à "praticidade".

---

[75] O original do livro traz erroneamente a data de "1984" para este artigo, trata-se de um texto da edição de janeiro de 1964 do *The Objectivism*, como pode ser observado no seguinte link: <http://www.proctors.com.au/mrhomepage.nsf/985f14ab922be-306482577d5003a2040/2a9525c5206e5f324825789d00418dbd/$FILE/Objectivist%20Newsletter%20Vol%201%20Nos%201%20to%2012%201962.pdf>. (N. E.)

Mas não há nada tão antiprático quanto um pretenso homem "prático". A visão de praticidade desse homem pode ser melhor ilustrada assim: se você quiser dirigir de Nova York a Los Angeles, é "antiprático" e "idealístico" consultar um mapa e escolher o melhor caminho para chegar lá; você chegará muito mais rápido se apenas começar a dirigir aleatoriamente, virando (ou cortando) qualquer caminho, tomando qualquer estrada em qualquer direção, seguindo apenas seu humor e o clima do momento.

O fato é que, obviamente, por esse método você nunca chegará a lugar algum. Mas enquanto a maioria das pessoas reconhece esse fato em relação ao curso de uma jornada, elas não são tão atentas em relação ao curso de suas vidas e de seu país. Existe apenas uma ciência que poderia produzir uma cegueira de tamanha escala, a ciência cujo empenho é fornecer uma visão ao homem: a filosofia. Uma vez que a filosofia moderna, em essência, é um ataque orquestrado contra o nível conceitual da consciência do homem — uma tentativa firme de invalidar a razão, abstrações, generalizações e qualquer integração de conhecimento — os homens têm saído de universidades, por muitas décadas até agora, com a incapacidade de selvagens em epistemologia, sem qualquer noção da natureza, função ou aplicação prática de princípios. Esses homens vêm tateando cegamente em alguma direção através da massa desnorteante de concretos incompreensíveis (para eles) na vida cotidiana de uma civilização industrial complexa — tateando, batalhando, fracassando, desistindo e padecendo, incapazes de saber de que forma eles atuaram como seus próprios destruidores.

Assim sendo, é importante — para aqueles que não se preocupam em seguir esse processo suicida — considerar algumas poucas regras acerca do funcionamento de princípios na prática e sobre a relação de princípios com metas.

As três regras listadas abaixo não são exaustivas de maneira alguma; elas são meramente as primeiras pistas ao entendimento de um tema amplo.

1. Em qualquer conflito entre dois homens (ou dois grupos) foram publicados que detêm os mesmos princípios básicos, é o mais consistente que vencerá.

2. Em qualquer colaboração entre dois homens (ou dois grupos) que detêm princípios básicos diferentes, é o mais maligno ou irracional que vencerá.

3. Quando princípios básicos opostos são clara e abertamente definidos, eles atuam a favor do lado racional; quando eles não são claramente definidos, mas sim ocultos ou evitados, eles atuam a favor do lado irracional.

1) Quando dois homens (ou grupos) detêm os mesmos princípios básicos, porém se opõem entre si em uma dada questão, isso quer dizer que pelo menos um deles é inconsistente. Uma vez que princípios básicos determinam a meta última de qualquer processo de ação de longo prazo, a pessoa que mantém uma visão mais consistente e clara do fim a ser alcançado estará consistentemente mais correta em sua escolha de meios; e as contradições de seu oponente atuarão em seu favor, psicológica e existencialmente.

Psicologicamente, a pessoa inconsistente vai endossar e propagar as mesmas ideias que seu adversário, mas de uma forma mais fraca e diluída — e assim vai sancionar, contribuir e acelerar a vitória de seu adversário, criando nas mentes disputadas de seus seguidores a impressão da maior honestidade e coragem de seu adversário, enquanto coloca a si mesmo em descrédito com uma aura de evasão e covardia.

Existencialmente, cada passo ou medida tomada para alcançar a meta comum a ambos precisará de mais passos ou medidas cada vez mais cruciais na mesma direção (a menos que a meta seja rejeitada e os princípios básicos invertidos), desse modo fortalecendo a liderança da pessoa consistente e levando a inconsistente à impotência.

O conflito seguirá seu curso independente dos princípios básicos compartilhados pelos dois adversários estarem certos ou errados, verdadeiros ou falsos, racionais ou irracionais.

Por exemplo, considere o conflito entre os Republicanos e os Democratas (e, dentro de cada partido, o mesmo conflito entre os "conservadores" e os "liberais"). Uma vez que os dois partidos defendem o altruísmo como seu princípio moral básico, ambos defendem um estado de bem-estar social ou economia mista como metas últimas. Cada controle governamental imposto na economia (independente de quem ele favoreça) demanda a imposição de controles adicionais, para aliviar — momentaneamente — os desastres causados pelo primeiro controle. Uma vez que os Democratas são mais consistentemente comprometidos com o crescimento do poder governamental, os Republicanos são reduzidos ao plágio desamparado, a copiar com inépcia qualquer programa iniciado pelos Democratas, e à confissão indigna implicada por sua alegação de que eles buscam alcançar "os mesmos fins" que os Democratas, mas por meios diferentes.

São precisamente esses fins (altruísmo-coletivismo-estatismo) que devem ser rejeitados. Mas se nenhum dos partidos escolher a rejeição, a lógica dos eventos criados por seus princípios básicos em comum continuará arrastando ambos cada vez mais à esquerda. E se e quando os "conservadores" forem expulsos do jogo de vez, o mesmo conflito continuará entre os "liberais" e os socialistas declarados; quando os socialistas vencerem, o conflito continuará entre os socialistas e os comunistas; quando os comunistas vencerem, a meta última do altruísmo será alcançada: a imolação universal.

Não há como interromper ou mudar esse processo, exceto por sua raiz: uma mudança de princípios básicos.

A evidência desse processo tem aumentado em todos os países do planeta. E, ao observá-lo, os impensantes começam a sussurrar sobre algum poder oculto e misterioso chamado de "necessidade histórica" que, de forma não-especificada, por meios irreconhecíveis, predestinou a humanidade ao colapso rumo ao abismo do comunismo. Mas não há "necessidades históricas" fatalistas: o poder "misterioso" movendo os eventos do mundo é o poder incrível dos princípios dos homens — que é misterioso apenas aos selvagens modernos "práticos", que foram ensinados a descartá-lo como "impotente".

Mas pode-se debater que uma vez que os defensores de economias mistas também defendem a liberdade, pelo menos parcialmente, por que a parte irracional de sua mistura deve vencer? Isso nos leva ao fato de que **2)** em qualquer colaboração entre dois homens (ou dois grupos) que detêm princípios básicos diferentes, é o mais maligno ou irracional que vencerá.

O (princípio, premissa, ideia, política ou ação) racional é aquele que é consoante aos fatos da realidade; o irracional é aquele que contradiz os fatos e tenta sair impune. Uma colaboração é uma empreitada conjunta, um curso de ação comum. O racional (o bom) não tem nada a ganhar do irracional (o mal) exceto uma porção de seus fracassos e crime; o irracional tem tudo a ganhar do racional: uma porção de suas conquistas e valores. Um industrial não precisa da ajuda de um ladrão para ter sucesso; um ladrão precisa das conquistas de um industrial para sequer existir. Qual colaboração é possível entre eles e qual seu propósito?

Se um indivíduo defende premissas mistas, seus vícios cerceiam, atrapalham, derrotam e por fim destroem suas virtudes. Qual é o estado moral de um homem honesto que rouba de vez em quando? Do mesmo modo, se um grupo de homens almeja metas mistas, seus princípios ruins expulsam os bons. Qual é o estado político de um país livre cujo governo viola os direitos de seus cidadãos de vez em quando?

Considere o caso de uma parceria empresarial: se um dos parceiros for honesto e o outro um golpista, o segundo não contribui em nada para o sucesso da empresa; mas a reputação do primeiro desarma as vítimas e fornece ao golpista uma oportunidade de larga escala que ele não conseguiria obter por conta própria.

Agora considere a colaboração de países semilivres com ditaduras comunistas nas Nações Unidas. Identificar essa instituição é o mesmo que condená-la, de modo que qualquer crítica é supérflua. É uma instituição supostamente dedicada à paz, liberdade e direitos humanos, mas que inclui a Rússia soviética — o agressor mais brutal, a ditadura mais sanguinolenta, a mais genocida e escravizadora de toda a história — entre seus membros. Nada pode ser somado a esse fato e nada pode mitigá-lo. É uma afronta tão grotescamente cruel à razão, moralidade e à civilização que nenhuma discussão adicional é necessária, exceto para vislumbrar as consequências.

Psicologicamente, a ONU contribuiu bastante na criação do pântano cinzento de desmoralização — de cinismo, amargura, desesperança, medo e culpa inominável — que está engolindo o mundo ocidental. Mas o mundo comunista ganhou uma sanção moral, um selo de respeitabilidade civilizada do mundo ocidental — ele ganhou a assistência do Ocidente para enganar suas vítimas — ele ganhou o *status* e privilégio de um parceiro igual, assim estabelecendo a noção de que a diferença entre direitos humanos e homicídio em massa é meramente diferença de opinião política.

A meta declarada dos países comunistas é a conquista do mundo. O que eles têm a ganhar com uma colaboração com os países (relativamente) livres são seus recursos materiais, financeiros, científicos e intelectuais; os países livres não têm nada a ganhar dos países comunistas. Doravante, a única forma de política comum ou de transigência possível entre as duas partes é a política de donos de propriedades que fazem concessões fracionadas a um capanga armado em troca de uma promessa de não serem roubados.

A ONU entregou uma porção maior da superfície do globo e população ao poder da Rússia soviética, maior do que a Rússia jamais poderia esperar conquistar por força armada. O acordo realizado com Katanga em oposição ao acordo realizado com a Hungria é um exemplo suficiente das políticas da ONU. Uma instituição supostamente formada com o propósito de usar a força unida do mundo para parar um agressor se tornou um meio de usar a força unida do mundo para forçar a rendição de um país impotente após o outro ao poder do agressor.

Quem, além de um selvagem epistemologicamente voltado a concretos, poderia ter esperado quaisquer resultados de tal "experimento sobre colaboração"? O que você esperaria de um comitê de combate ao crime cujo conselho de diretores incluísse os piores bandidos que assolam a comunidade?

Apenas uma evasão total de princípios básicos poderia possibilitar isso. E isso ilustra o motivo pelo qual 3) quando princípios básicos opostos são clara e abertamente definidos, eles atuam a favor do lado racional; quando eles não são claramente definidos, mas sim ocultos ou evitados, eles atuam a favor do lado irracional.

Para vencer, o lado racional de qualquer controvérsia precisa que suas metas sejam compreendidas; ele não tem nada a esconder, já que a realidade é sua aliada. O lado irracional precisa enganar, confundir, evitar, esconder suas metas. Neblina, sujeira e cegueira não são ferramentas da razão; elas são as únicas ferramentas da irracionalidade.

Para destruir não é preciso nenhum pensamento, consistência ou conhecimento; para criar ou conquistar alguma coisa são necessários pensamentos ininterruptos, conhecimentos vastos e uma consistência rígida. Cada erro, fuga ou contradição ajuda a meta da destruição; só a razão e a lógica podem alcançar a meta da construção. O negativo exige uma ausência (ignorância, impotência, irracionalidade); o positivo exige uma presença, uma existência (conhecimento, eficácia, pensamento).

A disseminação do mal é o sintoma de um vácuo. Sempre que o mal vence, é à revelia; pela falha moral daqueles que evitam o fato de que não se pode negociar princípios básicos.

"Qualquer transigência entre a comida e o veneno só pode representar uma vitória para a morte. Qualquer transigência entre o bem e o mal só pode ser favorável ao mal" (*A Revolta de Atlas*).

CAPÍTULO 15

ESTARIA ATLAS SE REVOLTANDO? [76]

Ayn Rand

Como o título dessa discussão indica, seu tema é a relação dos eventos apresentados em meu romance *A Revolta de Atlas* com os eventos correntes do mundo de hoje.

Ou, para formular a pergunta da maneira como ela tem sido feita a mim normalmente: "*A Revolta de Atlas* é um romance profético ou histórico?".

A segunda parte da pergunta parece responder à primeira: se algumas pessoas acreditam que *A Revolta de Atlas* é um romance *histórico*, isso significa que ele foi uma profecia bem-sucedida.

A verdade da questão pode ser expressada melhor da seguinte forma: embora os aspectos políticos de *A Revolta de Atlas* não sejam seu tema central nem seu principal propósito, minha atitude diante desses aspectos — durante os anos da escrita do romance — foi contida em uma regra simples que estipulei para mim mesma: *o propósito deste livro é evitar que ele se torne profético*.

O livro foi publicado em 1957. Desde então, recebi várias cartas e ouvi diversos comentários que equivalem essencialmente a isso: "Quando li *A Revolta de Atlas* pela primeira vez, achei que você estava exagerando, mas então repentinamente percebi — enquanto lia os jornais — que as coisas acontecendo no mundo hoje são exatamente como as coisas do seu livro".

E eram mesmo. Mas piores.

O estado presente do mundo, as ideias, propostas e eventos políticos de hoje são tão grotescamente irracionais que nem eu nem qualquer outro romancista conseguiria torná-los ficção: ninguém acreditaria neles. Um romancista não conseguiria tal impunidade; só um político poderia imaginar que conseguiria.

---

[76] Palestra ministrada no *Ford Hall Forum*, Boston, em 19 de abril de 1964. Publicado no *The Objectivist Newsletter*, agosto de 1964.

Os aspectos políticos de *A Revolta de Atlas* não são seu tema, mas uma das consequências de seu tema. O tema é *o papel da mente na existência do homem* e, como um corolário, a apresentação de um novo código de ética: a moralidade do interesse pessoal racional.

A história de *A Revolta de Atlas* mostra o que acontece ao mundo quando os homens de intelecto — os originadores e inovadores em toda linha de esforço racional — entram em greve e desaparecem, em protesto contra uma sociedade coletivista-altruísta.

Há duas passagens principais em *A Revolta de Atlas* que dão um breve sumário de seu sentido. A primeira é uma declaração de John Galt:

> Só há um tipo de homem que nunca entrou em greve na história da humanidade. Todos os outros tipos e classes pararam quando bem entenderam e apresentaram exigências ao mundo, afirmando-se indispensáveis, menos os homens que sempre carregaram o mundo nos ombros, o mantiveram vivo e suportaram torturas como única forma de pagamento, porém jamais abandonaram a humanidade. Pois chegou a vez deles. Que o mundo descubra quem eles são, o que fazem e o que acontece quando eles se recusam a trabalhar. Esta é a greve dos homens que usam suas mentes, srta. Taggart. Essa é a greve da mente.

A segunda passagem, e que explica o título do romance, é:

> "Sr. Rearden" disse Francisco, com voz subitamente calma "se o senhor visse Atlas, o gigante que sustenta o mundo todo em seus ombros, se o senhor visse o sangue escorrendo pelo peito dele, os joelhos tremendo, os braços estremecendo, porém ainda tentando sustentar o mundo com suas últimas forças, e se quanto mais ele se esforçasse, mais o mundo lhe pesasse nos ombros — o que o senhor lhe diria que fizesse?".
>
> "Eu... não sei. O que... ele poderia fazer? O que o senhor lhe diria para fazer?".
>
> "Eu diria: dê de ombros".

A história de *A Revolta de Atlas* apresenta o conflito de dois antagonistas fundamentais, duas escolas opostas de filosofia ou duas atitudes opostas perante a vida. Como um breve meio de identificação, vou chamá-los de "eixo de razão-individualismo-capitalismo" contra o "eixo de misticismo--altruísmo-coletivismo". A história demonstra que o conflito básico de nossa época não é meramente político ou econômico, mas sim moral e filosófico — que a filosofia dominante de nossa época é uma revolta virulenta contra a razão — que a pretensa redistribuição de riqueza é só uma manifestação superficial do eixo misticismo-altruísmo-coletivismo — que a verdadeira natureza e o sentido mais profundo e de última instância desse eixo é *anti-homem*, *antimente* e *antivida*.

Você achou que eu estava exagerando?

Durante e depois de escrever *A Revolta de Atlas,* eu guardei um arquivo que, formalmente, deveria ser chamado de "Arquivo de Pesquisa ou Documentação". Para mim, eu o intitulei "O Arquivo de Horror". Eis algumas amostras dele.

Eis um exemplo de ideologia moderna — de um seminário de egressos intitulado "A Desconfiança da Razão", realizado na Universidade Wesleyana em junho de 1959.

> Talvez no futuro a razão perca a importância. Talvez para orientação em tempos conturbados, as pessoas não se voltarão ao pensamento humano, mas à capacidade humana de sofrer. Não às universidades com seus pensadores, mas a locais e pessoas aflitas, os confinados de asilos e campos de concentração, os decisores burocratas impotentes e os soldados desamparados em trincheiras — serão eles quem iluminarão o caminho do homem, de modo a repaginar seu conhecimento de desastre e torná-lo algo criativo. Podemos estar prestes a entrar em uma nova era. Nossos heróis podem não ser gigantes intelectuais como Isaac Newton ou Albert Einstein, mas vítimas como Anne Frank, que nos mostrarão um milagre maior do que o pensamento. Eles nos ensinarão como suportar — como criar o bem em meio ao mal e como nutrir o amor na presença da morte. Caso isso aconteça, no entanto, a universidade ainda terá seu lugar. Mesmo o homem intelectual pode ser um exemplo de sofrimento criativo.

Você acha que isso é uma rara exceção, um extremo estranho? No dia 4 de janeiro de 1963, a revista *Time* publicou a seguinte notícia:

> "Atuação definitiva em sociedade" — não só cérebros e notas — "deveriam ser os critérios de admissão das melhores universidades", diz o diretor Leslie R. Severinghaus do Colégio Haverford, próximo da Filadélfia. No *Journal of the Association of College Admissions Counselors*, ele alerta em oposição aos "egoístas muito inteligentes, agressivos, com ambições pessoais, indiferentes e despreocupados socialmente". Dado que esses estudantes brilhantes e focados em si têm "pouco a oferecer, tanto agora quanto futuramente", as universidades deveriam estar prontas para receber outras boas qualidades. "Quem disse que inteligência e performance motivada representam as dimensões da excelência? Não seria a preocupação social uma faceta da excelência? Não seria empolgante encontrar um candidato que acredita que

'nenhum de nós vive apenas para si'? E quanto à liderança? Integridade? A habilidade de comunicar tanto ideias quanto amizades? Devemos descartar o entusiasmo espiritual? E por que deveríamos atropelar a cooperação com o próximo em prol de boas causas, mesmo à custa do sacrifício da conquista acadêmica de alguém? E quanto a benevolência e decência?" Nada disso aparece nas pontuações de conselhos de universidades, queixa-se Severinghaus. "As universidades em si devem acreditar no potencial desse tipo de jovem".

Considere o sentido disso. Se seu marido, esposa ou filho for afligido com uma doença mortal, de que lhe servirá a "preocupação social" ou "benevolência" do médico que sacrificou sua própria "conquista acadêmica"? Se seu país for ameaçado por destruição atômica, suas vidas dependerão da inteligência e *ambição* de nossos cientistas ou do "entusiasmo espiritual" e "capacidade de comunicar amizade" deles?

Eu não colocaria uma passagem desse tipo na boca de um personagem na sátira mais exagerada — eu a consideraria um absurdo grotesco demais — e ainda assim, isso é dito, ouvido e discutido seriamente em uma sociedade supostamente civilizada.

Você está inclinado a acreditar que teorias desse tipo não terão resultado prático? Cito um artigo intitulado "Nosso Talento Está se Esgotando?", publicado no *Rochester Times Union*, de 18 de fevereiro de 1960:

Estaria esta poderosa nação ficando sem talento?

A essa altura da história, com a Rússia e os Estados Unidos "em competição mortal", poderia esta nação ficar para trás por falta de capacidade intelectual?

O doutor Harry Lionel Shapiro, presidente do departamento de antropologia do Museu Americano de História Natural em Nova York, disse: "Há um desconforto crescente, que ainda não foi expressado plenamente [...] de que o suprimento de competência está ficando escasso".

Os profissionais da medicina, segundo ele, estão "profundamente preocupados" quanto à questão. Estudos mostraram que os estudantes de medicina de hoje, com base em suas notas, são inferiores àqueles de uma década atrás.

Alguns porta-vozes da área estiveram inclinados a relegar a culpa disso ao apelo dramático e financeiro de outras profissões da era espacial — engenharia e outros campos tecnológicos.

Mas, segundo o dr. Shapiro, "essa reclamação parece ser universal".

O antropólogo discursou diante de um grupo de autores de ciência em Ardsley-on-Hudson. Esse mesmo grupo ouviu uns 25 cientistas durante um período de duas semanas — e ouviu a mesma queixa de engenheiros, físicos, um meteorologista e diversos outros.

Esses cientistas, porta-vozes renomados em suas áreas, julgaram que esse assunto tem muito mais importância do que a necessidade de mais dinheiro.

O dr. William O. Baker, de Nova Jersey, vice-presidente encarregado de pesquisa nos Laboratórios de Telefonia Bell em Murray Hill, N. J., um dos maiores cientistas do país, disse que se necessita de mais pesquisa — mas que ela não virá como resultado de mais dinheiro.

"Tudo isso depende de ideias", ele disse, que "não precisam ser muitas, mas elas precisam ser ideias novas".

O dr. Baker argumentou que o Instituto Nacional de Saúde tem aumentado seus subsídios continuamente, mas os resultados do trabalho têm se mantido no mesmo nível, "se não tiverem se rebaixado".

Eugene Kone, diretor de relações públicas da Sociedade Americana de Física, disse que na física "nós não estamos nem perto de ter pessoal de primeira o suficiente".

O dr. Sidney Ingram, vice-presidente da Comissão de Força de Trabalho de Engenharia[77], disse que a situação "é absolutamente única na história da civilização ocidental".

Essa notícia não recebeu qualquer destaque em nossa imprensa. Ela reflete os primeiros sintomas de ansiedade sobre uma situação que ainda pode estar oculta do público geral. Mas a mesma situação na Grã-Bretanha se tornou tão óbvia que não há mais como escondê-la, e ela tem sido discutida em termos de manchetes. Os ingleses cunharam um nome para ela: eles a chamam de "fuga de cérebros".

Eu gostaria de lembrar-lhe, abrindo um parêntese, que em *A Revolta de Atlas*, John Galt afirma, referindo-se à greve: "Fiz, deliberada e intencionalmente, aquilo que historicamente sempre foi feito por omissão silenciosa". E ele lista as várias formas sob as quais homens excepcionais padeceram, nas quais o intelecto entrou em greve contra a tirania de maneira psicológica, desertando qualquer sociedade mística-altruísta-coletivista. Você talvez se lembre da descrição que Dagny fez de Galt antes de conhecê-lo, que ele depois repete para ela: "O homem que está roubando os cérebros do mundo".

Não, eu não desejo insinuar que os ingleses plagiaram minhas palavras. O que é muito mais significativo foi que eles *não plagiaram*; a maioria deles, indubitavelmente, nunca leu *A Revolta de Atlas*. O que é importante é que eles estão enfrentando — e identificando com o tato — o mesmo fenômeno.

---

[77] No original: Engineering Manpower Comission. (N. E.)

Eis uma notícia do *The New York Times* de 11 de fevereiro de 1964:

O Partido Trabalhista pede um estudo governamental sobre a emigração de cientistas ingleses para os Estados Unidos, um problema conhecido aqui como "fuga de cérebros". A ação Trabalhista [...] se seguiu à revelação de que o Professor Ian Bush e sua equipe de pesquisadores estão saindo da Universidade de Birmingham rumo à Fundação Worcester de Biologia Experimental em Shrewsbury, Massachusetts.

O professor Bush, que tem 35 anos de idade, dirige o departamento de fisiologia de Birmingham. Sua equipe de nove cientistas tem investigado o tratamento medicamentoso de doenças mentais.

Hoje tornou-se de conhecimento geral que um físico de ponta, professor Maurice Pryce, e um dos maiores patologistas de pesquisa sobre câncer, dr. Leonard Weiss, assumiriam cargos nos Estados Unidos [...]

Tom Dalyell, um porta-voz de ciências do Partido Trabalhista, perguntará se o Primeiro-Ministro, Sir Alec Douglas-Home, apontará uma comissão real para considerar o problema de treinar, recrutar e manter os cientistas à serviço da Inglaterra. [...]

A decisão do professor Bush foi considerada "trágica" por Sir George Pickering, presidente da Associação Médica Britânica. Ele descreveu o professor como o "pupilo mais brilhante que já tive e uma das pessoas mais brilhantes que já conheci".

The New York Times do dia 12 de fevereiro:

O furor acerca da perda de talento científico na Inglaterra se intensificou hoje quando um físico teórico renomado disse que estava de mudança para os Estados Unidos.

O dr. John Anthony Pople, superintendente da Divisão de Física Básica do Laboratório Nacional de Física, disse que se mudaria para o Instituto Carnegie de Tecnologia em Pittsburgh em aproximadamente um mês.

Jornais vespertinos usaram grandes manchetes para relatar a jogada, a décima terceira desde o fim de semana. Uma manchete de capa dizia: "Mais um Rumo à Fuga de Cérebros".

The New York Times do dia 13 de fevereiro:

Com o anúncio de hoje da iminente partida de pelo menos mais cinco cientistas da Inglaterra, a nação começa a buscar com nova ansiedade as principais causas do êxodo.

A reportagem nomeia dois dos cientistas em partida: dr. Ray Guillery, de 34 anos, professor associado de anatomia da Universidade de Londres; e, da mesma universidade, o dr. Eric Shooter, 39, um professor assistente de bioquímica.

The New York Times do dia 16 de fevereiro:

> Com a Inglaterra em furor diante da partida regular de seus cientistas, a nação novamente busca as causas do êxodo e exige remediações [...]
>
> A "fuga de cérebros", como é chamada a partida de cientistas por aqui, não é novidade para a Inglaterra. Por décadas, universidades e outras instituições estrangeiras de aprendizado e pesquisa, especialmente nos Estados Unidos, têm captado talento científico da Inglaterra.
>
> No último ano letivo acadêmico, a Inglaterra perdeu 160 professores universitários seniores, e cerca de 60 deles foram para os Estados Unidos, de acordo com uma pesquisa publicada pela Associação de Professores Universitários. [...]
>
> Cientistas ingleses com PhD recém-adquirido têm deixado o país permanentemente com uma taxa de pelo menos 140 por ano, de acordo com um relatório do ano passado feito pela Royal Society. Isso representa cerca de 12% da produção do país. [...]
>
> Geralmente os cientistas que partem permanentemente explicam que os fundos disponíveis para equipamento e pessoal para pesquisas nos Estados Unidos não tem como ser equiparado em seu país de origem.
>
> Alguns dizem francamente que são atraídos por salários duas ou três vezes mais altos do que os recebidos por eles na Inglaterra e também pelo que eles compreendem como maior consideração geral por esforços e conquistas científicas nos Estados Unidos.
>
> Outros reclamam da escassez de cargos sênior em universidades, ou da selva burocrática que concessões de pesquisa precisam transpor na Inglaterra e também o que chamam de mão de ferro da tesouraria em todas as concessões de universidades.

Quais argumentos intelectuais são ofertados aos cientistas como um incentivo para prevenir sua partida e quais remédios práticos são propostos? Quintin Hogg, Secretário de Estado de Educação e Ciência, "apelou ao patriotismo para que os cientistas fiquem em seu país de origem. 'É melhor ser britânico do que qualquer outra coisa', disse ele". Uma matéria anterior (*The New York Times,* 31 de outubro de 1963) declarou que um relatório, enviado por um comitê liderado por Sir Burke Trend, Secretário do Gabinete, recomenda uma repaginação do estabelecimento civil de ciências da Inglaterra e pela concessão de *mais poderes* ao Ministro da Ciência.

Há, naturalmente, uma quantia considerável de indignação implícita e explícita contra a riqueza e grandes empresas dos Estados Unidos, que os ingleses parecem considerar como carro-chefe da culpabilização pela fuga de seus talentos científicos.

Agora eu gostaria de chamar sua atenção para dois fatos importantes: a idade e as profissões dos cientistas que foram mencionados por seus nomes nessas reportagens. A maioria deles está na casa dos trinta; a maioria deles tem conexão com medicina teórica.

A medicina socializada é uma instituição estabelecida do sistema político inglês. Que futuro jovens brilhantes seriam capazes de alcançar sob a medicina socializada? Tire suas próprias conclusões sobre as causas da "fuga de cérebros", sobre o bem-estar futuro daqueles deixados para trás no Estado de bem-estar social e sobre o papel da mente na existência do homem.

A próxima vez que você ouvir ou ler relatos sobre o sucesso da medicina socializada na Grã-Bretanha ou em outros Estados de bem-estar social da Europa — os relatos trazidos por mentalidades superficiais e ligadas a concretos que não conseguem ver além do alcance do momento e que declaram que não observam mudanças na eficiência consciente de médicos de família — lembre-se de que a fonte da eficiência de médicos de família, bem como seus conhecimentos e capacidades, estão nos laboratórios da medicina teórica, e que essa fonte está secando. Esse é o preço real que um país paga pela medicina socializada — um preço que não aparece nas planilhas de custo de planejadores governamentais, mas que não tarda a aparecer na realidade.

No presente, estamos só um pouco atrás da Grã-Bretanha na estrada rumo ao abismo coletivista — mas bem pouco. Em anos recentes, nossos jornais têm mencionado relatos alarmantes sobre o estado de matrículas em nossas faculdades de medicina. Houve uma época em que essas faculdades tiveram um número de candidatos muito maior do que a quantidade que poderia ser admitida — e apenas os estudantes mais capazes, com as melhores notas e registros tinham chance de serem aceitos. Hoje, o número de candidatos está caindo — e, de acordo com alguns relatos, logo será menor do que o número de vagas disponíveis nas faculdades de medicina.

Considere o crescimento da medicina socializada ao redor do mundo — considere o plano de saúde pública *Medicare* em nosso país — considere a greve dos médicos canadenses em Saskatchewan e a recente greve dos médicos na Bélgica. Considere o fato de que em todo exemplo a maioria esmagadora dos médicos lutaram contra a socialização e que o canibalismo moral do bem-estar social dos estatistas não hesitaram em forçá-los à escravidão sob ameaça armada. A imagem foi particularmente eloquente na Bélgica, com milhares de médicos fugindo cegamente, escapando do país — com o governo supostamente "humanitário" recorrendo à medida militar bruta e quase nazista de *recrutar os médicos ao exército* de modo a forçá-los a praticar a medicina.

Considere isso — e então leia a declaração do dr. Hendricks em *A Revolta de Atlas*, o cirurgião que entrou em greve para protestar contra a medicina socializada:

> Muitas vezes me espanto diante da presunção com que as pessoas afirmam seu direito de me escravizar, controlar meu trabalho, dobrar minha vontade, violar minha consciência e sufocar minha mente — no entanto, o que elas vão esperar de mim quando eu as estiver operando?

Essa é a pergunta que deve ser feita aos escravagistas altruístas da Bélgica.

Na próxima vez que você ouvir uma discussão sobre o *Medicare*, pense um pouco no futuro — especialmente o futuro de seus filhos, que viverão em uma época em que os melhores cérebros disponíveis deixarão de escolher a prática da medicina.

Ragnar Danneskjöld, o pirata em *A Revolta de Atlas*, disse que ele lutava contra

> a ideia de que a necessidade é um ídolo sagrado que exige sacrifícios humanos, que a necessidade de alguns homens é uma lâmina de guilhotina pairando sobre outros, que todos nós temos de viver com nosso trabalho, nossas esperanças, nossos planos e nossos esforços à mercê do momento em que essa lâmina cairá sobre nós, e que quanto maior nossa capacidade, maior o perigo para nós, de modo que o sucesso coloca nossas cabeças sob a lâmina, enquanto o fracasso nos dá o direito de puxar a corda.

Essa é a essência da moralidade do altruísmo: quanto mais conquistas tiver um homem e quanto mais uma sociedade precisar dele, mais cruel será o tratamento por ele recebido e cada vez mais ele se aproximará do *status* de animal para sacrifícios.

Os empresários, que nos fornecem meios de sustento, empregos, dispositivos que poupam esforços, confortos modernos e padrões de vida cada vez melhores — são os homens mais imediata e urgentemente necessários à sociedade. Eles têm sido as primeiras vítimas, bodes expiatórios odiados, difamados, denunciados e explorados pelo eixo místico-altruísta-coletivista. Os médicos serão os próximos; e precisamente porque seus serviços são tão crucialmente importantes e tão desesperadamente necessários que os médicos agora são os alvos do ataque dos altruístas em escala mundial.

Quanto à condição atual dos empresários, deixe-me mencionar o seguinte: depois de completar *A Revolta de Atlas*, eu o enviei, em forma de amostra, a um especialista em ferrovias para uma conferência técnica. A primeira pergunta que ele me fez, depois de ler o livro, foi: "Você sabia que todas as leis e decretos que você inventou já estão em nossos estatutos?". "Sim", respondi, "eu sabia".

E é *isso* que eu quero que meus leitores saibam.

Em meu romance, apresentei essas questões em termos de abstrações, que expressaram a *essência* de controles governamentais e de legislações estatistas de qualquer época e de qualquer país. Mas os princípios de cada edito e cada decreto apresentado em *A Revolta de Atlas* — como "A Lei da Igualdade de Oportunidade" ou o "Decreto 10-289" — podem ser encontrados, e em formas mais brutas, em nossas *leis antitruste.*

Naquele acúmulo de estatutos indefiníveis, impossíveis de serem julgados e sem objetivo algum, você encontrará todas as variantes de punição a habilidades por serem habilidades, de punição ao sucesso apenas por ser sucesso, de sacrificar a genialidade produtiva à demanda da mediocridade invejosa. Você encontrará decisões como a ruptura forçada de grandes empresas, ou o "divórcio" de companhias de suas subsidiárias (que é a minha "Lei de Igualdade de Oportunidade"), forçando as partes já estabelecidas a compartilhar com quaisquer novatos as instalações que demoraram anos para serem construídas, o licenciamento compulsório ou o confisco declarado de patentes e, além disso, a ordem para que as vítimas *ensinem* seus próprios competidores a usarem essas patentes.

A única coisa que está entre nós e o nível de desintegração social apresentado em *A Revolta de Atlas* é o fato de que os estatistas ainda não ousam aplicar as leis antitruste até o alcance máximo de seu poder. Mas o poder está lá — e você pode reparar no processo acelerado de sua aplicação crescente ano após ano.

No entanto, agora você deve pensar que o "Plano de Unificação Ferroviária" e o "Plano de Unificação Siderúrgica" que apresentei ao final de *A Revolta de Atlas* não têm uma contraparte na vida real. Eu também pensava que não. Eu os inventei como um desenvolvimento ditado pela lógica dos eventos para ilustrar os últimos estágios do colapso de uma sociedade. Esses dois planos eram dispositivos coletivistas típicos, para ajudar os membros mais fracos de uma indústria às custas dos mais fortes, por meio de forçá-los a "agruparem" seus recursos. Eu achei que esses planos estavam um pouco à frente de nosso tempo.

Eu estava errada.

Veja esta notícia de 17 de março de 1964:

> Foi pedido às três redes de televisão por parte do governo federal que elas considerassem um plano experimental em que cada uma cederia uma parte de seus programas a estações de TV novas ou já existentes que poderiam estar operando em desvantagem competitiva. [...]
>
> Uma sugestão complementar, também colocada em discussão pela Comissão [Federal de Comunicações, ou FCC], visava compelir algumas estações afiliadas no presente a uma rede a aceitarem afiliação com uma cadeia alternativa.
>
> As propostas, que em efeito convocam os "providos" da indústria televisiva a ajudar os "desprovidos", causou objeções extremas no fim de semana, por parte do canal CBS [Columbia Broadcasting System]. [...]
>
> O pensamento por trás da proposta da FCC é ajudar a sustentar estações de frequência ultra alta [UHF] já existentes e encorajar o surgimento de mais veículos semelhantes ao garantir a eles recursos programáticos que ganhariam audiência. A maioria dos publicitários normalmente prefere as estações de frequência muito alta [VHF] mais potentes. [...]
>
> Sob as propostas polêmicas, a reserva total de programação de redes seria fracionada entre duas estações de VHF e uma estação de UHF.

A suposta justificativa para essas propostas é o desejo de corrigir o "desequilíbrio competitivo".

Agora observe a situação atual no âmbito do trabalho.

Em *A Revolta de Atlas* mostrei que em um momento de desesperada escassez de transporte, por conta da escassez de força motriz, trilhos e combustível, as ferrovias do país receberam ordens para usarem trens menores em velocidades mais baixas. Hoje, em uma época em que as ferrovias estão caindo em desgraça, com a maioria delas à beira da falência, os sindicatos de ferroviários demandam a preservação de práticas de "encheção de linguiça" (ou seja, de empregos inúteis e desnecessários) e de regras antiquadas de trabalho e pagamento.

Os comentários da imprensa sobre a questão estavam divididos. Mas um editorial merece atenção especial nesse momento. Ele é do *Star Herald* de Camden, Nova Jersey, de 16 de agosto de 1963 e foi enviado a mim por um fã.

> Aqueles que ganham rios de dinheiro, os poderosos líderes de empresas dos Estados Unidos, fracassaram em perceber que a prosperidade pode ser desumana. Eles falharam em compreender que o povo tem precedência sobre lucros. [...]
>
> A ambição e o ímpeto por lucrar são coisas boas. Eles impulsionam o homem rumo a conquistas maiores. Mas eles devem ser temperados pela preocupação com a sociedade e seus membros. Eles devem ser abrandados à luz das necessidades humanas.
>
> Esses são os pensamentos que nos confundem quando ponderamos o impasse das ferrovias. Gritando "enchendo de linguiça!" como um brado de guerra, os gerentes das ferrovias insistiram na eliminação de dezenas de milhares de empregos [...] empregos que são o ganha-pão de vários lares [...] empregos que representam a diferença entre um homem se sentir digno ou fútil. [...] Antes que você vote *sim* para um progresso tão doloroso, imagine seu marido, ou seu irmão ou seu pai como um daqueles destinados ao sacrifício no altar do progresso. Seria muito melhor, em nossa opinião, que o governo nacionalizasse as rodovias e evitasse outro desastre humano em seu trilho de mão única de gerar lucro à custa de seres humanos.

Esse editorial não tinha nenhuma marca de autoria, mas meu admirador anônimo escreveu embaixo dele em caixa alta, à lápis: "Por Eugene Lawson???".

Esse tipo de atitude "humanitária" não é direcionado contra lucros, mas contra conquistas; ele não é direcionado contra os ricos, mas contra os *competentes*. Você acha que as únicas vítimas do eixo místico-altruísta-coletivista são uns poucos homens excepcionais no topo da pirâmide social, uns poucos homens de genialidade intelectual e financeira?

Eis um velho recorte do meu "Arquivo dos Horrores", uma reportagem de anos atrás:

> A Inglaterra atualmente está em alarde por causa da notícia de um jovem minerador de carvão que saiu de seu emprego para evitar que 2000 mineiros entrassem em greve em Doncaster.
>
> Alan Bulmer, de 31 anos, se encrencou com seus colegas de trabalho quando terminou uma tarefa de uma semana três horas antes do prazo. Ao invés de sentar-se por três horas, ele começou mais um turno de trabalho.
>
> Mais de 2000 mineiros fizeram uma reunião no último domingo para se opor a ele trabalhar demais. Eles exigiram que ele fosse rebaixado por três meses e seu pagamento fosse cortado de $36 para $25 por semana.
>
> Bulmer se demitiu para acabar com a crise, com a declaração de que sempre foi sua crença de que "um homem deveria trabalhar um dia inteiro para ser pago por um dia inteiro".
>
> Funcionários públicos das minas geridas pelo governo dizem que a situação é uma questão dos sindicatos.

Pergunte a si mesmo, o que esse jovem se tornará no futuro? Por quanto tempo ele preservará sua integridade e sua ambição já que ele sabe que isso lhe trará *punições* ao invés de recompensas? Ele continuará a exercitar sua habilidade se for *rebaixado* por isso? É assim que uma nação perde seus melhores homens.

Você se lembra da cena em *A Revolta de Atlas* na qual Hank Rearden finalmente decidiu entrar em greve? A gota d'água, que deixou a situação clara para ele, foi a declaração de James Taggart de que ele, Rearden, sempre encontraria um jeito de "fazer algo" — mesmo perante as demandas mais irracionais e impossíveis. Compare isso com a seguinte citação em uma reportagem de 28 de dezembro de 1959, que é uma declaração de Michael J. Quill, chefe do Sindicato dos Trabalhadores de Transportadoras, comentando uma ameaça de greve no trânsito municipal: "Muita gente pensa que estamos levando as coisas ao extremo. Mas calha de acontecer que sempre que levamos as coisas ao limite, havia algo por lá".

Nos capítulos de conclusão de *A Revolta de Atlas* descrevi a situação trabalhista do país dessa forma:

ESTARIA ATLAS SE REVOLTANDO?

"Precisamos de homens!" Os pedidos começaram a se acumular com insistência cada vez maior sobre a mesa do Conselho de Unificação, vindos dos quatro cantos de um país devastado pelo desemprego, e nem aqueles que faziam os pedidos nem o Conselho tinham coragem de acrescentar a palavra perigosa que ficava subentendida: "Precisamos de homens capazes!". Havia filas de espera de anos para cargos de zelador, engraxates, porteiros e cobradores de ônibus. Porém não havia ninguém para trabalhar como executivo, administrador, engenheiro.

Um editorial de 29 de julho de 1963 do *Barron* menciona:

A escassez crescente de trabalhadores capacitados incluindo, como o dr. Arthur F. Burns notou em uma crítica recente das estatísticas oficiais de desemprego, "ampla escassez de cientistas, professores, engenheiros, médicos, enfermeiras, datilógrafos, estenógrafos, mecânicos de automóveis e TV, alfaiates e diaristas".

Você se lembra da passagem do desastre da colheita em Minnesota em *A Revolta de Atlas*? Uma safra abundante de trigo apodreceu nas fazendas junto a silos e elevadores de grãos superlotados por falta de vagões de carga que, por ordem do governo, foram enviados para transportar uma carga de soja.

A notícia abaixo é do *Chicago Sun Times* de 2 de novembro de 1962:

Oficiais agrários de Illinois e comerciantes de grãos se reuniram na quinta--feira em um esforço para aliviar a escassez aguda de vagões de carga que ameaça a colheita da safra abundante do Centro-oeste. [...]

Fazendeiros e comerciantes de grãos concordaram que a escassez de vagões de carga se tornou "crítica" e viram pouca esperança de resolução por pelo menos duas semanas.

Alguns operadores de elevadores de grãos mostraram ao grupo fotos de milho empilhado no chão perto de elevadores entupidos de milho que não poderia ser transportado. [...]

As colheitas das três maiores safras foram acusadas como causa da escassez de vagões — milho, soja e sorgo — na mesma época do ano. Além disso, houve movimentações intensas de grãos de propriedade do governo.

Em *A Revolta de Atlas*, Ragnar Danneskjöld denunciou Robin Hood como a imagem particular do mal que ele queria destruir na mente dos homens.

Ele é o homem que se tornou o símbolo da ideia de que a necessidade, não a realização, é a fonte dos direitos; que não temos de produzir, mas apenas de querer; que o que é merecido não cabe a nós, mas o imerecido sim.

Eu nunca saberei se Ragnar foi ou não a inspiração de um artigo denunciando Robin Hood que apareceu no ano passado em uma publicação inglesa chamada *Justice of the Peace and Local Government Review* [*Justiça da Paz e Revisão do Governo Local*] uma revista de direito e assuntos policiais. A ocasião do artigo foi o ressurgimento do festival de Robin Hood.

> Em vista do fato [segundo o artigo] que os feitos desse herói lendário foram majoritariamente focados em roubar dos ricos sob o motivo capcioso de doar aos pobres, uma função que, em tempos modernos, foi tomada pelo Estado de bem-estar social, é uma questão que suscita a dúvida se o festival Robin Hood não seria contrário às políticas públicas.

Mas agora chegamos a uma composição que supera tudo apresentado em *A Revolta de Atlas*. Eu admito que fui incapaz de inventá-la e que não importa o quanto minha estimativa seja baixa a respeito de mentalidades altruístas-coletivistas — e ela é *muito* baixa — eu não acreditaria que isso fosse possível. Não é ficção. É uma *notícia*, que apareceu no dia 23 de março de 1964 na primeira página do *The New York Times*:

> Todo americano deveria ter a garantia de recebimento de uma renda adequada como questão de direito, seja ele trabalhador ou não, insistiu hoje um grupo de trinta e dois membros do autointitulado Comitê Ad Hoc da Revolução Tríplice [...].
>
> As três revoluções listadas em sua declaração, que eles enviaram ao presidente Johnson, foram "a revolução cibernética", "a revolução do armamento" e "a revolução dos direitos humanos".
>
> "O problema fundamental imposto pela revolução cibernética nos Estados Unidos é que ele invalida o mecanismo geral empregado até agora para alicerçar os *direitos do povo como consumidores*", alegou o comitê.
>
> "Até agora", ele continuou, "recursos econômicos foram distribuídos com base nas contribuições à produção, com *máquinas e homens competindo por empregos em termos relativamente iguais*. No sistema cibernético em desenvolvimento, um rendimento potencialmente ilimitado pode ser obtido por sistemas de máquinas que vão exigir pouca cooperação com seres humanos."
>
> "A continuidade do vínculo de renda através de empregos como o único mecanismo superior para distribuir demanda efetiva — para garantir o direito de consumir — agora age como o maior freio na capacidade praticamente ilimitada de um sistema produtivo cibernético".
>
> O Comitê exigiu que o vínculo fosse quebrado por "um compromisso desqualificado" feito por uma sociedade para fornecer, através de suas

instituições legais e governamentais adequadas, "a todo indivíduo e toda família uma renda adequada como questão de direito".

A ser fornecido por quem? — Silêncio.

Uma proclamação desse tipo poderia ser esperada como advinda por parte de um grupo de malucos de uma cidade pequena deslocado da realidade e sem qualquer conhecimento sobre economia. Ou poder-se-ia esperar que fosse feita por um grupo de fanfarrões com o propósito de incitar os elementos mais baixos da população a violentarem qualquer estabelecimento comercial que tivesse um computador e que dessa forma os privasse de seu "direito ao consumo".

Mas esse não era o caso.

Essa proclamação foi feita por um grupo de professores, economistas, educadores, escritores e outros "intelectuais". O que é assustador, como um sintoma do estado atual de nossa cultura, é que ela recebeu atenção de primeira página e que pessoas aparentemente civilizadas estão dispostas a considerá-la como digna de ser discutida civilizadamente.

Qual é a esfera cultural de nossos dias atuais? Veja se a descrição abaixo serve para ela. Eu cito de *A Revolta de Atlas* uma passagem referindo uma série de desastres e catástrofes crescentes:

> Os jornais não mencionavam tais coisas. Os editoriais continuavam falando sobre a abnegação como o caminho para o progresso futuro, do autossacrifício como o imperativo moral, da ganância como o inimigo, do amor como a solução — suas frases gastas de uma doçura tão doentia quanto o cheiro de éter de um hospital.
>
> Por todo o país corriam boatos cochichados com um terror cético; no entanto, as pessoas continuavam a ler os jornais e a agir como se acreditassem no que liam, cada uma querendo mostrar que estava mais calada que a outra, cada uma fingindo que não sabia o que sabia, cada uma tentando acreditar que o que não era mencionado não existia. Era como se um vulcão estivesse em plena erupção, e as pessoas ao sopé da montanha ignorassem as súbitas fissuras, a fumaça negra, a lava que escorria e continuassem acreditando que o único perigo seria reconhecer a realidade desses sinais.

O propósito da minha discussão atual não é me gabar nem deixar a impressão de que eu possuo um dom místico de profecia, mas para demonstrar o exato oposto: que esse dom não é místico. Em oposição às visões prevalentes dos supostos estudiosos atuais, a história não é um caos ininteligível governado por sorte e caprichos: tendências históricas podem ser previstas e alteradas. Os homens não são criaturas cegas, incapazes e condenadas, levadas à destruição por forças incompreensíveis além de seu controle.

Há apenas um poder que determina o curso da história, assim como determina o curso de qualquer vida individual: o poder da *faculdade racional* do homem, *o poder das ideias*. Se você conhecer as convicções de um homem, você pode prever suas ações. Se você entender a filosofia dominante de uma sociedade, você pode predizer o seu curso. Mas convicções e filosofia são questões abertas à escolha do homem.

Não há necessidade histórica fatalista ou predeterminada. *A Revolta de Atlas* não é uma profecia de nossa destruição inevitável, mas sim um manifesto de nosso poder para evitá-la, se optarmos por alterar nossa rota.

É a filosofia do eixo misticismo-altruísmo-coletivismo que nos trouxe ao estado atual das coisas e nos leva a um final como o da sociedade apresentada em *A Revolta de Atlas*. É apenas a filosofia do eixo razão-individualismo-capitalismo que pode nos salvar e assim nos levar rumo à Atlântida projetada nas duas últimas páginas do meu romance.

Uma vez que os homens têm livre arbítrio, ninguém pode prever com certeza o resultado de um conflito *ideológico* nem quanto tempo tal conflito pode durar. É muito cedo para dizer qual escolha este país fará. Eu só posso dizer que se parte do propósito de *A Revolta de Atlas* era prevenir que a obra em si se tornasse profética, há vários sinais indicando seu êxito nesse propósito.

PS: Mais de um ano após a publicação deste artigo, houve um evento digno de nota.

No último capítulo de *A Revolta de Atlas,* que descreve o colapso do regime dos coletivistas, há o seguinte parágrafo:

> O avião sobrevoava os mais altos arranha-céus quando, de repente, como se a terra houvesse engolido tudo, a cidade desapareceu. Levaram um momento para entender que o pânico chegara às centrais de energia e que as luzes de Nova York haviam sido apagadas.

No dia 9 de novembro de 1965, as luzes de Nova York e de todo o litoral leste se apagaram. A situação não foi exatamente paralela à da minha história, mas muitos leitores reconheceram o sentido simbólico do evento. Menciono algumas das cartas e mensagens que recebi nos dias seguintes:

Uma mensagem de Austin, Texas, assinada por vários nomes: "Achávamos que você falou que o romance não era profético".

Uma mensagem de Marion, Wisconsin: "Então existe um John Galt".

De uma carta de Indianápolis: "Mas nem mesmo foi necessário um pânico, não é, srta. Rand? Só a mesma velha incompetência e irresponsabilidade. Os acidentes com trens [etc.] nos fizeram rir, mas essa profecia cumprida também traz um arrepio".

Uma nota de Dundee, Escócia: "Eu não conseguia fazer nada além de pensar em seu livro *A Revolta de Atlas* quando vimos na televisão a cidade de Nova York sem suas luzes; os penhascos de edifícios no escuro e as luzes fracas dos carros tentando encontrar uma saída".

De Memphis, Tennessee (um cartão postal enviado por sua mãe a um leitor que o enviou para mim): "Eu precisava passar essa mensagem adiante: na noite passada, no blecaute do nordeste, [uma amiga] me ligou e perguntou se você estava lá. Eu disse que não e então ela disse 'Bem, eu sinto muito, eu só queria perguntar se Atlas havia se revoltado!'".

Uma nota de Chicago: "Nós esperamos com expectativa por uma explicação racional para o 'blecaute' de 9/11/65. 'Aqui é John Galt Falando'".

CAPÍTULO 16

Os traficantes de influência [78]

Ayn Rand

A política externa dos Estados Unidos é tão grotescamente irracional que a maioria das pessoas acredita que deve haver algum propósito por trás dela. A extensão da irracionalidade age como sua própria proteção: como a técnica da "Grande Mentira", ela faz as pessoas assumirem que um mal tão descarado não poderia ser tão mal quanto lhes parece e, portanto, que *alguém* deve entender seu sentido, ainda que eles mesmos não entendam.

As generalizações e contradições asquerosas citadas para justificar o programa de auxílio estrangeiro se encaixa grosseiramente em duas categorias que são oferecidas a nós simultaneamente: as "idealistas" e as "práticas", ou tolice e medo.

Os argumentos "idealistas" consistem em apelos ao altruísmo e contornam o foco em uma neblina de abstrações flutuantes sobre nosso dever de apoiar as nações "subdesenvolvidas" de todo o globo, que estão passando fome e vão perecer sem nossa ajuda altruísta.

Os argumentos "práticos" consistem em apelos ao medo e emitem um tipo diferente de neblina, ao efeito de que nossos próprios interesses pessoais exigem que devemos ir à falência comprando a aprovação de nações "subdesenvolvidas", que, de outra forma, se tornariam uma ameaça perigosa para nós.

É inútil apontar aos defensores de nossa política externa que é questão de um ou outro: ou as nações "subdesenvolvidas" são tão fracas que estão condenadas sem nossa ajuda, e nesse caso elas não conseguem se tornar uma ameaça para nós; ou elas são tão fortes que com alguma outra assistência elas podem se desenvolver a ponto de nos ameaçarem, e nesse caso nós não deveríamos sugar nosso poderio econômico para fomentar o crescimento de inimigos potenciais tão poderosos.

---

[78] *The Objectivist Newsletter*, setembro de 1962.

OS TRAFICANTES DE INFLUÊNCIA

É inútil discutir a contradição entre essas duas afirmações, porque nenhuma delas é verdadeira. Seus proponentes são imunes a fatos, lógica e às crescentes evidências de que depois de duas décadas de altruísmo global, nossa política externa está conquistando o exato oposto de suas supostas metas; ela está destruindo nossa economia, nos reduzindo internacionalmente à posição de um fracasso impotente que não tem nada além de uma série de compromissos, retiradas, derrotas e traições em seu histórico, e que ao invés de trazer progresso ao mundo está trazendo o caos sanguinolento de guerras tribais e entregando cada vez mais nações impotentes ao poder do comunismo.

Quando uma sociedade insiste em seguir um curso suicida, pode-se ter certeza de que os motivos alegados e *slogans* proclamados são meras racionalizações. A questão é apenas: o que essas racionalizações estão escondendo?

Repare que não há um padrão consistente no caos errático de nossa assistência estrangeira. E embora a longo prazo ele leve ao benefício da Rússia soviética, a Rússia não é sua beneficiária direta imediata. Não há um vencedor consistente, apenas um perdedor consistente: os Estados Unidos.

Diante de tal espetáculo, algumas pessoas desistem da tentativa de compreender; outras imaginam que alguma conspiração onipotente está destruindo os Estados Unidos, que as racionalizações escondem algum gigante malévolo e fantasticamente poderoso.

A verdade é pior do que isso: a verdade é que as racionalizações não escondem nada — não há nada no fim da neblina além de um ninho de baratas tontas.

Apresento como prova excertos de um artigo da seção editorial do *The New York Times* de 15 de julho de 1962 intitulado: "O Papel dos Lobbies Estrangeiros".

Um "corpo não-diplomático" de agentes estrangeiros [declara o artigo] floresceu em anos recentes [em Washington] [...]

Fazendo *lobby* no Congresso para obter — ou impedir — a passagem de legislação de interesse de seus clientes estrangeiros, buscando pressionar a legislatura para que ela adote certas políticas econômicas e agendas políticas, ou tentando moldar a opinião pública através de uma infinidade de métodos e técnicas, essa legião de agentes especiais se tornou uma sombra enganadora para operar em Washington e nas dimensões do país.

"Fazer *lobby*" é a atividade de tentar influenciar legislações por meio de influenciar privativamente os legisladores. É o resultado e criação de uma economia mista de se governar por grupos de pressão. Seus métodos variam de meras cortesias sociais e coquetéis ou almoços "amigáveis" até favores, ameaças, subornos ou chantagem.

Todos os lobistas, independentemente de estarem servindo a interesses estrangeiros ou domésticos, são obrigados — por leis aprovadas nas últimas três décadas — a se registrarem junto ao governo. Os registros têm crescido de forma tão intensa — com o número de lobistas estrangeiros superando o de domésticos — que os legisladores estão começando a se alarmar. O Comitê de Relações Estrangeiras do Senado anunciou que está preparando uma investigação das atividades desses agentes estrangeiros.

O artigo do *The New York Times* descreve o *lobby* estrangeiro da seguinte forma:

> A teoria por trás de toda essa empreitada é que por uma taxa ou alguma caução e normalmente por centenas de milhares de dólares em propaganda, publicidade e dinheiro para despesas, um governo estrangeiro ou um interesse internacional econômico ou político pode *comprar uma legislação favorável no Congresso dos Estados Unidos, uma política amigável da legislatura ou uma imagem positiva aos olhos da opinião pública americana, levando, por sua vez a uma vantagem política ou econômica lucrativa.*

Quem são esses lobistas? Homens com influência política com "acesso" a figuras influentes de Washington, americanos contratados por interesses estrangeiros. O artigo menciona que a maioria desses homens são "advogados de Washington" ou "firmas de relações públicas nova-iorquinas".

A Rússia é um desses interesses e é servida por lobistas registrados em Washington; mas ela está meramente capitalizando sobre a situação, assim como os outros. O sucesso de sua conspiração no país é o resultado, não a causa, de nossa autodestruição; ela está vencendo à revelia. A causa é muito mais profunda do que isso.

A questão dos *lobbies* atraiu atenção recentemente através da batalha de lobistas estrangeiros para obter cotas de açúcar do governo americano.

> Os esforços deles [segundo o artigo] foram focados no deputado Harold D. Cooley, democrata da Carolina do Norte, presidente do Comitê Doméstico de Agricultura, que pelo menos até o ano passado deteve poder quase pleno na distribuição de cotas. Nunca ficou muito claro qual o critério usado por Cooley para alocar essas cotas e, pelo mesmo padrão, é impossível determinar qual foi o verdadeiro efeito das petições dos lobistas sobre ele.

Mas ao oferecerem seus serviços a governos estrangeiros ou associações de produtores de açúcar, esses deputados estavam, efetivamente, colocando à venda sua amizade pretensa ou real com Cooley.

Esse é o cerne e a essência da questão do *lobby* e de nosso auxílio internacional, e de uma economia mista.

O problema não é que "nunca ficou muito claro qual o critério usado por Cooley para alocar essas cotas", mas que nunca ficou e nunca ficará claro qual critério esperava-se que ele usasse pela legislação que lhe concedeu esses poderes. Nenhum critério poderia ser definido nesse contexto; essa é a natureza de leis não-objetivas e de toda a legislação econômica.

Enquanto um conceito como "interesse público" (ou o interesse "social", "nacional" ou "internacional") for considerado um princípio válido para guiar legislações, *lobbies* e grupos de pressão continuarão necessariamente a existir. Uma vez que não existe entidade como "*o público*", já que o público é apenas um número de indivíduos, a ideia de que "o interesse público" supera interesses e direitos particulares, só pode ter um significado: que os interesses e direitos de alguns indivíduos precedem os interesses e direitos de outros.

Se for o caso, então todos os homens e grupos privados precisam lutar até a morte pelo privilégio de serem considerados como "o público". A política do governo precisa balançar como um pêndulo errático entre um grupo e outro, atingindo alguns e favorecendo outros, sob os caprichos de qualquer momento, e assim uma profissão tão grotesca como ser lobista (vender "influência") se torna um emprego de tempo integral. Se o parasitismo, favoritismo, corrupção e ganância pelo imerecido não existissem, uma economia mista os traria à existência.

Uma vez que não há justificativa racional para o sacrifício de alguns homens em favor de outros, não há critérios objetivos pelos quais tal sacrifício possa ser levado à prática. Toda a legislação de "interesse público" (e qualquer distribuição de dinheiro tomado à força de alguns homens para o benefício imerecido de outros) se resume, em última instância, à concessão de um poder indefinido, indefinível, arbitrário e não-objetivo a alguns funcionários públicos.

O pior aspecto disso não é que um poder possa ser usado de forma desonesta, mas que *ele não possa ser usado honestamente*. O homem mais sábio do mundo, com a mais pura integridade, não consegue encontrar um critério para a aplicação justa, racional e imparcial de um princípio injusto, irracional e parcial. O melhor que um oficial honesto pode fazer é não aceitar nenhum suborno material por sua decisão arbitrária; mas isso não torna sua decisão e suas consequências mais justas ou menos calamitosas.

Um homem com convicções claras e cristalinas é imune às influências de qualquer pessoa. Mas quando convicções claras e cristalinas são impossíveis, as influências pessoais tomam conta. Quando a mente de um homem fica presa no labirinto enevoado do não-objetivo, que não tem saídas nem soluções, ele receberá de braços abertos qualquer argumento quase plausível e/ou persuasivo. Por falta de certezas, ele seguirá um argumento fac-símile de qualquer pessoa. Ele é a presa natural de manipuladores sociais, de vendedores de propaganda e de lobistas.

Quando qualquer argumento é tão inconclusivo quanto o próximo, o elemento subjetivo, emocional ou "humano" se torna decisivo. Um legislador conturbado pode concluir, consciente ou inconscientemente, que o homem amigável que sorriu para ele no coquetel da semana passada era uma boa pessoa que não o enganaria e cuja opinião é de confiança segura. É por considerações dessa natureza que funcionários públicos dispõem de seu dinheiro, seus esforços e seu futuro[79].

Embora casos de corrupção real indubitavelmente existam entre legisladores e funcionários do governo, eles não são um fator motivador maior na situação atual. É significativo que, em tais casos expostos publicamente, as propinas foram quase pateticamente pequenas. Homens que detinham o poder de dispor de milhões de dólares venderam favores por uma tapeçaria de mil dólares ou um casaco de peles ou até mesmo uma geladeira.

A verdade, provavelmente, é que eles não consideravam nada disso como uma traição de sua confiança pública; eles não pensaram que suas decisões particulares poderiam importar de um jeito ou de outro, no tipo de escolhas sem causa que eles precisavam fazer, na falta de quaisquer critérios, em meio à orgia generalizada de jogar fora uma riqueza aparentemente sem dono. Homens que não venderiam seu país por um milhão de dólares

---

[79] No caso, dinheiro, esforços e futuro do contribuinte. (N. E.)

o vendem agora em troca do sorriso de alguém e uma viagem de férias para a Flórida. Parafraseando John Galt: "Foram centavos e sorrisos assim que fizeram a desolação do seu mundo".

O público geral está irremediavelmente perplexo. Os "intelectuais" não se importam em observar nossa política externa de perto. Eles sentem culpa; eles sentem que suas próprias ideologias batidas, que eles não ousam desafiar, são a causa das consequências que eles não ousam encarar. Quanto mais eles se esquivam, mais intensa fica a avidez deles para compreender qualquer falácia da moda ou racionalização e defendê-la com sangue nos olhos. O manto surrado do altruísmo serve como cobertura e para sancionar as esquivas com uma aura minguante de retidão moral. O cinismo exaurido de uma cultura falida, de uma sociedade sem valores, princípios, convicções ou padrões intelectuais faz o resto: deixa um vácuo, para qualquer um preencher.

A força motriz por trás da hemorragia suicida do maior país do mundo não é mais um fervor altruísta ou uma cruzada coletivista, mas sim as manipulações de pequenos advogados e homens de relações públicas manipulando as cordinhas mentais de autômatos sem vida.

Eles — os lobistas que pagam por interesses estrangeiros, os homens que não teriam esperança de obter, em quaisquer outras circunstâncias, o dinheiro que eles agora obtêm — são os únicos e verdadeiros beneficiados em um sacrifício global, já que sua corja sempre esteve no desfecho de todos os movimentos altruístas da história. Não são as nações "subdesenvolvidas" nem as massas "sem privilégios" nem as crianças famintas de vilarejos na selva que se beneficiam com o autoextermínio dos Estados Unidos, são somente os homens que são pequenos demais para começarem tais movimentos e pequenos o suficiente para faturar sobre eles no final.

Não é nenhum "ideal maior" que a doutrina altruísta-coletivista cumpre ou pode cumprir. Seu resultado em última instância é o seguinte:

> Uma ferrovia local da Dakota do Norte havia ido à falência, abandonando a região ao destino de uma área desolada; o banqueiro local se suicidara após matar a mulher e os filhos — um trem de carga fora desativado no Tennessee, deixando uma fábrica de lá sem transporte de um dia para o outro; o filho do dono da fábrica largara a faculdade e agora estava preso, aguardando a execução, por ter cometido um assassinato juntamente com

uma quadrilha de saqueadores — uma estação secundária fora fechada no Kansas, e o agente da estação, que queria se tornar cientista, largou os estudos e virou lavador de pratos — tudo isso para que ele, James Taggart, pudesse, na sala reservada de um bar, pagar a bebida com que Orren Boyle se embriagava, pagar o garçom que passou uma esponja na roupa de Boyle quando ele derramou bebida, pagar o tapete queimado pelos cigarros de um ex-cafetão chileno que não quis se dar ao trabalho de esticar o braço para alcançar um cinzeiro que estava a um metro dele (*A Revolta de Atlas*).

CAPÍTULO 17

"Extremismo", ou a arte de difamar [80]

Ayn Rand

Dentre os vários sintomas da falência moral de hoje, a atuação dos pretensos "moderados" na Convenção Republicana Nacional foi o clímax, pelo menos até hoje. Foi uma tentativa de institucionalizar a difamação como um instrumento de política nacional, para elevar as tais difamações das sarjetas privadas da imprensa marrom ao cume público de uma inclusão proposta em uma plataforma político-partidária. *Os "moderados" exigiam um repúdio do "extremismo" sem qualquer definição do termo.*

Ignorando repetidos desafios para definir o que eles queriam dizer com "extremismo", substituindo injúrias por identificação, eles mantiveram o debate no nível de concretos e não nomearam as abstrações e princípios mais abrangentes envolvidos. Eles imputaram abusos a alguns grupos específicos e não declararam os critérios pelos quais esses grupos foram escolhidos. A única coisa claramente perceptível ao público foi uma sucessão de rostos rosnando e vozes gritando com ódio violento, enquanto denunciavam os "alimentadores do ódio" e exigiam "tolerância".

Quando homens sentem uma questão com tanta intensidade e ainda assim se recusam a nomeá-la, quando eles lutam tão brutalmente por alguma meta aparentemente incoerente e ininteligível, pode-se ter certeza de que sua meta verdadeira não sustentaria uma identificação pública. Portanto, vamos proceder a essa identificação.

Primeiro, observe a incongruência peculiar dos concretos escolhidos como objetos do ódio dos "moderados": "O Partido Comunista, a Ku Klux Klan e a Sociedade John Birch"[81]. Se alguém tentar abstrair o atributo comum,

---

[80] *The Objectivist Newsletter*, setembro de 1964.
[81] A *John Birch Society*, fundada em 1958, é um movimento de direita que defende o anticomunismo, a limitação do âmbito de atuação do governo e as liberdades individuais. O nome homenageia o militar e missionário protestante John Birch, assassinado em 1945 por militantes do Partido Comunista Chinês. (N. E.)

o princípio em comum entre esses três grupos, não se encontraria nada, ou pelo menos nada mais específico do que "grupo político". Obviamente, isso não é o que os "moderados" têm em mente.

O atributo comum — os "moderados" estariam com a boca espumando a esta altura — é "maligno". Certo, mas qual mal? O Partido Comunista é culpado pelo massacre de milhões através de cada continente do globo. A Ku Klux Klan é culpada pelo assassinato brutal de vítimas inocentes através de linchamentos. A Sociedade John Birch é culpada do quê? A única resposta obtida dos "moderados" foi: "Ela acusou o general Eisenhower de ser comunista".

A pior categoria de crime na qual essa acusação poderia ser incluída é *difamação.* Deixemos de lado o fato de que difamação é ao que todo estadista contrário ao bem-estar social está sujeito cronicamente em discussões públicas. Vamos concordar que difamação é uma ofensa grave e fazer apenas uma pergunta: difamação pertence à mesma categoria maligna das ações do Partido Comunista e da Ku Klux Klan?

Devemos considerar massacres de ampla escala, linchamentos brutais e difamação como males equiparáveis?

Se alguém ouvisse um homem declarar: "Eu me oponho igualmente à peste bubônica, a jogar ácido nos rostos das pessoas e à encheção de saco da minha sogra" — poder-se-ia concluir que a sogra seria o único objeto de ódio desse homem e que sua eliminação seria sua única meta. O mesmo princípio se aplica a ambos os exemplos da mesma técnica.

Ninguém verdadeiramente oposto ao Partido Comunista e à Ku Klux Klan consideraria a maldade deles tão delicadamente a ponto de equipará-las com as atividades de uma organização fútil e confusa cujo suposto pecado, na pior das hipóteses, seria uma imprudência irresponsável por fazer afirmações difamatórias ou infundadas.

E mais: o Partido Comunista em seu presente momento não é uma questão de campanha, nem os republicanos, nem os democratas, nem o eleitorado livre; virtualmente todo mundo denuncia o Partido Comunista atualmente e ninguém precisa reiterar um repúdio formal. A Ku Klux Klan não é uma questão ou problema dos *republicanos*; seus membros, tradicionalmente, são democratas; para os republicanos, repudiar seu voto seria como repudiar o voto de Tammany Hall, cujo voto não é deles para repudiar.

Isso deixa apenas a Sociedade John Birch como um problema real para a convenção republicana. E era *de fato* a questão real, mas em um sentido mais profundo e tortuoso do que pode parecer na superfície.

A verdadeira questão não era a Sociedade John Birch como tal: aquela sociedade foi meramente um espantalho, e de certo modo indigno, escolhido pelos "moderados" como ponto focal para a destruição planejada de alvos muito maiores e mais importantes.

Repare que todos da convenção republicana pareciam entender o propósito implícito por trás da questão do "extremismo", mas ninguém a nomearia explicitamente. O debate foi conduzido em termos de "pacotes de acordos" enormes e indefinidos, como se palavras fossem meramente aproximações com o propósito de *conotar* uma questão que ninguém ousava *denotar*. O resultado deu a impressão de uma batalha de vida ou morte conduzida sem foco.

A mesma atmosfera domina a controvérsia pública agora efervescente ao redor dessa questão. As pessoas discutem sobre "extremismo" como se elas soubessem o que essa palavra significa, porém não há duas declarações que a usem no mesmo sentido, nem dois comunicadores que pareçam falar sobre o mesmo assunto. Se já houve uma situação de Torre de Babel, certamente esse é o caso. Por favor, repare que *essa é* uma parte importante da questão.

Na verdade, a maioria das pessoas não sabe o significado da palavra "extremismo"; elas meramente o sentem. Elas sentem que algo se sobrepõe a elas de formas que não conseguem compreender.

Para compreender *o que* é feito e *como* se faz, observemos alguns exemplos anteriores da mesma técnica.

Um exemplo de larga escala, na década de 1930, foi a introdução da palavra "isolacionismo" em nosso vocabulário político. Era um termo pejorativo, sugerindo algo maligno, e que não tinha uma definição clara e explícita. Ele era usado para transmitir dois sentidos: um pretenso e o outro real — e para deturpar ambos.

O significado pretenso foi definido aproximadamente assim: "o isolacionismo é a atitude de uma pessoa que está interessada apenas em seu próprio país e não se preocupa com o resto do mundo". O significado real era: "patriotismo e interesse nacional interno".

O que, exatamente, é "*preocupação* com o resto do mundo"? Uma vez que ninguém manteve ou conseguiria manter a posição de que o estado do mundo não é uma *preocupação* dos Estados Unidos, o termo "isolacionismo" foi um espantalho usado para deturpar a posição daqueles preocupados com os interesses do país. O conceito de patriotismo foi substituído pelo termo "isolacionismo" e sumiu da discussão pública.

O número de distintos líderes patrióticos caluniados, silenciados e eliminados por esse rótulo seria difícil de computar. Então, através de um processo gradual e imperceptível, o propósito verdadeiro do rótulo tomou conta: o conceito de "preocupação" foi trocado por "preocupação altruísta". O resultado em última instância foi uma visão da política externa que está arrasando os Estados Unidos até hoje: a visão suicida de que nossa política externa deve ser guiada não pelas considerações de interesse nacional interno, mas pelos interesses e bem-estar do mundo, ou seja, de todos os países, exceto o nosso.

No final da década de 1940, outro termo recém-cunhado foi injetado em nossas artérias culturais: "macarthismo". Novamente, foi um termo pejorativo, sugerindo algum mal insidioso e sem qualquer definição clara. Seu sentido pretenso era: "acusações e perseguições injustas e assassinatos de reputação de vítimas inocentes". Seu sentido real era: "anticomunismo".

O senador McCarthy nunca foi condenado por essas alegações, mas o efeito do termo era intimidar e silenciar discussões públicas. Qualquer denúncia intransigente de comunismo ou de comunistas era — e ainda é — difamada como "macarthismo". Como uma consequência, a oposição e a exposição do alcance do comunismo desapareceram de nossa cena intelectual. (Devo mencionar que não sou uma admiradora do senador McCarthy, mas *não* pelas razões implícitas nessa difamação.)

Agora considere o termo "extremismo". Seu sentido pretenso é: "intolerância, ódio, racismo, preconceito, teorias malucas e incitação à violência". Seu sentido real é: "a defesa do capitalismo".

Repare na técnica envolvida nesses três exemplos. Ela consiste em criar um termo artificial, desnecessário e (racionalmente) impraticável, desenvolvido para substituir e obliterar alguns conceitos legítimos — um termo que soa como um conceito, mas representa um "pacote de acordos" de elementos absurdos, incongruentes e contraditórios retirados de qualquer ordem ou contexto conceitual; um "pacote de acordos" cuja característica (aproximadamente) definidora é sempre uma não-essencial. Esta última é a essência do truque.

Lembro que o propósito de uma definição é distinguir as coisas agrupadas sob um só conceito de todas as outras coisas que existem; e, portanto, sua característica definidora sempre deve ser aquela característica essencial que as distingue de todo o resto.

Enquanto os homens usarem uma linguagem, essa será a forma de usá-la. *Não* há outro jeito de se comunicar. E se um homem aceita um termo com uma definição de não-essenciais, sua mente a substituirá pela característica *essencial* dos objetos que ele está tentando designar.

Por exemplo, "preocupação (ou despreocupação) com o resto do mundo" não é uma característica essencial de quaisquer relações internas. Se um homem ouvir o termo "isolacionista" aplicado a um número determinado de indivíduos, ele observará que a característica essencial que os distingue de outros indivíduos é o patriotismo — e ele há de concluir que "isolacionismo" significa "patriotismo" e que patriotismo é algo maligno. Portanto, o significado real do termo automaticamente substituirá o significado pretenso.

Se um homem ouvir o termo "macarthismo", ele observará que a categoria mais conhecida que distingue o senador McCarthy de outras figuras públicas é um posicionamento anticomunista, e ele há de concluir que o anticomunismo é maligno.

Se um homem ouvir o termo "extremismo" e receber a figura inofensiva da Sociedade John Birch como um exemplo, ele observará que sua característica mais conhecida é o "conservadorismo", e concluirá que o "conservadorismo" é maligno — tão maligno quanto o Partido Comunista ou a Ku Klux Klan. ("Conservadorismo" é, por si só, um termo frouxo, indefinido e toscamente dúbio, mas hoje em dia é popularmente usado para simbolizar "pró-capitalismo".)

Essa é a função dos rótulos difamatórios modernos, e assim é o processo por meio do qual eles destroem nossas comunicações públicas, impossibilitando a discussão racional de questões políticas.

As mesmas mentalidades que criam um "anti-herói" para destruir heróis e um "antirromance" para destruir romances, estão criando "anticonceitos" para destruir conceitos.

O propósito de "anticonceitos" é obliterar certos conceitos sem discussão pública; e, como um meio para esse fim, tornar discussões públicas ininteligíveis e induzir a mesma desintegração na mente de qualquer homem que aceitá-la, deixando-o incapaz de pensar claramente ou de fazer julgamentos racionais. Nenhuma mente está acima da precisão de seus conceitos.

(Chamo atenção especial aqui para duas classes específicas de homens que ajudam e estimulam a disseminação de "anticonceitos": os filósofos acadêmicos das torres de marfim, que alegam que definições são questão de capricho social arbitrário e que não existem tais coisas como definições certas ou erradas — e os homens "práticos", que acreditam que uma ciência tão abstrata quanto a epistemologia não consegue exercer um efeito nos eventos políticos do mundo.)

Dentre todos os "anticonceitos" poluindo nossa atmosfera cultural, o "extremismo" é o mais ambicioso em escala e implicações; ele vai muito além da política. Vamos examiná-lo detalhadamente.

Para começar, "extremismo" é um termo que, por si só, não tem sentido. O conceito de "extremo" denota uma relação, uma mensuração, um grau. O dicionário dá as seguintes definições: "Extremo, *adj.* — 1. Que se encontra distante do que é considerado normal ou tradicional. 2. Excessivamente grande ou máximo em grau".

É óbvio que a primeira pergunta a ser feita, antes de usar esse termo, é: um grau de quê?

Responder: "De qualquer coisa!" e proclamar que qualquer extremo é maligno porque é um extremo — defender o *grau* de uma característica, independentemente de sua natureza, como maligno — é um absurdo (apesar de qualquer aristotelismo truncado em oposição). Mensurações, como tal, não têm valor — significância — e o adquirem apenas pela natureza daquilo que está sendo mensurado.

Um extremo de saúde e um extremo de doença são igualmente indesejáveis? Inteligência e burrice extremas — ambas removidas por muito "do normal ou tradicional" — são igualmente indignas? Honestidade e desonestidade extremas são igualmente imorais? Um homem de extrema virtude e um homem de extrema depravação são igualmente malignos?

Os exemplos desses absurdos podem ser multiplicados indefinidamente — particularmente no campo da moralidade, onde apenas um grau extremo (ou seja, sem compromissos ou alterações) de virtude pode ser adequadamente chamado de virtude. (Qual é o *status* moral de um homem de integridade "moderada"?)

Mas "não se incomode examinando uma bobagem, pergunte a si mesmo apenas o que ela cumpre". O que o "anticonceito" de "extremismo" almeja cumprir na política?

A questão política básica e crucial de nossa era é capitalismo contra socialismo, ou liberdade contra estatismo. Durante décadas, essa questão foi silenciada, suprimida, evitada e oculta sob os termos maleáveis e indefinidos de "conservadorismo" e "liberalismo", que perderam seus sentidos originais e podem ser esticados para simbolizar todas as coisas para todos os homens.

A meta dos "liberais" — como ela surge do registro das décadas passadas — era infiltrar o país no estatismo de bem-estar social por meio de medidas particulares, específicas e concretas, aumentando o poder do governo um passo por vez, jamais permitindo que esses passos sejam resumidos em princípios, jamais permitindo que sua direção seja identificada ou sua questão basal seja nomeada. Assim o estatismo viria, não por força de votos ou violência, mas por um apodrecimento lento — por meio de um processo de fuga e corrupção epistemológica, levando a um fato consumado. (A meta dos "conservadores" era apenas retardar esse processo).

O programa dos "liberais" exigia que o conceito de capitalismo fosse obliterado — não meramente como se ele não pudesse mais existir, mas como se ele jamais houvesse existido. A verdadeira natureza, princípios e história do capitalismo precisa ser caluniada, distorcida, deturpada e assim mantida fora da discussão pública — porque o socialismo não venceu e nem consegue vencer em um debate aberto, em um mercado de ideias idôneo, nem no que se refere a lógica, economia, moralidade ou performance histórica. O socialismo só pode ganhar à revelia — pela ausência moral de seus supostos oponentes.

O blecaute pareceu funcionar por um tempo. Mas "não se pode enganar toda a população o tempo todo". Hoje, os rótulos batidos e desgastados de "conservadorismo" e "liberalismo" estão ruindo — e o que há por baixo deles é: capitalismo contra socialismo.

Os estatistas de bem-estar social agora precisam de outro disfarce. O que estamos testemunhando agora é uma tentativa desesperada como último recurso para estabelecer dois "anticonceitos": os "extremistas" e os "moderados".

Para estabelecer um "anticonceito", é necessário usar um espantalho (ou bode expiatório, ou boi de piranha) para servir como um exemplo de seu *pretenso* significado. Esse é o papel que os "liberais" implicaram à Sociedade John Birch.

Essa sociedade foi levada à proeminência pública pela imprensa "liberal" há poucos anos, e excessivamente propagandeada para além de todas as dimensões de sua verdadeira importância. Ela não tem uma filosofia política específica clara (ela não é pró-capitalismo, apenas meramente *contra* o comunismo), nenhum programa político real, nenhuma influência intelectual; ela representa um tipo de protesto "amigável" confuso e sem intelecto; e certamente não é o porta-voz nem ponto de reunião de pró- -capitalistas ou mesmo do "conservadorismo". *Essas* são precisamente as razões pelas quais ela foi escolhida pelos "liberais".

A técnica empregada foi: primeiro, ignorar a existência de qualquer defesa séria e renomada do capitalismo e a crescente literatura atual e passada sobre o assunto, literalmente fingindo que ela não existiu e nem existe; e em seguida, divulgar a Sociedade John Birch como a única representante da "direita"; e então difamar os "direitistas" ao equipará-los à Sociedade John Birch.

Uma prova explícita dessa intenção foi mostrada em uma entrevista de TV do ano passado (15 de setembro de 1963) pelo governador Rockefeller, que depois conduziu o ataque ao "extremismo" na convenção republicana. Quando lhe foi solicitado o que ele quis dizer por "direita radical", ele disse:

> A melhor ilustração foi o que aconteceu na Convenção Republicana de Jovens em São Francisco há alguns meses, onde um homem foi eleito, um jovem republicano foi eleito com uma plataforma para abolir o imposto sobre dividendos, a saída da ONU, *eu não sei se ele incluiu* o *impeachment* de Earl Warren, *mas isso é parte do conceito como um todo*, e a ideia de que o General Eisenhower era um criptocomunista.

Parte de *qual* conceito?

Os dois primeiros preceitos listados são posições "direitistas" legíti- mas, apoiadas por várias razões válidas; o terceiro é uma amostra de pura tolice de um apoiador da Birch; o quarto é uma amostra da irresponsabilidade de apenas um apoiador da Birch. O total é a amostra da arte da difamação.

Agora considere o significado atribuído ao termo "direitista" dentro do "pacote de acordos" do "extremismo". Em uso geral, os termos "direitista" e "esquerdista" designam defensores do capitalismo e do socialismo. Mas observe o destaque anormal e artificial da tentativa de associar racismo e *violência* com "a extrema direita" — dois males que sequer são culpa do espantalho da vez, a Sociedade Birch, e que podem ser associados de forma muito mais plausível com o Partido Democrata (via Ku Klux Klan). O propósito é reavivar o velho ditado de antes da Segunda Guerra Mundial, a noção de que os dois opostos políticos que nos confrontam, os dois "extremos", são fascismo contra comunismo.

A origem política dessa noção é mais vergonhosa do que os "moderados" têm interesse em admitir publicamente. Mussolini chegou ao poder declarando que essa era a única opção diante da Itália. Hitler chegou ao poder declarando que essa era a única opção diante da Alemanha. Há a questão do registro de que na eleição de 1933 na Alemanha o Partido Comunista tenha ordenado seus líderes a votarem nos nazistas — com a explicação de que depois eles poderiam lutar com os nazistas pelo poder, mas primeiro eles precisavam destruir seu inimigo comum: o capitalismo e sua forma parlamentar de governo.

É óbvio o que a questão fraudulenta do fascismo contra o comunismo cumpre: ela estabelece, como opostas, duas variantes do mesmo sistema político; ela elimina a possibilidade de se considerar o capitalismo; ela troca a escolha entre "liberdade ou ditadura?" por "que tipo de ditadura?", desse modo estabelecendo a ditadura como um fato inevitável e oferecendo apenas uma escolha quanto aos governantes. O acordo — de acordo com os proponentes da fraude — é: uma ditadura dos ricos (fascismo) ou uma ditadura dos pobres (comunismo).

Essa fraude ruiu na década de 1940, no período após a Segunda Guerra Mundial. É muito óbvio e muito fácil de demonstrar que o fascismo e o comunismo não são dois opostos, mas sim duas gangues rivais batalhando pelo mesmo território; que ambas são variantes do estatismo, baseadas no princípio coletivista de que o homem é o escravo sem direitos do Estado; que ambas são socialistas, na teoria, na prática e em declarações explícitas de seus líderes; que sob ambos os sistemas os pobres são escravizados e os ricos são expropriados em favor de uma panelinha governante; que o fascismo não é o produto da "direita" política, mas sim da "esquerda"; que a questão básica não é "ricos contra pobres" mas sim homem contra Estado, ou direitos individuais contra governo totalitário — o que quer dizer: capitalismo contra socialismo[82].

A difamação dos defensores do capitalismo com o rótulo de "fascistas" fracassou nos Estados Unidos e, por mais de uma década, tem mofado em cantos escuros, raramente se aventurando a ser ouvida abertamente em público, surgindo apenas como um miasma ocasional brotando do chão,

---

[82] Veja minha palestra *The Fascist New Frontier* [*A Nova Fronteira Fascista*], publicada pelo Nathaniel Branden Institute, Nova York, 1963.

dos esgotos do esquerdismo atual. E é esse tipo de noção que os "liberais" são inescrupulosos o bastante para tentar reavivar. Mas é óbvio a qual interesse disfarçado essa noção pode servir.

Se fosse verdade que a ditadura é inevitável e que o fascismo e o comunismo são os dois "extremos" opostas de nosso curso, então qual é o local mais seguro a ser escolhido? Ora essa, a metade do caminho. O meio "moderado" da economia mista, indeterminada e indefinida em segurança, com uma quantidade "moderada" de favores governamentais e privilégios especiais para os ricos e uma quantidade "moderada" de auxílios para os pobres; com um respeito "moderado" pelos direitos e um grau "moderado" de força bruta; com uma quantidade "moderada" de liberdade e uma quantidade "moderada" de escravidão; com um grau "moderado" de justiça e um grau "moderado" de injustiça; com uma quantidade "moderada" de segurança e uma quantidade "moderada" de terror — e com um grau moderado de tolerância para todos, exceto aqueles "extremistas" que detêm princípios, consistência, objetividade, moralidade e que se recusam a transigir.

A noção de transigência como uma virtude suprema superando todas as outras é o imperativo moral, a pré-condição moral de uma economia mista[83]. Uma economia mista é uma mistura explosiva e insustentável de dois elementos opostos, que não consegue se manter estável, mas que em última instância deve ir para um lado ou para o outro; é uma mistura de liberdade e controles, que representa não fascismo e comunismo, mas capitalismo e estatismo (incluindo todas as suas variantes). Aqueles que desejam apoiar o *status quo* inapoiável[84] e em estado de desintegração estão gritando em pânico que ele pode ser prolongado ao se eliminar os dois "extremos" de seus componentes básicos; mas os dois extremos são capitalismo ou ditadura total.

A ditadura se alimenta do caos ideológico de homens confusos, desmoralizados, cinicamente flexíveis e indefesos. Mas o capitalismo exige uma posição intransigente. (A destruição pode ser atingida cegamente, aleatoriamente; mas sua construção exige aderência estrita a princípios específicos). Os estatistas do bem-estar social esperam eliminar o capitalismo através de silenciamento e difamação, e "evitar" a ditadura através

---

[83] Veja o capítulo "O Culto à Neutralidade Moral" em *A Virtude do Egoísmo*.
[84] No original: "um-supportable". (N. E.)

de concordância "voluntária", com uma política de barganha e transigência com o poder crescente do governo.

Isso nos leva às implicações mais profundas do termo "extremismo". É óbvio que uma posição intransigente (sobre qualquer coisa) é a característica real a qual um "anticonceito" é feito para condenar. É também óbvio que a transigência é incompatível com a moralidade. No campo da moralidade, a transigência é se render ao mal.

Não é possível haver transigência em princípios básicos. Não pode haver transigência em questões morais. Não pode haver transigência em questões de conhecimento, de verdade ou de convicção racional.

Se uma posição intransigente for caluniada como um "extremismo", então essa difamação é direcionada a qualquer devoção a valores, qualquer lealdade a princípios, qualquer convicção profunda, qualquer consistência, qualquer firmeza, qualquer paixão, qualquer dedicação a uma verdade inviolável e inalterada — a qualquer *homem de integridade*.

E é contra tudo isso que esse "anticonceito" tem sido e ainda é usado.

Aqui podemos ver as raízes mais profundas, a fonte que permitiu a disseminação de "anticonceitos". Os neuróticos ansiosos e mentalmente paralisados produzidos pela desintegração da filosofia moderna — com seu culto de incerteza, seu irracionalismo epistemológico e subjetivismo ético — saem de nossas universidades derrotados pelo pavor crônico, buscando escapar do absolutismo da realidade com o qual se sentem impotentes para tratar. O medo os leva a se unirem com manipuladores políticos ensaboados e com cabos eleitorais pragmáticos, de modo a tornar o mundo seguro à mediocridade ao elevar ao *status* de um ideal moral o cidadão arquetípico de uma economia mista: o bunda-mole dócil, molóide e moderado que nunca se empolga, nunca causa confusões, nunca se importa demais, se adequa a qualquer coisa e não defende nada.

A melhor prova do colapso de um movimento intelectual é o dia em que ele não tem nada para oferecer como um ideal definitivo além de uma demanda por "moderação". Essa é a prova final da falência do coletivismo. A visão, a coragem, a dedicação, a chama moral agora está no lado quase desperto dos defensores do capitalismo.

Será necessário mais do que um "anticonceito" para impedi-los.

CAPÍTULO 18

A OBLITERAÇÃO DO CAPITALISMO [85]

Ayn Rand

Em meu artigo "'Extremismo', ou A Arte da Difamação", discuti o assunto de "anticonceitos", ou seja, termos artificiais, desnecessários, indefinidos e (racionalmente) inutilizáveis para substituir e obliterar determinados conceitos legítimos das mentes das pessoas.

Eu disse que os "liberais" estão cunhando e disseminando "anticonceitos" para desencaminhar o país rumo ao estatismo em um processo imperceptível, e que o primeiro alvo a ser obliterado é o conceito de "capitalismo", que, se perdido, levaria com ele a consciência de que uma sociedade livre pode existir e existe.

Mas há algo muito menos atraente (e, politicamente, muito mais desastroso) do que os inimigos do capitalismo: seus pretensos defensores, alguns dos quais estão se esforçando no jogo de fabricar seus próprios "anticonceitos".

Você já sentiu um tipo peculiar de constrangimento quando testemunhou uma atuação humana grotescamente inadequada, como as piadas de um comediante sem graça? É um constrangimento impessoal e quase metafísico ao ter que testemunhar um comportamento tão indigno por parte de um membro da espécie humana.

Isso é o que eu sinto ao ter que ouvir a seguinte declaração do governador Romney, a qual foi sua suposta resposta ao alarde dos comunistas de que eles enterrariam o capitalismo:

"Mas o que eles não compreendem, e o que nós não conseguimos contar ao mundo, é que os Estados Unidos enterraram o capitalismo há muito tempo, e passaram para o consumismo".

As implicações dessa declaração são asquerosamente óbvias. O melhor comentário acerca dela veio do *The Richardson Digest* (Richardson, Texas, 28 de abril de 1965), da coluna de "Comentários de Lively" de Earl Lively, que escreveu:

---

[85] *The Objectivist Newsletter*, outubro de 1965.

> Temendo estar sozinho, mesmo de joelhos, Romney então nos conta que nós não sabemos a definição de capitalismo, não entendemos nossos princípios econômicos, e estaríamos em uma situação melhor se desistíssemos de sair em defesa de um conceito tão impopular quanto o capitalismo.

O sr. Lively é admiravelmente preciso em sua descrição da postura envolvida. Mas o sr. Romney não está sozinho nela. Inúmeros homens de mais renome intelectual (incluindo alguns economistas pró-livre mercado distintos) adotaram o mesmo posicionamento e a mesma linha pelos mesmos motivos psicológicos.

Há os economistas que proclamam que a essência (e a justificativa moral) do capitalismo é *"serviço* a terceiros — aos consumidores", que os desejos dos consumidores são os decretos absolutos que controlam o livre mercado etc. (Esse é um exemplo do que uma definição de não-essenciais atinge, e porque uma meia verdade é pior do que uma mentira: o que tais teóricos se omitem de mencionar é o fato de que o capitalismo concede reconhecimento econômico a apenas um tipo de consumidor: o produtor — que apenas comerciantes, ou seja, produtores que têm algo a oferecer, são reconhecidos em um livre mercado, não "consumidores" como tal; que, em uma economia capitalista, assim como em raciocínio, em justiça e na realidade, a produção é uma pré-condição ao consumo).

Há os empresários que gastam fortunas em comerciais ideológicos, supostamente em defesa do capitalismo, que asseguram ao público que tudo exceto uma mínima fração do lucro de uma indústria vai para o setor trabalhista (salários), para o setor governamental (impostos), etc., com essas parcelas representadas como grandes porções em processos coloridos, e, perdidas entre elas, uma pequena barra apologética marcando "2%" com a legenda dizendo "lucros".

Há a exibição de gráficos e modelos, em um corredor do Mercado de Ações de Nova York, apresentando as conquistas da livre iniciativa com a legenda: "O Capitalismo do Povo".

Uma vez que nenhuma dessas tentativas pode ter sucesso na distinção da natureza do capitalismo nem em degradá-lo ao nível de um pátio de estocagem altruísta, o único resultado é convencer o público de que o capitalismo esconde algum mal secreto que imbui seus supostos defensores com uma aura de culpa abjeta e hipocrisia. Mas, na verdade, o segredo que eles custam a esconder é a essência e a maior virtude do capitalismo: de que é um sistema baseado no reconhecimento dos direitos individuais; do direito de existir (e de trabalhar) do homem em prol de si mesmo — e não sob a visão altruísta do homem como um animal para sacrifício. Pois essa é a virtude do capitalismo que o público é compelido por tais defensores a perceberem como maligna, e é o altruísmo que todos os seus esforços ajudam a reforçar e reafirmar como o padrão de bem.

O que eles não ousam permitir em suas mentes é o fato de que capitalismo e altruísmo são incompatíveis; então eles se perguntam por que quanto mais eles propagandeiam, mais impopular o capitalismo se torna. Eles culpam a estupidez das pessoas (porque as pessoas se recusam a crer que um industrial de sucesso é um expoente de sacrifício pessoal altruísta) — e a ganância das pessoas pelo imerecido (porque, depois de serem cobertas de garantias de que a riqueza dos industriais é "moralmente" delas, as pessoas acabam acreditando nisso).

Nenhum "anticonceito" criado pelos "liberais" vai tão longe e tão bruscamente quanto o rótulo "consumismo". Ele implica em alto e bom som que o *status* de "consumidor" é dissociado e superior ao *status* de "produtor"; ele sugere um sistema social dedicado ao serviço de uma nova aristocracia, a qual é diferenciada pela habilidade de "consumir" e provida com uma reivindicação especial sobre a casta servil, marcada pela habilidade de produzir. Se levada a sério, tal rótulo levaria ao absurdo definitivo dos comunistas proclamando: "Quem não trabalha não merece comer"[86] — e à réplica dos supostos representantes do capitalismo proclamando: "Merece sim!". E se o Comitê Ad Hoc da Revolução Tríplice propuser uma obscenidade moral tal qual "o direito de consumir" — quem foi seu inspirador, Karl Marx ou o governador Romney?

É verdade que não somos mais um sistema capitalista: somos uma economia mista, ou seja, uma mistura de capitalismo e estatismo, de liberdade e controles. Uma economia mista é um país no processo de desintegração, uma guerra civil de grupos de pressão se saqueando e se devorando uns aos outros. Nesse sentido, "consumismo" pode ser o nome adequado para isso.

Agora, para quem os amigos, quase amigos e até mesmo os apenas conhecidos do capitalismo estão pedindo desculpas tão ansiosamente?

---

[86] Esta frase é erroneamente atribuída a Lênin, sua origem é bíblica, dita por Paulo em 2 Tessalonicenses 3, 10. (N. E.)

A OBLITERAÇÃO DO CAPITALISMO

Como a ilustração mais clara dos motivos psicológicos, o sentido moral e a técnica intelectual envolvidos na fabricação de "anticonceitos", mostro uma coluna de C. L. Sulzberger, intitulada "Os Velhos Rótulos Deveriam ser Mudados?", na edição de julho de 1964 do *The New York Times*.

> Um relato de pesquisa da USIA (Agência de Informação dos Estados Unidos) [segundo Sulzberger] descobriu pesarosamente que quanto mais nosso *marketing* anuncia as virtudes do "capitalismo" e ataca o "socialismo", menos o mundo gosta de nós. [...] Confusões semânticas rendem más relações públicas [...]. Tendo analisado as conclusões de seus votantes nos dois hemisférios, o estudo da USIA observa: "O capitalismo é maligno. Os Estados Unidos são o maior país capitalista. Portanto, os Estados Unidos são malignos". Seria difícil extrapolar o estrago que essa linha de pensamento causou. Na União Soviética e na China comunista, ela fomenta atitudes e ações que aumentam bastante o perigo de uma guerra termonuclear.

O que significa a expressão obscura "fomenta atitudes e ações"? A difamação do capitalismo como algo maligno surgiu e é constantemente reiterada pelos comunistas. O supracitado quer dizer que sua própria difamação fomenta suas atitudes? E isso quer dizer que o jeito de evitar uma guerra termonuclear é concordarmos que a difamação é verdadeira? O relatório não responde. Ele meramente continua dizendo:

> No mundo não comunista, ela [a linha de pensamento] tende a envenenar a atmosfera na qual estamos tentando conduzir nossos programas de auxílio e demais cooperações internacionais.

Isso significa que o dano, a nós, reside no perigo que os beneficiários de nossa caridade possam se recusar a aceitar nosso dinheiro e que, para conquistar sua "cooperação", devemos cuspir em nosso próprio rosto e difamar o sistema que produziu a riqueza que está salvando as vidas deles.

> "Capitalismo" é um palavrão para milhões de não marxistas que enxergam o "socialismo" como vagamente benevolente. Quando a USIA examinou a opinião estrangeira, descobriu que para a maioria "socialismo" não significava posse governamental e nem era necessariamente relacionado ao comunismo. Em contraposição, parecia implicar em um sistema favorecendo o bem-estar da população comum.

Se você duvidou que a filosofia do pragmatismo ensina que a verdade deve ser estabelecida por enquetes públicas — eis uma amostra disso, na sua forma pura e desvelada. Apesar de volumes de teoria, um século de história e a prática sanguinolenta em cinco continentes, o "socialismo" não representa posse governamental e não tem relação com o comunismo — porque uma amostra de opinião majoritária assim declarou. E o que significa "um sistema que favorece o bem-estar da população comum? Como se "favorece" a "população comum"? Às custas da incomum? Um "favorecimento" representa o imerecido, uma vez que o merecido é um direito e não um favor. Os direitos e ganhos de quem serão revogados e expropriados e para o benefício de quem? A única variante do socialismo que pode distribuir "favores" sem posse governamental é o fascismo. Tire suas próprias conclusões sobre as inclinações políticas dos canibais morais envolvidos nessa pesquisa.

> A maioria dos estrangeiros aparentemente não enxerga o "capitalismo" como descritor de uma economia eficiente ou uma salvaguarda de direitos individuais. Para eles, o capitalismo representa pouca preocupação com os pobres, distribuição injusta de renda e influência indevida dos ricos.

Como é possível combinar a salvaguarda de direitos individuais com uma "preocupação com os pobres" forçada pelo governo e uma riqueza distribuída pelo governo e "influência"? Não há resposta.

> A USIA descobriu que uma porcentagem expressiva de ingleses, alemães ocidentais, italianos, japoneses, mexicanos e brasileiros têm uma opinião favorável quanto ao "socialismo" e uma opinião extremamente desfavorável quanto ao "capitalismo".

Considere as tendências filosóficas, as transigências intelectuais, os registros morais desses países *e seus resultados políticos*. Alemanha, Itália e Japão foram ditaduras fascistas; suas afirmações de sabedoria política consistem em dar ao mundo uma demonstração de horror equiparada apenas à de seus irmãos de ideologia da Rússia soviética e da China vermelha. Inglaterra, México e Brasil são economias mistas que há muito tempo superaram a barreira estatal de mistura, adentrando na categoria — e na falência econômica — de países socialistas. E nos é exigido que as opiniões *dessas* nações seja valorizada e também é delas o favorecimento que exigem que as cortejemos. Essas são as autoridades morais a quem devemos pedir desculpas pelo sistema político mais nobre da história: o nosso; esses são os juízes que devemos aplacar negando nosso sistema, desonrando seu histórico e obliterando seu nome.

Há algum motivo concebível que poderia fazer uma nação a embasar uma traição? Concebível não, se nos referirmos ao âmbito de conceitos racionais, mas

> "capitalismo" fora do país é uma palavra frequentemente pejorativa. Os esforços para removê-la de conotações negativas com frases como "capitalismo do povo" falharam. [...] Mas o "socialismo" é chique. [Sim, chique]. Mesmo na Inglaterra e na Alemanha Ocidental, onde a propriedade privada é o modal, a maioria se expressou simpática ao "socialismo", enquanto abominava o comunismo.

Se o termo "metafísica social" lhe ocorre a essa altura, você teria razão, exceto que mesmo esse termo parece claro demais, quase inocente demais, para explicar o seguinte:

> Líderes de nações subdesenvolvidas rejeitando o "capitalismo" se gabam de tipos especiais de "socialismo". Leopold Senghor, do Senegal, diz que "socialismo é um senso comunitário, que é um retorno ao africanismo". Julius Nyerere, de Tanganica, insiste que "nenhum país subdesenvolvido pode se dar ao luxo de ser outra coisa além de 'socialista'". Habib Bourguiba, da Tunísia, alega que os companheiros de Maomé "foram socialistas antes da invenção da palavra". E o príncipe do Camboja, Norodom Sihanouk, declara que "nosso socialismo é, antes de mais nada, uma aplicação do budismo".

O supracitado é verdade, totalmente verdade, é verdade até os fundamentos filosóficos, psicológicos, políticos e morais mais profundos. E *essa* é a acusação mais perigosa de socialismo que uma pessoa racional precisaria ver. O socialismo é uma regressão ao barbarismo primitivo. Mas essa não é a avaliação ou a conclusão do relatório da USIA. É para os maometanos, os budistas e os canibais (literalmente *canibais*, dessa vez), para os países subdesenvolvidos, os não-desenvolvidos e as culturas jamais desenvolvidas — que os Estados Unidos da América capitalista devem pedir desculpas por seus arranha-céus, seus automóveis, seus encanamentos e seus rapazes sorridentes, confiantes, livres de tortura e de serem esfolados vivos ou devorados.

A coluna termina dessa forma:

> O estudo conclui que estrangeiros atribuem aos EUA "um alto grau de exploração capitalista e de poder capitalista sobre a sociedade como um todo, assim como uma *grande ausência de medidas de bem-estar social que, para eles, são os critérios decisivos do socialismo*". [Grifo em itálico da própria USIA.]

Certamente não faz sentido proclamar nossa filosofia em termos que são invendíveis e peculiarmente vulneráveis aos ataques de nossos oponentes. [...]

Nosso sistema de capitalismo evoluiu imensamente da doutrina econômica ultrapassada em relação àquela que foi originalmente rotulada por Marx e outros pensadores do século XIX. Será que a USIA não poderia tentar fazer outra pesquisa buscando meios de anunciar nosso sistema político e social de forma mais aceitável àqueles no estrangeiro cujas opiniões poderiam ser influenciadas por nós?

Influenciar — como? Em qual direção? Com que propósito? Se, por questão de apaziguamento, renunciarmos à nossa filosofia e adotarmos as deles? Se descartarmos os últimos resquícios do capitalismo e nos proclamarmos um "Estado Nacional Socialista de Bem-Estar", quem teria "influenciado" — e enterrado — a quem?

Muitas coisas podem ser observadas quanto a essa coluna extraordinariamente reveladora. É verdade, é claro, que se os propagandistas americanos estivessem defendendo o capitalismo no exterior como eles fazem em casa, os resultados seriam precisamente conforme os descritos pelo estudo da USIA, ou piores. Em casa, é o "conservadorismo" que apazigua os "liberais" e perde a batalha, porque eles não ousam aplicar a natureza verdadeira do capitalismo. No exterior, são os "liberais" que apaziguam os comunistas e perdem a batalha, pelo mesmo motivo: não há como defender o capitalismo sem defender o direito de existir do homem, o que significa rejeitar o altruísmo.

Observe a indiferença estarrecedora quanto à questão de verdade ou falsidade por parte dos supostos defensores do capitalismo. Eles não vinculam qualquer significado a tais contradições como simpatizar com o socialismo enquanto abomina o comunismo, ou ao fato de que o capitalismo é a única oposição e a única defesa contra o comunismo. Eles não vinculam qualquer significado à ignorância, à desonestidade, à injustiça, à irracionalidade das críticas ao capitalismo. Perante uma questão moral-filosófica, a resposta deles é a aceitação imediata e sem críticas dos termos dos opositores, uma rendição à ignorância, desonestidade, injustiça e à irracionalidade. Ao saberem que o capitalismo vem sendo difamado pelos comunistas, pelo inimigo que eles pretendem combater, a política deles não é desfazer a difamação nem iluminar o mundo, nem defender a vítima ou exigir justiça, mas sim sancionar a difamação, esconder a verdade, sacrificar a vítima, se unir ao linchamento. O que eles sentem é: de que vale a verdade perante uma consideração como "as pessoas não gostam de nós"? O que eles gritam é: "mas é assim que faremos as pessoas gostarem da vítima!" — depois que os ajudarmos a despedaçá-las em frangalhos na lama. Só então eles imaginam porque só recebem desprezo, tanto de aliados traídos quanto de inimigos jurados. A covardia moral não é um atrativo, nem uma inspiração e tampouco um aspecto prático.

Observe a obscenidade dos europeus que atualmente, diante da crescente maré de sangue global, diante das atrocidades inenarráveis das nações "recém-emergentes", ousam tagarelar sobre "pouca preocupação com os pobres" e criticar os Estados Unidos por isso. Sejam quais forem os seus motivos, a preocupação com o sofrimento humano não é um deles.

Podemos observar tudo isso, mas parece ser irrelevante, exceto por um fato central impressionante: os líderes intelectuais do mundo de hoje estão dispostos a aceitar e permitir qualquer coisa, eles estão dispostos a reconhecerem o direito do budismo e do africanismo às suas tradições afirmadas (lembre-se da natureza e dos registros dessas tradições) — mas eles fazem uma exceção. Há um país — os Estados Unidos da América — que não é aceitável para eles, que deve renunciar à *sua* tradição e, para expiar, deve se ajoelhar e rastejar, implorando aos selvagens de cinco continentes para que escolham um novo nome para seu sistema, que então obliteraria a culpa em seu passado. E o país é culpado de quê? De, por um breve momento na história humana, ter oferecido ao mundo uma visão de homens poupados de sacrifício em um estilo de vida que não é sacrificante.

Quando se obtém o entendimento disso, descobre-se que é inútil discutir acerca de trívia política, ou divagar sobre a natureza do altruísmo e porque o reino dos altruístas está levando o mundo a um caos cada vez maior. Essa é a natureza do altruísmo, e não algum tipo de benevolência, boa vontade ou preocupação com os infortúnios da humanidade. Ódio ao homem, não o desejo de ajudá-lo; ódio à vida, não o desejo de sustentá-la; ódio do *estado bem-sucedido* da vida; e o mal apocalíptico maior: ódio do bem por ser o bem.

O que cada homem bem-sucedido (bem-sucedido em qualquer valor humano, espiritual ou material) encontrou, sentiu, ficou confuso, mas raramente identificou, agora pode ser visto exposto, com nações, ao invés de homens individuais, reconstituindo o mesmo mal inenarrável em escala mundial, onde não pode ser mais escondido. Os Estados Unidos não são odiados por seus defeitos, mas sim por suas virtudes; não por sua fraqueza, mas por *suas conquistas*; *não* por suas falhas, mas por *seu sucesso* — seu sucesso magnífico, frutífero e radiante.

> Não é das suas riquezas que eles estão atrás. Eles fazem parte de uma conspiração contra a mente, ou seja, contra a vida e o homem. É uma conspiração sem líder ou direção, e os marginais aleatórios do momento que faturam sobre a agonia de uma região ou outra são a escuma que se forma sobre a torrente que irrompe da represa rachada do esgoto dos séculos, e do reservatório do ódio contra a razão, a lógica, a capacidade, a realização, o prazer, armazenado por todo anti-humano chorão que prega a superioridade do "coração" sobre a mente (*A Revolta de Atlas*).

Com maior parte do mundo em ruínas, com a voz da filosofia silenciada e os últimos resquícios de civilização desaparecendo sem defesas, em uma aliança profana de selvageria e decadência, capangas sanguinolentos estão lutando pelos espólios, enquanto os pragmáticos cínicos deixados no comando e fora de seu domínio estão tentando afogar o pânico deles em coquetéis na Europa, onde homens emasculados e mulheres histéricas e emocionadas determinam o destino do mundo declarando que o socialismo é chique.

Essa é a face da nossa era. Tentar combatê-la por meio de transigência, conciliação, equívoco e circunlocução é mais do que grotesco. Essa não é uma batalha a ser travada se juntando ao inimigo de forma alguma — nem tomando emprestados seus *slogans* ou seu equipamento ideológico sanguinário, nem iludindo o mundo a respeito da natureza da batalha, nem fingindo que se "pertence" a esse tipo de grupo.

É uma batalha apenas para quem sabe o porquê é necessário estar "fora", estar o mais distante possível desses discursos quanto as palavras puderem nos levar; o porquê, quando questões morais estão em jogo, deve-se começar por destruir a base do inimigo e cortar qualquer vínculo com ele, qualquer ponte, qualquer caminho, e se um indivíduo for incompreendido, que seja do lado da intransigência, não do lado de qualquer semelhança com qualquer parte de um mal tão monstruoso.

É uma batalha apenas para aqueles que, parafraseando um personagem de *A Revolta de Atlas*, estão preparados para dizer:

A OBLITERAÇÃO DO CAPITALISMO

O capitalismo é o único sistema no qual a riqueza não foi acumulada pelo saque, mas pela produção; não pela força, e sim pelo comércio. O único sistema que defendeu o direito do indivíduo de gozar de sua própria mente, seu próprio trabalho, sua vida, sua felicidade. Se isso é mau, pelos atuais padrões do mundo, se é esse o motivo pelo qual nos amaldiçoam, a nós, os campeões entre os homens, então nós aceitamos e queremos que o mundo nos condene. Optamos por usar o nome "Capitalismo" em nossas testas, com orgulho, como nosso brasão de nobreza.

É isso o que a batalha exige. Nada menos do que isso servirá.

CAPÍTULO 19
CONSERVADORISMO: UM OBITUÁRIO [87]

Ayn Rand

Tanto os "conservadores" quanto os "liberais" destacam um fato com o qual todos parecem concordar: que o mundo está enfrentando um conflito mortal e que devemos lutar para salvar a civilização.

Mas qual é a natureza desse conflito? Os dois grupos respondem: é um conflito entre comunismo... e o quê? — silêncio. É um conflito entre dois estilos de vida, eles respondem, o estilo comunista e... qual? — silêncio. É um conflito entre duas ideologias, eles respondem. Qual é a nossa ideologia? Silêncio.

A verdade que os dois grupos se recusam a encarar e admitir é que, politicamente, o conflito mundial de hoje é o último estágio de uma batalha entre capitalismo e estatismo.

Nós defendemos a *liberdade*, dizem os dois grupos — e avançam para declarar que tipo de controles, regulações, coerções, impostos e "sacrifícios" eles pretendem impor, que poderes arbitrários eles pretendem exigir, que "ganhos sociais" eles distribuiriam a vários grupos, sem especificar de quais outros grupos esses "ganhos" seriam expropriados. Nenhum deles se importa em admitir que o controle governamental da economia de um país — qualquer tipo ou grau de controle, por parte de qualquer grupo, para qualquer propósito — é o princípio básico do estatismo, o princípio de que a vida do homem pertence ao Estado. Uma economia mista é meramente uma economia semissocializada — o que quer dizer: uma sociedade semiescravizada —, o que significa um país destroçado por contradições irreconciliáveis, no processo de desintegração gradual.

---

[87] Baseado em uma palestra ministrada na Universidade de Princeton em 7 de dezembro de 1960. Publicado pelo Instituto Nathaniel Branden, Nova York, 1962.

Liberdade, em um contexto político, significa liberdade da coerção governamental. Não quer dizer liberdade de um senhorio, ou liberdade de um empregador ou liberdade das leis da natureza que não fornecem prosperidade automática aos homens. Quer dizer liberdade do poder coercitivo do Estado, e nada além disso.

O conflito mundial de hoje é o conflito do indivíduo contra o Estado, o mesmo conflito que tem sido travado através da história da humanidade. Os nomes mudam, mas a essência e os resultados continuam os mesmos, seja o indivíduo contra o feudalismo ou contra uma monarquia absolutista, ou contra o comunismo ou fascismo ou nazismo ou socialismo ou o Estado de bem-estar social

Se a liberdade for defendida, deve-se defender os direitos individuais do homem; se os direitos individuais do homem são defendidos, deve-se defender seu direito à sua própria vida, à sua própria liberdade, à busca de sua própria felicidade — o que significa: deve-se defender um sistema político que garanta e proteja esses direitos, ou seja, o sistema político-econômico do capitalismo.

Direitos individuais, liberdade, justiça, progresso são os valores filosóficos, as metas teóricas e os resultados práticos do capitalismo. Nenhum outro sistema pode criar ou mantê-los; nenhum sistema fez isso nem o fará. Como prova, considere a natureza e a função de princípios básicos; como prova, consulte a história e a atual situação dos diferentes países da Europa.

A questão *não* é a escravidão por uma "boa" causa contra a escravidão por uma causa "ruim"; a questão *não* é ditadura imposta por uma quadrilha "boa" contra a ditadura de uma quadrilha "má". A questão é a liberdade contra a ditadura. É somente *depois* que os homens escolherem a escravidão e a ditadura que eles podem começar a costumeira guerra entre gangues de países socializados — hoje chamada de "guerra de grupos de pressão" — sobre qual quadrilha governará, quem escravizará quem, de quem serão as propriedades saqueadas e para benefício de quem, quem será sacrificado aos propósitos "nobres" de quem. Todos esses argumentos surgem futuramente e, na verdade, não têm consequência: os resultados serão sempre os mesmos. A primeira escolha, e a única que importa é: liberdade ou ditadura, *capitalismo* ou *estatismo*.

Essa é a escolha da qual os líderes políticos atuais estão determinados a se esquivar. Os "liberais" estão tentando inserir o estatismo furtivamente — estatismo de um tipo semissocialista e semifascista — sem deixar que o país perceba qual caminho eles estão tomando e qual a meta derradeira. E embora essa política seja repreensível, há algo ainda mais repreensível: a política dos "conservadores", que tentam defender a *liberdade* na surdina.

Se os "liberais" têm medo de identificar seu programa por seu devido nome, se eles defendem cada passo, medida, política e princípio particular do estatismo, mas se torcem e retorcem até virarem pretzels de semântica com eufemismos como "Estado de bem-estar social", o "New Deal", a "Nova Fronteira", eles ainda preservam uma noção de lógica, quiçá de moralidade: é a lógica do vigarista que não pode permitir que suas vítimas descubram seu propósito. Além disso, a maioria desses que são identificados vagamente pelo termo "liberais" têm medo de que *eles próprios* descubram que o que eles defendem seja estatismo. Eles não querem aceitar o sentido pleno de sua meta; eles querem manter todas as vantagens e efeitos do capitalismo, enquanto destroem a causa, e querem estabelecer o estatismo sem seus efeitos necessários. Eles não querem saber ou admitir que eles são os campeões da ditadura e da escravidão. Então eles evitam esse assunto, por medo de descobrir que sua meta é *maligna*.

Por mais imoral que isso possa ser, o que deve ser pensado de homens que evitam a questão por medo de descobrirem que sua meta é boa? Qual é a estatura moral daqueles que têm medo de se proclamarem campeões da liberdade? Qual é a integridade daqueles que superam seus inimigos em difamação, deturpação, calúnias e que pedem desculpas por seu próprio ideal? Qual é a racionalidade daqueles que esperam enganar as pessoas sobre a liberdade, enganá-las sobre justiça, enganá-las sobre o progresso, enganá-las sobre a preservação de seus direitos e, enquanto as doutrinam para o estatismo sem que ela percebam, ainda esperam que algum dia todos acordem em uma sociedade capitalista perfeita?

Esses não são os "conservadores" — ou a maioria de seus porta-vozes intelectuais.

Não é preciso imaginar *porque* eles perdem eleições ou porque o país está degringolando ansiosa e relutantemente rumo ao estatismo. Não é preciso imaginar porque qualquer causa representada ou defendida de tal maneira esteja condenada ao fracasso. Não é preciso imaginar porque qualquer grupo com uma política assim, na verdade, declara sua própria falência, abrindo mão de qualquer crédito sobre lideranças morais, intelectuais ou políticas.

O sentido do programa dos "liberais" é bem claro por agora. Mas *o que são os* "conservadores"? O que eles buscam "conservar"?

É de entendimento geral que os apoiadores dos "conservadores" esperam que eles defendam o sistema que foi camuflado pelo termo vago "estilo de vida americano". A traição moral dos líderes "conservadores" está no fato de que eles estão escondidos por trás dessa camuflagem: eles não têm coragem de admitir que o estilo de vida *americano* foi o *capitalismo*, que *esse* foi o sistema político-econômico nascido e estabelecido nos Estados Unidos, o sistema que, em um breve século, alcançou um nível de liberdade, progresso, prosperidade e felicidade humana inéditos sob todos os outros sistemas e séculos somados — e que *esse* é o sistema que eles deixam perecer em omissão silenciosa.

Se os "conservadores" não defendem o capitalismo, eles não defendem e nem são nada; eles não têm metas, direções, ou princípios políticos, nenhum ideal social, nenhum valor intelectual, nenhuma liderança a oferecer a ninguém.

E ainda assim o capitalismo é o que os "conservadores" ousam deixar de defender ou proteger. Eles estão paralisados pelo conflito profundo entre capitalismo e o código moral que denomina nossa cultura: a moralidade do altruísmo. O altruísmo defende que o homem não tem direito de existir para si, que servir aos outros é a única justificativa de sua existência, e que o *autossacrifício* é a tarefa, virtude e valor moral superior a todos. O capitalismo e o altruísmo são incompatíveis; eles são opostos filosóficos; eles não podem coexistir no mesmo homem ou na mesma sociedade. O conflito entre o capitalismo e o altruísmo tem sabotado os Estados Unidos desde o começo e hoje ele atingiu seu clímax.

O sistema político americano foi baseado em um princípio moral diferente: o princípio do direito inalienável do homem à sua própria vida, o que significa o princípio de que o homem tem direito de existir para si mesmo, ao invés de se sacrificar por outros ou de sacrificar outros para si, e que homens devem lidar uns com os outros como *negociantes*, por escolha voluntária, em prol do benefício mútuo.

Mas esse princípio moral foi meramente insinuado no sistema político americano: ele não foi declarado explicitamente, não foi identificado, não foi formulado em um código filosófico de ética completo. Essa foi uma tarefa incompleta que se manteve como um defeito letal em nossa cultura e que está destruindo os Estados Unidos hoje em dia. O capitalismo está definhando *por falta de uma base moral* e de uma defesa filosófica plena.

O sistema social baseado e consoante à moralidade altruísta — com o código de autossacrifício — é o socialismo, em toda ou qualquer de suas variantes: fascismo, nazismo, comunismo. Todas elas tratam o homem como um animal para sacrifício a ser imolado em benefício do grupo, da tribo, da sociedade, do Estado. A Rússia soviética é o resultado definitivo, o produto final, a encarnação plena e consistente da moralidade altruísta em prática; ela representa o único modo no qual essa moralidade pode ser praticada.

Sem ousar desafiar a moralidade do altruísmo, os "conservadores" têm batalhado para evitar a questão da moralidade, ou contorná-la. Isso lhes custou sua confiança, coragem e sua causa. Observe a evasão por culpa, a timidez apologética, a atitude peculiarmente não-intelectual, não-filosófica projetada pela maioria dos "conservadores" em seus discursos e escritos. Nenhum homem e nenhum movimento pode ter êxito sem certeza moral, sem uma convicção racional plena de sua retidão.

Assim como os "conservadores" se sentem culpados, incertos e moralmente desarmados para combater os "liberais", os "liberais" também se sentem culpados, incertos e moralmente desarmados para combater os comunistas. Quando homens compartilham da mesma premissa básica, os mais consistentes sairão vitoriosos. Enquanto os homens aceitarem a moralidade altruísta, eles não serão capazes de impedir o avanço do comunismo. A moralidade altruísta é a melhor e única arma da Rússia soviética.

A hipocrisia da posição dos Estados Unidos em assuntos internacionais, a evasão, a timidez singela, as desculpas por suas riquezas, seu poder, seu sucesso, por todas as maiores virtudes de seu sistema, a evasão a qualquer menção de "capitalismo" como se fosse o esqueleto em seu armário — contribuiu mais para o prestígio da Rússia soviética e para a crescente disseminação do comunismo pelo mundo do que a própria propaganda barata e bombástica dos russos jamais poderia conseguir. Uma atitude de culpa moral não é coerente com o líder de uma cruzada mundial e não há de atrair homens para nosso lado.

E o que pedimos que os homens combatam? Eles se uniriam a uma cruzada pela liberdade contra a escravidão, o que significa: pelo capitalismo contra o comunismo. Mas quem se interessa em lutar em uma cruzada do socialismo contra o comunismo? Quem vai querer batalhar e morrer para defender um sistema sob o qual ele precisará fazer voluntariamente — ou então por um plebiscito — o que um ditador conseguiria fazer de forma muito mais ágil e minuciosa: o sacrifício de todos para todos? Quem há de querer entrar em uma cruzada contra o homicídio — pelo privilégio de cometer suicídio?

Em anos recentes, os "conservadores" têm chegado gradualmente à descoberta sombria da fraqueza de sua posição, do defeito filosófico que precisava ser corrigido. Mas os meios que eles usaram para tentar corrigi-lo são piores do que a fraqueza original; os meios são desacreditar e destruir os últimos resquícios de seus créditos à liderança *intelectual*.

Há três argumentos interrelacionados usados pelos "conservadores" atuais para justificar o capitalismo, que podem ser designados melhor como o argumento da fé, o argumento da tradição e o argumento da *depravação*.

Sentindo sua necessidade de uma base moral, vários "conservadores" decidiram escolher a *religião* como sua justificativa moral; eles alegam que os Estados Unidos e o capitalismo são baseados na fé em Deus. Politicamente, tal alegação contradiz os princípios fundamentais dos Estados Unidos: nos EUA, a religião é uma questão privada que não pode nem deve ser levada a questões políticas.

Intelectualmente, apoiar o caso na fé significa admitir que a razão está do lado dos inimigos, que não há argumentos racionais para oferecer. A alegação dos "conservadores" de que seu caso se baseia na fé significa que não há argumentos racionais para apoiar o sistema americano, nenhuma justificativa racional para a liberdade, a justiça, a propriedade, os direitos individuais — que estes se baseiam em uma revelação mística e podem ser aceitos apenas na fé; que na razão e na lógica o inimigo está certo, mas os homens devem manter a fé como superior à razão.

Considere as implicações dessa teoria. Enquanto os comunistas alegam que eles são os representantes da razão e da ciência, os "conservadores" se rendem e recuam ao âmbito do misticismo, da fé, do sobrenatural, do outro mundo, entregando o mundo real ao comunismo. É esse tipo de vitória que a ideologia racional dos comunistas jamais poderia ter conquistado com seus próprios méritos.

Repare nos resultados. Por ocasião da primeira visita de Khruschev aos Estados Unidos, ele declarou, em um almoço televisionado, que ele ameaçava nos *enterrar* porque foi "cientificamente" provado que o comunismo é o sistema do futuro, destinado a governar o mundo. O que nosso porta-voz respondeu? O sr. Henry Cabot Lodge respondeu que nosso sistema é baseado na fé em Deus. Antes da chegada de Khruschev, os líderes "conservadores" — incluindo senadores e membros da Câmara — fizeram protestos indignados contra sua visita, mas a única reação que eles sugeriram ao povo americano, a única forma "prática" de protesto, foi: orações e a promoção de cerimônias religiosas pelas vítimas de Khruschev. Ouvir orações oferecidas como sua única arma pelos representantes do país mais poderoso do planeta — um país supostamente dedicado à luta pela liberdade — foi o suficiente para desacreditar os Estados Unidos e o capitalismo aos olhos de todos, em casa e no exterior.

Agora considere o segundo argumento: a tentativa de justificar o capitalismo pautando-se na tradição. Certos grupos tentam reverter o sentido da palavra "conservador" ao oposto exato de seu uso moderno nos Estados Unidos; reverter seu significado de volta ao que era no século XIX e transmiti-lo ao público. Esses grupos declaram que ser um "conservador" significa defender o *status quo*, o presente, o estabelecido, independente do que seja, independentemente de ser bom ou ruim, certo ou errado, defensável ou indefensável. Eles declaram que devemos defender o sistema político americano não porque ele é certo, mas porque nossos ancestrais escolheram assim; não porque é *bom*, mas porque é *velho*.

Os Estados Unidos foram criados por homens que romperam com todas as tradições políticas e originaram um sistema inédito na história, confiando apenas no poder "desamparado" de seus próprios intelectos. Mas os "neoconservadores" agora estão tentando nos dizer que os Estados Unidos foram produto de "fé em verdades reveladas" e de respeito sem críticas às tradições do passado (!).

É indubitavelmente irracional usar o "novo" como um padrão de valor, acreditar que uma ideia ou uma política é boa apenas por ser nova. Mas é muito mais absurdamente irracional usar o "velho" como um padrão de valor para alegar que uma ideia ou uma política é boa apenas porque ela é antiga. Os "liberais" constantemente defendem que são representantes do futuro, que eles são "novos", "progressistas", "visionários", etc. E eles denunciam os "conservadores" como representantes antiquados de um passado finado. Os "conservadores" se rendem, assim ajudando os "liberais" a propagarem uma das inversões mais grotescas dos dias de hoje: o coletivismo, a sociedade de *status* congelado e antiquado, nos são oferecidos em nome do progresso — enquanto o capitalismo, a única sociedade livre, dinâmica e criativa jamais elaborada, é defendido em nome da estagnação.

A súplica para preservar a "tradição" como tal pode ter apelo apenas junto a quem já desistiu ou jamais almejou alcançar qualquer coisa na vida. É uma súplica que apela aos piores elementos do homem e rejeita os melhores: ela apela ao medo, preguiça, covardia, conformidade e insegurança, enquanto rejeita a criatividade, originalidade, coragem, independência e autoconfiança. É uma súplica absurda a ser feita a seres humanos de qualquer lugar, mas especialmente afrontosa aqui, nos Estados Unidos, o país baseado no princípio de que o homem deve ficar de pé por si só, viver de acordo com suas escolhas e avançar constantemente como um inovador criativo e produtivo.

O argumento de que devemos respeitar a "tradição" como tal, respeitá-la *apenas* porque é uma "tradição", significa que devemos aceitar os valores que outros homens escolheram, *apenas* porque outros homens os escolheram, com a implicação necessária: quem somos nós para mudá-los? A afronta à autoestima do homem em tal argumento e o desprezo profundo pela natureza do homem são óbvios.

Isso nos leva ao terceiro — e pior — argumento usado por alguns "conservadores": a tentativa de defender o capitalismo no âmbito da *depravação* do homem.

O argumento é o seguinte: uma vez que homens são fracos, passíveis de falhas, não-oniscientes e depravados de nascença, nunca poder-se-ia confiar a homem algum a responsabilidade de ser um ditador e governar todos os outros homens; portanto, uma sociedade livre é o caminho adequado à vida de criaturas imperfeitas. Por favor, compreenda plenamente as implicações desse argumento: uma vez que homens são depravados, eles *não são bons o bastante para uma ditadura*; a liberdade é tudo o que eles merecem; se eles fossem perfeitos, eles seriam dignos de um estado totalitário.

A ditadura, essa teoria afirma — acredite se quiser —, é o resultado da *fé no homem* e na bondade do homem; se as pessoas acreditassem que o homem é depravado por natureza, eles não confiariam o poder a um ditador. Isso significa que a crença na depravação humana protege a liberdade humana — que é errado escravizar os depravados, mas seria correto escravizar os virtuosos. E mais: ditaduras — essa teoria declara — e todos os outros desastres do mundo moderno são punição ao homem pelo pecado de confiar em seu intelecto e de tentar melhorar sua vida na terra buscando desenvolver um sistema político perfeito e estabelecer uma sociedade *racional*. Isso significa que humildade, passividade, resignação letárgica e a crença no pecado original são os baluartes do capitalismo. Não seria possível ir muito mais longe do que isso em ignorância ou subversão histórica, política e psicológica. Essa é verdadeiramente a voz da Idade das Trevas ressurgindo em meio à nossa civilização industrial.

Os cínicos odiadores-de-homens[88] que defendem essa teoria zombam de todos os ideais, fazem chacota de todas as aspirações humanas e ridicularizam todas as tentativas para melhorar a existência dos homens. "Você não pode mudar a natureza humana", é a resposta padrão deles aos socialistas. Assim eles se rendem no debate de que o socialismo é o ideal, mas que a natureza do homem não é digna dele; em seguida, eles convidam homens a uma cruzada em prol do capitalismo — uma cruzada que deveria ser começada por um indivíduo cuspindo na própria cara. Quem lutará e morrerá para defender seu *status* de pecador miserável? Se, como resultado dessas teorias, as pessoas desprezassem o "conservadorismo", não imagine e nem atribua isso à esperteza dos socialistas.

Esses são os supostos defensores do capitalismo — e esses são os argumentos com os quais eles propõem salvá-lo.

É óbvio que com esse tipo de aparato teórico e com um recorde ilibado de derrotas, concessões, transigência e traição em prática, os "conservadores" de hoje são fúteis, impotentes e, culturalmente, mortos. Eles não têm nada a oferecer e nem conquistarão nada. Eles só podem ajudar a destruir os padrões intelectuais, a desintegrar ideias, a desacreditar o capitalismo e a acelerar o colapso incontestado do país rumo ao desespero e à ditadura.

Mas para aqueles entre vocês que desejam contestá-la — particularmente aqueles entre vocês que são jovens e ainda não estão prontos para se renderem, eu gostaria de fazer um alerta: nada está tão falecido quanto um natimorto. Nada é tão fútil quanto um movimento sem metas ou uma cruzada sem ideais ou uma batalha sem munição. Um argumento ruim é pior do que um ineficaz: ele empresta credibilidade aos argumentos de seus oponentes. Uma meia-batalha é pior do que nenhuma: ela não acaba em mera derrota: ela ajuda no avanço da vitória de seus inimigos.

---

[88] No original: man-hating. (N. E.)

Em um momento em que o mundo está partido por um conflito *ideológico* profundo, não se una àqueles que não têm ideologia — nenhuma ideia, nenhuma filosofia — para lhe oferecer. Não entre em combate com nada além de *slogans* ultrapassados, banalidades piedosas e generalidades sem sentido. Não se junte a qualquer pretenso grupo, organização ou pessoa "conservadora" que defenda qualquer variante dos argumentos de "fé", "tradição" ou "depravação". Qualquer sofista de apartamento em qualquer discussão de boteco pode refutar esses argumentos e te levar a evitá-los em cinco minutos. O que lhe aconteceria com essa munição no campo de batalha filosófico do mundo? Mas você sequer chegaria a esse campo de batalha: você não seria ouvido nele, já que não tem nada a dizer.

Não é por meio de evasão de debates que se salva uma civilização. Não é por meio de *slogans* vazios que se salva um mundo definhando por falta de liderança intelectual. Não é por meio de ignorar suas causas que se cura uma doença mortal.

Enquanto os "conservadores" ignorarem a questão do que destruiu o capitalismo e meramente suplicarem aos homens para que "voltem", eles não poderão evitar a questão: voltar a quê? E nenhuma de suas evasões pode camuflar o fato de que a resposta implícita é: voltar a um estágio anterior do câncer que está nos devorando hoje e que quase chegou em seu estágio terminal. Esse câncer é a moralidade do altruísmo.

Enquanto os "conservadores" ignorarem a questão do altruísmo, todas as suas súplicas e argumentos se resumirão, essencialmente, a isto: por que não podemos apenas retornar ao século XIX quando capitalismo e altruísmo pareciam coexistir de alguma maneira? Por que temos que ir aos extremos e pensar em cirurgia, quando os estágios primários do câncer eram indolores?

A resposta é que os fatos da realidade, que incluem história e filosofia, não devem ser evitados. O capitalismo foi destruído pela moralidade do altruísmo. O capitalismo é baseado em direitos individuais, não no sacrifício do indivíduo ao "bem público" do coletivo. O capitalismo e o altruísmo são incompatíveis. Só pode haver um ou o outro. É tarde demais para transigência, banalidades e aspirinas. Não há como salvar o capitalismo ou a liberdade, a civilização ou os Estados Unidos exceto através de uma cirurgia *intelectual*, ou seja, destruindo a fonte da destruição, rejeitando a moralidade do altruísmo.

Se você quiser lutar pelo capitalismo, há apenas um tipo de argumento que você deve adotar, o único que tem chances de ganhar em uma questão moral: *o argumento da autoestima*. Isso significa: o argumento do direito do homem de existir, do direito inalienável individual à sua própria vida.

Eu cito meu livro *Para os Novos Intelectuais*:

> A crise mundial de hoje é uma crise moral — e nada menos do que uma revolução moral pode resolvê-la: uma revolução moral para reiterar e completar a conquista política da Revolução Americana. [...] O Novo Intelectual deve lutar pelo capitalismo, não como uma questão "prática", não como uma questão econômica, mas, com o mais honroso orgulho, como uma questão *moral*. É isso que o capitalismo merece, e nada mais há de salvá-lo.

O capitalismo não é um sistema do passado; é um sistema do futuro — se houver um futuro para a humanidade. Aqueles que desejam lutar por ele devem descartar o título de "conservadores". O "conservadorismo" sempre foi um nome enganoso, inadequado aos Estados Unidos. Hoje, não há nada a ser "conservado": a filosofia política vigente, a ortodoxia intelectual e o *status quo* são o *coletivismo*. Aqueles que rejeitam todas as premissas básicas do coletivismo são *radicais* no sentido adequado da palavra: "radical" significa "fundamental". Hoje, os combatentes em prol do capitalismo não precisam ser "conservadores" falidos, mas sim os novos radicais, novos intelectuais e, acima de tudo, novos moralistas dedicados.

CAPÍTULO 20

O NOVO FASCISMO: GOVERNO POR CONSENSO [89]

Ayn Rand

Devo começar fazendo uma coisa muito impopular que não se encaixa nos modismos intelectuais de hoje, e que, portanto, é "anticonsenso": preciso começar definindo os meus termos, para que você saiba do que eu estou falando.

Permita-me mostrar a você as definições do dicionário de três termos políticos: socialismo, fascismo e estatismo.

Socialismo - uma teoria ou sistema de organização social que defende que a posse da propriedade e controle dos meios de produção, capital, terra, etc., sejam atribuídos à comunidade como um todo.

Fascismo - um sistema governamental com poder centralizado forte, que não permite oposição ou críticas, controlando todos os negócios de uma nação (indústria, comércio etc.)

Estatismo - o princípio ou política de concentrar extensivos controles econômicos, políticos e afins no Estado à custa de liberdade individual[90].

É óbvio que "estatismo" é o termo mais abrangente e genérico, dos quais os outros dois são variantes específicas. É também óbvio que o estatismo é a tendência política dominante nos dias atuais. Mas qual das duas variantes representa a direção específica dessa tendência?

Repare que tanto "socialismo" quanto "fascismo" envolvem a questão de direitos de propriedade. O direito à propriedade é o direito de seu uso ou descarte. Repare na diferença entre essas duas teorias: o socialismo nega todos os direitos à propriedade privada, e defende que "a posse da *propriedade* e *controle* sejam atribuídos" à comunidade como um todo,

---

[89] Com base em uma palestra ministrada no Fórum Ford Hall, em Boston, no dia 18 de abril de 1965. Publicada no *The Objectivist Newsletter*, maio e junho de 1965.
[90] Essas definições são do *American College Dictionary*, Nova York: Random House, 1957.

ou seja, ao Estado; o fascismo deixa a *posse da propriedade* nas mãos de indivíduos privados, mas transfere o *controle* da propriedade ao governo.

A posse de propriedade sem controle da mesma é uma contradição de termos: representa "propriedade" sem o direito de usá-la ou descartá-la. Quer dizer que o cidadão detém a responsabilidade de manter a propriedade sem nenhuma de suas vantagens, enquanto o governo adquire todas as vantagens, sem nenhuma responsabilidade.

A respeito disso, o socialismo é a mais honesta entre as duas teorias. Eu digo "mais honesta" *e não* "melhor" porque, *na prática*, não há diferença entre as duas: ambas vêm do mesmo princípio coletivista-estatista, ambas negam direitos individuais e subordinam o indivíduo ao coletivo, ambas entregam a sobrevivência e as vidas dos cidadãos ao poder de um governo onipotente, e as diferenças entre elas são só questão de tempo, grau e deta-lhes superficiais, como as escolhas de *slogans* usados por seus governantes para iludir seus súditos escravizados.

Para qual dessas duas variantes de estatismo estamos avançando: socialismo ou fascismo?

Para responder a essa pergunta deve-se primeiro questionar: qual é a tendência ideológica dominante da cultura atual?

A resposta terrível e desgraçada é: *não há tendência ideológica hoje em dia*. Não há ideologia. Não há princípios, teorias, ideais políticos ou filosofia. Não há direção, meta, rumo ou visão do futuro, nenhum elemento intelectual de liderança. Há algum elemento *emocional* dominando a cultura de hoje? Sim. Um. *O medo.*

Um país sem uma filosofia política é como um navio à deriva no meio do oceano, à mercê de qualquer vento, onda ou corrente por acaso, um navio cujos passageiros se apinham em suas cabines e gritam: "Não balancem o barco!", por medo de descobrirem que a ponte de comando está vazia.

É óbvio que um barco que não aguenta ser balançado já está condenado e que é melhor que ele seja balançado com força, se houver interesse em recolocá-lo em curso, mas essa descoberta pressupõe uma compreensão de fatos, realidade, princípios e de uma visão abrangente, todas coisas que são precisamente o que os "não balançadores" batalham freneticamente para evitar.

Assim como um neurótico acredita que os fatos da realidade vão desapa-recer se ele se recusar a reconhecê-los, hoje a neurose de uma cultura inteira leva homens a acreditarem que sua necessidade desesperada de princípios e conceitos políticos desaparecerá se eles conseguirem obliterar todos os princípios e conceitos. Mas uma vez que, *de fato*, nem um indivíduo nem uma nação podem existir sem alguma forma de ideologia, esse tipo de *anti-ideologia* agora é a ideologia dominante formal e explícita de nossa cultura falida.

Essa anti-ideologia tem um nome novo e muito feio: ela é chamada de "*Governo pelo consenso*".

Se algum demagogo nos oferecesse, como um credo orientador, os seguintes preceitos: que estatísticas deveriam ser substituídas por verdade, a contagem de votos por princípios, os números por direitos e as votações públicas por moralidade, esse expediente pragmático e de curtíssimo prazo deve ser o critério dos interesses de um país, e o número de seus adeptos deve ser o critério da verdade ou falsidade de uma ideia; que qualquer desejo de qualquer natureza deve ser aceito como uma afirmação válida, desde que seja defendida por um número suficiente de pessoas; que uma maioria pode fazer o que desejar a uma minoria; em suma, o controle de uma quadrilha ou de uma máfia —; se um demagogo nos oferecesse isso, ele não chegaria muito longe. Porém tudo isso está contido na — e camuflado pela — noção de "Governo pelo Consenso".

Essa noção agora está sendo barrada, não como uma ideologia, mas como uma *anti-ideologia;* não como um princípio, mas como um meio de obliterar princípios; não como um raciocínio, mas como uma racionalização, como um ritual verbal ou fórmula mágica para amenizar a neurose de ansiedade nacional, um tipo de estimulante ou anestésico para os "não balançadores do barco" e uma chance de arriscar terceiros.

É apenas o desprezo letárgico de hoje pelos pronunciamentos de nossos líderes intelectuais e políticos que cega a população quanto ao sentido, implicações e consequências da noção de "Governo pelo Consenso". Vocês todos já a ouviram e, suspeito, a dispensaram como conversa de político, sem pensar em seu sentido real. Mas *é isso* que eu peço para considerar.

Uma pista importante nesse sentido foi dada em um artigo de Tom Wicker no *The New York Times* em 11 de outubro de 1964. Referindo-se ao que "Nelson Rockefeller chamava de 'a principal corrente do pensamento americano'", o sr. Wicker escreve:

> Essa corrente principal é o que teóricos políticos têm projetado por anos como "o consenso nacional" — o que Walter Lippmann chamou apropriadamente de "o centro vital". [...] A moderação política, quase que por definição, está no

cerne do consenso. Ou seja, o consenso geralmente se espalha sobre todas as visões políticas aceitáveis — todas as ideias que não rejeitam plenamente e nem ameaçam diretamente algum dos maiores segmentos da população. Portanto, ideias aceitáveis devem levar em consideração as visões de terceiros, e é isso que moderação quer dizer.

Agora identifiquemos o que isso quer dizer. "O consenso geralmente se espalha sobre todas as visões políticas *aceitáveis*". Aceitáveis — para quem? Para o consenso. E uma vez que o governo deve ser controlado pelo consenso, isso significa que visões políticas devem ser divididas entre aquelas que são "aceitáveis" e aquelas que são "inaceitáveis" para o governo. Qual deveria ser o critério de "aceitabilidade"? O sr. Wicker o define. Repare que o critério *não* é intelectual, não é uma questão de veracidade ou falsidade de certas visões; o critério *não* é moral, nem uma questão de visões estarem certas ou erradas; o critério é *emocional*: se as visões são ou não "repugnantes". Para quem? "Para algum dos *maiores* segmentos da população". Há também a cláusula adicional de que essas visões não devem "ameaçar *diretamente*" esse segmento maior.

E quanto aos *menores* segmentos da população? As visões que *os* ameaçam, são "aceitáveis"? E quanto ao menor dos segmentos: o indivíduo? Obviamente, o indivíduo e os grupos minoritários não devem ser considerados; não importa o quão repugnante uma ideia possa ser a um homem nem quanto ela seja uma grave ameaça a sua vida, seu trabalho, seu futuro, ele há de ser ignorado ou sacrificado pelo consenso onipotente e seu governo, a menos que ele tenha uma quadrilha, uma quadrilha *de tamanho considerável* para apoiá-lo.

O que é exatamente uma "ameaça direta" a qualquer parte da população? Em uma economia mista, cada ação governamental é uma ameaça direta a alguns homens e uma ameaça direta a todos eles. Cada interferência governamental na economia consiste em dar um benefício imerecido, extorquido à força, a alguns homens à custa de outros. Por qual critério de justiça um governo de consenso deve ser guiado? Pelo tamanho da quadrilha da vítima.

Agora repare na última frase do sr. Wicker: "Portanto, ideias aceitáveis devem levar em consideração as visões de terceiros, e é isso que moderação quer dizer". E *o que é* dito aqui por "visão de terceiros"? De quais terceiros? Uma vez que não são as visões de indivíduos nem de minorias, o único sentido discernível é que todo "maior segmento" deve levar em conta a visão de todos os outros "maiores segmentos". Mas suponhamos que um grupo de socialistas queira nacionalizar todas as fábricas e um grupo de industriais queira manter todas as suas propriedades. O que significaria, para ambos os grupos, "levar em consideração" as visões do outro grupo? E em que consistiria a "moderação" nesse caso? O que constituiria "moderação" em um conflito entre um grupo de homens que quer ser sustentado por dinheiro público e um grupo de contribuintes que tem outras utilidades para seu dinheiro? O que constituiria "moderação" em um conflito entre o membro de um grupo menor, como o dos negros do sul, que acredita que tem um direito inalienável a um julgamento justo, e o grupo maior de racistas do sul, que acredita que o "bem público" de sua comunidade permite que o outro seja linchado? O que constituiria "moderação" em um conflito entre *mim* e um comunista (ou entre nossos respectivos seguidores), quando minhas visões são de que eu tenho o direito inalienável à minha vida, liberdade e felicidade, e as visões dele são de que o "bem público" do Estado lhe permita me roubar, matar ou escravizar?

Não pode haver local comum, média ou transigência entre princípios opostos. Não pode haver algo como "moderação" em um âmbito de razão e moralidade. Mas razão e moralidade são precisamente os dois conceitos revogados pela noção de "Governo pelo Consenso".

Os defensores dessa noção declarariam a essa altura que qualquer ideia de que não permita haver transigência constitui "extremismo"; que qualquer forma de "extremismo", qualquer posicionamento intransigente, é maligno; que o consenso se "espalha" apenas sobre ideias que *são* receptivas à "moderação"; que "moderação" é a virtude suprema, suplantando razão e moralidade.

Essa é a pista ao núcleo, essência, motivação e sentido real da doutrina de "Governo pelo Consenso": o culto à *transigência*. Transigência é a pré-condição, a necessidade, o imperativo de uma economia mista. A doutrina do "consenso" é uma tentativa de traduzir os fatos brutos de uma economia mista em um sistema ideológico — ou anti-ideológico — e conceder-lhes uma aparência de justificativa.

Uma economia mista é uma mistura de liberdade e controles — sem princípios, regras ou teorias para definir ambos. Uma vez que a introdução de controles exige e leva a mais controles, é uma mistura explosiva e instável que, em última instância, precisa rescindir os controles ou descambar para uma ditadura. Uma economia mista não tem princípios para definir suas políticas, metas ou leis — nenhum princípio para limitar o poder de seu governo. O único princípio de uma economia mista — que, necessariamente, precisa continuar sem nome e desconhecido — é que os interesses de ninguém estão seguros, os interesses de todos estão em um lote de leilão público, e vale tudo para qualquer pessoa que conseguir sair impune. Um sistema assim — ou, mais precisamente, um antissistema — fragmenta um país em um número crescente de campos inimigos, em grupos econômicos lutando uns contra os outros em prol da autopreservação, em uma mistura indeterminada de *defesa* e *ataque*, como a natureza de uma selva assim exige. Enquanto, *politicamente*, uma economia mista preserva a aparência de uma sociedade organizada dotada de lei e ordem, economicamente ela é o equivalente do caos que assolou a China durante séculos: um caos de quadrilhas de ladrões saqueando e drenando os elementos produtivos do país.

Uma economia mista é um governo de grupos de pressão. É uma guerra civil sem moral e institucionalizada de interesses especiais e *lobbies*, todos batalhando para tomar um controle momentâneo do maquinário legislativo, extorquir algum privilégio especial às custas de terceiros com um ato governamental — ou seja, à força. Na ausência de direitos individuais, de quaisquer princípios morais ou legais, a única esperança de uma economia mista para preservar sua precária aparência de ordem, conter os grupos selvagens e desesperadamente gananciosos que ela mesma criou e impedir que a pilhagem legalizada degrade para o saque simples e não legalizado de todos por todos — é compromisso, compromisso em tudo e em todos os domínios — material, espiritual, intelectual —, para que nenhum grupo passe da linha exigindo demais e derrubando toda a estrutura apodrecida.

Se o jogo for continuar, nada deve ter permissão para continuar firme, sólido, absoluto e intocável; tudo (e todos) precisam ser fluídos, flexíveis, indeterminados, aproximados. Por qual padrão as ações de qualquer um são guiadas? Pelo expediente de qualquer momento imediato.

O único perigo, para uma economia mista, é qualquer valor, ideia ou virtude que não tenha transigência. A única ameaça é qualquer pessoa, grupo ou movimento intransigente. O único inimigo é a integridade.

É desnecessário apontar quem serão os vencedores recorrentes e os perdedores constantes em um jogo de tal natureza.

Também é claro que tipo de unidade (de consenso) esse jogo exige: a unidade de um acordo tácito de que vale tudo, tudo está à venda (ou disponível para "negociação"), e o resto fica por conta do mata-mata entre pressões, *lobbies*, manipulações, trocas de favores, relações públicas, toma-lá-dá-cá, traições, súplicas, subornos e golpes — e de sorte, a sorte cega de uma guerra na qual o prêmio é o privilégio de usar força armada legal contra vítimas legalmente desarmadas.

Repare que esse tipo de prêmio estabelece um interesse básico defendido em comum por todos os jogadores: o desejo de ter um governo forte, um governo com poder ilimitado, forte o suficiente para que os vencedores e pretensos vencedores saiam impunes com o que almejam; um governo sem compromisso com qualquer política, sem restrições por parte de ideologias, um governo que acumula um poder crescente, poder por si só, o que quer dizer em prol e para ser usado por qualquer quadrilha "maior" que consiga tomá-lo momentaneamente de forma a enfiar sua peça particular de legislação na goela do país abaixo. Repare, portanto, que a doutrina de "transigência" e "moderação" se aplica a tudo, exceto a uma questão: qualquer sugestão de limitar o poder do governo.

Repare nas enxurradas de demonização, abuso e ódio histérico causadas pelos "moderados" contra qualquer defensor da liberdade, ou seja, do capitalismo. Repare que designações como "extremo centro" ou "centro militante" estão sendo usadas presunçosa e seriamente pelas pessoas. Repare na intensidade desordenadamente furiosa da campanha de difamação contra o senador Goldwater, a qual teve conotações de pânico: o pânico dos "moderados", os "centristas vitais", os "em cima do muro", perante a possibilidade de que um movimento pró-capitalismo real possa findar o jogo deles. Um movimento, incidentalmente, que nem existe até então, uma vez que o senador Goldwater não foi um defensor do capitalismo, e uma vez que sua campanha sem sentido, filosofia ou intelectualidade contribuiu para o entrincheiramento dos defensores do consenso. Mas o que é relevante aqui é a natureza desse pânico: ela nos deu um vislumbre da "moderação" alardeada deles, o respeito "democrático" deles pelas escolhas do povo e a tolerância deles a discórdias ou oposição.

Em uma carta ao *The New York Times*, em 23 de junho de 1964, um professor assistente de ciência política, temendo a nomeação de Goldwater, escreveu o seguinte:

O perigo real está na campanha divisiva que sua nomeação poderia provocar. [...] O resultado de uma candidatura de Goldwater seria um eleitorado dividido e amargurado. [...] Para ser efetivo, o governo americano exige um alto grau de consenso e bipartidarismo em questões básicas. [...]

Quando e por quem o estatismo foi aceito como princípio básico dos Estados Unidos, e como um princípio que agora deve ser colocado além de debate ou divergência, de modo que nenhuma questão básica seja mais levantada? Não é essa a fórmula de um governo de partido único? O professor não especificou.

Outro autor de cartas para o *The New York Times*, que se identificou como um "Liberal Democrata", em 24 de junho de 1964 foi um pouco além.

> Deixe o povo americano escolher em novembro. Se eles escolherem esmagadoramente Lyndon Johnson e os democratas, então, de uma vez por todas, o governo federal poderá, sem qualquer desculpa, continuar o trabalho que milhões de negros, desempregados, idosos, doentes e pessoas incapacitadas afins esperam que ele faça — não falar nada sobre nossos comprometimentos estrangeiros.
>
> Se o povo escolher Goldwater, então parece que a nação quase não merece ser salva, afinal.
>
> Woodrow Wilson uma vez disse que existe algo como ser orgulhoso demais para lutar; e então ele teve que ir à guerra. De uma vez por todas, permitam-nos tentar uma solução, enquanto a batalha ainda pode ser combatida com cédulas eleitorais ao invés de balas.

Esse cavalheiro quis dizer que se não votarmos do jeito dele, ele recorrerá a balas? Seu palpite é tão bom quanto o meu.

O *The New York Times*, que tem sido um conspícuo defensor do "Governo pelo Consenso", disse algumas coisas curiosas em seu comentário à vitória do presidente Johnson. Seu editorial de 8 de novembro de 1964 declarou:

> Não importa quão esmagadora seja a vitória eleitoral — e foi esmagadora —, o mandato não pode apenas navegar na crista da onda popular sobre um mar de generalizações banais e promessas eufóricas [...] agora que tem um mandato amplamente popular, ele possui a moral e também a obrigação política de não tentar ser todas as coisas para todos os homens, mas sim de estabelecer um curso de ação rígido, concreto e determinado.

Que tipo de ação determinada? Se os eleitores recebessem nada além de "generalizações banais e promessas eufóricas", como os votos deles poderiam se tornar um "mandato amplamente popular"? Um mandato para um propósito *sem nome*? Um cheque político em branco? E se o sr. Johnson obteve uma vitória esmagadora por tentar "ser todas as coisas a todos os homens", então que coisas se espera que ele seja agora, quais eleitores ele há de desapontar e trair; o que se tornará o consenso amplamente popular?

Moral e filosoficamente, esse editorial é altamente dúbio e contraditório. Mas se torna claro e consistente no contexto da anti-ideologia de uma economia mista. Não é esperado que o presidente de uma economia mista tenha um programa ou política específicos. *Um cheque de poder em branco* é tudo que ele pede que seus eleitores lhe deem. Doravante, cabe ao jogo dos grupos de pressão, que todos devem compreender e endossar, mas jamais mencionar. Quais coisas ele será a quais homens depende da sorte do jogo — e dos "maiores segmentos da população". Sua tarefa é apenas deter o poder e distribuir os favores.

Na década de 1930, os "liberais" tinham um programa de reformas sociais amplas e um espírito combativo, eles defendiam uma sociedade planificada, falavam em termos de princípios abstratos, propuseram teorias de uma natureza predominantemente socialista e a maioria deles era sensível sobre a acusação de que eles estavam aumentando o poder do governo; a maioria deles estava garantindo a seus oponentes que o poder do governo era apenas um meio temporário para um fim, um "fim nobre", a liberação do indivíduo de suas amarras em necessidades materiais.

Hoje em dia, ninguém fala em uma sociedade planificada no campo "liberal"; programas, teorias, princípios, abstrações e "fins nobres" de amplo espectro não são mais atraentes. "Liberais" modernos zombam de qualquer preocupação política com tais questões de amplo espectro como uma sociedade inteira ou uma economia como um todo; eles se preocupam com projetos e exigências particulares, concretas e momentâneas, sem preocupações com custo, contexto ou consequências. "Pragmático" — não "idealista" — é o adjetivo favorito deles quando são convocados para justificarem seus "posicionamentos", como eles os chamam, não "posições". Eles são opostos por militância à filosofia política; eles denunciam conceitos políticos como "marcas", "rótulos", "mitos", "ilusões" e resistem a qualquer tentativa de "rotular", ou seja, identificar sua própria visão. Eles são ferrenhamente antiteóricos e, com um manto minguante de intelectualidade ainda pendurado fracamente em seus ombros, anti-intelectuais. O único resquício de seu "idealismo" anterior é a citação cínica, cansada e ritualística de *slogans* "humanitários" batidos, quando a ocasião exige.

Cinismo, incerteza e medo são a insígnia da cultura que eles ainda dominam por revelia. E a única coisa que não enferrujou em seu equipamento ideológico, mas que se tornou brutalmente mais brilhante e mais clara ao longo dos anos, é a sede de poder deles, um poder governamental autocrático, estatista e totalitário. Não é um brilho combativo, não é a gana de um fanático com uma missão, é mais como o brilho dos olhos vazios de um sonâmbulo, cujo desespero estuporado há muito tempo já engoliu a memória de seu propósito, mas que ainda se atém à sua arma mística na crença teimosa de que "deve haver uma lei" e que tudo ficará bem apenas se alguém aprovar uma lei, que todo problema pode ser resolvido pelo poder mágico da força bruta.

Esse é o estado intelectual atual e a tendência ideológica de nossa cultura.

Agora devo lhe pedir para considerar a pergunta que levantei no começo desta discussão: para qual dessas duas variantes de estatismo estamos avançando: socialismo ou fascismo?

Permita-me evidenciar, como parte da resposta, uma citação de um editorial publicado no *Washington Star* em outubro de 1964. É um misto eloquente de verdade e desinformação e um exemplo típico do estado do conhecimento político atual:

> O socialismo é simplesmente a propriedade estatal dos meios de produção. Isso jamais foi proposto por um candidato-chave de partidos à presidência e não é, agora, proposto por Lyndon Johnson. *[Verdadeiro.]*
>
> No entanto, há uma série completa de atos legislativos americanos que aumentam regulações governamentais sobre empresas privadas ou a responsabilidade governamental pelo bem-estar individual. *[Verdadeiro.]* É a esse tipo de legislação que os gritos de alerta de "socialismo!" se referem.
>
> Além da disposição constitucional para regulação federal de comércio interestadual, essa "intrusão" do governo no mercado começa com as leis antitruste. *[Muito verdadeiro.]* A elas devemos a existência continuada do capitalismo e o impedimento da chegada do capitalismo de cartel. *[Falso.]* Na medida em que o socialismo for o produto, de um jeito ou de outro, do capitalismo de cartel *[falso]*, pode ser razoável dizer que tal interferência governamental no comércio de fato preveniu o socialismo. *[Pior do que falso.]*
>
> Quanto à legislação de bem-estar social, ela ainda está a anos-luz de distância da seguridade "do berço ao túmulo" patrocinada pelo socialismo contemporâneo. *[Não é exatamente verdade].* Parece muito mais com uma preocupação humana comum sobre a aflição humana do que com um programa ideológico de qualquer tipo. *[A última parte dessa sentença é verdadeira. Não é um programa ideológico. Quanto à primeira parte, a preocupação humana*

comum com a aflição humana não se manifesta ordinariamente na forma de uma arma apontada às carteiras e ganhos de um vizinho].

Naturalmente, esse editorial não mencionou que um sistema no qual o governo *não* nacionaliza os meios de produção, mas assume controle total sobre a economia é o *fascismo.*

É verdade que os estatistas do bem-estar social não são socialistas, que eles jamais defenderam ou almejaram a socialização da propriedade privada, que eles querem "preservar" a propriedade privada com controle governamental sobre seu uso e descarte. Mas *essa é* a característica fundamental do fascismo.

Eis aqui outra evidência. Essa é menos brutalmente ingênua do que a primeira e insidiosamente muito mais errada. Trata-se de uma carta ao *The New York Times* de 1º de novembro de 1964, escrita por um professor assistente de economia:

> Visualizado por quase toda régua, os Estados Unidos atualmente estão mais comprometidos com o empresariado privado do que provavelmente qualquer outro país industrializado, e não está sequer remotamente se aproximando de um sistema socialista. O modo como o termo é compreendido por estudantes de sistemas econômicos comparativos, e por outros que não o usam inadequadamente, o socialismo é identificado com nacionalização ostensiva, distribuição igualitária de ganhos, um estado de bem-estar total e planejamento central.
>
> Nos Estados Unidos, além de não ter havido nacionalização, as preocupações governamentais se voltaram ao empresariado privado. [...]
>
> A distribuição de ganhos no país é uma das mais desiguais dentre as nações desenvolvidas, e cortes e brechas em impostos reduziram a progressão moderada de nossa estrutura tributária. Trinta anos depois do *New Deal*, os Estados Unidos têm um estado de bem-estar social muito limitado em comparação com a seguridade social compreensiva e planos públicos para moradias de vários países europeus.
>
> A questão real dessa campanha não é, nem de longe, uma escolha entre capitalismo e socialismo, ou entre uma economia livre ou uma planejada. A questão consiste em dois conceitos diferentes do papel do governo dentro da estrutura de um sistema empresarial essencialmente privado.

O papel do governo em um sistema é o de um policial que protege os direitos individuais do homem (incluindo o direito de propriedade), protegendo homens contra a força física; em uma economia livre, o governo não controla, regula, coage ou interfere nas atividades econômicas dos homens.

Não conheço as visões políticas do escritor dessa carta; ele pode ser um "liberal" ou ele pode ser um suposto defensor do capitalismo. Mas se ele for a segunda opção, então devo apontar que visões como a dele, que são compartilhadas por vários "conservadores", são mais danosas e pejorativas ao capitalismo do que as ideias de seus inimigos declarados.

Tais "conservadores" enxergam o capitalismo como um sistema compatível com controles governamentais, e assim ajudam a espalhar as concepções enganosas mais perigosas. Embora pleno, o capitalismo *laissez-faire* ainda não existiu em lugar algum, ainda que alguns controles governamentais (desnecessários) tenham sido concedidos de modo a diluir e sabotar o sistema original americano (mais através de erros do que através de intenção teórica), tais controles foram impedimentos menores, as economias mistas do século XIX foram predominantemente livres, e é essa liberdade sem precedentes que trouxe o progresso inédito da humanidade. Os princípios, a teoria e a prática real do capitalismo estão em um mercado livre e sem regulações, como a história dos últimos dois séculos amplamente demonstrou. Nenhum defensor do capitalismo pode se permitir ignorar o exato sentido do termo *laissez-faire* — e do termo "economia mista", que claramente indica os dois elementos opostos envolvidos na mistura: o elemento da liberdade econômica, que é o capitalismo, e o elemento de controles governamentais, que é o estatismo.

Uma campanha insistente tem ocorrido ao longo de anos para nos fazer aceitar a visão marxista de que todos os governos são ferramentas dos interesses de classes econômicas e que o capitalismo não é uma economia livre, mas sim um sistema de controles governamentais que serve alguma classe privilegiada. O propósito dessa campanha é distorcer a economia, reescrever a história e obliterar a existência e a possibilidade de um país livre e uma economia sem controles. Uma vez que um sistema de propriedade privada nominal gerido por controles governamentais não é capitalismo, mas fascismo, a única escolha que essa obliteração nos dá é a escolha entre fascismo e socialismo (ou comunismo), que todos os estatistas do mundo, de todas as variedades, graus e denominações freneticamente batalham para que acreditemos. (A destruição da liberdade é a meta em comum deles, após a qual eles esperam combater entre si pelo poder.)

E é por isso que a visão daquele professor e de vários "conservadores" concedem crédito e apoio à propaganda esquerdista feroz que equipara o capitalismo ao fascismo.

Mas há um tipo amargo de justiça na lógica de eventos. Essa propaganda tem um efeito que pode ser vantajoso aos comunistas, mas que é o oposto do efeito desejado pelos "liberais", os estatistas de bem-estar social, os socialistas, que compartilham a culpa de espalhá-la: ao invés de difamar o capitalismo, essa propaganda maquiou e disfarçou o fascismo com sucesso.

Poucas pessoas no país se importam em advogar, defender ou sequer compreender o capitalismo; e menos pessoas ainda querem abrir mão de suas vantagens. Então se lhes for dito que o capitalismo é compatível com controles, com os controles específicos que fazem seus interesses particulares avançarem — sejam auxílios governamentais, salários mínimos, controles de preços, subsídios, leis antitruste ou censura de filmes obscenos —, eles andarão de mãos dadas com tais programas, com a crença reconfortante de que os resultados não serão piores do que um capitalismo "modificado". E assim, um país que abomina o fascismo está se movendo em graus imperceptíveis — através de ignorância, confusão, evasão, covardia moral e revelia intelectual — não rumo ao socialismo ou qualquer ideal altruísta piegas, mas rumo a um fascismo *de facto,* claro, brutal, predatório e sedento de poder.

Não, nós não alcançamos esse estágio. Mas certamente *não* somos mais "um sistema de empreendedorismo essencialmente privado". No presente, somos uma economia mista doentia, precariamente estável e em processo de desintegração, uma mistura aleatória e mestiça de esquemas socialistas, influências comunistas, controles fascistas e resquícios minguantes de capitalismo, ainda pagando os custos disso tudo — e todo esse conjunto rumando em direção a um estado fascista.

Considere nossa administração presidencial presente. Não creio que serei acusada de ser injusta se disser que o presidente Johnson não é um pensador filosófico. Não, ele não é um fascista, ele não é um socialista, ele não é pró-capitalista. Ideologicamente, ele não é nada em particular. A julgar por seu registro passado e pelo consenso de seus próprios apoiadores, o conceito de uma ideologia não é sequer aplicável no caso dele. Ele é um político, um fenômeno muito perigoso, porém bastante adequado ao nosso estado atual. Ele é quase a encarnação arquetípica e semificcional do líder perfeito de uma economia mista: um homem que aprecia o poder por ser poder, que é um especialista no jogo de manipular grupos de pressão, de jogá-los uns contra os outros, que adora o processo de soltar sorrisos, caretas e favores, especialmente favores *repentinos*, e cuja visão não vai além da eleição seguinte.

Nem o presidente Johnson nem qualquer um dos grupos proeminentes de hoje defenderia a socialização da indústria. Como seus predecessores modernos na cadeira, o sr. Johnson sabe que empresários são as vacas leiteiras de uma economia mista, e ele não quer destruí-las, ele quer que elas prosperem de forma a alimentarem seus projetos de bem-estar (que são necessários para a próxima eleição), enquanto eles, os empresários, estão comendo na mão dele, como eles parecem estar ansiosamente dispostos a fazer. O *lobby* comercial tem certeza de que receberá sua parcela merecida de influência e reconhecimento — tão grande quanto a do *lobby* trabalhista, o *lobby* agrário ou o *lobby* de qualquer "segmento maior" — em suas próprias palavras. Ele será especialmente adepto da tarefa de criar e encorajar o tipo de empresários que eu chamo de "aristocracia da influência". Esse não é um padrão socialista; é um padrão típico do fascismo.

O sentido político, intelectual e *moral* da política do sr. Johnson perante os empresários foi resumido de forma eloquente em um artigo do *The New York Times* de 4 de janeiro de 1965:

> O sr. Johnson é um keynesiano pleno em seu cortejo assíduo à comunidade empresarial. Ao contrário do presidente Roosevelt, que tinha satisfação ao atacar empresários até que a Segunda Guerra Mundial o forçou a abrir uma trégua relutante, e do presidente Kennedy, que também se sujeitou à hostilidade empresarial, o presidente Johnson trabalhou duro e por muito tempo para trazer os empresários a um consenso nacional em prol de seus programas.
>
> Essa campanha pode perturbar vários keynesianos, mas é a forma mais pura de Keynes. De fato, Lorde Keynes, que uma vez foi visto como uma figura perigosa e maquiavélica pelos empresários americanos, fez sugestões específicas para melhorar as relações entre o presidente e a comunidade empresarial.
>
> Ele estabeleceu suas visões em 1938 em uma carta ao presidente Roosevelt, que estava passando por críticas renovadas dos empresários após a recessão que aconteceu no ano anterior. Lorde Keynes, que sempre buscou transformar o capitalismo a fim de salvá-lo, reconheceu a importância da confiança empresarial e tentou convencer Roosevelt a consertar o dano que foi causado.
>
> Ele aconselhou o presidente de que os empresários não eram políticos e que não respondiam ao mesmo tratamento. Eles são, escreveu ele, "muito mais brandos do que os políticos, ao mesmo tempo atraídos e assustados pelo brilho da publicidade, facilmente persuadidos a serem 'patriotas', perplexos, confusos, assustados até, porém ansiosos demais para seguirem uma visão

positiva, vaidosos, talvez, mas muito inseguros de si mesmo, pateticamente responsivos a uma palavra doce [...]".

Ele tinha confiança de que o Sr. Roosevelt poderia domá-los e fazê-los cumprirem sua vontade, desde que seguisse algumas regras keynesianas simples.

"Você poderia fazer o que quisesse com eles", continuou a carta, "se você os tratasse (mesmo os grandes), não como lobos e tigres, mas como animais domésticos por natureza, ainda que eles tenham sido malcriados e sem o treinamento que você gostaria que tivessem".

O presidente Roosevelt ignorou seu conselho. E, aparentemente, o presidente Kennedy também. Mas o presidente Johnson parece ter captado a mensagem. [...] Com palavras doces e frequentes afagos, ele fez a comunidade comercial comer da palma de sua mão.

O sr. Johnson parece concordar com a visão de Lorde Keynes de que há pouco a ser ganho mantendo uma rixa com os empresários. Como ele diz, "se você os tratar até chegarem ao humor obstinado, grosseiro e assustado, do qual animais domésticos indevidamente tratados são capazes, o fardo da nação não será carregado ao mercado; e, no fim, a opinião pública vai se opor a eles".

A visão de empresários como "animais domésticos" que carregam "o fardo da nação" e que devem ser "treinados" pelo presidente "para cumprirem sua vontade" certamente não é uma visão compatível com o capitalismo. Não é uma visão aplicável ao socialismo, já que não há empresários em um Estado socialista. É uma visão que expressa a essência econômica do fascismo, da relação entre empresas e governo em um Estado fascista.

Não importa qual camuflagem verbal, esse é o sentido real de qualquer variante de capitalismo "transformado" (ou "modificado" ou "modernizado" ou "humanizado"). Em todas essas doutrinas, a "humanização" consiste em transformar alguns membros da sociedade (os mais produtivos) em animais de carga.

A fórmula usada para enganar e domesticar animais de sacrifício tem sido repetida hoje com insistência e frequência crescentes: segundo dizem, empresários não devem enxergar o governo como um inimigo, mas como um "parceiro": a noção de uma "parceria" entre um grupo privado e funcionários públicos, entre empresas e governo, entre produção e força, é uma corruptela linguística (um "anticonceito") típico de uma ideologia fascista, uma ideologia que enxerga a força como um elemento básico e árbitro definitivo em todas as relações humanas.

"Parceria" é um eufemismo indecente para "controle governamental". Não há parceria possível entre burocratas armados e cidadãos particulares indefesos que não têm escolha além de obediência. Que chance você teria contra um "parceiro" cuja palavra *arbitrária* é lei, que pode te conceder uma audiência (se seu grupo de pressão for grande o suficiente), mas que vai ter favoritos e barganhar para excluir seus interesses, que sempre terá a última palavra e o "direito" legal de aplicá-la a você sob ameaça armada, enquanto detém sua propriedade, trabalho, futuro e sua vida em seu poder? Esse é o significado de "parceria"?[91]

Mas há homens que podem achar tal prospecto atrativo; eles existem entre empresários bem como entre todos os outros grupos ou profissões: os homens que temem a competição de um livre mercado e que receberiam de braços abertos um "parceiro" armado para extorquir vantagens especiais de seus competidores mais capazes; homens que buscam crescer, não por mérito, mas por influência; homens dispostos e ansiosos para viver não por direito, mas por favores. Dentre os empresários, esse tipo de mentalidade foi responsável pela aprovação das leis antitruste e ainda as apoia até hoje.

Um número considerável de empresários republicanos mudou para o lado do sr. Johnson na última eleição. Eis algumas observações interessantes sobre esse assunto, de uma pesquisa feita pelo *The New York Times* publicada em 16 de setembro de 1964:

> Entrevistas em cinco cidades do nordeste e centro-oeste industriais revelam diferenças notáveis no panorama político entre funcionários de grandes corporações e homens que operam negócios menores. [...] Os executivos de empresas que esperam votar em um presidente democrata pela primeira vez em suas vidas estão quase todos empregados em grandes empresas. [...] Há mais apoio ao presidente Johnson entre executivos de empresas que estão na casa dos 40 e 50 anos de idade do que há entre empresários mais velhos ou mais jovens. [...] Vários empresários na casa dos 40 e 50 anos dizem que percebem pouca mudança diante do apoio do sr. Johnson por parte de executivos de empresas mais jovens. Entrevistas com aqueles na casa dos 30 anos confirmam isso [...] Os próprios executivos mais jovens falam com orgulho de sua geração como a que interrompeu e reverteu a tendência perante mais liberalismo em pessoas jovens [...] É sobre a questão do déficit governamental que a divisão de opinião entre pequenos e grandes empresários surge mais dramaticamente. [...] Funcionários de corporações

---

[91] RAND, Ayn. *The Fascist New Frontier*. Nova York: Nathaniel Brandon Institute, 1963, p. 8.

gigantescas têm uma tendência muito maior para aceitar a ideia de que um déficit orçamentário ocasionalmente é necessário e talvez até desejável. O pequeno empresário típico, no entanto, reserva um escárnio muito especial pelo aumento do déficit. [...]

Isso nos fornece um indicativo de para quem uma economia mista é interessante, e o que essa economia faz com os iniciantes ou jovens.

Um aspecto essencial da mentalidade inclinada ao socialismo é o desejo de obliterar a diferença entre o merecido e o imerecido e, portanto, permitir que não haja diferenciação entre empresários como Hank Rearden e Orren Boyle. Para uma mentalidade socialista primitiva, focada em concretos e no momento — uma mentalidade que clama por uma "redistribuição da riqueza" sem qualquer preocupação com a origem da riqueza — o inimigo são todos aqueles que são ricos, independentemente da fonte de suas riquezas. Essas mentalidades, daqueles "liberais" idosos e grisalhos, que foram os "idealistas" da década de 1930, se atêm desesperadamente à ilusão de que estamos rumando a algum tipo de Estado socialista inimigo dos ricos e benéfico aos pobres, enquanto evitam freneticamente o espetáculo de *que tipo de ricos* serão destruídos e que tipos estão crescendo sob o sistema que eles, os "liberais", estabeleceram. A piada sinistra é sobre eles: seus supostos "ideais" prepararam o caminho, não rumo ao socialismo, mas ao fascismo. O coletor de seus esforços não são os "homenzinhos" de virtude descerebrada e desamparada de suas imaginações trôpegas e ficção desgastada, mas sim o pior tipo de ricos predatórios, os ricos-através-da-força, os ricos-através-de-privilégios-políticos, o tipo que não tem chance no capitalismo, mas que sempre estará lá para lucrar com cada "experimento nobre" dos coletivistas.

São os criadores de riquezas, os Hank Reardens, que são destruídos sob qualquer forma de estatismo — socialista, comunista ou fascista; são os parasitas, os Orren Boyles, que são a "elite" privilegiada e quem lucra com o estatismo, particularmente com o fascismo. (Quem lucra especialmente com o socialismo são os James Taggarts; com o comunismo, os Floyd Ferrises). O mesmo é válido sobre suas contrapartes psicológicas entre os pobres e entre os homens de todos os níveis econômicos intermediários.

A forma particular de organização econômica que está se tornando cada vez mais aparente neste país, como uma consequência do poder dos grupos de pressão, é uma das piores variantes do estatismo: *o socialismo de guildas*. O socialismo de guildas rouba o futuro de jovens talentosos, congelando homens em castas profissionais sob regras rígidas. Ele representa uma encarnação aberta da motivação básica da maioria dos estatistas, embora eles normalmente prefiram não a confessar: o entrincheiramento e a proteção da mediocridade contra concorrentes mais capazes, o agrilhoamento dos homens de habilidades superiores nivelados por baixo à média de suas profissões. Essa teoria não é muito popular entre socialistas (embora tenha seus defensores), mas o exemplo mais famoso de sua prática em larga escala foi a Itália fascista.

Na década de 1930, alguns homens de boa percepção disseram que o *New Deal* de Roosevelt era uma forma de socialismo de guildas e que era mais próximo do sistema de Mussolini do que de qualquer outro. Eles foram ignorados. Hoje, a evidência é inconfundível.

Também foi dito que se o fascismo algum dia viesse aos Estados Unidos, ele viria disfarçado de socialismo. Quanto a essa conexão, eu recomendo a leitura ou releitura de *It Can't Happen Here*[92], de Sinclair Lewis — com referência especial ao caráter, estilo e ideologia de Berzelius Windrip, o líder fascista.

Agora permita-me mencionar e responder a algumas das objeções comuns que os "liberais" de hoje fazem de forma a tentar camuflar (de modo a diferenciar do fascismo) a natureza do sistema que eles apoiam.

"O fascismo exige um governo monopartidário". A que se resume a noção de "Governo pelo Consenso" na prática?

"O objetivo do fascismo é conquistar o mundo". Qual é a meta dos campeões bipartidários de mente globalizada dos Estados Unidos? E, se eles a alcançarem, que posições eles esperam obter na estrutura mundial de "Um Mundo"?

"O fascismo prega o racismo". Não necessariamente. A Alemanha de Hitler pregou; a Itália de Mussolini, não.

"O fascismo é oposto pelo Estado de bem-estar social". Cheque suas premissas e seus livros de história. O pai e o originador do Estado de bem-estar social, o homem que pôs em prática a noção de comprar a lealdade de alguns grupos com dinheiro extorquido de outros foi Bismarck — o

---

[92] Encontramos a seguinte edição brasileira: LEWIS, Sinclair. *Não vai acontecer aqui*. São Paulo: Alfaguara, 2019. (N. E.)

ancestral político de Hitler. Gostaria de lembrar-lhe que o nome completo do partido nazista era Partido Nacional Socialista dos Trabalhadores Alemães.

Gostaria de lembrar também de alguns excertos do programa político desse partido, adotado em Munique no dia 24 de fevereiro de 1920:

> Pedimos que o governo assuma a obrigação, acima de tudo, de fornecer aos cidadãos oportunidades adequadas para obtenção de emprego e de sustento.

> Não se deve permitir que as atividades do indivíduo sejam conflitantes com os interesses da comunidade, mas aquelas devem acontecer dentro destes e serem boas para todos. Portanto, nós exigimos: [...] *o fim do poder dos interesses financeiros.*

> Exigimos compartilhamento do lucro de grandes empresas.

> Exigimos uma extensão ampla do cuidado aos idosos. Exigimos [...] a maior consideração possível aos pequenos negócios nas compras feitas pelos governos nacional, estaduais e municipais.

> De modo a possibilitar a cada [cidadão] trabalhador e capaz a obtenção de uma educação superior, assim conquistando um posto de liderança, o governo deve fornecer uma expansão generalizada de nosso sistema de educação pública. [...] Nós exigimos que a educação seja custeada pelo governo para filhos superdotados de pais pobres. [...]

> O governo deve promover a melhoria da saúde pública — por meio da proteção da mãe e de crianças, proibindo o trabalho infantil [...] através do maior apoio possível a todos os clubes preocupados com a educação física dos jovens.

> [Nós] combatemos o [...] espírito materialista dentro e fora de nós mesmos e estamos convencidos que uma recuperação permanente de nosso povo só pode advir de dentro da fundação do *Bem Comum Antes do Bem do Indivíduo*[93].

No entanto, há uma diferença entre o tipo de fascismo para o qual estamos caminhando e o que devastou países europeus: o nosso não é um tipo militante de fascismo, não é um movimento organizado por demagogos escandalosos, capangas sanguinários, intelectuais histéricos de terceira categoria e delinquentes juvenis. O nosso fascismo é cínico, cansado e batido, um fascismo por omissão, não como um incêndio desastroso, é mais como o colapso silencioso de um corpo letárgico, lentamente devorado por uma corrupção interna.

---

[93] HOFER, Walther (ed.). *Der Nationalsozialismus Dokumente 1933-1941*. Frankfurt am Main: Fischer Bucherei, 1957, p. 29-31. Para mais citações desse tipo, revelando a base altruísta-coletivista da ideologia fascista e nazista, indico *The Fascist New Frontier*.

Ele precisava acontecer? Não. Ele ainda pode ser revertido? Sim.

Se você ainda duvida do poder da filosofia para determinar o curso e moldar o destino das sociedades humanas, repare que nossa economia mista é o produto literal e fidedigno do *pragmatismo* e da geração que cresceu sob sua influência. O pragmatismo é a filosofia que alega que não há realidade objetiva ou verdade permanente, que não há princípios absolutos, nem abstrações válidas ou conceitos rígidos, que qualquer coisa pode ser tentada como regra padrão, que a objetividade consiste em subjetivismo coletivo, que qualquer coisa que as pessoas desejem que seja verdade, será verdade, o que quer que as pessoas desejam que exista, *existe* — desde que um *consenso* determine isso.

Se você quiser evitar o desastre final, é esse tipo de pensamento — cada uma dessas proposições e todas elas — que você deve encarar, compreender e rejeitar. Então você terá compreendido a conexão da filosofia com a política e com os eventos diários de nossa vida. Então você terá aprendido que nenhuma sociedade é superior à sua fundação filosófica. E então, parafraseando John Galt, você estará pronto, não para *voltar* ao capitalismo, mas para *descobri-lo*.

CAPÍTULO 21
O NAUFRÁGIO DO CONSENSO [94]
Ayn Rand

Há dois anos, no dia 18 de abril de 1965, palestrei nesse fórum sobre o assunto "O novo fascismo: o governo pelo consenso". Eu disse: "a pista ao núcleo, essência, motivação e sentido real da doutrina de 'Governo pelo Consenso' [é] o culto à *transigência*. Transigência é a pré-condição, a necessidade, o imperativo de uma economia mista. A doutrina do 'consenso' é uma tentativa de traduzir os fatos brutos de uma economia mista em um sistema ideológico — ou anti-ideológico — e lhes conceder uma aparência de justificativa". Os fatos brutos de uma economia mista são governo de quadrilhas, ou seja, uma briga pelo poder entre vários grupos de pressão — sem quaisquer princípios morais ou políticos, sem um programa, direção, propósito ou meta de longo prazo — com a crença tácita em governar à força como seu único denominador comum e, a menos que a tendência seja mudada, um Estado fascista será o seu resultado em última instância.

Em setembro de 1965, ao escrever no *The Objectivist Newsletter*, eu disse: "contrariando a crença fanática de seus defensores, a transigência não agrada, apenas *desagrada* a todos; ele não leva à satisfação geral, mas sim à frustração geral; aqueles que tentam ser todas as coisas para todos os homens acabam não sendo nada para ninguém".

É espantoso observar o quão rápido esse princípio teve efeito — em uma época que não há conhecimento de princípios. Onde está o consenso do presidente Johnson hoje? E onde está, politicamente, o presidente Johnson? Descender em dois anos, em uma era de prosperidade aparente, sem o empurrão de algum desastre natural óbvio —, do alto de uma avalanche popular ao *status* de estorvo para o seu próprio partido nas eleições de 1966, é um feito que deveria paralisar qualquer pessoa preocupada com política moderna.

---

[94] Palestra ministrada no Fórum Ford Hall, Boston, no dia 16 de abril de 1967. Publicada no Objectivist, abril e maio de 1967.

Se houvesse algum jeito de fazer a transigência funcionar, o presidente Johnson seria o homem que o teria feito. Ele era um especialista no jogo de manipular grupos de pressão — um jogo que consiste em fazer promessas e amigos, e manter os segundos, mas não as primeiras. Sua habilidade como manipulador foi a característica que seus "desenvolvedores de imagem pública" nos vendiam no auge de sua popularidade. Se *ele* não conseguisse, nenhum amador conseguiria.

A eficiência prática da transigência é a primeira premissa que a história de Johnson deveria alertar as pessoas a investigar. E, creio eu, muitas pessoas a *estão* investigando. Pessoas, mas não republicanos — ou, pelo menos, nem todos eles. Não aqueles que agora estão promovendo alguém frágil e amorfo como Romney para ter sucesso onde um profissional fracassou.

O que nos resta, agora que o consenso sofreu um colapso? Nada além do espetáculo declarado da falência moral e intelectual de uma economia mista, os escombros aleatórios de seu mecanismo desvelado, com o ranger de suas engrenagens como o único som em nosso silêncio coletivo, o som de exigências brutas e momentâneas vindo de grupos de pressão que abandonaram até mesmo a pretensão a quaisquer ideais políticos ou justificativas morais.

A doutrina do consenso foi um disfarce, ainda que fuleiro e feito de farrapos, mas mesmo assim um disfarce para dar uma aparência de *status* teórico à prática de guerra de quadrilhas declarada. Hoje, até mesmo os farrapos sumiram, deixando a anti-ideologia operando exposta, mais descaradamente do que nunca.

Uma ideologia política é um conjunto de princípios focado em estabelecer ou manter um certo sistema social; é um programa de ações de longo alcance, cujos princípios servem para unificar e integrar passos específicos rumo a um curso consistente. É apenas por meio de princípios que os homens podem projetar o futuro e escolher suas ações de acordo.

A anti-ideologia consiste em tentativas para reduzir a mente dos homens ao alcance do momento imediato, sem preocupação com passado ou futuro, sem contexto ou memória; sem memória acima de tudo, de forma que contradições não possam ser percebidas e erros ou desastres possam ser imputados às vítimas.

Na prática anti-ideológica, princípios são usados implicitamente e conta-se com eles para se desarmar a oposição, mas eles jamais são reconhecidos e são alterados à vontade, quando for adequado ao propósito do momento. Propósito de quem? Da quadrilha. Assim, o critério moral dos homens se torna não "minha visão do bem — ou do que é certo — ou da verdade", mas "minha *quadrilha*, certa ou errada".

É isso que torna as discussões e questões públicas tão asquerosamente falsas e fúteis. A maioria das questões está coberta de tantas premissas erradas e carrega tantas contradições que ao invés da pergunta "Quem está certo?" é constante deparar-se e ser tacitamente confrontado com a pergunta "Qual quadrilha você quer apoiar?".

Por exemplo, considere a questão da guerra no Vietnã. Tudo está errado a respeito daquela balbúrdia hedionda (mas não pelas razões que são bradadas mais intensamente), a começar por sua designação. Uma "guerra fria" é uma contradição descarada em termos. Ela não é muito "fria" para os soldados americanos mortos nos campos de batalha, nem para suas famílias ou para qualquer um de nós.

Uma "guerra fria" é um termo tipicamente hegeliano. Ele parte da premissa de que A é não-A, que as coisas não são o que elas são, desde que não recebam nomes; ou, falando praticamente, as coisas são o que nossos líderes dizem que elas são — e, a menos que eles nos digam, não temos como saber. Esse tipo de epistemologia não funciona muito bem, mesmo em relação às hordas ignorantes de camponeses russos. Alegar que isso deveria ser tentado em relação aos cidadãos americanos talvez seja o sintoma mais desgraçado de nossa desintegração cultural.

Quando homens estão sendo assassinados por um exército em uma ação militar, é uma guerra, uma guerra total e nada além de uma guerra, independente de qual temperatura alguém opte por atribuir a ela.

Mas observe quais vantagens a terminologia hegeliana oferece aos líderes de uma economia mista. Quando um país está em guerra, ele precisa usar todo o seu poder para lutar e vencer o mais rápido possível. Ele não pode combater e não combater ao mesmo tempo. Ele não pode enviar seus soldados para morrer como buchas de canhão, proibindo-os de vencer. Quando um país está em guerra, seus líderes não podem tagarelar sobre "intercâmbios culturais" e sobre "fazer conexões" com o inimigo, como nossos líderes estão fazendo — *negociar* conexões de modo a fortalecer a economia do inimigo e capacitá-lo a produzir aviões e armas que matam nossos próprios soldados.

Um país em guerra normalmente recorre à difamação do inimigo semeando histórias sobre atrocidades — uma prática que um país livre e civilizado não precisa e nem deveria precisar utilizar. Um país civilizado, com uma imprensa livre, pode deixar que os fatos falem por si mesmos. Mas qual é o estado moral-intelectual de um país que divulga difamações e histórias de atrocidades sobre *si mesmo,* enquanto ignora ou suprime os fatos conhecidos sobre as atrocidades do inimigo? Qual é o estado moral-intelectual de um país que permite que seus cidadãos encenem desfiles carregando a bandeira dos inimigos — dos vietcongues? Ou arrecadar fundos para o inimigo em *campi* universitários? O que possibilita isso? A alegação de que não estamos, supostamente, em uma guerra — apenas em uma "guerra fria".

A moral de um país é crucialmente importante em tempos de guerra. Na Segunda Guerra Mundial, o lorde inglês Haw-Haw foi considerado, merecidamente, um traidor — pelo crime de tentar sabotar o moral dos soldados ingleses ao transmitir histórias assustadoras sobre o poder invencível da Alemanha nazista. Em uma "guerra fria", como a que temos hoje, o trabalho do lorde Haw-Haw é feito por seus próprios líderes públicos. As asquerosas histórias assustadoras sobre a "escalada" do nosso medo de uma guerra com a China seriam moralmente vergonhosas se vistas pelos líderes de Mônaco ou Luxemburgo. Quando elas vêm dos líderes do país mais poderoso do planeta, "vergonhoso" não é um adjetivo adequado para descrever seu sentido moral.

Se um país sabe que não pode combater outro país, ele *não entra na luta*. Se um país é na verdade fraco, ele não entra em batalha gritando: "Por favor, não me levem a sério, eu não vou muito longe mesmo!". Ele não proclama seu medo como prova de seu desejo pela paz.

Há apenas um sentido no qual esse fenômeno sinistro possa ser classificado como uma não-guerra: os Estados Unidos não têm nada a ganhar com ela. Guerras são o segundo maior mal que sociedades humanas podem executar. (O primeiro é a ditadura, a escravização de seus próprios cidadãos, que é causa de guerras.) Quando uma nação recorre à guerra, ela tem algum propósito, certo, ou errado, mas algo pelo qual lutar — e o único propósito justificável é a autodefesa. Se quiser ver o extremo definitivo e suicida do altruísmo em escala internacional, observe a guerra do Vietnã — uma guerra na qual soldados americanos morrem sem qualquer propósito.

Esse é o mal mais hediondo da guerra do Vietnã, ela *não serve a qualquer interesse nacional dos Estados Unidos*. Esse é um exemplo puro de massacre cego, sem sentido, altruísta e de autossacrifício. Esse é o mal — não as coisas revoltantes às quais os *vietniks*[95] se referem.

Nenhum de nós sabe por que estamos em guerra, como entramos nela ou o que nos tirará dela. Sempre que nossos líderes públicos tentam explicá-la para nós, eles aumentam o mistério. Eles nos contam simultaneamente que estamos lutando pelos interesses dos Estados Unidos — e que os Estados Unidos não têm interesses "egoístas" na guerra. Eles nos dizem que o comunismo é o inimigo — e eles atacam, denunciam e difamam qualquer anticomunista no país. Eles nos dizem que a disseminação do comunismo deve ser contida na Ásia, mas não na África. Eles nos dizem que devemos resistir à agressão comunista no Vietnã — mas não na Europa. Eles nos dizem que devemos defender a liberdade do Vietnã do Sul — mas não a liberdade da Alemanha Oriental, Polônia, Hungria, Letônia, Tchecoslováquia, Iugoslávia, Katanga, etc. Eles nos dizem que o Vietnã do Norte é uma ameaça à nossa segurança nacional, mas que Cuba não é. Eles nos dizem que devemos defender o direito do Vietnã do Sul a presidir uma eleição "democrática", e elegerem o comunismo se assim desejarem, desde que isso seja feito nas urnas, o que quer dizer que não estamos lutando por nenhum ideal político ou qualquer princípio de justiça, mas apenas por um governo majoritário irrestrito, e que o objetivo que leva soldados americanos à morte será determinado pelos votos de terceiros. Eles nos dizem também que devemos forçar o Vietnã do Sul a aceitar comunistas em um governo de coalizão, um processo pelo qual entregamos a China aos comunistas, um fato que não devemos mencionar. Eles nos dizem que devemos defender o direito do Vietnã do Sul à "autodeterminação nacional", e que qualquer um que defenda a soberania nacional dos Estados Unidos é um isolacionista, que o nacionalismo é maligno, que o globo é onde nascemos e devemos estar preparados para morrer por qualquer parte dele, exceto o continente norte-americano.

Seria alguma surpresa que ninguém acredite mais nos pronunciamentos de nossos líderes públicos, tanto o povo americano quanto as nações estrangeiras? Nossos anti-ideologistas estão começando a se preocupar com

---

[95] Indivíduos que se manifestavam contra a invasão americana no Vietnã. (N. E.)

esse problema. Mas — em seu estilo comum — eles não acusam alguém de mentir, eles dizem que há uma "brecha de credibilidade".

Repare nos termos em que a guerra no Vietnã é discutida. Não há metas declaradas, nem questões intelectuais. Mas há, aparentemente, dois lados opostos que são designados, não por quaisquer conceitos ideológicos em particular, mas por imagens, o que é adequado à epistemologia primitiva de selvagens: os "gaviões" e os "pombos"[96]. Mas os "gaviões" estão arrulhando de forma apologética e os "pombos" estão bradando alto.

Os mesmos grupos que cunharam o termo "isolacionista" na Segunda Guerra Mundial — de forma a designar qualquer um que defendesse que assuntos internos de outros países não são responsabilidade dos Estados Unidos — esses mesmos grupos estão gritando que os Estados Unidos não têm direito a interferir nos assuntos internos do Vietnã.

Ninguém propôs uma meta que, se atingida, terminaria com a guerra, exceto o presidente Johnson, que ofereceu um bilhão de dólares como o preço pela paz; não um bilhão de dólares pagos a nós, mas sim um bilhão de dólares pagos por nós para o desenvolvimento econômico do Vietnã; o que quer dizer que estamos lutando pelo privilégio de tornar cada contribuinte americano em um servo trabalhando parte de seu tempo para beneficiar seus senhores vietnamitas. Mas, demonstrando que a irracionalidade não é um monopólio dos Estados Unidos, o Vietnã do Norte recusou essa oferta.

Não, não existe solução adequada para a guerra do Vietnã: é uma guerra na qual não deveríamos ter entrado. Continuar nela é insensato; retirar-se dela seria mais um ato de concessão em nosso longo e vergonhoso registro. O resultado em última instância de concessões é uma guerra mundial, conforme demonstrado pela Segunda Guerra Mundial; no contexto de hoje, isso pode representar uma guerra mundial nuclear.

Nos encurralarmos em uma situação desse tipo é a consequência de cinquenta anos de uma política estrangeira suicida. Não se pode corrigir uma consequência sem corrigir sua causa; se esses desastres pudessem ser resolvidos "pragmaticamente", ou seja, fora de contexto, oportunamente e dentro do alcance de um momento, uma nação não precisaria de nenhuma política estrangeira. E isso é um exemplo do porquê precisamos de uma

---

[96] "Hawks e Doves", "gaviões e pombos". Designam, respectivamente, aqueles que apoiavam e os que rechaçavam a guerra do Veatinã e a interferência americana naquele país. (N. E.)

política baseada em princípios abrangentes, ou seja, uma *ideologia*. Mas uma revisão de nossa política externa, partindo de suas premissas básicas, é algo que os anti-ideologistas de hoje não ousariam cogitar. Quanto piores forem seus resultados, mais alto os líderes públicos podem proclamar que nossa política estrangeira é *bipartidária*.

Uma solução adequada seria eleger estadistas — caso houvesse algum — com uma política externa radicalmente diferente, uma política explícita e orgulhosamente dedicada à defesa dos direitos e interesses internos nacionais dos Estados Unidos, repudiando auxílios estrangeiros e todas as formas de autoimolação internacional. Em uma política assim, poderíamos nos retirar do Vietnã imediatamente — e a retirada não seria incompreendida por ninguém, e o mundo teria uma chance de alcançar a paz. Mas tais estadistas não existem no presente. Nas condições de hoje, a única alternativa é lutar essa guerra e vencer o mais rápido possível — e assim ganhar tempo para desenvolver novos estadistas com uma nova política externa, antes que o os antigos nos empurrem rumo a outra "guerra fria" assim como a "guerra fria" da Coréia nos empurrou ao Vietnã.

A instituição que permite que nossos líderes desfrutem de empreitadas descabidamente irresponsáveis assim é o recrutamento militar compulsório.

A questão do recrutamento compulsório é, talvez, a questão mais importante debatida hoje. Mas os termos nos quais ela tem sido debatida são uma manifestação lamentável de nosso *mainstream* anti-ideológico.

De todas as violações estatais de direitos individuais em uma economia mista, o recrutamento compulsório é a pior. É uma revogação de direitos. Ela nega o direito fundamental do homem — o direito à vida — e estabelece o princípio fundamental do estatismo: de que a vida de um homem pertence ao Estado, e que o Estado pode reivindicá-la obrigando-o a sacrificá-la em combate. Uma vez que esse princípio é aceito, o resto é só uma questão de tempo.

Se o Estado pode forçar um homem a se arriscar à morte ou mutilações e incapacitações horríveis, em uma guerra declarada a critério do Estado, por uma causa que ele talvez nem aprove ou sequer entenda, se não é necessário seu consentimento para enviá-lo a um martírio inominável — então, em princípio, todos os direitos são negados nesse Estado, e seu governo não é mais um protetor do homem. O que sobra para ser protegido?

A contradição mais imoral no caos dos grupos anti-ideológicos de hoje são os pretensos "conservadores" que se posicionam como defensores de direitos individuais, especialmente direitos de *propriedade*, mas mantêm e defendem o recrutamento compulsório. Por qual evasão infernal eles podem esperar justificar a proposição de que criaturas *que não têm* direito à vida, têm direito a uma conta bancária? Um degrau mais alto — embora não tão alto — do inferno deveria ser reservado para esses "liberais" que alegam que o homem tem o "direito" à seguridade econômica, moradia pública, atenção médica, educação, recreação, mas não à vida, ou: o homem tem direito à *manutenção da vida*, mas não à *vida.*

Uma das noções usadas por qualquer lado para justificar o recrutamento compulsório é a de que "direitos impõem obrigações". Obrigações para quem? E impostas por quem? Ideologicamente, essa noção é pior do que o mal que ela tenta justificar; ela implica que direitos são um presente do Estado e que um homem precisa comprá-los oferecendo algo (sua vida) em troca. Logicamente, essa noção é uma contradição: uma vez que a única função adequada de um governo é proteger os direitos do homem, ela não pode reivindicar sua vida em troca dessa proteção.

A única "obrigação" envolvida em direitos individuais é uma obrigação imposta, não pelo Estado, mas pela natureza da realidade (ou seja, pela lei da identidade): *consistência*, que, nesse caso, representa a obrigação de respeitar os direitos alheios, se quiser que seus próprios direitos sejam reconhecidos e protegidos.

Politicamente, o recrutamento compulsório é inconstitucional. Nenhuma quantia de racionalização, seja pela Suprema Corte ou por indivíduos privados, pode alterar o fato de que ela representa "servidão involuntária".

Um exército *voluntário* é o único modo adequado, moral e prático de se defender um país livre. Um homem deveria se voluntariar ao combate, caso seu país seja atacado? Sim — se ele valoriza seus próprios direitos e sua liberdade. Um país livre (ou mesmo um semilivre) nunca teve falta de voluntários perante agressões estrangeiras. Várias autoridades militares testemunharam que um exército voluntário — um exército de homens que sabem contra quem eles lutam e os motivos — é o melhor e mais eficiente exército, e que um exército recrutado compulsoriamente é o menos eficiente.

É normal ouvir a pergunta: "mas e se um país não conseguir encontrar voluntários o suficiente?". Ainda assim, isso não daria ao resto da sua população um direito sobre as vidas dos jovens do país. Mas, na verdade, a falta de voluntários acontece por uma dessas razões: (1) se um país estiver desmoralizado por um governo autoritário e corrupto, seus cidadãos não vão se oferecer para defendê-lo. Mas eles também não lutarão por muito tempo se recrutados compulsoriamente. Por exemplo, repare na desintegração literal do exército czarista russo na Primeira Guerra Mundial; (2) se o governo de um país se sujeitar a guerrear por algum motivo que não seja a autodefesa, por um propósito que os cidadãos não compartilham ou entendam, ele não encontrará muitos voluntários. Assim sendo, um exército voluntário é um dos melhores protetores da paz, não apenas contra agressões estrangeiras, mas também contra quaisquer ideologias ou projetos belicosos por parte do próprio governo de um país.

Poucos homens se ofereceriam para guerras como a da Coreia ou do Vietnã. Sem o poder de recrutamento compulsório, os autores da nossa política estrangeira não seriam capazes de embarcar em aventuras desse tipo. Essa é uma das melhores razões práticas para a abolição do recrutamento obrigatório.

Considere outra razão prática. A era dos grandes exércitos maciços já passou. Uma guerra moderna é uma guerra de *tecnologia;* ela exige pessoal científico e altamente treinado, não hordas de homens passivos, confusos e imprudentes; ela exige cérebro, não músculos, inteligência, não obediência cega. Pode-se forçar homens a morrerem; não se pode forçá-los a pensar. Repare que os ramos mais tecnológicos de nossos serviços armados, como a Marinha e a Força Aérea, não aceitam recrutados e são compostos de voluntários. O recrutamento compulsório, portanto, se aplica apenas à parte menos eficaz e — nas condições de hoje — a menos essencial de nossas forças armadas: a infantaria. Sendo assim, seria a defesa nacional a maior preocupação daqueles que defendem e mantêm o recrutamento compulsório?

A pergunta prática da proteção militar de um país não é a questão em jogo; não é a preocupação principal dos fomentadores do recrutamento obrigatório. Alguns deles podem ser motivados por medos e noções tradicionais e rotineiras; mas, em uma escala nacional, há uma motivação mais profunda envolvida.

Quando um princípio voraz é aceito implicitamente, não leva muito tempo para que ele se torne explícito: grupos de pressão encontram rapidamente vantagens práticas para suas implicações lógicas. Por exemplo, na Segunda Guerra Mundial o recrutamento obrigatório foi usado como uma justificativa para propostas de estabelecer a conscrição laboral, ou seja, serviços de trabalho compulsório para toda a população, com o governo encarregado de sujeitar qualquer pessoa a qualquer serviço que ele desejar. "Se os homens podem ser recrutados para morrer por seus países", argumentava-se, "por que eles não podem ser recrutados para trabalhar para seus países"? Duas leis incorporando propostas desse tipo foram introduzidas ao Congresso, mas, felizmente, foram derrubadas. A segunda dessas leis tinha uma peculiaridade interessante: o trabalho recrutado, se proposto, seria pago em valores estipulados por sindicatos — de modo a não sabotar os valores então estabelecidos pelos sindicatos — mas, para que fosse "justo" com os recrutados pelo exército, os trabalhadores recrutados receberiam apenas a mesma quantia dos recrutados pelo exército, e o restante do valor iria para o governo(!)[97].

Qual grupo político você supõe que trouxe uma noção dessa natureza? As duas leis foram introduzidas pelos republicanos — e foram derrubadas pela organização trabalhista, que foi o único grande grupo econômico a ficar entre nós e um Estado totalitário.

Agora repare nos termos em que o recrutamento compulsório é debatido nos dias de hoje. A principal razão rumo à continuidade do recrutamento compulsório não é militar, mas financeira. Na atual conjuntura, o exército é um dos grupos com piores salários do país; o salário de um soldado recrutado, em dinheiro ou equivalentes (ou seja, incluindo hospedagem e alimentação), se resume a *um dólar* por hora. Para atrair voluntários, seria necessário oferecer pagamentos e condições melhores, assim tornando a carreira militar comparável aos padrões do mercado de trabalho civil.

Nenhum valor exato do custo de um exército voluntário já foi indicada, mas as estimativas são de cerca de quatro bilhões de dólares por ano.

Lembre-se desse valor. Lembre-se enquanto lê sobre nosso orçamento nacional nos jornais; lembre-se também enquanto você imagina, clara e especificamente, a imagem do que esse valor poderia comprar.

A idade de quinze a vinte e cinco anos contém anos formativos cruciais da vida de um homem. Esse é o momento em que ele confirma

---

[97] Geralmente é compreendido que o recrutamento compulsório é desnecessário, mas argumenta-se que um exército de voluntários custaria caro demais.

suas impressões sobre o mundo, outros homens, sobre a sociedade em que deseja viver, quando ele obtém convicções conscientes, define seus valores morais, escolhe suas metas e planos para o futuro e desenvolve ou renuncia a ambições. Esses são os anos que marcam sua vida. E são *esses* anos que uma sociedade supostamente humanitária o força a passar no terror — terror de saber que ele não pode planejar nada nem contar com nada, que qualquer estrada que ele seguir pode ser bloqueada a qualquer momento por um poder imprevisível, que, barrando sua visão do futuro, há somente as formas cinzentas das barracas e, talvez, além delas, a morte por algum motivo desconhecido em alguma selva alienígena.

Uma pressão desse tipo é devastadora à psicologia de um jovem, se ele compreender a questão conscientemente, e pior ainda caso ele não compreenda.

Provavelmente, a primeira coisa da qual ele abrirá mão, em ambos os casos, será o seu intelecto; o intelecto não funciona sob a premissa de sua própria impotência. Caso ele obtenha a convicção de que não há esperança na existência, de que sua vida está nas mãos de um mal enorme e incompreensível, se ele desenvolver um desprezo cauterizante e impotente pela hipocrisia de seus superiores e um ódio profundo pela humanidade, se ele buscar fugir dessa pressão psicológica desumana inclinando-se ao culto *beatnik*[98] do momento imediato, gritando "Agora, agora, agora!" (ele não tem nada além do "agora"), ou entorpecendo seu terror e matando o restante de sua mente com LSD — não o culpe. Irmãos, vocês pediram por isso.

Isso é o que quatro bilhões de dólares comprariam — é disso que você o pouparia e a todos os outros jovens do país e cada pessoa que os ama. Lembre-se em quais ralos o nosso dinheiro é jogado hoje: de acordo com o orçamento federal do ano fiscal de 1968, gastaremos 4,5 bilhões de dólares em auxílio estrangeiro e projetos de aliados, 5,3 bilhões em programas espaciais, 11,3 bilhões em apenas um dentre os vários departamentos que lidam com o bem-estar público — porém alegamos que não conseguimos pagar quatro bilhões de dólares para poupar nossos jovens da agonia de uma tortura psicológica, brutal e incapacitante.

---

[98] Os *beatniks* foram artistas, escritores, poetas e músicos, que participaram do movimento *beat* nos anos 1950 e princípios dos anos 1960 que pregavam um estilo de vida antimaterialista, após o fim da Segunda Guerra Mundial. (N. E.)

Mas, naturalmente, o motivo real por trás desse crime social não é financeiro; a questão de custos é meramente uma racionalização. O motivo real pode ser detectado na seguinte declaração feita pelo tenente-general Lewis B. Hershey, diretor do Sistema de Serviço Seletivo, no dia 24 de junho de 1966: "Eu não me preocupo com a incerteza envolvida em manter nossos cidadãos acreditando que devem alguma coisa a seu país. Há pessoas demais pensando que o individualismo precisa ser completamente reconhecido, ainda que os direitos coletivos fossem pro diabo".

A mesma motivação foi declarada abertamente em uma proposta que avançou até o Secretário da Defesa Robert. S. McNamara e agora é mencionada com grande insistência pela imprensa.

No dia 18 de maio de 1966, McNamara disse o seguinte: "Até o presente momento, nosso sistema seletivo atual recruta apenas uma minoria de jovens aptos. Isso é uma desigualdade. Me parece que poderíamos avançar à solução dessa desigualdade solicitando a cada jovem dos Estados Unidos a doar dois anos de serviço a seu país — seja em um dos serviços militares, no Corpo da Paz ou em outro trabalho voluntário de desenvolvimento doméstico ou no exterior".

Trabalho "de desenvolvimento" — dedicado ao desenvolvimento *de quem?* Aparentemente, plantar arroz ou escavar valas na Ásia, África e América do Sul constitui serviço aos Estados Unidos — mas se preparar para uma carreira produtiva não conta. Educar nossos próprios analfabetos em áreas rurais ou cortiços constitui serviço aos Estados Unidos — mas ir para a faculdade não constitui. Ensinar crianças com problemas cognitivos a fazer cestos constitui serviço aos Estados Unidos — mas obter um Ph.D. não conta.

O princípio sem nome não ficou claro? Desenvolver-se em uma pessoa *independente*, produtiva e ambiciosa não é visto como um valor para os Estados Unidos; se converter em um animal de sacrifício abjeto, é.

Isso, eu reitero, é uma obscenidade moral.

Qualquer que seja o país em que tal princípio possa se aplicar, não é aos Estados Unidos. Nem sequer à Rússia soviética, onde eles de fato destroem as mentes de seus jovens, mas não de forma tão arbitrária, enjoativa e sem sentido.

Essa proposta representa a essência desvelada do *altruísmo* em sua forma pura e plenamente consistente. Ele não busca sacrificar homens para o suposto benefício do Estado — ela busca sacrificá-los *pelo sacrifício em si*. Ela busca acabar com o espírito do homem — destruir sua mente, sua ambição, sua autoestima, sua autoconfiança, seu *ser*, justamente durante os anos em que ele está no processo de adquirir tudo isso.

O balão de ensaio de McNamara não se saiu muito bem, a princípio. Houve gritos de protesto e indignação, que compeliram o governo a emitir uma retratação apressada. "A Administração Johnson", disse o *The New York Times* de 20 de maio de 1966, "rapidamente deixou claro hoje que não tem planos de recrutar jovens americanos para trabalhos civis ou permitir que tais trabalhos se tornem uma alternativa ao serviço militar". A mesma notícia disse que "oficiais convocados a interpretar suas palavras [as de McNamara] destacaram que ele sugeriu 'pedir' ao invés de 'compelir' jovens a servir". Bem, eu quero destacar que se um governo pretende "pedir" ao invés de "compelir", ele não escolhe um secretário da Defesa para fazer o "pedido", e ele não "pede" isso no contexto de uma aprovação legal que trata do recrutamento militar compulsório.

A sugestão de "serviço voluntário" sob uma ameaça à vida de terceiros, é *chantagem* — *chantagem* direcionada à toda a juventude americana; chantagem exigindo sua rendição à servidão explícita.

Depois dessa sugestão inicial — obviamente como um passo intermediário, de modo a "condicionar" os animais de sacrifício — as quadrilhas altruístas-estatistas começaram a insistir na noção de serviço social "voluntário".

Em 14 de setembro de 1966, James Reston, do *The New York Times*, afirmou que o presidente Johnson disse: "Eu espero ver um dia em que alguma forma de serviço voluntário à comunidade, à nação e ao mundo seja tão comum nos Estados Unidos quanto ir à escola; pois homem nenhum viveu de verdade se tiver servido apenas a si mesmo".

A motivação disso tudo é óbvia. O recrutamento compulsório não é necessário para fins militares, não é necessário à proteção do país, mas os estatistas estão relutando para não entregar o poder que ele lhes concedeu e o princípio (e precedente) sem nome que ele estabeleceu — acima de tudo, não abrir mão do princípio de que a vida do homem pertence ao Estado.

Essa é a questão real — e a única questão —, e não há como combatê-la ou conseguir a abolição do recrutamento compulsório, exceto ao se defender o princípio do direito à própria vida. Não há como defender esse direito sem uma ideologia política-moral plena e consistente. Mas não é assim que a questão é debatida agora pelos anti-ideologistas histéricos em todos os lados.

São os "conservadores", os pretensos defensores da liberdade e do capitalismo, que deveriam se opor ao recrutamento compulsório. Eles não se opõem; eles o apoiam. No começo da campanha de eleição presidencial de 1964, Barry Goldwater fez uma vaga sugestão favorecendo a abolição do recrutamento que atraiu a atenção do público com esperança; ele rapidamente a dispensou e dedicou sua campanha a denunciar a moral de Bobby Baker. Quem trouxe ao debate e atenção pública a questão do recrutamento compulsório, exigindo sua revogação? A extrema esquerda — os *vietniks* e os pacifistas.

Alinhados com os métodos anti-ideológicos de todos os outros grupos, os *vietniks* — cuja simpatia está aliada à Rússia, China e Vietnã do Norte — estão gritando contra o recrutamento compulsório em nome de seus "direitos individuais" — acredite se quiser, dos direitos individuais. Eles reivindicam seus direitos à escolha de quais guerras eles lutarão — enquanto simpatizam com países onde o indivíduo não tem sequer o direito de escolher e emitir um pensamento próprio. O que é ainda pior é o fato de que eles são o único grupo que sequer menciona direitos individuais (se reportagens de jornal forem dignas de confiança).

Mas em meio a toda essa bagunça anti-ideológica, eu escolheria um pequeno incidente como o moralmente pior. Cito o *The New York Times* de 6 de fevereiro de 1967:

> Líderes de 15 organizações estudantis representando os dois extremos políticos assim como o centro convocaram hoje a abolição do recrutamento compulsório e o encorajamento do serviço voluntário em tarefas humanitárias. Em uma deliberação no fechamento de uma conferência de dois dias a respeito do recrutamento compulsório e do serviço nacional no Hotel Shoreham [Washington, D. C.], os líderes estudantis declararam: "O presente sistema de recrutamento compulsório e suas injustiças inerentes são incompatíveis com os princípios americanos tradicionais de liberdade individual dentro de uma sociedade democrática e, por essa razão, o recrutamento deve ser eliminado. Uma necessidade imediata existe em nossa sociedade para que os jovens se envolvam na eliminação de mazelas sociais, como ignorância, pobreza, discriminação racial e guerras". Dentre os signatários da resolução havia membros-chave da ala de esquerda, os Estudantes por uma Sociedade Democrática, da ala de direita, os Jovens Americanos pela Liberdade, e dos moderados, da Divisão Universitária Jovem da Associação Nacional para o Avanço de Pessoas de Cor. [...] Apesar de não se ter chegado à unanimidade alguma em recomendações concretas, o sr. Chickering [o patrocinador da conferência] disse que acreditava que a maioria dos líderes estudantis era

favorável à sua proposta para a criação de um sistema nacional de serviço voluntário. Sob sua proposta [...] seria solicitado aos estudantes nos *campi* de todo o país para que preenchessem cartões expressando seu interesse em servir em obras humanitárias.

(Atente à formulação "princípios americanos tradicionais de liberdade individual dentro de uma sociedade democrática" — ao invés de "*direito* individual à vida". O que é "liberdade individual dentro de uma sociedade democrática"? O que é uma "sociedade democrática"? "Liberdade individual" não é um princípio político primário e nem pode ser definido, defendido ou praticado sem um princípio primário de direitos individuais. E uma "sociedade democrática" *tradicionalmente* representa governo majoritário ilimitado. Esse é um exemplo do método pelo qual os anti-ideologistas de hoje estão obliterando o conceito de direitos. Repare também que os líderes "conservadores" dos Jovens Americanos pela Liberdade assinaram um documento dessa natureza.)

Esses homens não estão sendo chicoteados: esses homens estão pegando o chicote obedientemente e chicoteando a si mesmos. Politicamente, essa proposta é muito pior do que o recrutamento compulsório. Pelo menos o recrutamento oferece a desculpa de que o indivíduo está servindo seu próprio país em épocas de perigo — e suas implicações políticas são diluídas por uma longa tradição histórica associada ao patriotismo. Mas se os jovens aceitarem a crença de que é tarefa deles passar seus anos formativos insubstituíveis cultivando arroz e carregando comadres — eles estão psicologicamente acabados, assim como o país.

A mesma notícia trouxe algumas estatísticas chocantes sobre a atitude de estudantes universitários em geral. Ela citou uma pesquisa de opinião conduzida pela Associação Nacional dos Estudantes em vinte e três *campi* de todo o país. Se a pesquisa for confiável, "aproximadamente 75% disseram que preferem o estabelecimento de algum meio de permitir trabalho no Corpo da Paz, no Corpo Docente Nacional[99] ou com os Voluntários a Serviço

---

[99] *The Teacther Corps* foi um programa governamental americano implementada pelo Congresso em meados da década de 1960, tratou-se de um treinamento catedrático especialmente voltado para professores que atuariam em regiões de baixa. Rand usa apenas "teatcher corps", a tradução literal de apenas isso, todavia, poderia confundir esse grupo com um grupo mais abrangente de corpos docentes de uma escola, faculdade ou programa educacional, ao invés do programa específico ao qual ele faz referência. (N. E.)

da América como uma alternativa ao serviço militar. Cerca de 90%, no entanto, disseram que o governo tem direito de convocar seus cidadãos compulsoriamente e 68% acharam que tal convocação era necessária em períodos fora daqueles em que há uma emergência nacional declarada".

Esse é um exemplo, em larga escala, do que eu chamo "a sanção da vítima". Também é um exemplo do fato de que homens não podem ser escravizados politicamente até terem sido desarmados ideologicamente. Quando eles estão desarmados dessa maneira, são as vítimas que assumem a liderança no processo de sua própria destruição.

Esse é o estado do pântano de contradições engolindo as duas questões de proeminência mais imediata de hoje — Vietnã e o recrutamento compulsório. O mesmo é válido para todas as outras questões e pseudo-questões agora entupindo todas as avenidas de comunicação pública. E, adicionando insulto à injúria, os anti-ideologistas, que são responsáveis por ela, reclamam da letargia do público.

Letargia é apenas um disfarce psicológico precário para confusão, nojo e desespero.

O país em geral está amargamente insatisfeito com o *status quo*, desiludido com os *slogans* batidos do estatismo de bem-estar social e desesperados em busca de uma alternativa, ou seja, um programa e rumo inteligíveis. A intensidade dessa necessidade pode ser medida pelo fato de que apenas um único bom discurso elegeu um homem, que nunca atuou em nenhuma função pública, ao governo da Califórnia. Os estatistas dos dois partidos, que agora estão ocupados difamando o governador Reagan, estão ansiosos para evitar ver ou deixar que outros descubram a lição verdadeira e o significado de sua eleição: que o país anseia por uma voz de consistência, clareza e autoconfiança moral — que foram as qualidades marcantes de seu famoso discurso, que não pode ser obtida nem projetada por anti-ideologistas que buscam o consenso.

Até a presente data, o governador Reagan parece ser uma figura pública promissora — eu não o conheço e não posso falar sobre o futuro. É difícil evitar um certo grau de ceticismo: nós somos desapontados muito frequentemente. Mas cumpra ele suas promessas ou não, a necessidade, a busca e a resposta do povo a ideias claras e cristalinas continua sendo um fato — e se tornará um fato trágico caso os líderes intelectuais do país continuarem ignorando-a.

Desde as eleições de 1966, alguns comentadores têm falado sobre a "guinada à direita" do país. Não houve guinada à direita (exceto talvez, na Califórnia) — houve apenas uma guinada contra a esquerda (se por "direita" falamos em capitalismo — e por "esquerda", em estatismo). Sem uma liderança e um programa ideológico firmes e consistentes, o protesto desesperado do povo será dissipado nos pontos cegos do mesmo estatismo a que eles se opõem. É fútil lutar contra isso, se não se souber em prol de que é a luta. Uma mera tendência ou movimento negativo não pode vencer e, historicamente, nunca venceu: ele não leva a lugar algum.

A doutrina do consenso conseguiu o exato oposto de sua meta pretendida: ao invés de criar unidade e concórdia, ela desintegrou e esfacelou o país de tal forma que nenhuma comunicação, tampouco concórdia, seja possível. Não é unidade, mas sim coerência intelectual que um país precisa. Essa coerência só pode ser obtida por princípios fundamentais, não por transigência entre grupos de homens — através da primazia de ideias, não de quadrilhas.

A tarefa de definir ideias e metas não é o domínio dos políticos e não é cumprida durante eleições: as eleições são meras consequências. Essa tarefa pertence aos intelectuais. A necessidade é mais urgente do que nunca.

P.S.: De vez em quando, recebo cartas de jovens me pedindo conselhos pessoais sobre problemas relacionados ao recrutamento compulsório. Moralmente, ninguém pode dar conselhos sobre qualquer questão em que escolhas e decisões não são voluntárias: "a moralidade termina onde uma arma começa". Quanto a alternativas práticas disponíveis, a melhor coisa a ser feita é consultar um bom advogado.

Há, no entanto, um aspecto moral da questão que precisa de esclarecimento. Alguns jovens parecem trabalhar sobre o equívoco de que, uma vez que o recrutamento compulsório seja uma violação de seus direitos, a conformidade com a lei de recrutamento constituiria uma sanção moral a essa violação. Esse é um erro grave. Conformidade forçada não é uma sanção. Todos nós somos forçados a obedecer a várias leis que violam nossos direitos, mas desde que defendamos a revogação dessas leis, nossa conformidade não constitui uma sanção. Leis injustas precisam ser combatidas ideologicamente; elas não podem ser combatidas ou corrigidas por meio de mera desobediência e martírio fútil. Citando um editorial sobre esse assunto na edição de abril de 1967 do *Persuasion*: "Não se impede um rolo-compressor apenas se jogando à frente dele [...]".

CAPÍTULO 22

A CAPITALIZAÇÃO: A "REBELIÃO" ESTUDANTIL [100]

Ayn Rand

A chamada "rebelião" estudantil, que começou e foi centralizada na Universidade da Califórnia, em Berkeley, tem profunda importância, mas não do tipo que a maioria dos comentadores lhe atribuiu. E a natureza das deturpações é parte de sua importância.

Os eventos em Berkeley começaram no outono de 1964, ostensivamente como um protesto estudantil contra a ordem da administração da universidade que proibia atividade política — especificamente o recrutamento, captação de fundos e organização de estudantes para ações políticas fora do *campus* — em uma certa faixa do terreno adjunto ao *campus*, que era de propriedade da universidade. Alegando que seus direitos foram violados, um pequeno grupo de "rebeldes" reuniu milhares de estudantes de todos os lados políticos, incluindo vários "conservadores", e assumiu o título de "Movimento pela Liberdade de Expressão" [FSM, em inglês]. O movimento simulou protestos "passivos" no prédio da administração e cometeu outros atos de força física, como agressão a policiais e a tomada forçada de uma viatura para ser usada como tribuna.

O espírito, estilo e tática da rebelião são mais bem ilustrados por um incidente em particular. A administração da universidade convocou uma reunião geral, que contou com a presença de dezoito mil estudantes e docentes, para ouvirem uma declaração sobre a situação feita pelo presidente da universidade, Clark Kerr; foi expressamente anunciado que nenhum orador estudantil poderia falar na reunião. Kerr tentou encerrar a rebelião capitulando: ele prometeu atender a maioria das demandas dos rebeldes; parecia que ele havia conquistado a simpatia dos presentes. Diante disso,

---

[100] *The Objectivist Newsletter*, julho, agosto e setembro de 1965.

A CAPITALIZAÇÃO: A "REBELIÃO" ESTUDANTIL

Mario Savio, o líder dos rebeldes, tomou o microfone, em uma tentativa de assumir a reunião, ignorando as regras e o fato de que a reunião havia sido adiada. Quando ele foi — justamente — retirado da plataforma, os líderes do FSM admitiram, aberta e jubilosamente, que eles quase perderam aquela batalha, mas a salvaram ao provocar a administração e forçá-la a cometer um ato de "violência" (assim admitindo que a vitória de suas metas declaradas publicamente não era a meta de seu embate).

O que houve a seguir foi uma publicidade em nível nacional, de um tipo peculiar. Houve uma torrente repentina, e aparentemente espontânea, de artigos, estudos e pesquisas revelando uma estranha unanimidade de abordagem em diversos aspectos básicos: em atribuir ao FSM a importância de um movimento nacional, sem comprovação pautada em fatos; distorcendo os fatos por meio de generalizações ininteligíveis; concedendo aos rebeldes o *status* de porta-vozes da juventude americana, aclamando seu "idealismo" e "comprometimento" com ações políticas, saudando-os como um sintoma do "despertar" dos universitários contra a "apatia política". Se alguma vez houve um "engrandecimento" feito por parte majoritária da imprensa, foi nessa ocasião.

Entrementes, o que sucedeu em Berkeley foi uma batalha feroz com três lados entre a administração da universidade, seu Conselho de Regentes e seus professores, uma batalha relatada tão superficialmente pela imprensa que seus números exatos continuam obscuros. Só foi possível descobrir que o Conselho de Regentes aparentemente exigia uma política "severa" perante os rebeldes, que a maioria dos professores estava do lado dos rebeldes e que a administração foi encurralada em cima do muro dos "moderados".

A batalha levou à demissão permanente do chanceler da universidade (conforme exigido pelos rebeldes), ao afastamento temporário e depois à readmissão do presidente Kerr, e, por fim, uma capitulação quase completa ao FSM, com a administração cedendo a quase todas as exigências dos rebeldes. (Elas incluíam o direito a defender atos ilegais e o direito à liberdade de expressão irrestrita no *campus*.)

Para o espanto dos ingênuos, isso não encerrou a rebelião: quanto mais demandas eram atendidas, mais demandas eram feitas. Conforme a administração intensificou seus esforços para apaziguar o FSM, o FSM intensificou suas provocações. A liberdade de expressão irrestrita tomou a forma do "Movimento do Linguajar Obsceno", que consistia em estudantes carregando cartazes com palavras de quatro letras[101] e transmitindo obscenidades pelos alto-falantes da universidade (ação que foi descartada com pouca reprovação por maior parte da imprensa, considerada uma mera "brincadeira de adolescentes").

Isso aparentemente foi demais até mesmo para quem simpatizava com a rebelião. O FSM começou a perder seus seguidores e foi finalmente dissolvido. Mario Savio abandonou a universidade, declarando que "não conseguia aturar os procedimentos *não democráticos* que a administração executava" [grifo meu em itálico], e partiu, supostamente para organizar um movimento estudantil revolucionário em nível nacional.

Esse é um sumário simples dos eventos conforme foram relatados pela imprensa. Mas algumas informações reveladoras foram fornecidas por voluntários, fora dos canais regulares de notícias, como as colunas de cartas ao editor dos jornais.

Um relato eloquente foi dado via carta ao *The New York Times* de 31 de março de 1965 por Alexander Grendon, um biofísico do Laboratório Donner, da Universidade da Califórnia:

> O FSM sempre usou de coerção para assegurar a vitória. Uma "democracia" unipartidária, como nos países comunistas ou a parcela branca do sul do país, corrigindo oponentes do pensamento do partido com punição. A punição à administração recalcitrante da universidade (e mais de 20 mil estudantes que evitaram participar no conflito) foi "levar a universidade a uma parada completa" através de força física.
>
> Capitular sob tal corrupção da democracia é ensinar aos estudantes que esses métodos são corretos. O presidente Kerr capitulou repetidamente [...].
>
> Kerr concordou que a universidade não controlaria "a defesa de atos ilegais", uma abstração até ser ilustrada por exemplos: em um auditório da universidade, um autoproclamado anarquista aconselhava estudantes a como trapacear para fugir do serviço militar; um comunista nacionalmente conhecido usava as instalações da universidade para condenar nosso governo em termos violentos por suas ações no Vietnã, enquanto fundos para apoiar os vietcongues eram solicitados ilegalmente; propaganda voltada ao uso de maconha, com instruções de onde comprar, era abertamente distribuída no *campus*.

---

[101] Considerando o contexto e a pesquisa realizada sobre o tema, muito provavelmente se refere à palavra "Fuck". (N. E.)

Mesmo a abstração "obscenidade" é mais bem compreendida quando se ouve um orador, usando amplificadores da universidade, descrevendo em palavras vulgares sua experiência sobre sexo grupal e homossexualidade e recomendando essas práticas, enquanto outro sugere que estudantes devem ter a mesma liberdade sexual no *campus* tal qual os cães de lá têm.

A "negociação" de Clark Kerr — um eufemismo para rendição — em cada impasse deliberado dos processos ordeiros da universidade, contribuiu não para uma universidade liberal, mas para uma universidade sem lei.

David S. Landes, professor de história da Universidade de Harvard, fez uma observação interessante em uma carta ao *The New York Times* de 29 de dezembro de 1964, declarando que a revolta de Berkeley representa potencialmente um dos mais sérios ataques à liberdade acadêmica dos Estados Unidos. Ele escreveu:

> Em conclusão, eu deveria destacar as implicações deletérias dessa disputa pela Universidade da Califórnia. Conheço pessoalmente cinco ou seis professores que estão indo embora, não por falta de simpatia com "liberdade de expressão" ou "ação política", mas porque, como um deles falou, quem quer lecionar na Universidade de Saigon?

O relato mais claro e a avaliação mais perceptiva foram oferecidos em um artigo no *Columbia University Forum* na primavera de 1965, intitulado "O que sobrou em Berkeley", por William Petersen, professor de sociologia da Universidade da Califórnia em Berkeley. Ele escreveu:

> O primeiro fato a ser conhecido sobre o Movimento pela Liberdade de Expressão é que ele tem pouco ou nada a ver com liberdade de expressão. [...] Se não é por liberdade de expressão, então qual é a questão? De fato, por mais absurdo que possa parecer, a questão real é a tomada do poder. [...].

> Que um número ínfimo, de poucas centenas de estudantes de um corpo discente de mais de 27 mil, foi capaz de parar o *campus* é a consequência de mais do que vigor e habilidade para agitação. Esse grupo minúsculo não teria sucesso em colocar tantos estudantes em ação sem três outras fontes de apoio, à época inconscientes desse apoio: assistência externa ao *campus* de vários tipos, a administração da universidade e o corpo docente.

> Todos que viram a organização eficiente, quase militar, do programa dos agitadores tiveram uma base razoável para acreditar que pessoal habilidoso e dinheiro estavam sendo enviados à peleja de Berkeley. [...] Ao redor da comunidade de Berkeley, uma dezena de "comitês de suporte *ad hoc*" para esse ou aquele elemento da revolta estudantil surgiram espontaneamente, como que do nada.

O curso seguido pela administração da universidade dificilmente conseguiria ter fomentado melhor um corpo estudantil revoltoso se tivesse planejado fazer isso. Estabelecer regulações dúbias e, quando atacados, se defenderem com argumentos irracionais já é ruim o bastante; mas pior ainda foi o fato de que a universidade não impôs qualquer sanção séria aos estudantes. [...] Obediência às normas é desenvolvida quando ela é recompensada adequadamente e quando o seu descumprimento é adequadamente punido. O fato de que educadores profissionais precisem ser lembrados desse axioma indica a profundidade em que as raízes da crise de Berkeley estão.

Mas o motivo mais importante para que os extremistas ganhassem tantos apoiadores no meio estudantil foi a atitude do corpo docente. Talvez a capitulação mais notável dele ao FSM tenha sido uma resolução aprovada pelo Senado Acadêmico no dia 8 de dezembro, por meio da qual os professores notificaram o *campus* de que eles não apenas apoiavam todas as demandas dos radicais, mas também, efetivamente, estavam dispostos a lutar por elas contra o Conselho de Regentes, caso fosse necessário. Quando essa resolução foi aprovada por uma maioria esmagadora — 824 a 115 votos — ela efetivamente silenciou as organizações estudantis contrárias ao FSM. [...]

O Movimento pela Liberdade de Expressão é um resquício das frentes comunistas[102] da década de 1930, mas há várias diferenças importantes. O aspecto-chave, que o núcleo radical usa questões legítimas de forma ambígua para manipular uma grande massa, é idêntico. No entanto, o núcleo nesse caso não é o disciplinado partido comunista, mas sim um grupo heterogêneo de seguidores radicais.

O professor Petersen lista os vários grupos socialistas, trotskistas, comunistas e afins envolvidos. A conclusão dele foi:

> Os líderes radicais do campus de Berkeley, tal qual aqueles das universidades da América Latina ou da Ásia, não são menos radicais por estarem, em vários casos, fora da disciplina de um partido político formal. Eles são definidos não por pagarem tributo a um partido, mas por suas ações, vocabulário e forma de pensar. O melhor termo para descrevê-los, em minha opinião, é castrista.

---

[102] "Os fronts comunistas" foi um movimento de vanguarda do comunismo, instado principalmente – mas não unicamente – no Leste Europeu. Tratava-se de grupos organizados, porém atuando ao estilo de guerrilhas, eles usavam de ataques rápidos e maciços a fim de derrubar pequenos governos, tomar fábricas, centros comerciais etc. Essa estratégia voltou a ser disseminada com maior força após a Segunda Guerra Mundial, com especial apoio da China e da União Soviética. (N. E.)

Esse termo, segundo ele explica, se aplica primariamente à escolha de táticas dos líderes, levando em conta que] em vários aspectos críticos, todos eles imitam o movimento de Castro.

> Em Berkeley, táticas provocativas aplicadas não contra uma ditadura, mas contra uma administração universitária liberal, dividida e titubeante, provou-se bastante eficiente. Cada provocação e subsequente vitória levou à seguinte.

O professor Petersen termina seu artigo em um tom de alerta:

> Em meu diagnóstico [...] o paciente [a universidade] não só ainda não se recuperou, mas na realidade está mais doente do que nunca. A febre baixou temporariamente, mas a infecção está se espalhando e se tornando mais virulenta.

Agora consideremos a ideologia dos rebeldes, através de indicações conforme informadas por relatórios de imprensa. O tom geral dos relatos foi mais bem expressado por uma manchete do *The New York Times* de 15 de março de 1965: "A Nova Esquerda Estudantil: Movimento Representa Ativistas Sérios Rumo a Mudanças".

Que tipo de mudanças? Nenhuma resposta específica foi dada na reportagem de quase uma página. Apenas "mudanças".

Alguns desses ativistas "que comparam seu movimento a uma 're-volução', querem ser chamados de radicais. A maioria deles, no entanto, prefere ser chamado de 'organizador'".

Mas organizadores de quê? De "pessoas desprovidas". Para quê? Sem resposta. Apenas "organizadores".

> A maioria expressa desprezo por qualquer rótulo específico e eles não se importam de serem chamados de cínicos. [...] A maioria esmagadora dos pesquisados disseram que eles eram tão céticos em relação ao comunismo quanto eram em relação a qualquer forma de controle político. [...] "Você pode dizer que somos in-comunistas", um deles disse, "assim como você pode dizer que somos imorais ou in-qualquer outra coisa".

No entanto, há exceções. Uma moça da Universidade da Califórnia, uma das líderes da revolta de Berkeley, teve essa fala atribuída a ela: "Na atualidade, o mundo socialista, mesmo com todos os seus problemas, está se aproximando mais do que quaisquer outros países do tipo de sociedade que eu acho que deveria existir. Na União Soviética, ela quase foi alcançada".

Outro estudante, da Universidade Municipal de Nova York, é mencionado concordando: "A União Soviética e o bloco socialista inteiro estão no rumo certo", disse ele.

Em vista do fato de que a maioria dos jovens ativistas estiveram ativos no movimento de direitos civis, e que os rebeldes de Berkeley começaram se escondendo atrás da questão dos direitos civis (tentando, sem sucesso, difamar toda a oposição, alegando que tivesse origem "racista"), é interessante ler que: "Há pouco diálogo entre os ativistas acerca de integração racial. Alguns deles consideram o assunto antiquado. Eles declaram que a integração seria quase tão ruim quanto a segregação se resultasse em uma sociedade inter-racial complacente de classe média".

O tema central e a ideologia básica de todos os ativistas são: *anti-i-deologia*. Eles se opõem militantemente a todos os "rótulos", definições e teorias; proclamam a supremacia do momento imediato e o compromisso com a ação — com a ação subjetiva e emocionalmente motivada. Sua atitude anti-intelectual corre como um *leitmotiv* histérico por todas as matérias da imprensa.

Um artigo da *The New York Times Magazine* de 14 de fevereiro de 1965 declara:

Os amotinados de Berkeley não pareciam políticos no sentido daqueles estudantes rebeldes da turbulenta década de trinta. Eles são desconfiados demais de todas as instituições adultas para abraçar plenamente até mesmo essas ideologias que arriscam destruir o sistema. Um anarquista ou alguma tensão da Primeira Guerra Mundial parece tão notável quanto qualquer doutrina marxista. "A deles é um tipo de existencialismo político", diz Paul Jacobs, um pesquisador associado no Centro de Estudos de Direito e Sociedade na universidade, que é um dos que saúdam o FSM. "Todos os velhos rótulos já eram [...]"

Os zelotes orgulhosos de não terem moderação do FSM almejam um credo ativista — de que apenas o comprometimento pode arrancar o vazio de suas vidas, sua ausência de sentido em uma grande "fábrica de conhecimento" como Berkeley.

Um artigo do *The Saturday Evening Post* de 8 de maio de 1965, discutindo os vários grupos de jovens de esquerda, cita um líder do grupo Estudantes para uma Sociedade Democrática:

"Começamos rejeitando a velha esquerda sectária e suas rixas antiquadas, e temos desprezo pela sociedade americana, que consideramos depravada. Estamos interessados em ação direta e questões específicas. Não passamos horas debatendo a natureza da Rússia soviética ou se a Iugoslávia é um Estado de trabalhadores degenerados." [E]: "Com protestos passivos nós vimos, pela primeira vez, a chance de participar diretamente de uma revolução social com propósito".

A CAPITALIZAÇÃO: A "REBELIÃO" ESTUDANTIL

Em suas horas fora dos piquetes [declara o mesmo artigo] jovens do PL [Sigla em inglês para Trabalho Progressista] desfrutam de teatros experimentais e cafés no East Village, em Manhattan. O gosto deles por leitura tende mais para Sartre do que para Marx.

Com um toque interessante de unanimidade, uma pesquisa na *Newsweek* de 22 de março de 1965 cita um jovem do outro lado do continente: "'Esses estudantes não leram Marx', disse um líder do Movimento dos Estudantes Livres de Berkeley. 'Eles leram Camus'".

"Se eles são rebeldes", a pesquisa continua, "eles são rebeldes sem uma ideologia e sem programas revolucionários de longo alcance. Eles se manifestam sobre questões, não sobre filosofias, e parecem incapazes de formular ou sustentar uma teoria política sistematizada de sociedade, seja de esquerda ou de direita".

"O estudante de hoje busca se encontrar através do que ele faz, não do que ele pensa", a pesquisa declara explicitamente — e cita algumas autoridades adultas em simpatia confirmadora. "'O que há hoje, como na década de 30', diz o editor do *New York Post*, James A. Wechsler, 'são grupos de ativistas que querem de verdade uma função na vida'. Mas não ideologicamente. 'Nós nos sentávamos e debatíamos marxismo, mas os estudantes de hoje trabalham em prol de direitos civis e paz'". Atribui-se a Richard Unsworth, capelão em Dartmouth, a seguinte fala: "No mundo do *campus* de hoje, 'o caminho é agir agora e depois refletir sobre seus atos, ao invés de refletir, decidir e então agir, como era há alguns anos'". Paul Goodman, descrito como autor, educador e "um dos atuais heróis dos estudantes", é mencionado por saudar o movimento de Berkeley porque: "Os líderes da insurreição, ele diz, 'não tiveram calma, eles se arriscaram, *eles estavam dispostos a se confundirem,* eles não sabem se tudo seria um sucesso ou um fracasso. Agora eles não querem mais saber de calma, eles querem assumir o controle'". [Grifo em itálico meu. O mesmo tributo poderia ser pago a qualquer motorista bêbado].

O tema de "assumir o controle" é repetido incessantemente. O alvo imediato, aparentemente, é a tomada do controle das universidades. O artigo da *The New York Times Magazine* cita um dos líderes do FSM: "Nossa ideia é que a universidade é composta por professores, estudantes, livros e ideias. Em um sentido literal, a administração apenas existe para garantir que as calçadas estejam limpas. Ela deveria servir aos professores e estudantes".

CAPITALISMO: O IDEAL DESCONHECIDO | AYN RAND

O clímax dessa frase específica foi uma notícia do *The New York Times* de 29 de março de 1965 sob o cabeçalho: "Universitários Adotam uma Carta de Direitos".

Um grupo de estudantes universitários do Leste [dos EUA] declarou aqui [na Filadélfia], nesse fim de semana, que administradores de universidades não deveriam ser nada além de empregados para a comunidade educacional.

"A universidade ou faculdade moderna", eles dizem, "deveria ser gerida por estudantes e professores; administradores seriam equipes eclesiástica, de segurança e de manutenção, cujo propósito é fazer cumprir a vontade dos professores e dos estudantes".

Um manifesto para isso foi adotado em uma reunião ocorrida na Universidade da Pensilvânia com a presença de duzentos jovens de 39 universidades das áreas de Nova York e Filadélfia, Harvard, Yale, a Universidade da Califórnia em Berkeley, e de escolas do Centro-Oeste.

Um tema recorrente da reunião foi que faculdades e universidades se tornaram servos do "*establishment* financeiro, industrial e militar", e que estudantes e professores estavam sendo "vendidos como escravos" pelos administradores.

Dentre as provisões do manifesto havia declarações de liberdade para associar, organizar ou fazer reuniões de qualquer organização [...] abolição de anuidades; controle de agentes da lei por estudantes e professores; fim do Corpo de Treinamento de Oficiais da Reserva; abolição de juramentos de lealdade; controle docente-estudantil quanto aos currículos [...].

O método usado para adotar o manifesto é iluminador: "Cerca de 200 estudantes compareceram à reunião, com 45 permanecendo até o fim, quando a 'Carta de Direitos Estudantis' foi adotada". Lá se vão os "procedimentos democráticos" e o direito dos ativistas ao título de porta-vozes da juventude americana.

Que significado é atribuído à rebelião estudantil por todos esses relatórios e pelas autoridades que eles escolhem citar? A coragem moral não é uma característica da cultura de hoje, mas em nenhuma outra questão contemporânea a covardia moral foi revelada de forma tão nua e feia. Não só a maioria dos comentadores carece de uma avaliação independente dos acontecimentos, não só se inspiram nos rebeldes, mas em todas as queixas dos rebeldes, é a mais superficial, irrelevante e, portanto, a mais segura, que eles optar por apoiar e aceitar como causa da rebelião: a denúncia de que as universidades "cresceram demais".

A CAPITALIZAÇÃO: A "REBELIÃO" ESTUDANTIL

Como se elas tivessem florido da noite para o dia, a "grandeza" das universidades é repentinamente condenada pelo consenso como um problema nacional e culpada pela "inquietude" dos estudantes, cujos motivos são aplaudidos como "idealismo" juvenil. Na cultura de hoje, sempre foi seguro atacar "grandezas". E uma vez que a questão insignificante de mero *tamanho* há muito serve como meio de fuga de questões reais, em todos os lados de todos os muros políticos uma nova frase de efeito foi acrescentada à lista de "Grandes Empresas", "Grandes Sindicatos Trabalhistas", "Grandes Governos", etc.: "Grandes Universidades".

Para uma plateia mais sofisticada, a revista socialista *The New Leader* de 21 de dezembro de 1964 oferece uma avaliação marxista-freudiana, atribuindo a rebelião primariamente à "alienação" (citando Savio: "De alguma maneira, as pessoas estão sendo separadas de alguma coisa") e à "revolta geracional" ("Espontaneamente, o idioma natural do protesto político estudantil foi o do protesto sexual contra o administrador universitário proibidor que governou *in loco parentis*"[103]).

Mas o prêmio por expressar a essência moral-intelectual da cultura de hoje deveria ir para o governador Brown, da Califórnia. Lembre-se de que a Universidade da Califórnia é uma instituição estadual, que seus regentes são nomeados pelo governador e que ele, portanto, foi o alvo definitivo da revolta, incluindo todas as suas manifestações, da violência física ao linguajar obsceno.

> Teríamos feito a nossa sociedade segura para estudantes com ideias? [disse o governador Brown em um jantar no *campus*]. Não tornamos. Os estudantes mudaram, mas a estrutura da universidade e suas atitudes perante seus estudantes não acompanharam o ritmo da mudança.
>
> Portanto, alguns estudantes sentiram que tinham o direito de agir fora da lei de modo forçar a mudança. Mas ao fazerem isso, eles exibiram o auge da *hipocrisia idealista* [Grifo em itálico meu]. Por um lado, eles defenderam a Constituição Federal, exigindo seus direitos de advocacia política. Mas, ao mesmo tempo, eles descartaram o princípio de devido processo em prol de ação direta.
>
> Ao fazerem isso, eles estavam tão errados quanto a universidade. Esse, então, é o grande desafio perante a nós, o desafio da mudança[104].

---

[103] "no lugar dos pais". (N. E.)

[104] BROWN SR., Edmund G. (Título desconhecido.) *The New York Times*, 22 de maio de 1963.

Considere o fato de que o governador Brown normalmente é visto como um poderoso executivo-chefe e, pelos republicanos da Califórnia, como um oponente formidável. Considere o fato de que "de acordo com a Pesquisa de Opinião Pública da Califórnia, 74% da população desaprova o movimento de protesto estudantil de Berkeley"[105]. E então repare que o governador Brown não ousou denunciar um movimento dirigido ou manipulado por um grupo de quarenta e cinco estudantes, e que ele se sentiu obrigado a qualificar o termo "hipocrisia" com o adjetivo "idealista", assim criando uma das combinações mais estranhas do atual vocabulário de evasão.

Agora repare que em toda essa massa de comentários, avaliações e interpretações (incluindo a ponderada pesquisa da *Newsweek*, que ofereceu estatísticas de todos os aspectos imagináveis da vida universitária), nenhuma palavra foi dita sobre o *conteúdo* da educação moderna, sobre *a natureza das ideias* que estão sendo incutidas pelas universidades de hoje. Cada possível pergunta foi levantada e considerada, exceto: *o que os estudantes são ensinados a pensar?* Isso, aparentemente, foi o que ninguém ousou discutir.

E é isso que devemos discutir agora.

Se um dramaturgo tivesse o poder de converter ideias filosóficas em pessoas reais, de carne e osso, e tentasse criar as encarnações ambulantes da filosofia moderna, o resultado seria os rebeldes de Berkeley.

Esses "ativistas" são tão plena, literal, leal e devastadoramente os produtos da filosofia moderna que alguém deveria gritar para todos os professores e administradores universitários: "Meus irmãos, vocês pediram por isso!".

A humanidade não poderia esperar continuar ilesa depois de décadas de exposição à radiação dos destroços de fissão intelectual, como: "O raciocínio é impotente para saber as coisas como elas são; a realidade é irreconhecível; a certeza é impossível; o conhecimento é mera probabilidade; a verdade é aquilo que funciona; a mente é uma superstição; a lógica é uma convenção social; a ética é uma questão de comprometimento subjetivo a um postulado arbitrário". E as consequentes mutações são essas jovens criaturas deformadas que gritam, em terror crônico, que elas nada sabem, mas querem a tudo governar.

Então, se o dramaturgo escrevesse um filme, ele poderia intitulá-lo, justificadamente, "Mario Savio, Filho de Immanuel Kant".

---

[105] S/A. S/T. *The New Leader*, 12 de abril de 1965.

Com exceções raras e academicamente negligenciadas, a "corrente dominante" de filosofia que se infiltra em cada sala de aula, matéria e cérebro das universidades de hoje é: agnosticismo epistemológico, irracionalismo declarado, subjetivismo ético. Nossa era testemunha o clímax definitivo, a capitalização sobre um longo processo de destruição, no final de uma estrada pavimentada por Kant.

Desde que Kant separou a razão da realidade, seus descendentes intelectuais têm diligentemente expandido a brecha entre ambas. Em nome da razão, o pragmatismo estabeleceu uma visão de alcance momentâneo como uma perspectiva iluminada de vida, o descarte de contextos como uma regra de epistemologia, conveniência como um princípio de moralidade e subjetivismo coletivo como um substituto à metafísica. O positivismo lógico o levou além e, em nome da razão, elevou a psico-epistemologia imemorial de advogados charlatães ao *status* de um sistema epistemológico ao proclamar que o conhecimento consiste em manipulações linguísticas. Levando isso a sério, a análise linguística declarou que a tarefa da filosofia não é identificar princípios universais, mas dizer às pessoas o que elas querem dizer quando falam, o que elas seriam incapazes de saber de outra forma (que, à época, era verdade — em círculos filosóficos). Esse foi o golpe final para destruir as amarras da filosofia e deixá-la flutuando a esmo, como um balão mais leve do que o ar, perdendo qualquer semelhança de conexão com a realidade, qualquer relevância aos problemas existenciais do homem.

Não importa o quão cuidadosamente os proponentes de tais teorias circundaram qualquer referência à relação entre teoria e prática, não importa o quão tímidos foram na batalha para tratar a filosofia como um jogo de salão ou de sala de aula — permaneceu o fato de que jovens iam à universidade com o propósito de adquirir conhecimento *teórico* para guiá-los em ações *práticas.* Professores de filosofia evitavam perguntas sobre a aplicação de suas ideias à realidade, através de métodos como declarar que "realidade é um termo insignificante" ou afirmando que a filosofia não tem propósito além do divertimento de fabricar "construtos" arbitrários, ou exigir que estudantes enfeitem cada teoria com "bom senso" — o bom senso que eles passaram horas intermináveis tentando invalidar.

Como resultado, um estudante saía de uma universidade moderna com o seguinte sedimento deixado em seu cérebro por seus quatro a oito anos de estudos: a existência é uma selva inexplorada e irreconhecível, medo e incerteza são o estado permanente do homem, ceticismo é a marca da maturidade, cinismo é a marca do realismo e, acima de tudo, a marca de um intelectual é a negação do intelecto.

Quando e se comentadores acadêmicos formulavam opiniões sobre os resultados práticos de suas teorias, eles eram predominantemente unidos em declarar que incerteza e ceticismo são aspectos sociais valiosos, que levariam à tolerância de diferenças, flexibilidade, "ajustamento" social e disposição à transigência. Alguns foram longe o suficiente para reiterar explicitamente que a certeza intelectual é a marca de uma mentalidade ditatorial e que a dúvida crônica — a ausência de convicções firmes, a falta de absolutos — é a garantia de uma sociedade pacífica e "democrática".

Eles erraram os cálculos.

É dito que a dicotomia de Kant levou a duas linhas de filósofos kantianos, ambas aceitadoras de suas premissas básicas, mas em lados opostos: os que escolheram a razão, abandonando a realidade, e aqueles que escolheram a realidade, abandonando a razão. Os primeiros entregaram o mundo aos segundos.

O coletor dos racionalizadores e esforços kantianos, o receptor dos restos falidos do sofismo, casuística, esterilidade e trivialidade abissal à qual eles reduziram a filosofia — foi o *existencialismo.*

Existencialismo, essencialmente, consiste em apontar a filosofia moderna e declarar: "Já que *isso* é razão, pro inferno com ela!".

Apesar do fato de que os pragmatistas-positivistas-analistas obliteraram a razão, os existencialistas os aceitaram como os defensores da razão, os expuseram ao mundo como exemplos de racionalidade e seguiram rejeitando a razão como um todo, proclamando sua impotência, se rebelando contra seu "fracasso", pedindo um retorno à realidade, aos problemas da existência humana, aos valores, à ação — aos valores subjetivos e ações impensadas. Em nome da realidade eles proclamaram a supremacia moral de "instintos", ímpetos, sentimentos, e os poderes cognitivos de estômagos, músculos, rins, corações, sangue. Foi uma rebelião de corpos sem cabeça.

A batalha não acabou. Os departamentos de filosofia das universidades atuais são o campo de batalha de um embate que, na verdade, é só uma rixa familiar entre os analistas e os existencialistas. A progênie deles são os ativistas da rebelião estudantil.

A CAPITALIZAÇÃO: A "REBELIÃO" ESTUDANTIL

Se esses ativistas escolherem a política de "agir e só depois refletir sobre seus atos" — o pragmatismo não os ensinou que a verdade deve ser julgada por suas consequências? Se eles "parecem incapazes de formular ou sustentar uma teoria política sistematizada de sociedade", mas mesmo assim gritam com retidão moral que eles propõem alcançar suas metas através de força física — será que o positivismo lógico não os ensinou que proposições éticas não têm sentido cognitivo e são meramente um relato dos sentimentos de um indivíduo ou o equivalente a ejaculações emocionais? Se eles estão cegos de forma tão selvagem a tudo exceto ao momento imediato, o positivismo lógico não lhes ensinou que não se pode afirmar a existência de nada com certeza? E enquanto os analistas linguísticos estão ocupados demonstrando que "o gato está no mato" não quer dizer que "o mato" é um atributo de "gato" nem que "no mato" é um gênero ao qual "o gato" pertence, nem também que "o gato" equivale a "no mato" — é de se impressionar que os estudantes invadam o campus de Berkeley com cartazes dizendo "greve agora, análise depois"? (Esse *slogan* foi citado pelo professor Peterson no *Columbia University Forum*).

No dia 14 de junho, a CBS transmitiu um documentário obtuso, incoerente e confuso — e por essas mesmas razões, autêntico e importante, chamado *The Berkley Story* [*A História de Berkeley*]. Existe método em todo tipo de loucura, e para aqueles que são conhecedores de filosofia moderna, o documentário foi como uma exibição de espelhos distorcidos exibindo reflexões retorcidas e ecos aleatórios da carnificina perpetrada nas câmaras de tortura acadêmica da mente.

"Nossa geração não tem ideologia", declarou o primeiro rapaz entrevistado, com um tom de afronta e ódio uma vez reservado para dizer: "Abaixo Wall Street!", claramente projetando que o inimigo agora não são os chamados barões gatunos, mas *a mente*. A geração anterior, ele explicou jocosamente, teve uma "bela pílula" para resolver tudo, mas a pílula não funcionou e eles apenas "tiveram ataques do coração". "Nós não acreditamos em pílulas", disse ele.

"Nós aprendemos que não há regras absolutas", disse uma jovem, rápida e defensivamente, como se bradasse um axioma e em seguida o explicasse sem articulação, com a ajuda de gestos apontando para si, que "nós fazemos as regras para nós mesmos" e que o que é certo para *ela* pode não ser certo para os outros.

284

Uma garota descreveu suas aulas como "palavras, palavras, palavras, papel, papel, papel" — e silenciosamente, em um tom de desespero legítimo, disse que ela divagava ocasionalmente: "O que eu estou fazendo aqui? Eu não estou aprendendo nada".

Uma jovem intensa que falava com confiança, sem concluir qualquer frase ou argumento, denunciava a sociedade em geral, tentando dizer que uma vez que as pessoas são produtos sociais, a sociedade fez um mau serviço. Ela parou no meio de uma frase e acrescentou, como um adendo casual: "Independente do que eu me tornar, eu ainda sou um produto", e continuou falando. Ela disse isso com a sinceridade de uma criança consciente conhecendo um fato autoexplicativo da natureza. Não foi uma encenação: a coitada falava sério.

A confusão desvairada no rosto de Harry Reasoner, o comentador, quando ele tentou resumir tudo o que havia apresentado, foi uma indicação eloquente do porquê a imprensa é incapaz de manusear adequadamente a rebelião estudantil. "Agora, imediatamente — qualquer situação deve ser resolvida agora", disse ele incrédulo, descrevendo a atitude dos rebeldes, sem adular nem condenar, no tom quase espantado e quase consternado de um homem incapaz de acreditar que está vendo selvagens correndo soltos no *campus* de uma das maiores universidades dos Estados Unidos.

Assim são os produtos da filosofia moderna. Eles são o tipo de estudantes que são inteligentes demais para não verem as consequências lógicas das teorias que lhes foram ensinadas — mas não são inteligentes nem independentes o suficiente para notar as teorias e rejeitá-las.

Então eles gritam sua rebeldia contra o *Sistema*, sem perceber que eles são seus pupilos mais consistentemente dóceis, que a rebelião deles é contra o *status quo* por meio de seus arquétipos, contra o *Establishment* intelectual a partir de seus robôs, os quais engoliram todas as premissas batidas dos "liberais" da década de 1930, incluindo as frases de efeito sobre altruísmo, a dedicação à "população desprovida", a uma causa tão seguramente *convencional* como "a guerra contra a pobreza". Uma rebelião que brande cartazes com falácias não é uma visão muito inspiradora, tampouco convincente.

Como em qualquer movimento, obviamente há uma mistura de motivações envolvidas: há aqueles que praticam a vigarice intelectual, que encontraram uma mina de ouro na filosofia moderna, que se deliciam em discutir por discutir, e desarmam seus oponentes usando paradoxos

A CAPITALIZAÇÃO: A "REBELIÃO" ESTUDANTIL

óbvios; há os pretensos heróis, que desfrutam da rebeldia por si só; há os niilistas, que, movidos por um ódio profundo, buscam apenas a destruição pela destruição em si; há os dependentes desesperados, que buscam "pertencer" a qualquer grupo que os aceite — e há os simples baderneiros, que sempre estão lá, em meio a qualquer ação popular convidativa a encrencas. Independente da combinação de motivações, a neurose está estampada em letras maiúsculas por todo o movimento, já que não há a possibilidade de rejeitar a razão por meio de um erro inocente de conhecimento. Mas quer as teorias da filosofia moderna sirvam apenas como uma cortina, um mecanismo de defesa, uma racionalização de neuroses, ou se são, em parte, sua causa — permanece o fato de que a filosofia moderna destruiu o melhor desses estudantes e fomentou o seu pior.

Jovens buscam visões compreensivas da vida, ou seja, uma filosofia. Eles buscam sentido, propósito, ideais, e a maioria deles aceita o que conseguir. É na adolescência e na casa dos vinte que a maioria das pessoas busca respostas filosóficas e estabelece suas premissas, para bem ou para mal, para o resto de suas vidas. Algumas delas jamais chegam a esse estágio; algumas nunca desistem dessa busca; mas a maioria está aberta à voz da filosofia por alguns curtos anos. Essas últimas são as vítimas permanentes, se não forem inocentes, da filosofia moderna.

Essas pessoas não são pensadoras independentes nem intelectuais originais; elas são incapazes de responder ou suportar a enchente de sofismas modernos. Então algumas delas desistem depois de um ou dois cursos ininteligíveis, convencidas de que pensar é uma perda de tempo — e se tornam cínicas letárgicas ou conformistas apáticos quando chegarem aos vinte e cinco anos de idade. Outras aceitam o que ouvem; elas aceitam cega e *literalmente*; essas pessoas são as ativistas de hoje em dia. E não importa que emaranhado de motivações as faça agir agora, todo professor de filosofia moderna deveria se envergonhar em sua presença, se ele ainda estiver aberto a reconhecer que é por meio do melhor dentro deles, por meio de seu tatear distorcido e precário em busca de ideias, que ele os transformou em monstruosidades grotescas.

Agora, o que acontece com as melhores mentes em universidades modernas, aos estudantes com inteligência acima da média que estão ansiosos para aprender de verdade? O que eles encontram e precisam suportar é um processo longo e vagaroso de tortura psico-epistemológica.

Direta ou indiretamente, a influência da filosofia estabelece os padrões e métodos epistemológicos de ensino para todos os departamentos, nas ciências físicas assim como nas humanidades. A consequência, hoje, é um caos de caprichos subjetivos estipulando os critérios de lógica, comunicação, demonstração, evidências e provas, que diferem de uma sala para outra, de professor a professor. Não falo de uma diferença de ponto de vista ou conteúdo, mas da ausência de princípios *epistemológicos* básicos e da consequente diferença no método de funcionamento exigido da mente de um estudante. É como se cada curso fosse lecionado em uma língua diferente, cada um exigindo que se *pense* exclusivamente naquela língua, sem oferecerem qualquer dicionário. O resultado — até onde é possível tentar cumprir com isso — é a desintegração intelectual.

Some a isso a oposição à "construção de sistemas", ou seja, à integração do conhecimento, com o resultado de que o material lecionado em uma sala contradiga o material lecionado nas outras, com cada matéria pairando em um vácuo a ser aceita fora de contexto, enquanto quaisquer questionamentos sobre como integrá-la são rejeitados, desacreditados e desestimulados.

Some a isso o conglomerado arbitrário, desordenado e sem sentido da maior parte dos currículos, a ausência de qualquer estrutura hierárquica de conhecimento, qualquer ordem, continuidade ou racionalidade, a balbúrdia de cursos com minúcias fora de contexto e pesquisas fora do foco; a incompreensibilidade contagiosa; a irracionalidade arrogante autoconfessa; e, consequentemente, a necessidade de memorizar, ao invés de aprender, recitar ao invés de entender, de decorar uma cacofonia de jargões indefinidos por tempo o suficiente para passar na prova seguinte.

Some a isso os professores que se recusam a responder dúvidas; os professores que respondem de maneira evasiva ou ridícula; os professores que transformam suas salas em bate-boca sob a premissa de que "nós estamos todos aqui para ponderar juntos sobre as coisas"; os professores que palestram mas, em nome do "antidogmatismo", não assumem posições, nem expressam ponto de vista e deixam os estudantes em um labirinto de contradições, sem pistas para sair dele; os professores que assumem uma posição e convidam estudantes para comentar e então penaliza os dissidentes com notas menores (particularmente em cursos políticos).

Some a isso a covardia moral da maioria dos administradores universitários, a política de neutralidade moral permanente, de transigir com qualquer coisa, de evitar qualquer conflito a qualquer preço; e o conhecimento dos estudantes de que a pior injustiça em uma sala de aula continuará impune, que nenhum recurso é praticável e que não há como obter justiça.

Sim, naturalmente há exceções. Há educadores competentes, mentes brilhantes e homens racionais nas equipes das universidades, mas eles são engolidos pela "corrente vigente" brutal de irracionalidade e, frequentemente, derrotados pelo pessimismo desesperado da frustração amarga reprimida.

E, além disso, a maioria dos professores e administradores é muito mais competente e racional como indivíduos do que em sua performance coletiva. A maioria deles percebe e, em particular, reclama sobre os males do mundo educacional de hoje. Mas cada um deles se sente individualmente impotente ante a enormidade do problema. Então eles culpam um poder quase mítico sem nome e sem substância, que eles designam como "o sistema", e muitos deles consideram que seja um sistema político, especificamente o capitalismo. Eles não percebem que há apenas uma disciplina humana que permite que os homens enfrentem seus problemas de larga escala, que tem o poder de integrar e unificar atividades humanas, e que essa disciplina é a *filosofia*, à qual eles designaram, ao invés disso, a tarefa de desintegrar e destruir seus trabalhos.

O que isso tudo faz com as melhores mentes em meio aos estudantes? A maioria delas suporta seus anos universitários com ranger de dentes e determinação, como se estivessem cumprindo uma pena na cadeia. As cicatrizes psicológicas que eles adquirem no processo são incalculáveis. Mas eles batalham da melhor forma que podem para preservar suas capacidades de pensar, sentindo vagamente que a essência da tortura é um ataque a suas mentes. E o que eles sentem perante seus colégios varia de desconfiança a ressentimento, de desprezo a ódio — intercalados com uma sensação de exaustão e tédio excruciante.

Em vários âmbitos e vários graus de percepção consciente, esses sentimentos são compartilhados por toda a pirâmide do corpo discente, do topo intelectual até a base. Essa é a razão pela qual um punhado de rebeldes de Berkeley foi capaz de atrair milhares de estudantes que não perceberam, em um primeiro instante, a natureza daquilo a que eles se juntavam, e do que se desassociaram assim que ela se tornou aparente. Esses estudantes foram levados por uma frustração desesperada e incoerente, por uma necessidade de protestar, sem saber plenamente contra o que, por um desejo cego de atingir a universidade de alguma maneira.

Perguntei a um grupo pequeno de estudantes inteligentes de uma das melhores universidades de Nova York — que eram ideologicamente opostos aos rebeldes — se eles lutariam pela administração da universidade, se a rebelião chegasse até o *campus* deles. Todos eles balançaram as cabeças, com sorrisos pequenos, sábios e amargos.

A impotência filosófica da geração anterior é o motivo pelo qual as autoridades adultas — da administração de Berkeley aos comentadores sociais, da imprensa ao governador Brown — foram incapazes de tomar um posicionamento firme e não tinham resposta racional à rebelião de Berkeley. Assegurando as premissas da filosofia moderna, a lógica estava ao lado dos rebeldes. Responder a eles exigiria uma reavaliação filosófica total, até as premissas básicas — que nenhum daqueles adultos ousaria tentar.

Eis então o incrível espetáculo da força bruta, táticas de banditismo e irracionalidade explícita de militantes sendo trazidas a um *campus* universitário e confrontadas pelas concessões vagas, incertas e apologéticas, as generalizações antiquadas, a banalidade evasiva dos supostos defensores da lei e da ordem acadêmicas. Em uma sociedade civilizada, uma declaração de um estudante dizendo que ele rejeita a razão e se propõe a agir fora das fronteiras da racionalidade seria considerada motivo o bastante para expulsão imediata, ainda mais se ele começar a se envolver em ações de bandos e violência física no *campus* universitário. Mas as universidades há muito perderam o direito moral de se opor ao primeiro, e são, portanto, impotentes contra o segundo.

A rebelião estudantil é uma demonstração eloquente do fato de que quando homens abandonam a razão, eles abrem a porta à força como a única alternativa e a consequência inevitável.

A rebelião também é uma das refutações mais claras dos argumentos dos intelectuais que alegaram que ceticismo e dúvidas crônicas poderiam levar à harmonia social.

> Quando os homens reduzem suas virtudes a valores aproximados, então o mal ganha a força de absoluto; quando a lealdade a um objetivo inabalável é abandonada pelos virtuosos, ela é assumida pelos canalhas, e o que se vê é o espetáculo indecente de um bem aviltado, transigente, traiçoeiro, e um mal intransigente e farisaico (*A Revolta de Atlas*).

E quem tem algo a ganhar com essa rebelião? A resposta está na natureza e metas de sua liderança.

Se a massa de manobra dos rebeldes universitários é composta de vítimas, pelo menos em parte, isso não pode ser dito de seus líderes. Quem são seus líderes? Todo e qualquer grupo estatista-coletivista que paira, como urubus, sobre os resquícios do capitalismo, esperando atacar a carcaça e acelerar o fim, sempre que possível. A meta mínima deles é apenas "causar confusão" — sabotar, confundir, desmoralizar, destruir. A meta definitiva deles é tomar o controle.

Para uma liderança assim, os rebeldes universitários são apenas bucha de canhão, destinados a colocarem seus pescoços sem cabeças para fora, lutarem nos *campi*, serem presos, perderem suas carreiras e futuros e, eventualmente, se a liderança tiver êxito, a lutar nas ruas e perder suas vidas "não-absolutas", preparando o terreno para a ditadura absoluta de quem for o mais sanguinário entre os capangas batalhando pelo poder. Jovens tolos que se recusam a enxergar além do agora não têm como saber de quem são as metas de longo prazo que eles servem.

Os comunistas estão envolvidos, dentre outros; mas, como os outros, eles são meramente os manipuladores, não a causa da rebelião estudantil. Esse é um exemplo do fato de que sempre que eles vencem, eles ganham à revelia, como vermes se alimentando nas feridas de um corpo em decomposição. Eles não criam as condições que estão destruindo as universidades americanas, eles não criaram as hordas de adolescentes amargurados, desorientados e neuróticos, mas sabem como atacar usando as feridas que seus oponentes insistem em evitar. Eles são ideólogos profissionais, e para eles não é difícil se mover rumo a um vácuo intelectual e enforcar os defensores envergonhados da "anti-ideologia" por suas próprias contradições.

Para sua liderança esquerdista miscigenada, a rebelião estudantil é um balão de ensaio, um tipo de aferição de temperatura cultural. É um teste de até onde eles podem ir com impunidade e que tipo de oposição encontrarão.

Para o resto de nós, é uma amostra em miniatura — no microcosmo do mundo acadêmico — do que acontecerá ao resto do país se a presente tendência cultural continuar incontestada.

O país é, largamente, um espelho de suas universidades. O resultado prático da filosofia moderna é a economia mista de hoje, com seu niilismo moral, seu pragmatismo imediatista, sua ideologia anti-ideológica e seu recurso genuinamente vergonhoso à noção de "Governo pelo Consenso".

O governo por parte de grupos de pressão é apenas o prelúdio, o condicionamento social para o governo de quadrilhas. Uma vez que um país tenha aceitado a obliteração de seus princípios morais, de seus direitos individuais, de objetividade, justiça, razão e tenha sucumbido à regra da força bruta legalizada — a eliminação do conceito de "legalizado" em breve acontecerá. Quem vai resistir a isso, e em nome do quê?

Quando números são substituídos por moralidade, e nenhum indivíduo pode reivindicar um direito, mas qualquer quadrilha pode afirmar qualquer desejo; quando a transigência é a única política esperada daqueles no poder e a preservação da "estabilidade" momentânea, da paz a qualquer preço, é sua única meta, o vencedor, necessariamente, será quem apresentar as demandas mais injustas e irracionais; o sistema serve como um convite aberto para isso. Se não houvesse comunistas ou outros marginais no mundo, um sistema assim os criaria.

Quanto mais um servidor público for dedicado à política de transigência, mais incapaz ele será de resistir a qualquer coisa: ceder é sua resposta instintiva a qualquer emergência, seu princípio básico de conduta, o que o torna um alvo fácil.

Nessa conexão, o extremo da superficialidade ingênua foi alcançado pelos comentadores que expressaram espanto quando a rebelião estudantil escolheu Berkeley como seu primeiro campo de batalha e o presidente Kerr como seu primeiro alvo, apesar de seu histórico como um "liberal" e um mediador e árbitro renomado. "Ironicamente, alguns dos porta-vozes estudantis menos maduros [...] tentaram retratar o sr. Kerr como um administrador antiliberal", disse o editorial do *The New York Times* de 11 de março de 1965. "Naturalmente, isso foi um absurdo em vista da longa e corajosa batalha para defender a liberdade acadêmica e os direitos dos estudantes frente àquelas pressões da direita que abundam na Califórnia". Outros comentadores retrataram o sr. Kerr como uma vítima inocente, encurralada entre as pressões conflitantes dos "conservadores" do Conselho de Regentes e os "liberais" do corpo docente. Mas, na verdade e na lógica, o meio do caminho não consegue conduzir a nenhum outro destino, e ficou claro que os rebeldes escolheram Clark Kerr como seu primeiro alvo, não *apesar*, mas *por causa* de seu histórico.

Agora tente visualizar o que aconteceria se a técnica da rebelião de Berkeley fosse repetida em uma escala nacional. Ao contrário da crença fanática de seus defensores, a transigência não agrada, apenas *desagrada* a todos; ele não leva à satisfação coletiva, só à frustração de todos; aqueles que tentam ser todas as coisas para todos os homens acabam não sendo nada para ninguém. E mais: a vitória parcial de uma reivindicação injusta encoraja o reivindicante a tentar ir além; a derrota parcial de uma reivindicação justa, desencoraja e paralisa a vítima. Se uma quadrilha disciplinada e determinada de estatistas tomasse de assalto os resquícios esfacelados de uma economia mista, proclamando de forma audaz e explícita os preceitos coletivistas que o país tacitamente aceitou como a norma, que resistência eles encontrariam? A maioria amargurada, abatida e desmoralizada continuaria em indiferença letárgica a qualquer evento público. E vários deles apoiariam a quadrilha, a princípio movidos por uma frustração desesperada e incoerente, por uma necessidade de protestar sem saber claramente contra o que, por um desejo cego de atacar de alguma forma a desesperança sufocante do *status quo*.

Quem se sentiria inspirado moralmente para lutar pelo "consenso" de Johnson? Quem lutou pelas banalidades descabidas do governo Kerensky na Rússia; da República Weimar, na Alemanha; do governo nacionalista da China?

Mas não importa o quão desmoralizado e filosoficamente desarmado um país esteja, ele precisa alcançar um determinado ponto de inflexão psicológico antes que possa ser lançado de um estado de semiliberdade à rendição para uma ditadura plena. E *esse* foi o principal propósito ideológico dos líderes da rebelião estudantil, fossem eles quem fossem: *condicionar o país a aceitar a força como meio de resolver controvérsias políticas.*

Repare nos precedentes ideológicos que os rebeldes de Berkeley se esforçaram para tentar estabelecer: todos eles envolvidos na revogação de direitos e defesa da força. Essas noções foram publicadas, porém seu sentido foi amplamente ignorado e deixado sem respostas.

1) A questão principal foi a tentativa de fazer o país aceitar uma *desobediência* civil em massa como uma ferramenta de ação política adequada e válida. Essa tentativa foi feita repetidamente em conjunto com o movimento de direitos civis. Mas lá a questão foi confundida com o fato de que os negros foram as vítimas de injustiça legalizada e, portanto, a questão de romper a legalidade não se tornou inequivocamente clara. O país a compreendeu como uma luta pela justiça, não como um assalto à lei.

A desobediência civil pode ser justificável em alguns casos, quando e se um indivíduo desobedecer a uma lei, de modo a levar uma questão a um tribunal, como um caso de teste. Uma ação dessas envolve respeito pela legalidade e um protesto direcionado apenas a uma lei específica à qual o indivíduo busca uma oportunidade para provar que é injusta. O mesmo é verdade sobre um grupo de indivíduos quando e se os riscos envolvidos são só seus.

Mas não há justificativa, em uma sociedade civilizada, para o tipo de desobediência civil em massa que envolva a violação dos direitos de terceiros *independentemente* de as metas de seus demonstradores serem boas ou más. O fim *não justifica* os meios. Os direitos de pessoa nenhuma podem ser assegurados através da violação dos direitos de terceiros. Desobediência em massa é um ataque ao conceito de direitos: é uma afronta feita por uma turba à legalidade como tal.

A ocupação forçada da propriedade de outro homem ou a obstrução de vias públicas é uma violação de direitos tão descarada que uma tentativa de a justificar se torna uma revogação da moralidade. Um indivíduo não tem direito de fazer um "protesto passivo" sentado à porta da casa ou do escritório de uma pessoa com quem haja uma desavença, e ele não obtém esse direito ao se juntar a uma quadrilha. Direitos não são questões de números, e não pode haver nada, na lei ou na moralidade, como ações proibidas a um indivíduo mas permitidas a uma turba.

O único poder de uma turba contra um indivíduo é maior força muscular, ou seja, força física bruta e simples. O motivo para se estabelecer uma sociedade civilizada é prevenir tentativas de se resolver problemas sociais por meio de força física. Os defensores da desobediência civil em massa admitem que seu propósito é a intimidação. Uma sociedade que tolera intimidação como meio de se estabelecer disputas — a intimidação física de alguns homens por grupos ou por outros homens — perde seu direito moral de existir como um sistema social, e seu colapso estará próximo de acontecer.

Politicamente, desobediência civil em massa é adequada apenas como um prelúdio para guerras civis — como a declaração da ruptura total com as instituições políticas de um país. E o grau do caos intelectual e do abandono de contexto de hoje em dia foi mais bem ilustrada por um funcionário público "conservador" da Califórnia, que avidamente declarou que se opunha à rebelião de Berkeley, mas que respeitava a desobediência civil como uma tradição americana válida. "Não se esqueçam da Festa do Chá de Boston", ele disse, enquanto a esquecia.

Se o sentido de desobediência civil de algum modo for ofuscado pelo movimento de direitos civis — e, portanto, a atitude do país seja inconclusiva — esse sentido se torna descaradamente óbvio quando um protesto passivo é executado em um *campus* universitário. Se as universidades — as pretensas cidadelas da razão, conhecimento, sabedoria e civilização — podem ser levadas à rendição às custas de força bruta, o resto do país está ferrado.

2) De modo a facilitar a aceitação da força, os rebeldes de Berkeley tentaram estabelecer uma distinção especial entre força e violência. Força, segundo eles declararam explicitamente, é uma forma adequada de ação social, mas a violência não é. A definição deles dos termos é a seguinte: coerção por meio de contato físico literal é "violência" e é repreensível; qualquer outro meio de violar direitos é meramente "força" e é um método pacífico e legítimo de lidar com oponentes.

Por exemplo, se os rebeldes ocupam o prédio da administração, isso é "força"; mas se policiais os removerem de lá, então é "violência". Se Savio tomar um microfone que ele não tem direito de usar, isso é "força"; se um policial o retirar de lá por isso, então é "violência".

Considere as implicações da distinção como uma regra de conduta social: se você chegar em casa em uma noite e encontrar um estranho ocupando sua casa e expulsá-lo corporalmente, ele meramente cometeu um ato pacífico de "força", mas você é culpado de "violência" e você há de ser punido.

O propósito teórico desse absurdo grotesco é estabelecer uma inversão moral: moralizar o início do uso de força e tornar imoral a resistência à força — e assim obliterar o direito à autodefesa. O propósito prático imediato é fomentar as atividades da casta política mais inferior: os provocadores, que cometem atos de força e transferem a culpa para suas vítimas.

3) De modo a justificar essa distinção fraudulenta, os rebeldes de Berkeley tentaram obliterar uma legítima: a distinção entre ideias e ações. Eles alegaram que liberdade de expressão significa liberdade de ação, e que nenhuma linha clara de demarcação pode ser feita entre ambas.

Por exemplo, se eles têm o direito de defender qualquer ponto de vista político — afirmaram eles — eles têm o direito de organizar, no *campus*, qualquer atividade externa ao *campus*, mesmo que proibidas por lei. Como o professor Petersen explicou, eles estavam reivindicando o direito "de usar a universidade como um santuário, a partir do qual realizariam ataques ilegais à comunidade de fora".

A diferença entre uma troca de ideias e uma troca de pancadas é autoevidente. A linha de demarcação entre liberdade de expressão e liberdade de ação é estabelecida pela proibição do início de força física. É apenas quando essa proibição é revogada que tal problema pode surgir, mas quando essa proibição é revogada, nenhum tipo de liberdade política pode continuar a existir.

Olhando-se superficialmente, o "pacote de acordos" dos rebeldes pode parecer implicar em algum tipo de extensão anarquista da liberdade; mas, verdadeira e logicamente, ele implica o exato oposto — o que é uma piada macabra em cima daqueles jovens não-pensantes que se juntaram à rebelião em nome da "liberdade de expressão". Se a liberdade de expressar ideias fosse equiparada à liberdade de se cometer crimes, não demoraria muito para se demonstrar que nenhuma sociedade organizada pode existir sob tais termos e, portanto, que a expressão de ideias precisaria ser encurtada e algumas ideias precisariam ser proibidas, assim como atos criminosos são proibidos. Assim, os crédulos precisariam ser forçados a admitir que o direito à liberdade de expressão é indefinível e "impraticável".

4) Um indicativo de uma motivação desse tipo foi dado pela exigência dos rebeldes por liberdade de expressão irrestrita no *campus* — com o consequente "Movimento do Linguajar Obsceno".

Não é possível existir algo como o direito à liberdade de expressão (ou de ação) irrestrita *na propriedade de terceiros*. O fato de que a Universidade de Berkeley seja propriedade do estado meramente complica a questão, porém não a altera. Os proprietários de uma universidade estadual são os eleitores e contribuintes daquele estado. A administração da universidade, apontada (direta ou indiretamente) por um *oficial* eleito, é, teoricamente, a agente dos proprietários — e precisa agir como tal, enquanto universidades estatais existirem. (Se elas *deveriam* existir ou não é uma questão diferente.)

Em qualquer empreitada ou estabelecimento que envolva mais de um homem, é o proprietário ou proprietários que estipulam as regras e termos de conduta adequada; o resto dos participantes é livre para procurar outro lugar e buscar termos diferentes caso eles não concordem. Não pode haver tal coisa como o direito de agir por capricho, a ser exercido por alguns participantes às custas de outros.

Estudantes que frequentam uma universidade têm o direito de esperar que não sejam sujeitos a ouvir o tipo de obscenidades que fariam o dono de um botequim mais ou menos decente expulsar quem os falasse. O direito de determinar que tipo de linguagem é aceitável pertence à administração de uma universidade tão plenamente quanto ao dono do botequim.

A técnica dos rebeldes, assim como a de todos os estatistas, foi tomar vantagem dos princípios de uma sociedade livre para sabotá-los através de uma pretensa demonstração de sua "impraticabilidade" — nesse caso, a "impraticabilidade" do direito à liberdade de expressão. Mas, na verdade, o que eles demonstraram foi um ponto mais distante de suas metas: de que *nenhum direito, de nenhum tipo, pode ser exercido sem direito à propriedade*.

É apenas com base nos direitos de propriedade que a esfera e aplicação de direitos individuais pode ser definida em qualquer situação social em particular. Sem direitos de propriedade, não há como resolver ou evitar um caos desesperado de visões, interesses, demandas, desejos e caprichos conflitantes.

Não há como a administração de Berkeley responder aos rebeldes exceto por invocar direitos de propriedade. É óbvio o motivo de nem "liberais" modernos nem "conservadores" se importarem em fazer isso. Os rebeldes não estavam expondo e capitalizando sobre as contradições de uma sociedade livre, mas sim sobre as contradições de uma economia mista.

Quanto à questão de qual política ideológica deve ser adotada adequadamente pela administração de uma universidade pública, trata-se de uma pergunta sem resposta. Não há soluções para várias contradições inerentes ao conceito de "propriedade pública", particularmente quando a propriedade é diretamente preocupada com a disseminação de ideias. Essa é uma das razões pelas quais os rebeldes optaram por uma universidade estadual como seu primeiro campo de batalha.

Um bom caso poderia ser construído quanto à afirmação de que uma universidade pública não tem direito de proibir o ensino ou defesa de qualquer ponto de vista político, como, por exemplo, o comunismo, uma vez que alguns dos proprietários contribuintes possam ser comunistas. Outro caso igualmente bom poderia ser construído para a afirmação de que uma universidade pública não tem direito de permitir o ensino e defesa de qualquer ponto de vista político que (como, por exemplo, o comunismo) seja uma ameaça direta à propriedade, liberdade e vidas da maioria dos proprietários contribuintes. O governo da maioria não é aplicável no âmbito das ideias; as convicções de um indivíduo não estão sujeitas ao voto da maioria; e nem um indivíduo, minoria ou maioria deveria ser forçado a apoiar seus próprios destruidores.

Por um lado, uma instituição governamental não tem o direito de proibir a expressão de quaisquer ideias. Por outro lado, uma instituição governamental não tem direito de hospedar, auxiliar ou financiar os inimigos do país (como, por exemplo, os arrecadadores de fundos para os vietcongues).

A fonte dessas contradições não é pautada no princípio de direitos individuais, mas sim na violação por parte da instituição coletivista de "propriedade pública".

Essa questão, no entanto, deve ser combatida no campo da lei constitucional, não no *campus*. Como estudantes, os rebeldes não têm mais direitos em uma universidade pública do que em uma particular. Como contribuintes, eles não têm mais direitos do que os milhões de outros contribuintes californianos envolvidos. Se eles se opõem às políticas do Conselho de Regentes, eles não têm recurso, exceto votar na eleição seguinte, se conseguirem persuadir um número suficiente de eleitores. Isso tem poucas chances de acontecer e é um bom argumento *contra* qualquer tipo de "propriedade pública". Mas essa não é uma questão a ser resolvida por meio de força física.

O que importa aqui é o fato de que os rebeldes — que, como eufemismo, não são campeões da propriedade privada — se recusaram a acatar qualquer tipo de decisão majoritária que seja inerente à propriedade pública. Era *isso* que eles opunham quando reclamaram que as universidades se tornaram servis ao "*establishment* financeiro, industrial e militar". São os direitos desse grupo particular de contribuintes (o direito a uma voz na gestão de universidades públicas) que eles buscavam revogar.

Se alguém precisar de provas do fato de que os defensores da propriedade pública não buscam controle "democrático" de propriedade por meio de decisões da maioria, mas controle via ditadura, essa é uma evidência deveras eloquente.

5) Como parte do condicionamento ideológico em prol dessa meta definitiva, os rebeldes tentaram introduzir uma nova variante a um tema antigo que foi objeto de um interesse intenso de todos os coletivistas-estatistas por muitos anos no passado: a obliteração da diferença entre ação privada e ação governamental.

A CAPITALIZAÇÃO: A "REBELIÃO" ESTUDANTIL

Isso sempre foi tentado por meio de um "pacote de acordos", atribuindo a cidadãos privados as violações específicas proibidas constitucionalmente pelo governo, e assim destruindo direitos individuais enquanto libera-se quaisquer restrições do governo. O exemplo mais frequente dessa técnica consiste em acusar cidadãos privados de praticarem "censura" (um conceito aplicável apenas ao governo), assim negando-lhes o direito de discordar[106].

A nova variante fornecida pelos rebeldes foi seu protesto contra uma suposta "dupla penalização". Ela aconteceu da seguinte maneira: se os estudantes cometem atos ilegais, eles serão punidos por tribunais e não devem, portanto, serem penalizados pela universidade pela mesma ofensa.

"Dupla penalização" é um conceito unicamente aplicável ao governo e a apenas um ramo do governo, o judiciário, e apenas a uma ação judicial específica: quer dizer que um homem não pode ser levado a julgamento duas vezes pela mesma infração.

Equiparar uma ação e um julgamento privados (ou, nesse contexto, ação e julgamento de um funcionário do governo) com um julgamento de um tribunal, é pior do que um absurdo. É uma tentativa ultrajante de obliterar o direito a um julgamento moral e uma ação moral. É uma exigência de que um infrator da lei não sofra consequências civis por seus crimes.

Se essa noção fosse aceita, indivíduos não teriam o direito de avaliar a conduta de outros nem agir de acordo com sua avaliação. Eles precisariam esperar até que um tribunal declare se um homem em específico seja culpado ou inocente, e mesmo depois de considerado culpado, eles não teriam o direito de mudar seus comportamentos perante a ele e deveriam deixar a tarefa de puni-lo exclusivamente para o governo.

Por exemplo, se um funcionário de um banco fosse condenado por estelionato e tivesse cumprido sua sentença, o banco não teria o direito de recusar-se a devolver seu antigo emprego — uma vez que uma recusa constituiria "dupla penalização".

Ou: um funcionário público não teria direito a observar a legalidade das ações dos funcionários de seu departamento, nem aplicar as regras cabíveis dentro de estrita observação da lei, ao invés disso ele teria que esperar um tribunal comprovar que eles são culpados por alguma infração legal — e teria que devolvê-los a seus empregos depois que eles cumprissem suas sentenças por tráfico de influência, suborno ou traição.

---

[106] Veja meu artigo "Direitos do Homem" no Apêndice.

A noção de *moralidade como um monopólio do governo* (e de um só ramo ou grupo dentro do governo) é uma parte da ideologia de uma ditadura de forma tão descarada que a tentativa dos rebeldes de saírem impunes com isso é verdadeiramente chocante.

6) A noção dos rebeldes de que as universidades deveriam ser geridas por estudantes e professores foi um ataque aberto e explícito ao direito atacado implicitamente por todas as outras noções dele: o direito à propriedade privada. E, de todos os sistemas coletivistas e estatistas, o que eles escolheram como meta foi, política e economicamente, o menos prático; intelectualmente, o menos defensável; moralmente, o mais vergonhoso: o *socialismo de guildas*.

O socialismo de guildas é um sistema que busca abolir o exercício de habilidades individuais ao acorrentar o homem a grupos de acordo com sua linha de trabalho, e transferindo o trabalho ao poder do grupo, como seu domínio exclusivo, com o grupo ditando as regras, padrões e práticas sobre como o trabalho deve ser feito e quem deve ou não fazê-lo.

O socialismo de guildas é a mentalidade pautada em concretos e ligada a rotinas de um selvagem, elevada ao *status* de teoria social. Assim como uma tribo de selvagens se apossa de um território da selva e o reivindica como um monopólio em razão do fato de estar lá, assim o socialismo de guildas concede um monopólio, não em uma floresta selvagem ou oásis, mas em uma fábrica ou universidade, não em razão da habilidade do homem, ou de suas conquistas ou até mesmo de "serviços prestados ao público", mas em razão do fato de que ele está lá.

Assim como selvagens não têm conceito sobre causa e consequência, sobre passado ou futuro e nenhum conceito de eficiência além do poder muscular de sua tribo, os socialistas de guilda também não; perdidos em meio a uma civilização industrial, eles enxergam suas instituições como fenômenos da natureza, e não veem motivos para que a quadrilha não tome posse deles.

Se há alguma prova da incompetência de um homem, essa prova é a mentalidade estagnada de um trabalhador (ou de um professor) que, durante alguma tarefa simples e rotineira em uma grande empreitada, não se importa em ver além das alavancas de uma máquina (ou o púlpito de uma sala de aula), opta por não saber como a máquina (ou sala de aula) foi parar lá e o que possibilita seu trabalho, e declara que o gerenciamento da empreitada é parasitário e desnecessário. O trabalho gerencial — a organização e integração do esforço humano em atividades de larga escala, longo prazo e com propósito — é, no âmbito da ação, o que a faculdade conceitual do homem é para o âmbito da cognição. Ela está além da compreensão e, portanto, é o primeiro alvo da mentalidade sensorial e perceptual contida em si.

Se há alguma forma de confessar a própria mediocridade, essa forma é a disposição de colocar o trabalho de outros sob poder absoluto de um grupo, particularmente um grupo de *colegas de profissão* desse indivíduo. De todas as formas de tirania, essa é a pior; ela é direcionada contra um só atributo humano: a mente — e contra um só inimigo: o inovador. O inovador, por definição, é o homem que desafia as práticas estabelecidas de sua profissão. Conceder um monopólio profissional a qualquer grupo significa sacrificar a habilidade humana e abolir o progresso; defender tal monopólio é confessar que não se tem nada para se sacrificar.

O socialismo de guilda é o governo de, por e para a mediocridade. Sua causa é o colapso intelectual de uma sociedade; sua consequência é um pântano de estagnação; seu exemplo histórico é o sistema de guildas da Idade Média (ou, em tempos modernos, o sistema da Itália de Mussolini).

A noção dos rebeldes de que estudantes (junto com professores) deveriam governar universidades e determinar seus currículos é um absurdo brutal. Se um jovem ignorante vai a uma instituição de ensino com o fim de adquirir conhecimento sobre uma certa ciência, por quais meios ele seria capaz de determinar o que é relevante e o que deve ser ensinado? (No processo de aprendizado, ele pode apenas sugerir se a apresentação de seu professor é clara ou não, lógica ou contraditória; ele não consegue determinar o curso e método de ensino adequados antes de ter qualquer conhecimento sobre o assunto.) É óbvio que um estudante que exige o direito de governar uma universidade (ou decidir quem deve governá-la) não tem conhecimento do conceito de conhecimento, que sua demanda é contraditória e se desqualifica automaticamente. O mesmo é verdadeiro — com um fardo ainda mais pesado de culpa moral — sobre um professor que o ensinou a fazer tais demandas e as apoia.

Você gostaria de ser tratado em um hospital onde os *métodos* de terapia foram determinados pelo voto de médicos e pacientes?

Ainda assim, o absurdo desses exemplos é meramente mais óbvio — não mais irracional nem mais feroz — do que a alegação coletivista padrão de que trabalhadores deveriam tomar o controle de fábricas criadas por homens cujas conquistas eles não conseguem compreender ou igualar. O padrão e a premissa moral-epistemológica básica são os mesmos: a obliteração da razão oblitera o conceito de realidade, que oblitera o conceito de conquista, que oblitera o conceito de distinção entre o *merecido* e o *imerecido.* Então os incompetentes podem tomar fábricas, os ignorantes podem tomar universidades, os brutos podem tomar laboratórios de pesquisa científica — e não sobrará nada em uma sociedade humana além do poder do capricho e dos punhos.

O que torna o socialismo de guildas mais brutal (mas não diferente) da maioria das teorias coletivistas e estatistas é o fato de que ele representa o outro lado do altruísmo, raramente mencionado: é a voz, não dos que dão, mas dos que recebem. Enquanto a maioria dos teóricos altruístas proclama "o bem comum" como sua justificativa, defende o serviço de autossacrifício à "comunidade" e faz silêncio acerca da natureza exata ou da identidade dos recebedores dos sacrifícios — os socialistas de guilda declaram descaradamente que eles são os recebedores e exibem suas alegações à comunidade, exigindo seus serviços. Se eles quiserem um monopólio de uma certa profissão, eles o reivindicam, e o resto da comunidade deve abrir mão do direito de praticá-la. Se eles quiserem uma universidade, eles a reivindicam, e a comunidade deve fornecê-la.

E se "egoísmo" for considerado, pelos altruístas, como o sacrifício de outros para si, eu os desafio a nomear um exemplo mais feio disso do que o pronunciamento do pequeno coletivista de Berkeley que declarou: "Nossa ideia é que a universidade é composta por professores, estudantes, livros e ideias. Em um sentido literal, a administração apenas existe para garantir que as calçadas estejam limpas. Ela deveria servir aos professores e estudantes".

O que esse pequeno místico desincorporado omitiu de sua ideia sobre a universidade? Quem paga os salários dos professores? Quem fornece os alojamentos dos estudantes? Quem publica os livros? Quem constrói as salas de aula, as bibliotecas, os dormitórios — e as calçadas? Deixe para um "místico da força" moderno demonstrar o tipo de desprezo por "preocupações materiais vulgares" que um místico à moda antiga não ousaria ter por si mesmo.

Quem — além da administração da universidade — deve ser o "servo" varredor de calçadas sem voz e sem direitos para os professores e estudantes? Não, não só os homens de gênio produtivo que criam a riqueza material

A CAPITALIZAÇÃO: A "REBELIÃO" ESTUDANTIL

que possibilitam a existência de universidades, não só os "magnatas das grandes empresas", não só o *establishment* financeiro, industrial e militar" — mas todos os contribuintes do estado da Califórnia, todos os homens que trabalham para viver, bem ou mal, cada ser humano que ganha seu sustento, batalha com seu orçamento, paga pelo que recebe e não se dá o direito de evitar a realidade das "preocupações materiais vulgares".

Essa é a alma revelada pela ideologia da rebelião de Berkeley. Esse é o significado das exigências dos rebeldes e dos precedentes ideológicos que eles tentavam estabelecer.

Repare na complexidade, nos equívocos, nos truques, reviravoltas e acrobacias intelectuais feitas por esses defensores declarados de sentimentos descontrolados — e a consistência ideológica desses ativistas que alegam não possuir qualquer ideologia.

A primeira rodada da rebelião estudantil não acabou muito bem. Apesar do trabalho gratuito de "promoção" feito pela imprensa, a atitude do público foi um misto de confusão, indiferença e antagonismo. Indiferença — porque a imprecisão evasiva dos relatos da imprensa derrubou a si mesma: as pessoas não entendiam do que se tratava e não viam motivos para se preocuparem. Antagonismo — porque o público americano ainda tem um profundo respeito pelas universidades (como eles podem e devem ter, mas não terão mais), e porque as banalidades, em parte jocosas, em parte aduladoras, dos comentadores sobre o "idealismo dos jovens" não desfrutaram de sucesso em disfarçar o fato de que força física bruta foi levada para dentro de um *campus* universitário. Esse fato despertou uma vaga sensação de desconforto na população, uma sensação de condenação indefinida e apreensiva.

A tentativa da rebelião de invadir outros *campi* não foi muito longe. Houve algumas proclamações desgraçadas de apaziguamento por parte de alguns administradores de universidades e oradores de formaturas durante essa primavera, mas nenhuma simpatia pública reconhecível.

Houve alguns exemplos de atitudes adequadas por parte de administradores de universidades — uma atitude de firmeza, dignidade e severidade inflexível — notavelmente na Universidade de Columbia. Um discurso de formatura feito pelo dr. John Meng, presidente da Faculdade Hunter, noticiado pelo *The New York Times* de 18 de junho de 1965 também é digno de nota. Declarando que a violação dos direitos de terceiros "é intolerável" em uma comunidade acadêmica e que qualquer estudante ou professor culpado disso merece "expulsão sumária", ele disse: "A torre de marfim de ontem se tornou a trincheira de hoje. O ócio da classe teórica está se ocupando cada vez mais com a organização de piquetes, palestras, reflexões e investigações de um tipo ou de outro"[107].

Mas ainda que a rebelião estudantil não tenha levantado muita simpatia pública, o aspecto mais sinistro da situação é o fato de que ela não encontrou nenhuma *oposição ideológica*, que as implicações do posicionamento dos rebeldes não foram nem respondidas nem rejeitadas, que as críticas recebidas por ela foram, com raras exceções, superficiais e escusas.

Como um balão de ensaio, a rebelião cumpriu o propósito de seus líderes: ela demonstrou que eles podem ter ido um pouco longe demais, exposto suas garras e dentes um pouco cedo demais e antagonizado muitos simpatizantes em potencial, mesmo entre os "liberais", mas que a estrada à frente está vazia, sem nenhuma barricada intelectual à vista.

A batalha deve continuar. As intenções de longo prazo da rebelião estudantil foram proclamadas repetidamente pelos mesmos ativistas que proclamam suas dedicações exclusivas ao momento imediato. Os resquícios do "Movimento pela Liberdade de Expressão" de Berkeley foram reorganizados em um "Sindicato de Estudantes Livres", o qual está gerando ruídos de militantes em preparação para um novo ataque. Não importa o quão absurdas sejam suas noções, os ataques dos rebeldes são direcionados às questões político-filosóficas mais importantes de nossa era. Essas questões não podem ser ignoradas, evitadas ou afastadas por suborno de transigência. Quando a força bruta está em marcha, a transigência é o tapete vermelho. Quando a razão é atacada, o bom senso não é o bastante.

Nenhum homem ou nação pode existir sem alguma forma de filosofia. Um homem tem o livre arbítrio para pensar ou não pensar; se ele não pensar, recebe o que lhe for oferecido. O livre arbítrio de uma nação são seus intelectuais; o resto do país recebe o que eles oferecem; eles estabelecem os termos, valores, o curso e a meta.

Na ausência de oposição intelectual, as noções dos rebeldes serão gradualmente assimiladas à cultura. Os absurdos incontestados de hoje serão os *slogans* aceitos de amanhã. Eles serão aceitos em graus, através

---

[107] MENG. S./T. The New York Times, 18 jun. 1965.

de precedentes, de implicação, erosão e revelia, por meio de pressões constantes de um lado e recuos constantes pelo outro, até o dia em que eles sejam repentinamente declarados como a ideologia oficial do país. É assim que o estatismo de bem-estar social chegou à aceitação no país.

O que estamos testemunhando hoje é uma aceleração das tentativas de lucrar com as implicações ideológicas do estatismo de bem-estar e ir além dele. Os rebeldes universitários são apenas os precursores, encarregados da tarefa de estabelecer cabeças de ponte[108] ideológicas para um avanço em grande escala de todas as forças coletivistas estatistas contra os remanescentes do capitalismo na América; e parte de sua tarefa é assumir o controle ideológico das universidades americanas.

Se os coletivistas tiverem êxito, a terrível ironia histórica será pautada no fato de que o que se assemelha a uma confiança barulhenta, implacável e beligerante é, na verdade, um blefe histérico. A aceleração do avanço do coletivismo não é uma marcha de vencedores, mas sim uma debandada cega de perdedores. O coletivismo perdeu a batalha pelas mentes dos homens; seus defensores sabem disso; a última chance deles consiste no fato de que ninguém mais sabe disso. Se eles forem capitalizar sobre décadas de corrupção filosófica, sobre todo o trabalho de arranhar, furar e roer para escavar um labirinto de tocas de rato filosóficas que está prestes a desabar, a hora para isso é agora ou nunca.

Como um poder cultural-intelectual e um ideal moral, o coletivismo morreu na Segunda Guerra Mundial. Se ainda estivéssemos rumo à sua direção, seria apenas pela inércia de um vazio e o embalo da desintegração. Um movimento social que começou com os construtos ponderados, dialéticos e destruidores de cérebros de Hegel e Marx, e termina com uma horda de fedelhos moralmente imundos batendo o pé e gritando "eu quero agora!", está acabado.

Em todo o mundo, devastando uma nação desamparada após a outra, o coletivismo vem perdendo regularmente os dois elementos que detêm a chave para o futuro: os cérebros da humanidade e sua juventude. Em relação ao primeiro, repare na "fuga de cérebros" da Inglaterra. Em relação

---

[108] Tal termo é de uso militar. Trata-se de quando um exército desembarca em uma praia inimiga, atravessa uma ponte ou fronteira de difícil acesso, e ao chegar no local fica responsável por estabilizar e proteger a área, de modo a manter a passagem aberta e segura para as tropas de reforço que vêm em seguida. (N. E.)

CAPITALISMO: O IDEAL DESCONHECIDO | AYN RAND

ao segundo, considere o fato (que não foi mencionado em comentários de imprensa sobre a rebelião estudantil) de que em uma quantidade predominante de universidades americanas, as visões políticas dos professores são notavelmente mais "liberais" do que as dos alunos. (O mesmo é verdadeiro quanto à juventude do país em geral — em oposição à geração anterior, entre trinta e cinco e cinquenta anos, que foram criados sob o *New Deal* e que defendem a liderança do país, no presente). Esse é um dos fatos que a rebelião estudantil pretendia disfarçar.

Nada disso é para dizer que os anticoletivistas representam uma maioria *numérica* entre estudantes universitários. Os apoiadores passivos do *status quo* sempre são a maioria em qualquer grupo, cultura, sociedade ou época. Mas não são as maiorias passivas que determinam as tendências de uma nação. Quem as determina? Qualquer um que se dispuser a isso, caso possua munição intelectual para vencer no campo de ideias, o qual pertence a quem estiver disposto. Aqueles que não estiverem são apenas lastro social por sua própria escolha e predileção.

O fato de que os "não liberais" entre os universitários (e entre os jovens do mundo) poderem ser identificados no presente apenas como "anticoletivistas" é o elemento perigoso e o ponto de interrogação da situação corrente. Eles são os jovens que não estão prontos para desistir, que querem lutar contra um pântano de maldade, mas não sabem o que é o bem. Eles rejeitaram as banalidades doentias e batidas do coletivismo (junto com todas as suas manifestações culturais, incluindo o culto ao desespero e à depravação; a inconsciência intelectual de dançar, cantar ou atuar em devassidão; a adoração de anti-heróis; a experiência de ansiar pela dissecção do cérebro de um psicopata, em busca de inspiração, e dos pés descalços de um bruto desarticulado, em busca de orientação; o estupor de se reduzir aos estímulos sensoriais; o sentido da vida de um filme como o de Tom Jones). Mas eles não encontraram, até agora, nenhuma direção, nenhuma filosofia constante, nenhum valor racional, nenhuma meta de longo prazo. Até, e a menos que a encontrem, os esforços incoerentes deles em prol de um futuro melhor vão desabar antes do golpe final dos coletivistas.

Historicamente, estamos agora em um tipo de terra de ninguém intelectual, e o futuro será determinado por aqueles que se aventurarem fora das trincheiras do *status quo*. Nossa direção dependerá de se os aventureiros forem cruzados, lutando por uma nova renascença, ou saqueadores, pilhando os destroços deixados pelas batalhas de ontem. Os cruzados ainda não estão prontos, mas os saqueadores estão.

É por isso que, em um sentido mais profundo do que os zumbis dos *campi* universitários jamais compreenderão, "Agora, agora, agora!" é o último *slogan* e brado dos maltrapilhos barbudos e desgarrados que uma vez foram um exército reunido pela promessa de uma sociedade *cientificamente* (!) planejada.

As duas caracterizações mais precisas da rebelião estudantil mostradas pela imprensa foram "existencialismo político" e "castristas". Os dois conceitos pertencem à falência intelectual: o primeiro representa uma abdicação da razão, e o segundo, um estado de pânico histérico que levanta seus punhos como único recurso.

Em preparação para sua pesquisa publicada em 22 de março de 1965, a *Newsweek* conduziu várias votações entre estudantes universitários em geral, sobre vários assuntos, sendo um deles a pergunta sobre quem eram os heróis dos estudantes. Os editores da *Newsweek* me informaram que meu nome apareceu na lista resultante, e enviaram um entrevistador para perguntar sobre o meu ponto de vista no estado das universidades modernas. Por motivos que eles conhecem melhor, eles optaram por não publicar parte alguma dessa entrevista. O que eu disse (de forma resumida) foi que o que estou dizendo agora neste artigo, com exceção das notas de conclusão a seguir e que eu gostaria de dedicar especialmente aos estudantes universitários que me escolheram como uma de suas figuras heroicas.

Os jovens se perguntam constantemente o que eles podem fazer para combater as tendências desastrosas dos dias de hoje; eles buscam alguma forma de ação e destroem suas esperanças em becos sem saída, especialmente a cada quatro anos, durante as eleições. Aqueles que não percebem que a batalha é ideológica, é melhor desistir, porque eles não têm chance. Aqueles que percebem devem compreender que a rebelião estudantil lhes oferece uma chance de treinarem a si mesmos para o tipo de batalha que terão que lutar no mundo quando saírem da universidade; uma chance, não apenas de treinarem a si mesmos, mas de vencerem as primeiras rodadas de uma batalha maior.

Se buscam uma causa importante, eles têm a oportunidade de combater os rebeldes, de lutar *ideologicamente*, no âmbito *moral-intelectual* — identificando e expondo o significado das demandas dos rebeldes, nomeando e respondendo aos princípios básicos que os rebeldes não ousam admitir. A batalha consiste, acima de tudo, em fornecer ao país (ou àqueles que ouçam) respostas *ideológicas* — um campo de ação do qual a geração anterior desertou sob tiros.

Ideias não podem ser combatidas, exceto com ideias melhores. A batalha consiste não em oposição, mas em exposição; não em denunciar, mas em desaprovar; não em evitar, mas em proclamar audaciosamente uma alternativa plena, consistente e radical.

Isso não quer dizer que estudantes racionais devam entrar em debates com rebeldes ou tentar convertê-los: não se pode discutir com irracionalistas declarados. O objetivo de um embate ideológico é iluminar a maioria ampla, desamparada e confusa nas universidades — e no país em geral — ou, pelo menos, as mentes daqueles entre a maioria que batalham para encontrar respostas ou aqueles que, embora só tenham ouvido sofismas coletivistas durante anos, tenham recuado com repulsa e desistido.

A primeira meta de uma batalha assim é arrancar de um punhado de *beatniks* o título de "porta-vozes da juventude americana", que a imprensa tanto anseia por lhes atribuir. O primeiro passo é ser ouvido, no *campus* e fora dele. Há várias formas civilizadas de se fazer isso: reuniões de protestos, petições públicas, discursos, panfletos, cartas a editores. É uma questão muito mais importante do que fazer piquetes na ONU ou desfilar apoiando o Comitê Doméstico de Atividades Não Americanas. E, ao mesmo tempo que grupos fúteis, tais como a Juventude Americana pela Liberdade, estão engajados em tais empreitadas, eles estão permitindo que a vanguarda coletivista fale em nome deles — em nome de estudantes universitários americanos — sem qualquer protesto audível.

Mas para se ser ouvido, deve-se ter algo a ser dito. Para isso, deve-se conhecer o caso em pauta. É necessário conhecê-lo plena, lógica e consistentemente, até o cerne de seus fundamentos filosóficos. Não é possível combater especialistas com armas nucleares usando-se estilingues republicanos. E os líderes por trás da rebelião estudantil são especialistas em seu jogo específico.

Mas eles são perigosos apenas para quem observa as questões fora de foco e espera combater ideias por meio de fé, sentimentos e arrecadação de fundos. Você se surpreenderia com a velocidade com a qual ideólogos do coletivismo recuam quando encontram um adversário *intelectual* e confiante. A argumentação deles se pauta em apelar à confusão, ignorância, desonestidade, covardia e desespero das pessoas. Siga pelo lado que eles não ousam abordar: o apelo à inteligência humana.

O coletivismo perdeu as duas armas cruciais que o elevaram ao poder mundial e possibilitaram todas as suas vitórias: intelectualidade e idealismo, ou razão e moralidade. Ele precisou perdê-las precisamente no auge de seu sucesso, uma vez que sua declaração de posse de ambos era uma fraude: a realidade plena e corrente dos estados fascistas, comunistas e socialistas tem demonstrado a irracionalidade bruta dos sistemas coletivistas e a desumanidade do altruísmo como um código moral.

Porém, a razão e a moralidade são as únicas armas que determinam o curso da história. Os coletivistas as abandonaram, porque eles não tinham direito a portá-las — peguem-nas; pois vocês têm.

CAPÍTULO 23

ALIENAÇÃO [109]

Nathaniel Branden

E como enfrentarei os desafios das durezas dos homens e de Deus? Eu, um estranho amedrontado num mundo que nunca construí[110].

Nos textos de psicólogos e sociólogos contemporâneos, encontra-se cada vez mais regularmente essas linhas do poema de A. E. Housman — citadas como uma sumarização eloquente do sentido da vida e do revés psicológico do homem do século XX.

Em cada vez mais livros sobre comentários sociais, encontra-se a mesma mensagem: o homem moderno está sufocado pela ansiedade, o homem moderno sofre com uma "crise de identidade", o homem moderno está *alienado*. "'Quem sou eu?' 'Para onde eu vou?' 'Pertenço a quê?': essas são as perguntas cruciais que o homem faz a si mesmo na sociedade moderna de massa", declara o sociólogo e psicanalista Hendrik M. Ruitenbeek em *The individual and the Crowd: A Study of Identity in America* [*O Indivíduo e a Multidão: Um Estudo de Identidade nos Estados Unidos*][111].

---

[109] *The Objectivist Newsletter*, julho, agosto e setembro de 1965.

[110] Trecho do poema *Ther Laws of God, The Laws of Man* [As Leis de Deus, as Leis do Homem], de A. E. Housman. A Tradução acima é uma versão fiel às terminologias e contextos; abaixo, porém, destacamos uma tradução mais lírica, fiel à composição e ritmo do poema original. A tradução é de Márcio Gomez Benito, e se encontra no link destacado após o texto traduzido:

Original: "And how am I to face the odds / Of man's bedevilment and God's / I, a stranger and afraid / In a world I never made".

Tradução: "Como enfrentar revés e planos / Do mau de Deus, do ser humano? / Eu, um medroso, um exilado, / Num mundo não por mim criado".

Fonte: https://versodebrinquedo.wordpress.com/2019/03/25/as-leis-de-deus-do-humano-ser-e-a-e-housman-1859-1936/. (N. E.)

[111] RUITENBEEK, Hendrik M. *The individual and the Crowd: A Study of Identity in America*. Nova York: The New American Library (Mentor), 1965, p. 15.

O conceito de *alienação*, em seu uso psiquiátrico original, denotava os doentes mentais, os doentes mentais graves, muitas vezes, particularmente em contextos legais, os loucos. Transmitia a noção do colapso da racionalidade e da autodeterminação, a noção de uma pessoa impulsionada por forças que não pode compreender ou controlar, que são experimentadas por ele como compulsivas e estranhas, de modo que ele se sente alienado de si mesmo.

Séculos antes, teólogos medievais falaram com preocupação da alienação do homem perante Deus, vinda de uma preocupação demasiada com o mundo dos sentidos, que fazia com que o homem se perdesse de si mesmo, alienado de seu estado espiritual adequado.

Foi o filósofo Hegel que introduziu o conceito de alienação (fora de seu contexto psiquiátrico) no mundo moderno. A história do homem, defendia Hegel, é a história da autoalienação do homem: o homem é cego à sua própria essência, ele está perdido no "mundo morto" de instituições sociais e propriedades que ele próprio criou, ele estranha o Ser Universal do qual faz parte; e o progresso humano consiste no avanço do homem em direção a esse Todo, à medida em que transcende as limitações de suas percepções individuais.

A "alienação" foi tomada por Karl Marx e recebeu um sentido mais estrito e menos cósmico. Ele aplicou o conceito primariamente ao trabalhador. A alienação do trabalhador era inevitável, ele afirmou, com o desenvolvimento da divisão de trabalho, especialização, trocas e propriedade privada. O trabalhador precisa vender seus serviços; assim ele passa a se ver como uma *commodity*, ele se torna alienado em relação ao produto de seu próprio trabalho, e seu trabalho não é mais a expressão de sua capacidade, do seu eu interior. O trabalhador, que está vivo, é controlado por uma coisa "morta" (por exemplo o capital, o maquinário). A consequência, segundo Marx, é a mutilação e o empobrecimento espiritual: o trabalhador é alienado de si, da natureza e de seus semelhantes; ele existe apenas como um *objeto* animado, não como um ser humano.

Desde a época de Marx, a ideia de alienação foi usada cada vez mais por psicólogos, sociólogos e filósofos, acumulando uma ampla variedade de usos e sentidos. Mas de Hegel e Marx em diante, parece haver uma relutância quase universal, por parte daqueles que empregam o termo, em defini-lo com precisão; é como se fosse esperado que seu significado seja *sentido*, ao invés de compreendido conceitualmente. Em uma coleção de ensaios de dois volumes chamada *Alienação*, o editor, Gerald Sykes, zomba especificamente dos que estão muito ansiosos por uma definição do termo; a pressa para definir, ele declara, revela que o indivíduo sofre de "um caso avançado de alienação"[112].

Alguns escritores — notavelmente os de orientação freudiana ou junguiana — declaram que a complexidade da sociedade industrial moderna fez com que o homem se tornasse "supercivilizado", perdendo o contato com as raízes mais profundas de seu ser, alienando-se de sua "natureza instintiva". Outros — notavelmente de orientação existencialista ou zen-budista — reclamam que nossa sociedade tecnologicamente avançada compele o homem a viver muito intelectualmente, controlado por abstrações, assim alienando-o do mundo real, que pode ser experimentado em sua "completude" apenas por meio de suas emoções. Outros — notavelmente de orientação de mediocridade petulante — criticam especificamente a alienação do artista; eles afirmam que com o desaparecimento da era dos patronos, com os artistas lançados em seus próprios recursos para batalhar no mercado de trabalho — que é controlado por "filisteus" — o artista é condenado a lutar uma batalha perdida pela preservação de sua integridade espiritual: ele também é atacado por tentações materiais.

A maioria desses autores declara que o problema da alienação e da busca por identidade do homem não é nova, mas foi uma fonte de angústia do homem em todas as eras e culturas. Mas eles insistem que hoje, na civilização ocidental — acima de tudo nos Estados Unidos — o problema atingiu uma severidade jamais vista antes. Ele se tornou uma crise.

O que é responsável por essa crise? O que alienou o homem e o privou de sua identidade? A resposta dada pela maioria dos escritores sobre a alienação nem sempre é declarada explicitamente, mas, em suas incontáveis referências absurdas a "efeitos desumanizadores do industrialismo", "comercialismo destruidor de almas", "racionalismo de uma cultura tecnológica", "materialismo vulgar do ocidente", etc. —, o vilão em seus pontos de vista, o destruidor que eles consideram o maior responsável, não é difícil de identificar. É o capitalismo.

---

[112] SYKES, Gerald (ed.). *Alienation*. Nova York: George Braziller, 1964. v. I, p. 13.

Isso não deveria ser surpreendente. Desde seu nascimento, o capitalismo é feito de bode expiatório, responsável por quase todo mal real ou imaginário denunciado por qualquer um. Como o distinto economista Ludwig von Mises observa:

> Nada é mais impopular hoje do que uma economia de livre mercado, ou seja, o capitalismo. Tudo que é considerado insatisfatório nas condições do presente é atribuído ao capitalismo. Os ateus tornam o capitalismo responsável pela sobrevivência do cristianismo, mas as encíclicas papais culpam o capitalismo pela disseminação de agnosticismo e pelos pecados de nossos contemporâneos, e as igrejas e seitas protestantes não são menos vigorosas em suas acusações contra a ganância capitalista. Amigos da paz consideram nossas guerras como um efeito colateral do imperialismo capitalista. Mas os fomentadores das guerras nacionalistas irredutíveis da Alemanha e da Itália culparam o capitalismo por seu pacifismo "burguês", contrário à natureza humana e às leis inevitáveis da história. Sacerdotes acusam o capitalismo de romper com a família e fomentar a libertinagem. Mas os "progressistas" culpam o capitalismo pela preservação de regras supostamente antiquadas sobre restrições sexuais. Quase todos os homens concordam que a pobreza é uma consequência do capitalismo. Por outro lado, vários deploram o fato de que o capitalismo, ao atender luxuosamente os desejos de pessoas que almejam obter mais confortos e uma vida melhor, promove um materialismo crasso. Essas acusações contraditórias ao capitalismo se anulam reciprocamente. Mas permanece o fato de que restam poucas pessoas que não condenam o capitalismo[113].

É verdade que muitos homens sofrem com um sentimento crônico de vazio interior, de empobrecimento espiritual, o sentimento de ausência de identidade pessoal. É verdade que muitos homens se sentem alienados — de alguma coisa — mesmo que eles não saibam dizer do quê — de si mesmos, de outros homens ou do universo. E é profundamente significativo que o capitalismo seja culpado por isso. Não porque haja qualquer justificativa para a acusação, mas porque, ao analisar as razões dadas para ela, pode-se aprender bastante sobre a natureza e o significado da sensação de alienação e não-identidade dos homens e, simultaneamente, sobre os motivos psicológicos que fazem surgir a hostilidade contra o capitalismo.

Os que escrevem sobre alienação, como indiquei, não são um grupo intelectualmente homogêneo. Eles se diferenciam em várias áreas: sobre em

---

[113] MISES, Ludwig von. *Socialism*. New Haven, Connecticut: Yale University Press, 1951, p. 527.

que exatamente consiste o problema da alienação, nos aspectos da sociedade industrial moderna e de uma economia de livre mercado que eles consideram mais abjetos, no quão explicitamente eles identificam o capitalismo como o vilão, e nos detalhes de suas próprias inclinações políticas. Alguns desses escritores são socialistas, alguns são fascistas, alguns são medievalistas, outros são apoiadores do Estado de bem-estar social, outros dispensam qualquer política. Alguns acreditam que o problema da alienação é completa ou majoritariamente solúvel por um novo sistema de organização social; outros acreditam que o problema, no fundo, é metafísico e que nenhuma solução plenamente satisfatória possa ser encontrada.

Felizmente, entretanto, para os propósitos desta análise, há um escritor contemporâneo que consegue combinar em seus livros praticamente todos os maiores erros cometidos por comentadores desse campo: o psicólogo e sociólogo Erich Fromm. Consideremos, então, a visão de Fromm sobre o homem e sua teoria de alienação em detalhes.

O homem, declara Erich Fromm, é "a aberração do universo". Esse tema é crucial e central em sua literatura: o homem é radicalmente diferente de todas as outras espécies vivas, ele é "estranho" e "alienado" da natureza; é oprimido por um sentimento de "isolamento" e "separação"; ele perdeu, no processo de evolução, a imperturbável tranquilidade de outros organismos; perdeu a "harmonia pré-humana" com a natureza que é apreciada por um animal, uma ave ou um verme. A fonte de sua maldição é o fato de que ele possui uma mente.

"Autoconsciência, razão e imaginação", escreve Fromm em *Man for Himself* [*O Homem Para Si Mesmo*], "romperam a 'harmonia' que caracteriza a existência animal. Seu surgimento transformou o homem em uma anomalia, em uma aberração no universo". O homem não pode viver como um animal, ele não está equipado para se adaptar ao seu ambiente automaticamente, sem pensar. Um animal cegamente "repete o padrão da espécie", seu comportamento é biologicamente previsto e estereotipado, ele "se encaixa ou morre" — mas ele não precisa *resolver* o problema da sobrevivência, ele não tem consciência de *vida e morte como uma questão*. O homem precisa, e está consciente; essa é a sua tragédia. "A razão, a bênção do homem, é também sua maldição [...]"[114].

---

[114] FROMM, Erich. *Man for Himslef.* Nova York: Rinehart & Co., 1947, p. 39-40.

Em *A Arte de Amar*, ele escreve:

O que é essencial na existência do homem é o fato de que ele ascendeu do reino animal, de adaptação instintiva; de que ele transcendeu a natureza, embora nunca a deixe; ele é parte dela e, mesmo assim, uma vez desgarrado da natureza, não pode voltar a ela; uma vez expulso do paraíso — um estado de união original com a natureza —, querubins com espadas flamejantes fecham o caminho de volta, caso ele tente retornar[115].

Que a faculdade racional do homem o priva do "paraíso", alienando-o e afastando-o da natureza é claramente revelado, diz Fromm, nas "dicotomias existenciais" nas quais sua mente o condena a confrontar as "contradições" inerentes à vida em si. O que são essas trágicas "dicotomias"? Ele nomeia três delas como centrais e básicas. A mente do homem permite que ele "visualize seu próprio fim: a morte"; porém, "seu corpo faz com que ele queira continuar vivo"[116]. A natureza do homem contém potencialidades incontáveis; porém, "a curta duração de sua vida não permite que ele desfrute de uma realização plena, mesmo sob as circunstâncias mais favoráveis"[117]. O homem "deve ficar sozinho quando precisar julgar ou tomar decisões unicamente com o poder de seu raciocínio"; porém, "ele não consegue suportar ficar só, sem relações com seus semelhantes"[118].

Essas "contradições", diz Fromm, constituem o dilema da "situação humana", contradições contra as quais o homem é compelido a batalhar, mas que ele nunca consegue resolver ou anular, e *que alienam o homem de si mesmo, de seus pares e da natureza*.

Se a lógica supracitada não for prontamente perceptível, a razão não está na brevidade da sinopse. Ela está na arbitrariedade sem mitigação do modo usado por Fromm para apresentar suas ideias; ele escreve, não como um cientista, mas como um oráculo que não tem obrigação de dar razões ou provas.

É verdade que o homem difere fundamentalmente de todas as outras espécies vivas, em virtude de possuir uma faculdade racional e conceitual. É verdade que, para o homem, a sobrevivência é um problema

---

[115] FROMM, Erich. *The Art of Loving*. Nova York: Harper & Brothers, 1956, p. 7.
[116] FROMM, Erich. *Man for Himslef*. Nova York: Rinehart & Co., 1947, p. 40.
[117] *Ibid.*, p. 42.
[118] *Ibid.*, p. 43.

a ser resolvido pelo exercício de sua inteligência. É verdade que nenhum homem vive tempo suficiente para exaurir todas as suas potencialidades. É verdade que todo homem é solitário, separado e único. É verdade que pensar exige independência. Esses são os fatos que concedem glória à existência do homem. Por que se escolheria considerar esses fatos como um paradoxo cósmico terrível e ver neles a evidência de problemas humanos monumentalmente trágicos?

Existem homens que se ressentem do fato de que suas vidas são sua responsabilidade, e que a tarefa de sua razão seja descobrir como mantê-las. Muitos homens — homens que preferem o estado de animais, pode (ou costumava) ser encontrado dormindo nos bancos de qualquer parque público; eles são chamados de *vagabundos*. *Existem* homens que consideram o pensamento como anormal e não-natural. Um grande número de homens assim pode ser encontrado em instituições psiquiátricas; eles são chamados de *loucos*. *Existem* homens que sofrem de uma preocupação crônica com a morte; que se ressentem amargamente do fato de que não podem simultaneamente serem pianistas, empresários, engenheiros ferroviários, jogadores de beisebol e mergulhadores marinhos; que consideram sua existência como entidades separadas e independentes como um fardo insuportável. Muitos homens assim pode ser encontrado em consultórios de psicoterapeutas; eles são chamados de *neuróticos*. Mas por que Fromm escolhe mendigos, loucos e neuróticos como seus símbolos de humanidade, como sua imagem de homem, e por que ele escolhe alegar que é a partir do estado *deles* que todos os homens estão destinados a começar, e do qual eles precisam batalhar para sair?

Fromm não nos conta. Ele também não estabelece qualquer conexão lógica entre os fatos que observa e as conclusões que enuncia.

Se *não* considerarmos suas conclusões como arbitrárias — ou como revelações místicas — então devemos assumir que ele não se incomoda em dar razões para seu posicionamento porque ele considera suas conclusões como praticamente autoevidentes, como irresistivelmente transmitidas pelos fatos que cita, facilmente disponíveis à experiência e introspecção de qualquer um. Mas se ele sente que é facilmente aparente, por introspecção, que os fatos que ele cita constituem um problema agonizante para o homem, a resposta mais apropriada que se pode dar é: "Fale por você, irmão!".

ALIENAÇÃO

A razão, insiste Fromm, e a autoconsciência que é possibilitada pela razão, torna a "existência separada e desunida" do homem em uma "prisão insuportável", e o homem "ficaria insano caso não pudesse se libertar dessa prisão e fazer contato, se unir de alguma forma com outros homens, com o mundo exterior"[119].

O parágrafo a seguir é o tipo de coisa que Fromm considera uma explicação:

A experiência de separação evoca a ansiedade; ela é, de fato, a fonte de toda a ansiedade. Ser separado significa ser isolado, sem qualquer capacidade de usar meus poderes humanos. Doravante, estar separado significa estar impotente, incapaz de compreender ativamente o mundo, coisas e pessoas; significa que o mundo pode me invadir sem minha habilidade de reagir. Assim, a separação é uma fonte de ansiedade intensa. Além disso, ela evoca a vergonha e o sentimento de culpa. A experiência de culpa e vergonha na separação é expressada na passagem bíblica de Adão e Eva. Depois que Adão e Eva comeram o fruto da "árvore do conhecimento do bem e do mal", depois de desobedecerem [...], depois de terem se tornado humanos ao se emanciparem da harmonia animal original com a natureza, ou seja, depois de seu nascimento como seres humanos — eles viram "que estavam nus — e eles se sentiram envergonhados". Devemos assumir que um mito tão velho e elementar como esse tem a moral puritana de uma perspectiva do século XIX e que o ponto importante que a história quer transmitir para nós é o constrangimento por seus genitais estarem visíveis? Isso dificilmente pode ser o caso, e ao entendermos a história sob um espírito vitoriano, abandonamos o ponto central, que parece ser o seguinte: depois que o homem e a mulher se tornaram conscientes de si mesmos e um do outro, eles se tornaram cientes de sua separação, e de suas diferenças, visto que eles pertencem a sexos diferentes. Mas embora reconheçam sua separação, eles continuam estranhos, porque eles ainda não aprenderam a amar um ao outro (como é deixado bem claro pelo fato de que Adão se defende culpando Eva, ao invés de tentar defendê-la).

A consciência da separação humana, sem a reunião no amor, é a fonte da vergonha. Essa é a mesma fonte da culpa e da ansiedade[120].

Todas as instituições sociais, todas as culturas, religiões e filosofias, todo progresso, assegura Fromm, são motivados pela necessidade do homem de escapar do terrível senso de impotência e da solidão aos quais sua razão o condena.

---

[119] FROMM, Erich. *The Art of Loving*. Nova York: Harper & Brothers, 1956, p. 8.
[120] *Ibid.*, p. 8-9.

A necessidade de sempre encontrar soluções novas para as contradições de sua existência, de encontrar formas ainda maiores de união com a natureza, com seus companheiros e consigo mesmo, são a fonte de todas as forças psíquicas que motivam o homem [...][121].

Em *Man for Himself*, Fromm declara que é apenas por meio da "razão, da produtividade e do amor" que o homem consegue resolver o problema de sua "separatividade" e alcançar uma "nova união" com o mundo ao seu redor. A alegação de Fromm de que ele é um defensor da *razão* é insincera, para dizer o mínimo. Ele fala sobre razão e amor como sendo "apenas duas formas diferentes de compreender do mundo"[122]. Como se isso não fosse uma prova inequívoca de seu misticismo, ele continua a dizer, em *A Arte de Amar*, sobre a "lógica paradoxal" das religiões orientais, as quais, diz ele de maneira aprovadora, não estão sobrecarregadas pelas leis aristotélicas de contradição, e ensinam que o "homem consegue perceber a realidade apenas através das contradições"[123]. (Hegel e Marx, afirma ele — corretamente — pertencem à sua linha epistemológica "paradoxal".) Sua discussão sobre o que quer dizer com "produtividade" é parcamente mais gratificante.

Em *A Arte de Amar*, escrito alguns anos depois de *Man for Himself*, ele declara que a razão e o trabalho produtivo, embora sejam certamente importantes, provém soluções apenas parciais e, por si mesmas, não muito satisfatórias: a "unidade" que alcançam "não é interpessoal", e o "desejo por uma fusão interpessoal é o desejo mais poderoso que acomete o homem"[124]. Fromm dá uma volta inexplicada nesse quesito. O que começou como um problema entre o homem e a natureza agora é resolvido (de alguma maneira não especificada) através da "comunhão" humana. Não é de se surpreender; ao se ler Fromm, esse é o tipo de pronunciamento que se espera — existe um senso de inevitabilidade a respeito disso. Amor, e apenas o amor, nos diz ele com uma originalidade incrível, poderá dissipar o terror do homem. "O amor é a única resposta sã e satisfatória ao problema da existência humana"[125].

É apenas através do "relacionamento" positivo de um indivíduo com os próximos, apenas através do sentimento de "cuidado e responsabilidade"

---

[121] FROMM, Erich. *The Sane Society*. Nova York: Rinehart & Co., 1955, p. 25.
[122] FROMM, Erich. *Man for Himslef*. Nova York: Rinehart & Co., 1947, p. 97.
[123] FROMM, Erich. *The Art of Loving*. Nova York: Harper & Brothers, 1956, p. 77.
[124] *Ibid.*, p. 18.
[125] *Ibid.*, p. 133.

para com eles — enquanto se preserva a própria integridade pessoal, adiciona ele de maneira misteriosa — que o homem conseguirá estabelecer novos laços, uma nova união, que o libertarão da solidão alienada.

O coelho está pronto para sair da cartola. O supracitado é a visão de Fromm a respeito da alienação como um problema *metafísico*; a totalidade de seu significado e implicação torna-se clara quando se observa sua análise político-social da alienação. No contexto do primeiro, pode-se observar claramente quais tipos de "laços", quais tipos de "união" e que tipo de "amor" Fromm tem em mente.

Todas as sociedades, como um sistema de relacionamentos humanos, podem ser avaliadas a respeito de quão bem elas satisfazem as necessidades psicológicas básicas do homem — ou seja, através das possibilidades para amar, da afinidade e da experiência de identidade pessoal que oferece ao homem.

O capitalismo, declara Fromm, tem sido desastroso nesse aspecto: longe de resolver o problema da alienação do homem, ele o piorou de maneira imensurável em diversos aspectos. Ao libertar o homem das regulações e autoridades medievais, ao quebrar os grilhões da tirania eclesiástica, econômica e social, ao destruir a "estabilidade" da ordem feudal, o capitalismo e o individualismo impuseram ao homem uma liberdade sem precedentes, que estava "fadada a criar um profundo sentimento de insegurança, impotência, dúvida, solidão e ansiedade"[126].

Debaixo de um coletivista você sempre encontrará um medievalista. Fromm não é exceção. Como muitos socialistas, ele é um glamorizador da Idade Média. Ele reconhece superficialmente as falhas desse período histórico, mas ao contrastá-lo com o capitalismo que o sucede, Fromm é encantado pelo que considera como suas virtudes.

> O que caracteriza a sociedade medieval em contraste com a sociedade moderna é a sua falta de liberdade individual. [...] Mas, embora uma pessoa não fosse livre no sentido moderno, ela também não estava sozinha e isolada. Ao possuir um lugar distinto, imutável e inquestionável no mundo social desde o momento do nascimento, o homem estava enraizado em um todo estruturado, e, dessa forma, a vida possuía um significado que não deixava espaço, ou necessidade, para dúvidas. Uma pessoa era idêntica com o seu papel na sociedade; ele era *de fato* um camponês, um artista, um cavaleiro, e não um *indivíduo* que *por acaso* tivesse essa ou aquela ocupação. A ordem

---

[126] FROMM, Erich. *Escape from Freedom*. Nova York: Rinehart & Co., 1941, p. 63.

social era concebida como uma ordem natural, e ser uma parte definida dela dava ao homem um sentimento de segurança e de pertencimento. Havia pouca competição comparativa. Uma pessoa nascia em uma determinada posição econômica que garantia um meio de vida determinado pela tradição, assim como carregava obrigações econômicas para com aqueles acima dele na hierarquia social. Mas dentro dos limites de sua esfera social, o indivíduo, na verdade, possuía bastante liberdade para expressar a si mesmo em seu trabalho e em sua vida emocional. Embora não existisse o individualismo no sentido moderno de escolhas irrestritas entre diversos meios de vida possíveis (uma liberdade de escolha que é em grande parte abstrata), havia uma boa dose de *individualismo concreto* na *vida real*.[127]

Não é incomum encontrar esse tipo de perspectiva a respeito da Idade Média entre autores que escrevem sobre alienação. Mas o que faz a passagem acima ser especialmente chocante e ofensiva, no caso de Fromm, é que ele repetidamente professa ser um amante da liberdade e um valorizador da vida humana.

A completa falta de controle sobre qualquer aspecto na existência de uma pessoa, a supressão impiedosa da liberdade intelectual, as restrições paralisantes de qualquer forma de iniciativa individual e independência — essas são características cardinais da Idade Média. Mas tudo isso é posto de lado por Fromm — junto com as fomes, as pragas, o trabalho exaustivo de amanhecer a entardecer, a rotina sufocante, o terror supersticioso, os ataques de histeria em massa afligindo cidades inteiras, o pesadelo da brutalidade das negociações entre os homens, o uso de tortura legalizada como um meio de vida comum — tudo isso é posto de lado, tão enraizado é Fromm a respeito da visão de um mundo no qual homens não precisavam inventar ou competir, onde precisavam apenas se submeter e obedecer.

Fromm não menciona em lugar algum o que exatamente consistia no "individualismo concreto" do homem medieval. Fica-se morbidamente curioso para saber o que ele diria.

Com o colapso do medievalismo e a emergência de uma sociedade livre-mercado, declara Fromm, o homem estava compelido a assumir total responsabilidade por sua própria sobrevivência: ele precisava produzir e negociar; ele precisava pensar e julgar; não havia uma autoridade para guiá-lo e nada a não ser a sua própria habilidade para mantê-lo na existência. Ele

---

[127] *Ibid.*, p. 41–42.

não poderia mais, através da virtude da classe na qual nasceu, *herdar* seu senso de identidade pessoal: daqui em diante ele precisava *conquistá-lo*. Isso impunha um problema psicológico devastador ao homem, intensificando seu sentimento básico de isolação e separatividade.

"É verdade", observa Fromm, "que o modelo capitalista de produção conduz à liberdade política, enquanto qualquer ordem social centralmente planejada corre o risco de acarretar arregimentação política e, eventualmente, em tirania"[128]. O capitalismo, reconhece ele, provou ser superlativamente capaz de produzir bens e de elevar o padrão material de vida do homem a níveis inimagináveis. Mas uma "sociedade sã" deve ter mais a oferecer ao homem do que bem-estar material. O capitalismo, insiste Fromm, destrói o *espírito* do homem. Ele oferece diversas razões para essa acusação, as quais são muito reveladoras.

1) Assim como Marx, Fromm denuncia a situação humilhante do trabalhador que precisa vender seus *serviços*. O capitalismo condena o homem a experimentar a si mesmo, não como um homem, mas como uma *commodity*, como algo a ser negociado. Paralelamente, uma vez que ele é apenas uma pequena parte de um vasto processo industrial, uma vez que, por exemplo, ele não constrói um automóvel inteiro sozinho (e então o dirige para casa), mas constrói apenas uma pequena parte dele (com o produto final sendo subsequentemente vendido para um terceiro distante, desconhecido), o trabalhador se sente alienado do produto de seu próprio trabalho e, dessa forma, se sente alienado do próprio trabalho como um todo, diferentemente do artesão da Idade Média, cujo trabalho conseguiria expressar a "riqueza completa" de sua personalidade.

É um fato econômico básico que a especialização e as trocas, sob uma divisão de trabalho, fazem com que seja possível um nível de produtividade que, de outra forma, não seria remotamente atingível. Nos séculos pré-capitalistas, quando o bem-estar econômico do homem se encontrava limitado pelos bens que ele conseguia produzir e adquirir por si mesmo, com suas próprias ferramentas primitivas, uma quantidade inconcebível de trabalho era necessária para construir ou adquirir a mais simples das necessidades, e o padrão geral de vida era pavorosamente baixo: a existência humana era uma luta contínua e exaustiva contra a inanição iminente. Cerca de metade

---

[128] FROMM, Erich. *The Sane Society*. Nova York: Rinehart & Co., 1955, p. 138.

das crianças morria antes dos dez anos. Mas, com o desenvolvimento de sistemas salariais sob o sistema capitalista, a introdução de maquinários e a oportunidade de um homem vender o seu trabalho, a vida (sem falar de um padrão sempre crescente de bem-estar material) se tornou possível para milhões, que poderiam não ter tido a chance de sobreviver em economias pré-capitalistas. Entretanto, para Fromm e para aqueles que compartilham de seu ponto de vista, essas considerações são, sem dúvida, "materialistas" demais. Oferecer aos homens a chance de aproveitar o bem-estar material é, evidentemente, sentenciá-los à alienação; ao passo que mantê-los presos ao nível estagnado de um servo ou artesão de guilda medieval é oferecer satisfação espiritual.

2) Fromm denuncia o "anonimato das forças sociais inerentes à estrutura do modo de produção capitalista"[129]. As leis do mercado, de oferta e demanda, de causas e efeitos econômicos, são sinistramente impessoais: nenhum indivíduo singular *deseja* controlá-las. Seria o trabalhador quem determina o quanto ele deve ser pago? Não. Não é nem mesmo o empregador. É um monstro sem rosto, o mercado. Ele determina o nível dos salários de uma forma além do alcance da compreensão do trabalhador. E quanto ao capitalista, sua posição é pouco melhor: ele também é impotente. "O capitalista individual expande seu empreendimento, não principalmente porque quer, mas porque ele precisa, pois [...] o adiamento de expansões futuras significaria regressão"[130]. Caso tente estagnar, ele irá à falência. Sob tal sistema, pergunta Fromm, como poderia o homem não se sentir alienado?

Considere o que Fromm está denunciando. Sob o capitalismo, os salários pagos a um homem por seu trabalho são determinados *objetivamente* por meio da lei da oferta e da demanda. O mercado, oferecendo os julgamentos voluntários de todos aqueles que participam dele, de todos que compram e vendem, que produzem e consumem, que oferecem ou buscam emprego — estabelece o nível geral de preços de bens e serviços. Esse é o contexto que os homens são obrigados a considerar ao determinar os preços que pedirão por seu trabalho ou que oferecerão pelo trabalho de terceiros; caso um homem demande mais do que o valor de mercado de seu trabalho, ele permanecerá desempregado; caso um empregador em

---

[129] *Ibid.*
[130] *Ibid.*, p. 86.

particular ofereça a ele menos do que o valor de mercado por seu trabalho, o homem irá procurar — e encontrar — emprego em outro lugar. Os mesmos princípios se aplicam ao capitalista que oferece seus bens para venda. Caso os preços e a qualidade de seus bens sejam comparáveis ou preferíveis àqueles oferecidos por outros homens no mesmo campo de produção, ele será capaz de competir; caso outros façam melhor do que ele, caso puderem oferecer qualidade maior e/ou preços menores, ele será obrigado a aprimorar, a crescer, a igualar a conquista deles, ou perderá seus clientes.

O padrão determinante do sucesso ou fracasso de um produtor é o valor *objetivo* do seu produto — como julgado, dentro do contexto do mercado (e do seu conhecimento), por aqueles a quem ele oferece o seu produto. Esse é o único princípio racional e justo do comércio. Mas é isso que Fromm considera maligno.

Contra o que ele se rebela é a *objetividade*. Como pode — questiona ele — um homem não se sentir alienado em um sistema onde seus desejos não são onipotentes, onde o imerecido está fora de alcance, onde o crescimento é recompensado e a estagnação é penalizada?

É claro, a partir do supracitado, que a querela básica de Fromm é com a realidade, uma vez que a natureza confronta o homem com condições idênticas, as quais uma economia livre meramente reflete: a natureza também vincula o homem à lei de causa e efeito; a natureza também faz do crescimento constante uma condição para uma vida bem-sucedida.

Existem autores sobre a alienação que reconhecem isso e que não se preocupam em centrar seus ataques no capitalismo: eles condenam a natureza, sem rodeios. Eles declaram que a vida do homem é intrinsecamente e inevitavelmente trágica, uma vez que a realidade é "tirânica", uma vez que desejos contraditórios não podem ser satisfeitos, que a objetividade é uma "prisão", que o tempo é uma "rede" da qual ninguém pode escapar, etc. Os existencialistas, em particular, são especialistas nesse tipo de pronunciamento.

3) Como um consumidor em uma economia capitalista, alega Fromm, o homem está sujeito a pressões alienantes adicionais. Ele é sobrepujado por inumeráveis produtos, entre os quais deve escolher. Ele é desorientado e doutrinado pelas lisonjas de marqueteiros, sempre o instando a comprar suas mercadorias. Essa multiplicidade estarrecedora de escolhas possíveis está ameaçando a sua sanidade. Além disso, ele está "condicionado" a consumir por consumir, por ansiar por um padrão de vida cada vez maior, apenas de forma a manter o "sistema" funcionando. Com máquinas de lavar automáticas, câmeras automáticas, abridores automáticos de latas, automóveis com portas automáticas, o relacionamento do homem com a natureza torna-se cada vez mais remoto. Ele está progressivamente condenado ao pesadelo de um mundo artificial.

Tal problema não era confrontado pelo servo feudal.

O que não deixa de ser verdade: dormindo no chão de terra, o servo medieval — sem contar o homem das cavernas — estava muito mais próximo da natureza, em um sentido desconfortável e não higiênico da palavra.

A crítica acima sobre o capitalismo tem ficado muito em voga entre os comentaristas sociais. O que é digno de nota é que, de forma quase invariável, como no caso de Fromm, a crítica é feita pelos mesmos autores que são os mais ruidosos em declarar que o homem precisa de mais lazer. Entretanto, o propósito dos "apetrechos" que eles condenam é, especificamente, liberar o tempo do homem. Dessa forma, eles desejam prover o homem com mais lazer, enquanto denigrem os meios materiais que permitem o lazer ser possível.

Quanto à declaração igualmente popular de que a multiplicidade de escolhas oferecidas ao homem em uma sociedade capitalista esteja ameaçando seu equilíbrio mental, deveria ser lembrado que o medo de escolhas e decisões é um sintoma básico de doença mental. À mentalidade de quem, então, de acordo com esses críticos do capitalismo, deveria a sociedade se ajustar?

4) O desenvolvimento de uma sociedade altamente industrializada e complexa exige um grau extremo de quantificação e abstração por parte dos métodos de pensamento do homem, observa Fromm, e isso, de uma forma diferente, causa o estranhamento do homem em relação ao mundo à sua volta: ele perde sua habilidade de se conectar com as coisas em "sua solidez e originalidade"[131].

Pode-se concordar parcialmente com Fromm: uma sociedade industrial tecnológica demanda o desenvolvimento e exercício pleno das faculdades conceituais do homem, ou seja, de sua forma distintivamente *humana* de cognição. O nível sensorial-perceptivo de consciência — o nível de cognição de um animal — não será suficiente.

---

[131] *Ibid.*, p. 114.

Aqueles que afirmam que o nível conceitual de consciência aliena o homem do mundo real, meramente confessam que seus conceitos não têm relação com a realidade, ou que não entendem a relação de conceitos com a realidade. Mas deveria ser lembrado que a capacidade de abstração e conceitualização oferece ao homem, na medida em que ele é racional, um meio de "se relacionar" com o mundo à sua volta de maneira imensuravelmente superior àquele aproveitado por outras espécies. Ela não "aliena" o homem quanto à natureza, ela o transforma no mestre da natureza: um animal a obedece *cegamente*; o homem a obedece de maneira inteligente e, consequentemente, adquire o poder de comandá-la.

5) Finalmente, o mais alienante de tudo, talvez, são os tipos de relacionamentos que existem entre homens sob o capitalismo, diz Fromm.

> Qual o relacionamento do homem moderno com *o próximo*? É um entre duas abstrações, entre duas máquinas, que usam uma à outra. O empregador usa aqueles a quem emprega; o vendedor usa os seus consumidores [...]. Não existe muito amor ou ódio a ser encontrado nos relacionamentos de nossos dias. Existe, ao invés disso, uma camaradagem superficial, e uma imparcialidade mais do que superficial, mas por trás dessa superfície existe distância e indiferença [...]. A alienação entre o homem e o homem resulta na perda daqueles laços gerais e sociais que caracterizam as sociedades medievais, assim como a maioria das sociedades pré-capitalistas[132].

Fromm está declarando que existia, em sociedades pré-capitalistas, uma boa vontade mútua entre os homens, uma atitude de respeito e solidariedade benevolente, uma consideração pelo valor da pessoa, as quais desapareceram com o crescimento de uma sociedade de livre mercado. Isso é pior do que falso. A declaração é historicamente absurda e moralmente deplorável.

É notório que, durante a Idade Média, os relacionamentos humanos eram caracterizados por desconfianças, hostilidades e crueldades mútuas: todos consideravam seus vizinhos como uma ameaça em potencial, e nada era considerado de forma mais barata do que a vida humana. Esse é o caso, invariavelmente, *em qualquer* sociedade onde os homens são controlados através da força bruta. Ao pôr um fim na servidão e na escravidão, o capitalismo introduziu uma benevolência social que teria sido impossível sob

---

[132] *Ibid.*, p. 139.

sistemas anteriores. O capitalismo valorizava a vida humana de uma forma que nunca foi valorizada antes. O capitalismo é a expressão político-econômica do princípio de que a vida, a liberdade e a felicidade de um homem são seus através de um direito moral.

Há uma passagem em *A Nascente* que comenta o assunto. "Civilização é o progresso em direção a uma sociedade de privacidade. A totalidade da existência do selvagem é pública, governada pelas leis de sua tribo. Civilização é o processo de libertar o homem do homem".

Sob o capitalismo, os homens são livres para *escolher* seus "vínculos sociais", significando escolher com quem eles irão se associar. Os homens não estão restritos à prisão de sua família, tribo, castelo, classe ou vizinhança. Eles escolhem quem irão valorizar, de quem serão amigos, com quem lidarão, que tipo de relacionamentos assumirão. Isso implica e acarreta a responsabilidade do homem de formar juízos de valor independentes. Isso também implica e acarreta que o homem deve *conquistar* os relacionamentos sociais que deseja. Mas isso é, claramente, um anátema para Fromm.

"O amor", nos diz ele, "é a única resposta sã e satisfatória ao problema da existência humana" — mas, assegura ele, o amor e o capitalismo são *inimigos*. "O *princípio* subjacente à sociedade capitalista e o *princípio* do amor são incompatíveis"[133]. O princípio do capitalismo, diz Fromm, é o de "ética de imparcialidade", do comércio, da troca de valores, sem recurso contra a força ou fraude; indivíduos lidam uns com os outros apenas na premissa de interesse próprio mútuo; eles se engajam apenas em transações nas quais esperam obter algum lucro, recompensa ou ganho. "Pode-se até dizer que o desenvolvimento da ética de imparcialidade é a contribuição ética particular da sociedade capitalista"[134].

Mas aproximar-se do amor com qualquer preocupação de interesse próprio é — assegura ele — negar a própria essência do amor. Amar um indivíduo é sentir preocupação e responsabilidade por ele; não é avaliar o seu caráter ou sua personalidade como uma *commodity*, a partir da qual se espera prazer. Amar "de maneira ideal" é amar "incondicionalmente", é amar um ser humano, não pela realidade do que ele é, mas pelo fato *de que* ele é; é amar sem referências a valores ou padrões ou julgamentos. "Em

---

[133] FROMM, Erich. *The Art of Loving*. Nova York: Harper & Brothers, 1956, p. 131.
[134] *Ibid.*, p. 129.

essência, todos os humanos são iguais. Somos todos parte do Um; nós somos Um. Sendo esse o caso, não deveria fazer diferença a quem amamos"[135].

Não deveria, em outras palavras, fazer diferença se a pessoa que amamos é um ser de estatura ou de nulidade total, um gênio ou um tolo, um herói ou um canalha. "Somos todos parte do Um." Será necessário apontar quem ganharia e quem perderia nessa visão de amor?

O desejo de ser amado "incondicionalmente", o desejo de ser amado sem nenhuma preocupação com seu valor pessoal objetivo, é um dos "anseios mais profundos" do homem, insiste Fromm; ao passo que ser amado pelo mérito, "porque se merece", suscita dúvida e incerteza, pois o mérito deve ser conquistado, e esse amor pode ser retirado se o mérito deixar de existir. "Além disso, o amor merecido deixa facilmente um sentimento amargo de que não se é amado por si mesmo, que se é amado apenas porque se agrada [...]"[136].

É típico de Fromm que ele lance o que é, na verdade (embora não em sua própria avaliação), um insulto mortal à natureza humana, sem oferecer qualquer justificativa para sua acusação. Ele assume que todos os homens, em sua natureza, têm uma falta tão grande de autoestima que eles anseiam por um amor que não possui relações com suas ações, conquistas ou caráter, um amor não para ser conquistado, mas para ser recebido apenas como um presente.

O que significa ser amado "por si mesmo"? Sob a razão, só pode significar uma coisa: ser amado pelos valores que se conquista em seu caráter e pessoa. O maior cumprimento que se pode receber de outro ser humano é lhe dizerem: "Por causa do que você é, você é essencial para a minha felicidade". Mas esse é o amor que, de acordo com Fromm, deixa um "sentimento amargo".

É a cultura capitalista, declara ele, que inculca tais conceitos como "merecido" e "imerecido", o conquistado e o não-conquistado, e, dessa forma, envenena o crescimento de um amor adequado. O amor adequado, nos diz Fromm, deveria ser dado apenas através da riqueza de espírito do doador, em demonstração da "potência" do doador. Fromm não revela em lugar algum a exata natureza dessa "potência", é claro. "O amor é um ato

---

[135] *Ibid.*, p. 55.
[136] *Ibid.*, p. 42.

de fé [...]"[137]. O amor adequado não deveria levantar questões a respeito da virtude ou caráter de seu objeto; não deveria desejar júbilo de tal virtude como a que o objeto pode possuir — pois, se o desejar, não é o amor adequado, mas apenas o egoísmo capitalista.

Mas, pergunta Fromm, "como alguém poderia agir dentro do âmbito da sociedade existente e ao mesmo tempo praticar o amor?"[138]. Ele não declara que o amor é *impossível* sob o capitalismo, apenas que é excepcionalmente difícil.

Comentando em *Who is Ayn Rand?* [*Quem É Ayn Rand?*], a respeito da teoria do amor de Fromm, eu escrevi:

> Amar [...] é *valorizar*; o amor, propriamente dito, é a consequência e expressão de admiração, "o preço emocional pago por um pelo júbilo que recebe das virtudes do outro" [*A Revolta de Atlas*]. Amor não é esmola, mas um tributo moral.
>
> Se o amor não implicasse em admiração, se não implicasse em um reconhecimento das qualidades morais que o recipiente do amor possui — qual significado e importância teria o amor, e por que Fromm ou qualquer outro o considerariam desejável? Apenas uma resposta é possível, e não uma agradável: quando o amor é separado de valores, o "amor" se torna não um tributo, mas um cheque em branco moral: uma promessa de que alguém será perdoado de qualquer coisa, de que alguém não será abandonado, de que alguém será bem tratado[139].

Essa visão do amor não é, é claro, particular a Fromm; é um componente central da tradição mística-altruísta, e é tão prevalente entre psicólogos, sociólogos e filósofos quanto entre religiosos. Talvez a resposta mais simples e eloquente à essa visão do amor é uma frase de John Galt em *A Revolta de Atlas*: "Uma moralidade que professa a crença de que os valores do espírito são mais preciosos do que a matéria, uma moralidade que te ensina a desprezar uma meretriz que entrega o seu corpo indiscriminadamente a todos os homens — essa mesma moralidade exige que você entregue sua alma a um amor promíscuo por qualquer pessoa".

Separar o amor de valores (e de julgamentos de valor) é confessar um desejo pelo imerecido. A idealização desse anseio como uma meta moral adequada é um tema constante da literatura de Fromm.

---

[137] *Ibid.*, p. 128.
[138] *Ibid.*, p. 130-131.
[139] BRANDEN, Nathaniel. *Who Is Ayn Rand?*. Nova York: Random House, 1962, p. 38-39; Paperback Library, 1964.

É revelado explicitamente na "solução" sociopolítica de Fromm ao problema da alienação que o motivo por trás dela é ser cuidado, o desejo de ser poupado da responsabilidade da independência.

De forma que seja permitido ao homem superar seu sentimento de solidão e alienação, de modo a praticar o amor e alcançar um sentido pleno de identidade moral, um novo sistema social deve ser estabelecido, declara Fromm.

A propriedade privada dos meios de produção deve ser abolida. A motivação de lucro deve ser proibida. A indústria deve ser descentralizada. A sociedade deve ser dividida em guildas industriais autogeridas; fábricas devem ser geridas e pertencerem àqueles que trabalham nelas.

Por que — de acordo com a filosofia social de Fromm — um zelador em uma usina não tem o mesmo direito de determinar seu gerenciamento que o homem que por acaso criou a usina? A personalidade do zelador não exige tanta expressão pessoal quanto a de qualquer pessoa?

Sob o capitalismo, diz Fromm, os homens são oprimidos e são os peões de uma máquina industrial complexa cujas forças e leis onipotentes estão além de sua compreensão e controle. Sob o sistema "democrático" descentralizado que ele propõe, que é um tipo de misto de socialismo de guildas e sindicalismo, estabelecimentos industriais serão decompostos em unidades cujas funções estão ao alcance de fácil compreensão para qualquer um, sem demandas "alienantes" feitas sobre a capacidade de abstração de ninguém.

Nesse sistema, ele explica, cada pessoa receberá um auxílio para sua subsistência mínima, independente da vontade de trabalhar da pessoa. Isso é necessário para que o homem se desenvolva de forma saudável e feliz. No entanto, de modo a desencorajar o parasitismo, Fromm sugere que esse auxílio não dure mais de dois anos. Quem deve fornecer esse auxílio, se esse alguém está disposto a isso, e o que acontecerá se não estiver disposto — são questões que Fromm não discute.

Enquanto os homens estiverem ocupados com o problema da sobrevivência, sente Fromm, suas preocupações espirituais — as preocupações que importam de verdade — são quase inevitavelmente negligenciadas. Como pode a personalidade de um trabalhador não ser empobrecida se ele precisa enfrentar diariamente a necessidade de obter seu sustento? Como pode o empresário desenvolver suas potencialidades criativas se ele está atrelado à sua obsessão pela produção? Como pode o artista preservar a integridade de sua alma se ele está infectado com tentações de Hollywood e da Avenida Madison? Como pode o consumidor cultivar gostos e preferências individuais, se ele está cercado por comodidades padronizadas geradas pela produção em massa?

Se houver o desejo de se entender a relevância da epistemologia para a política, deve-se observar o que é recebido de Fromm por sua "lógica paradoxal", sobre a qual ele escreve com tanta aprovação. Se, como ela ensina, "o homem puder perceber a realidade apenas através das contradições", então Fromm não precisa se preocupar com o conflito entre sua alegação de ser um defensor da razão e seu entusiasmo por misticismo oriental. Ele também não precisa ser incomodado pelo conflito entre sua alegação de ser um defensor do individualismo e sua defesa simultânea do coletivismo político. Seu desdém pela lei da contradição lhe permite anunciar que o verdadeiro individualismo é possível apenas na comunidade coletivizada, que a verdadeira liberdade é possível apenas quando a produção é retirada das mãos de indivíduos particulares e colocada sob o controle absoluto do grupo; que os homens deixarão de ser objetos de "utilidade" de terceiros apenas quando estiverem dispostos a renunciar ao lucro pessoal e tornarem a *utilidade* social a meta de suas vidas[140].

Fromm chama seu sistema de "Socialismo Comunitário Humanístico". Nele, ele reitera, o homem alcançará "uma nova harmonia com a natureza" de forma a substituir a que perdeu, e desfrutará da tranquilidade e autor-realização dos animais, cujo estado Fromm considera tão invejável.

Se, normalmente, Fromm é mais do que um pouco desonesto na apresentação de suas opiniões, ele é, apesar disso, extremamente *explícito*. Isso é o que há de incomum nele. A maioria dos escritores de sua persuasão se contorcem por páginas e mais páginas para ofuscar suas defesas de ideias — e contradições — que ele anuncia abertamente. Com raras exceções, pode-se encontrar honestidade comparável apenas entre os existencialistas e zen-budistas, que têm várias premissas compartilhadas por Fromm.

Alheio à sua explicitude, ele é muito representativo culturalmente e deve ser reconhecido como tal. Os temas recorrentes perpassados pela

---

[140] Para a apresentação mais detalhada dessas doutrinas, veja *The Sane Society*, de Erich Fromm.

literatura sobre alienação — e através dos comentários sociais atuais, de maneira geral — são os temas que Fromm traz a um foco desvelado: que a razão "não é natural", que uma realidade objetiva e não-contraditória "restringe" a individualidade de um sujeito, que a necessidade de *escolha* é um fardo incrível, que é "trágico" não ser capaz de se comer um bolo e possuí-lo também, que a responsabilidade pessoal é assustadora, que a conquista da identidade pessoal é um problema social, que o "amor" é a solução onipotente e que a implementação política dessa solução é o socialismo.

O absurdo transparente ou a incompreensibilidade da maioria das discussões sobre alienação podem tentar um indivíduo a acreditar que a questão é completamente ilusória. Mas isso seria um erro. Embora as explicações oferecidas a ele sejam espúrias, o problema da alienação é real. Muitos homens reconhecem o estado de dor emocional que os escritores que discorrem sobre alienação descrevem. Muitos homens sentem falta de uma identidade pessoal. E muitos homens também se sentem estranhos e temerosos em um mundo que eles não construíram.

Mas *por quê*? Qual é o problema da alienação? O que é identidade pessoal? Por que tantos homens devem experimentar a tarefa de conquistá-la como um fardo temido? E qual é a significância dos ataques ao capitalismo em conexão com essa questão?

Essas são as perguntas que devemos responder agora. O problema da alienação e o problema de identidade pessoal são inseparáveis. O homem que não tem uma sensação firme de identidade pessoal se sente alienado; o homem que se sente alienado não tem uma sensação firme de identidade pessoal.

A dor é o sinal de alarme de um organismo, um alerta de perigo; a espécie particular de dor que é o sentimento de alienação anuncia a um homem que ele existe em um estado psicológico inadequado a ele, que seu *relacionamento* com a realidade está errado.

Nenhum animal enfrenta questões como: O que devo me tornar? Que tipo de vida é adequada à minha natureza? Essas questões são possíveis apenas a um ser racional, ou seja, um ser cujo método característico de funcionamento cognitivo (de apreender a realidade) é conceitual, que não é apenas consciente, mas também autoconsciente, e cujo poder de abstração permite que ele projete vários cursos de ação alternativos. Além disso, questões assim são possíveis apenas a um ser cuja faculdade cognitiva é exercida por vontade própria (pensar não é automático), um ser que se guia e se regula em pensamentos e decisões, e cuja existência, portanto, envolve um processo constante de *escolhas*.

Como uma entidade viva, o homem nasce com necessidades e capacidades específicas; elas constituem sua identidade como *espécie*, por assim dizer — ou seja, elas constituem sua natureza humana. Como ele exercita sua capacidade de satisfazer suas necessidades — isto é, como ele lida com os fatos da realidade, como ele escolhe funcionar, em pensamento e em ação — constitui sua identidade pessoal ou individual. Seu sentido de si mesmo — seu conceito implícito, ou imagem do tipo de pessoa que ele é (incluindo sua autoestima ou a falta dela) — é o produto cumulativo das escolhas que ele faz. Esse é o significado da declaração de Ayn Rand de que "o homem é um ser de alma feita por ele mesmo".

O "eu" de um homem, seu ego, seu ser mais profundo, é sua faculdade de percepção, sua capacidade de pensar. Escolher pensar, identificar os fatos da realidade, assumir a responsabilidade de julgar o que é verdadeiro ou falso, certo ou errado — é a forma básica de autoafirmação do homem. É a sua aceitação de sua própria natureza como um ser racional, sua aceitação da responsabilidade de independência intelectual, seu comprometimento com a eficácia de sua própria mente.

A essência do altruísmo é a suspensão da própria consciência. Quando e na medida em que um homem escolhe evitar o esforço e a responsabilidade de pensar, de buscar conhecimento, de julgar, sua ação é de autoabdicação. Abandonar o pensamento é renunciar ao próprio ego e declarar-se despreparado/incapaz para a existência, incompetente para lidar com os fatos da realidade.

Até onde um homem opta por pensar, suas premissas e valores são adquiridos em primeira mão e não são um mistério para ele; ele se experimenta como a *causa* ativa de seu caráter, de seus comportamentos e metas. Até onde um homem tenta viver sem pensar, ele experimenta a si mesmo como passivo, sua pessoa e ações são os produtos acidentais de forças que ele não entende, de seus sentimentos momentâneos e influências ambientais aleatórias. Quando um homem se omite da responsabilidade de pensar ele é deixado à mercê de suas reações involuntárias e subconscientes — e *elas* estarão à mercê de forças externas se impondo a ele, à mercê de quem ou o que estiver ao seu redor. Por sua omissão, tal pessoa se transforma na visão de homem dos deterministas sociais: uma fôrma vazia aguardando ser preenchida, um robô sem vontade aguardando ser controlado por qualquer ambiente e quaisquer condicionantes.

Uma forte sensação de identidade pessoal é o produto de duas coisas: uma política de pensamento independente e, como consequência, a posse de um conjunto integrado de valores. Uma vez que são seus valores que determinam as emoções e metas de um homem, e dão direção e sentido à sua vida, um homem experimenta seus valores como uma extensão de si mesmo, como uma parte integrante de sua identidade, como crucial para aquilo que o torna ele mesmo.

"Valores", nesse contexto, refere-se a valores fundamentais e abstratos, não a julgamentos de valor concretos. Por exemplo, um homem que detém a racionalidade como seu valor abstrato pode escolher um amigo que pareça incorporar esse valor; se, subsequentemente, ele decidir que se enganou em seu julgamento, que seu amigo não é racional e que a relação entre eles deve ser encerrada, isso não altera sua identidade pessoal; mas se, invés disso, ele decidir que não valoriza mais a racionalidade, sua identidade pessoal é alterada.

Se um homem mantém valores contraditórios, eles necessariamente violentam seu senso de identidade pessoal. Eles resultam em um senso de si mesmo autodespedaçado, estilhaçado em fragmentos que não podem ser reunidos. De modo a evitar esse exercício doloroso de uma identidade estilhaçada, um homem cujos valores são contraditórios normalmente busca escapar do conhecimento de suas contradições por meio de evasão, repressão, racionalização, etc. Assim, de forma a escapar de um problema criado por uma falha de pensamento, ele para de pensar. De forma a escapar de uma ameaça ao seu senso de identidade pessoal, *ele suspende seu ego* — ele suspende seu "eu", como uma entidade pensante dotada de discernimento.

Assim, ele desloca seu senso de "eu" *para baixo*, por assim dizer, passando de sua razão, que é o elemento inicial ativo dos homens, para as suas emoções, que são o elemento reativo passivo. Guiado por sentimentos cuja fonte ele não compreende e por contradições cuja existência ele não reconhece, ele sofre de um progressivo senso de estranhamento em relação a si mesmo, uma autoalienação. As emoções de um homem são o produto de suas premissas e valores, dos pensamentos que teve ou falhou em ter. Mas o homem que é controlado por suas emoções, tentando torná-las substitutas para o julgamento racional, as experimenta como forças exteriores O paradoxo de sua posição é esse: suas emoções se tornam sua única fonte de identidade pessoal, mas sua experiência de identidade se torna a de *um ser controlado por demônios.*

É importante observar que a experiência de autoalienação e o sentimento de se ser alienado da realidade, do mundo ao seu redor, provém da mesma causa: a omissão de alguém na responsabilidade de pensar. A suspensão do contato cognitivo adequado com a realidade e a suspensão do ego são um só ato. Uma fuga da realidade é uma fuga de si mesmo.

Uma das consequências é um sentimento de alienação dos outros homens, a sensação de que não faz parte da raça humana — de ser, na verdade, uma aberração. Ao trair seu status como ser humano, alguém se torna um pária metafísico. Isso não é alterado pelo conhecimento de que muitos outros seres humanos cometeram a mesma traição. A pessoa se sente sozinha e isolada, desgarrada pela irrealidade de sua própria existência, pela percepção interior desolada de empobrecimento espiritual.

A mesma falha de racionalidade e independência pela qual os homens roubam de si mesmos suas identidades pessoais os leva, frequentemente, à política autodestrutiva de buscar um *substitutivo* para a identidade — ou, mais precisamente, buscar uma identidade *de segunda mão* — através da conformidade impensada aos valores de terceiros. Esse é o fenômeno psicológico que chamo de *metafísica social*. Em meu artigo "Galeria dos Canalhas"[141,142], que trata de diferentes tipos de metafísicos sociais, comentei sobre o tipo mais relevante ao contexto presente, o metafísico social "convencional":

> Essa é a pessoa que aceita o mundo e seus valores hegemônicos prontamente; os dela não precisam ser considerados. O que é verdade? O que os outros disserem que é verdade. O que é certo? O que os outros disserem que é certo. Como deve-se viver? Como os outros vivem. [...] [Essa é] a pessoa cujo senso de identidade e valor pessoal é *explicitamente* uma função de sua habilidade de satisfazer os valores, termos e expectativas daqueles "outros" oniscientes e onipotentes. [...] Em uma cultura como a presente, com seus valores em ruínas, seu caos intelectual, sua falência moral — na qual as regras e orientações familiares estão sumindo, na qual espelhos autoritários

---

[141] BRANDEN, Nathaniel. "Rogues Gallery". *The Objectivist Newsletter*, Nova York, fevereiro de 1965.
[142] No original: rogues gallery.

refletindo a "realidade" se espatifam em milhares de subcultos ininteligíveis, na qual "ajustes" se tornam cada vez mais difíceis — o metafísico social convencional é o primeiro a correr até um psiquiatra, chorando pela perda de sua identidade, porque ele não sabe mais inequivocamente o que ele deveria ser e fazer.

Nunca ocorreria a uma pessoa de autoestima e julgamento independentes que sua "identidade" é algo a ser adquirido ou determinado por outros. Para uma pessoa sem dúvidas a respeito de si mesma, os lamentos ouvidos hoje sobre a angústia do homem moderno enquanto ele confronta a pergunta "Quem sou eu?" são incompreensíveis. Mas, à luz do supracitado, os lamentos se tornam mais compreensíveis. Ele é o choro dos metafísicos sociais que não sabem mais a qual autoridade obedecer, e resmungam que seja tarefa de *alguém* reuni-los em algum senso de si mesmos, que "O Sistema" deve lhes fornecer autoestima.

Essa é a raiz psicológica do misticismo da Idade Média dos intelectuais modernos, dos confusos que almejam aquele estilo de vida — e a raiz da evasão em massa envolvendo as condições reais de existência durante aquela época. A Idade Média representa o sonho não declarado do metafísico social: um sistema no qual seu medo de independência e autorresponsabilidade é proclamado como uma virtude e transformado em um imperativo social.

Quando — em qualquer época — um homem tentar evitar a responsabilidade da independência intelectual e derivar seu senso de identidade do "pertencimento", ele pagará um preço mortal em termos da sabotagem de seu processo mental daí em diante. O grau em que um homem substitui seu próprio julgamento pelo de outros e fracassa em olhar para a realidade de forma direta, é o grau de alienação da realidade de seus processos mentais. Ele não funciona por meio de conceitos, mas por meio de palavras-chave, ou seja, *sons* aprendidos e associados com certos contextos e situações, mas que não possuem conteúdo cognitivo autêntico para seu usuário. Esse é um fenômeno não identificado nem reconhecido, o qual hoje incita as pessoas que não pensam a conceder validade à acusação de que o homem moderno vive de forma "muito abstrata", "muito intelectual", e que ele precisa "voltar à natureza". Eles sentem vagamente que estão fora de contato com a realidade, que alguma coisa está errada com a compreensão do mundo ao seu redor. Mas aceitam uma interpretação completamente falaciosa do seu problema. A verdade não é que eles estejam perdidos entre "abstrações", mas que fracassaram em descobrir a natureza e o uso adequado de abstrações; eles não estão perdidos em conceitos, estão perdidos entre *palavras-chave*. Eles não estão desgarrados da realidade porque tentam compreendê-la muito intelectualmente, mas porque tentam compreendê-la *apenas como ela é vista por outros*, tentam compreendê-la *em segunda mão*. E vagam por um mundo irreal de rituais verbais, balbuciando os bordões e frases que ouvem repetidos por outros, imaginando falsamente que essas palavras vazias são conceitos, sem jamais apreender o uso adequado de sua faculdade conceitual, sem jamais aprender em que consiste o conhecimento conceitual em primeira mão. Eles estão prontos para o zen-budista que lhes diz que a solução para a alienação da realidade é esvaziar a mente de todos os pensamentos e se sentar de pernas cruzadas por uma hora, contemplando o padrão de veias em uma folha.

É um fato psicológico bem conhecido que quando homens têm ansiedade neurótica, quando sofrem com um sentimento de medo que não conseguem suportar, eles normalmente tentam tornar a sua penúria mais tolerável direcionando seu medo para algum objeto externo; tentam se persuadir de que o medo que sentem é uma resposta racional à ameaça de germes, ou ao possível surgimento de ladrões, ou ao perigo de um raio, ou à radiação controladora de cérebros dos marcianos. O processo pelo qual os homens decidem que a causa de sua alienação é o capitalismo não é diferente.

Há razões, no entanto, que justificam porque o capitalismo é o alvo de suas projeções e racionalizações.

O homem alienado está fugindo da responsabilidade de uma consciência volitiva (ou seja, que se autodireciona): a liberdade para pensar ou não pensar, iniciar um processo de raciocínio ou evitá-lo — é um fardo do qual ele almeja escapar. Mas, uma vez que sua liberdade é inerente à sua natureza como homem, não há escapatória; daí a culpa e a ansiedade quando ele abandona a razão e a visão em favor de sentimentos e cegueira.

Mas há outro nível no qual o homem confronta a questão da liberdade: o nível existencial ou social — e aqui a fuga é possível. A liberdade *política* não é recebida metafisicamente: ela precisa ser *conquistada* — e, portanto, pode ser rejeitada. A raiz psicológica da revolta contra a liberdade na existência de um indivíduo é a revolta contra a liberdade na consciência desse indivíduo. *A raiz da revolta contra a autorresponsabilidade no âmbito das ações é a revolta contra o autodirecionamento do pensamento.* O homem que não quer pensar, não quer ter responsabilidade pelas consequências de suas ações nem por sua própria vida.

É adequado, nessa conexão, citar uma passagem de *Who Is Ayn Rand?* na qual eu discuto a semelhança entre os ataques contra o capitalismo feitos pelos medievalistas e pelos socialistas do século XIX:

> Nas literaturas, tanto de medievalistas quanto de socialistas, pode-se observar o anseio inconfundível por uma sociedade na qual a existência do homem será automaticamente garantida a ele — ou seja, na qual o homem não precisará ser responsável pela sua própria existência. As duas áreas projetam sua sociedade ideal como caracterizada pelo que chamam de "harmonia" por meio da libertação de mudanças, de desafios rápidos ou das demandas exigentes da concorrência; uma sociedade na qual cada um deve fazer sua parte prescrita para contribuir com o bem-estar do todo, mas na qual ninguém enfrenta a necessidade de fazer escolhas ou tomar decisões que crucialmente afetarão sua vida e futuro; na qual as perguntas sobre o que alguém ganhou ou deixou de ganhar, merece ou deixa de merecer, jamais surgirão; na qual recompensas não estão vinculadas a conquistas e na qual a benevolência de terceiros garante que ninguém nunca precisará suportar as consequências de seus erros. O fracasso do capitalismo em se adequar ao que pode ser definido como essa visão *pastoral* da existência é essencial à argumentação dos socialistas e medievalistas sobre uma sociedade livre. O capitalismo não oferece um Jardim do Éden aos homens[143].

Hoje, naturalmente, o capitalismo foi amplamente abandonado em prol de uma economia mista, ou seja, uma mistura de liberdade e estatismo — avançando constantemente na direção de estatismo crescente. Hoje estamos muito mais próximos da "sociedade ideal" dos socialistas do que quando Marx escreveu pela primeira vez sobre a "alienação" dos trabalhadores; porém, com cada avanço do coletivismo os gritos a respeito da alienação do homem ficam mais altos. O problema, conforme nos dizem, está piorando. Em países comunistas, quando se permite que tais críticas sejam enunciadas, alguns comentadores começam a reclamar de que a solução marxista à alienação do trabalhador fracassou, que o homem sob o comunismo continua alienado, que a "nova harmonia" com a natureza

---

[143] BRANDEN, Nathaniel. *Who Is Ayn Rand?*. Nova York: Random House, 1962, p. 15-18; Paperback Library, 1964.

e com seus pares não aconteceu. Também não veio para o servo medieval ou membro da guilda — apesar da propaganda de comentaristas como Erich Fromm.

O homem não pode escapar de sua natureza, e se ele estabelece um sistema social que é inimigo dos requisitos de sua natureza — um sistema que o proíbe de funcionar como um ser independente e racional — o resultado é um desastre psicológico e físico.

Uma sociedade livre, naturalmente, não pode garantir o bem-estar mental automático a todos os seus membros. A liberdade não é uma condição *suficientemente forte* para assegurar a autorrealização adequada do homem, mas é uma condição *necessária.* E o capitalismo — o capitalismo *laissez-faire* — é o único sistema que fornece essa condição.

O problema da alienação não é metafísico; não é o destino natural do homem, impossível de ser evitado, como algum tipo de pecado original; é uma *doença.* Não é consequência do capitalismo, do industrialismo ou da "grandeza" — ele não pode ser posto para fora da existência através da abolição legal do direito à propriedade. O problema da alienação é *psico-
-epistemológico:* ele pertence a como o homem escolhe usar sua própria consciência. Ele é produto da revolta do homem contra o pensamento — o que quer dizer: contra a realidade.

Caso um homem se omita em sua responsabilidade de buscar conhecimento, de escolher valores e definir metas — se essa for a esfera que ele entrega à autoridade de terceiros — *como ele vai escapar da sensação de que o universo está fechado para ele?* Pois ele está. Por escolha própria.

A resposta adequada à pergunta —

E como enfrentarei os desafios das durezas dos homens e de Deus?

Eu, um estranho amedrontado num mundo que não construí?

— é: *Por que não criou?*[144]

---

[144] Ver a primeira nota de rodapé desse capítulo. (N. E.)

CAPÍTULO 24

RÉQUIEM PELO HOMEM [145]

Ayn Rand

Na defesa do capitalismo, eu disse e destaquei por anos que o capitalismo é incompatível com o altruísmo e o misticismo. Aqueles que optaram por duvidar de que a questão trata de "ou/se" agora escutaram a mesma coisa da autoridade mais alta do lado oposto: o Papa Paulo VI.

A encíclica *Populorum Progressio* ("Sobre o Desenvolvimento dos Povos") é um documento incomum: ele descreve como se uma emoção, há muito reprimida, fosse exposta ao mundo além da barreira de sentenças cuidadosamente medidas e calculadas, com a pressão aguda de séculos de silêncio. As sentenças são cheias de contradições; a emoção é consistente.

A encíclica é o manifesto de um ódio passional ao capitalismo; mas seu mal é muito mais profundo e seu alvo é mais do que mera política. Ele é escrito em termos de um "sentido da vida" místico-altruísta. Um sentido da vida é o equivalente subconsciente da metafísica: uma avaliação pré-conceitual, emocionalmente integrada da natureza do homem e sua relação com a existência. Para um sentido da vida místico-altruísta, palavras são meras aproximações; daí o tom de evasão da encíclica. Mas o que é revelador de forma eloquente é a natureza do que é evadido.

Quanto à questão do capitalismo, a posição da encíclica é explícita e inequívoca. Referindo-se à Revolução Industrial, a encíclica declara:

> Mas é um infortúnio que, sob essas novas condições de sociedade, tenha sido construído um sistema que considera o lucro a motivação principal do progresso econômico, a concorrência como a lei suprema da economia, e a propriedade privada dos meios de produção como um direito absoluto que não tem limite e não possui obrigação social correspondente. [...] Mas se é verdade que um tipo de capitalismo tem sido fonte de sofrimento, injustiça e conflitos fraternos em demasia, cujos efeitos ainda perduram, também

---

[145] *The Objectivist*, julho, agosto, e setembro de 1967.

seria errado atribuir à própria industrialização males que pertencem ao sistema deplorável que a acompanha (26)[146,147].

O Vaticano não é a redação de um tabloide marxista de terceira categoria. É uma instituição organizada para uma perspectiva de séculos, para estudos e deliberações filosóficas infindáveis. A ignorância, portanto, não pode ser a explicação do supracitado. Mesmo os esquerdistas sabem que o advento do capitalismo e da industrialização não são uma coincidência "infeliz", e que o primeiro possibilitou o segundo.

Quais são o "sofrimento, injustiça e conflitos fraternos em demasia" causados pelo capitalismo? A encíclica não responde. Que sistema social, passado ou presente, possui um registro melhor a respeito de *qualquer* mal social que qualquer um possa escolher atribuir ao capitalismo? O feudalismo da Idade Média o possui? Monarquias absolutistas o possuem? O socialismo ou o fascismo o possuem? Sem resposta. Se formos considerar "sofrimento, injustiça e conflitos fraternos em demasia", qual aspecto do capitalismo poderia ser colocado na mesma categoria do terror e da matança indiscriminada da Alemanha nazista ou da Rússia soviética? Sem resposta. Se não há conexão causal entre capitalismo e o progresso, bem-estar e padrão de vida do povo, por que esses aspectos são melhores nos países cujos sistemas contam com elementos mais fortes de liberdade econômica capitalista? Sem resposta.

Uma vez que a encíclica seja pautada em história e princípios políticos fundamentais, mas que, ainda assim, não discute ou condena nenhum sistema social além do capitalismo, conclui-se que todos os outros sistemas sejam compatíveis com sua filosofia política. Isso é apoiado pelo fato de que o capitalismo é condenado não por suas menores características, mas por suas *características essenciais*, as quais não são a base de qualquer outro sistema: a motivação lucrativa, a concorrência e a propriedade privada dos meios de produção.

---

[146] Tais números dizem respeito ao sistema de numeração de parágrafos das encíclicas papais. (N. E.)

[147] Neste texto, os números entre parênteses após as citações entre aspas referem-se a parágrafos da Carta-Encíclica *Populorum Progressio* [Sobre o Desenvolvimento dos Povos] do Papa Paulo VI, de 26 de março de 1967. Disponível em <www.vatican.va/content/paul-vi/pt/encyclicals/documents/hf_p-vi_enc_26031967_populorum.html>. Consultado em 15 de junho de 2022.

Por qual padrão moral a encíclica julga um sistema social? Sua acusação mais específica direcionada ao capitalismo é a seguinte:

> O desejo por necessidades é legítimo e o trabalho exercido para obtê-las é um dever, "Se um homem não trabalhar, também não o deixe comer". Mas a aquisição de bens temporários pode levar à ganância, ao desejo insaciável por mais e pode fazer com que poderes maiores se tornem um objetivo tentador. Indivíduos, famílias e nações podem ser tomadas por avareza, sejam elas ricas ou pobres, e todas podem ser vítimas de um materialismo sufocante (18).

Desde tempos imemoriais e pré-industriais, a "ganância" tem sido a acusação lançada aos ricos pelos analfabetos focados em concretudes que foram incapazes de conceber a fonte de riqueza ou a motivação daqueles que a produzem. Mas o supracitado não foi escrito por um analfabeto.

Termos como "ganância" e "avareza" conotam a imagem caricata de dois indivíduos, um obeso e o outro magro, um se entregando à uma gula cega e o outro passando fome em cima de baús cheios de ouro acumulado[148] — ambos símbolos da aquisição de riqueza apenas pela própria riqueza. Seria essa a força motriz do capitalismo?

Se toda a riqueza gasta em consumo pessoal de todos os ricos dos Estados Unidos fosse expropriada e distribuída à população, ela não daria mais de um dólar por pessoa. (Tente calcular a quantia, se distribuída à toda a população mundial.) O resto da riqueza americana é investida na produção — e é esse investimento constantemente crescente que eleva o padrão de vida dos Estados Unidos, ao aumentar a produtividade do trabalho. Isso é o básico de economia que o Papa Paulo VI não poderia deixar de saber.

De modo a observar a técnica de manipulação epistemológica, leia o parágrafo citado novamente — e repare além das imagens invocadas pelo disfarce de "ganância" e "avareza". Você observará que o mal denunciado é: "o desejo insaciável por mais". De mais o que? De "poderes maiores". Que tipo de poder? Nenhuma resposta direta é fornecida naquele parágrafo, mas a encíclica inteira concede a resposta por meio de uma omissão importante: nenhuma distinção é feita entre poder *econômico* e poder *político* (entre produção e força), eles são usados de forma intercambiável em algumas passagens e explicitamente equiparados em outras. Se você observar os

---

[148] No original: "hoarded". (N. E.)

fatos da realidade, perceberá que os "poderes maiores" que os homens ricos buscam no capitalismo é o poder de produção *independente*, o poder de uma ambição "insaciável" para expandir sua capacidade produtiva — e é isso o que a encíclica condena. O mal não é o trabalho, mas sim o trabalho ambicioso.

Essas implicações são apoiadas e gentilmente destacadas em um parágrafo subsequente, que lista a visão da encíclica de condições "menos humanas" de existência social:

> "A falta de necessidades materiais àqueles que estão sem o mínimo essencial à vida, as deficiências morais daqueles que são mutilados pelo egoísmo [...] Estruturas sociais opressoras, seja por conta dos abusos da propriedade ou dos abusos de poder [...]". E, como condições "mais humanas": "a passagem da miséria à posse de necessidades [...]" (21).

Quais "necessidades" são o "mínimo essencial à vida"? Para que tipo de vida? Seria para a mera sobrevivência? Caso sim, para uma sobrevivência quão longa? Nenhuma resposta é dada. Mas o princípio da encíclica é claro: apenas aqueles que se elevam pouco acima do mínimo necessário à subsistência têm o direito a posses materiais — e esse direito substitui todos os direitos de todos os outros homens, incluindo o direito à vida. Isso é declarado explicitamente:

> A Bíblia, desde sua primeira página, nos ensina que a totalidade da criação é para o homem, que é sua responsabilidade desenvolvê-la por meio de esforços inteligentes e aperfeiçoá-la, por assim dizer, por meio de seu trabalho, para seu uso. Se o mundo é criado de modo a fornecer a cada indivíduo o meio de sustento e os instrumentos para seu crescimento e progresso, cada homem, portanto, tem o direito de encontrar no mundo o que é necessário para si. O Concílio recente nos lembra disso: 'Deus pretendeu que a terra e tudo nela contido fosse usado por todo ser humano e povo. Assim, ao passo que todos os homens seguirem a justiça e a caridade, bens criados devem ser abundantes a eles em uma base razoável'. Todos os outros direitos, quaisquer que sejam, incluindo os de propriedade e livre comércio, devem ser subordinados a esse princípio (22).

Repare qual o elemento ausente nessa visão do mundo, qual faculdade humana não é considerada essencial ou existente. Eu discutirei esse aspecto adiante com mais detalhes. Por enquanto, devo meramente chamar sua atenção ao uso da palavra "homem" no parágrafo anterior (*qual* homem?) — e ao termo "bens criados". Criados — por quem? Silêncio.

O elemento faltante se torna óbvio no parágrafo seguinte da encíclica:

> Sabe-se muito bem o quanto foram fortes as palavras usadas pelos Padres da Igreja para descrever a atitude adequada de pessoas que possuem qualquer coisa perante pessoas que passam necessidade. Para citar Santo Ambrósio: "Você não faz um presente de suas posses à pessoa pobre. Você lhe dá o que lhe pertence. Pois o que foi dado em comum para o uso de todos, você arrogou para si. O mundo foi dado para todos, e não apenas aos ricos". Ou seja, a propriedade privada não constitui um direito absoluto e incondicional para ninguém. Não há justificativa em manter para seu uso exclusivo aquilo de que ele não precisa, quando outros passam necessidade (23).

Santo Ambrósio viveu no século IV, quando essas visões de propriedade poderiam ser explicadas de forma cabível, quiçá justificável. Do século XIX em diante elas não o são.

Qual solução a encíclica oferece aos problemas do mundo atual?

> A iniciativa individual por si só e a mera liberdade de concorrência jamais poderiam assegurar o êxito do desenvolvimento. Deve-se evitar o risco de aumentar ainda mais a fortuna dos ricos e o domínio dos fortes, enquanto deixa os pobres em sua miséria e aumenta a servidão dos oprimidos. Dessa forma, programas são necessários de modo "a encorajar, estimular, coordenar, suplementar e integrar" as atividades de indivíduos e de corpos intermediários. Cabe às autoridades públicas escolher, e até mesmo implantar, os objetivos a serem seguidos, os fins a serem alcançados e os meios para alcançá-los, e cabe a elas estimular todas as forças engajadas nessa atividade em comum (33).

Uma sociedade na qual o governo ("as autoridades públicas") escolhem e implementam os objetivos a serem almejados, os fins a serem atingidos e os meios para alcançá-los, é um Estado totalitário. E é, portanto, moralmente chocante ler a sentença a seguir:

> Mas deixe que eles se preocupem em associar iniciativa privada e corpos intermediários com esse trabalho. Assim eles evitarão o perigo de coletivização completa ou de planejamento arbitrário, que, ao negar a liberdade, impediriam o exercício de direitos fundamentais da pessoa humana (33).

Quais são os "direitos fundamentais da pessoa humana" (que não são definidos na encíclica em momento algum) em um Estado onde "todos os outros direitos [...] devem ser subordinados a esse princípio [o 'direito' ao sustento mínimo]" (22)? O que é "liberdade" ou "iniciativa privada" em um

Estado onde o governo determina os fins e se apodera dos meios? O que é uma coletivização *incompleta?*

É difícil acreditar que os transigentes modernos, a quem esse parágrafo é destinado, possam esticar sua capacidade de evasão o suficiente para interpretá-lo como a defesa de uma economia mista. Uma economia mista é uma mistura de capitalismo e estatismo; quando os princípios e práticas do capitalismo são condenadas e aniquiladas pela raiz, o que resta para impedir a coletivização estatista de se tornar *completa?*

(O choque moral vem da descoberta de que a encíclica considera a capacidade evasiva de alguns homens como infinitamente elástica. A julgar pelas reações recebidas, a encíclica não errou a conta).

Eu sempre defendi que toda teoria política é baseada em algum código de ética. E a encíclica confirma novamente a minha declaração, através do ponto de vista de um código moral oposto ao meu.

> O mesmo dever para com a solidariedade dos indivíduos também existe para as nações: nações avançadas têm uma obrigação muito forte de ajudar os povos em desenvolvimento. É necessário colocar em prática esse ensinamento do Concílio. Embora seja normal que uma nação deva ser o primeiro beneficiário dos dons que a Providência lhes concedeu como fruto do trabalho de seu povo, ainda assim nenhum país pode reivindicar, por esse fato, manter toda sua riqueza apenas para si (48).

Isso parece claro o suficiente, mas a encíclica se esforça para não ser incompreendida.

> Em outras palavras, a regra de livre comércio, por si só, não é mais capaz de governar relações internacionais. [...] Deve-se reconhecer que é o princípio fundamental do liberalismo, como a regra das trocas comerciais, que é questionado aqui (58).
>
> Precisamos reiterar novamente que a riqueza supérflua dos países abastados deve ser colocada a serviço das nações pobres, a regra que até agora foi vital para o benefício daqueles próximos de nós deve ser aplicada hoje a todos os necessitados do mundo (49).

Se a necessidade — a necessidade *global* — é o critério de moralidade, se a subsistência mínima (o padrão de vida dos selvagens menos desenvolvidos) é o critério de direitos de propriedade, então cada nova camisa ou vestido, cada casquinha de sorvete, cada automóvel, geladeira ou televisão se torna "riqueza supérflua".

Lembre-se que "rico" é um conceito relativo e que os arrendatários dos Estados Unidos são incrivelmente ricos comparados com os trabalhadores da Ásia ou da África. Porém a encíclica denuncia como "injusto" o livre comércio entre países desigualmente desenvolvidos, alegando que

> nações altamente industrializadas exportam a maior parte de seus bens manufaturados, enquanto países com economias menos desenvolvidas têm apenas alimentos, fibras e outras matérias-primas para vender (57).

Alegando que isso perpetua a pobreza de países não-desenvolvidos, a encíclica exige que o comércio internacional seja regulado, não pelas leis do livre mercado, mas pela *necessidade* de seus participantes mais necessitados. Como isso operaria na prática é deixado explicitamente claro:

> Isso exige grande generosidade, muito sacrifício e esforços incessantes por parte do homem rico. Deixe que cada um examine sua consciência, uma consciência que transmite uma nova mensagem para nosso tempo. [...] Estaria ele pronto para pagar impostos mais altos de forma que as autoridades públicas possam intensificar seus esforços em prol do desenvolvimento? Estaria ele pronto para pagar um preço mais alto por bens importados de modo que o produtor receba uma recompensa mais justa? (47).

Não são só os ricos que pagam impostos; a maior parte do fardo dos impostos dos Estados Unidos é carregada pelas classes média e baixa. Bens ou matérias-primas estrangeiros não são importados para o consumo pessoal exclusivo dos ricos. O preço dos alimentos é uma das maiores preocupações dos ricos; é uma preocupação crucial para os pobres. E uma vez que *alimento* seja listado como um dos principais produtos de países não-desenvolvidos, pode-se projetar o que a proposta da encíclica representaria que uma dona de casa americana teria que comprar comida produzida por homens que trabalham a terra com mãos nuas ou arados manuais, pagando preços que, se fossem pagos aos fazendeiros de lavouras mecanizadas dos Estados Unidos, lhe renderia cem ou mil vezes mais. Quais itens ela teria que sacrificar em seu orçamento familiar para que esses produtores não-desenvolvidos "recebam uma recompensa mais justa"? Ela sacrificaria compras de roupas? Mas o orçamento dela para roupas seria reduzido da mesma maneira e proporção — já que ela teria que fornecer as "recompensas justas" dos produtores de "fibras e outras matérias primas". E por aí vai. Sendo assim, o que aconteceria com seu padrão de vida? E o que aconteceria com os fazendeiros e produtores de matéria-prima dos Estados

Unidos? Forçados a competir, não em termos de competência produtiva, mas de *necessidade*, eles teriam que restringir seu "desenvolvimento" e voltar aos métodos do arado manual. O que aconteceria então com o padrão de vida do mundo inteiro?

Não, não é possível que o Papa Paulo VI fosse tão ignorante a respeito de economia e tão incapaz de concretizar suas teorias a ponto de oferecer tais propostas em nome do "humanismo", sem perceber a crueldade extremamente desumana que elas ocasionam.

Parece inexplicável. Mas há uma certa premissa básica que a explicaria. Ela integraria os elementos conflitantes da encíclica — as contradições, os equívocos, as omissões, as perguntas sem resposta — em um padrão consistente. Para descobri-la, deve-se perguntar: qual é a visão da encíclica a respeito da natureza do homem?

Essa visão particular raramente é admitida ou plenamente identificada por seus defensores. Ela é menos uma questão de filosofia consciente e mais um sentimento ditado por um sentido da vida. A filosofia consciente daqueles que a defendem consiste majoritariamente de tentativas de racionalizá-la.

Para identificar essa visão, vamos observar suas raízes, o tipo de fenômeno que a criou, em termos de sentido da vida.

Peço-lhe que imagine o olhar no rosto de uma criança quando ela compreende a resposta de algum problema que ela parece ter dificuldade para entender. É um olhar radiante de alegria, liberação, quase um triunfo, que não é consciente, porém é autoafirmativo, e sua radiância parece se espalhar em duas direções: para fora, como uma iluminação do mundo, e para dentro, como a primeira centelha do que está prestes a se tornar o fogo de um orgulho merecido. Se você já viu esse olhar, ou o experimentou, você sabe que, caso exista um conceito como o de "sagrado" — que quer dizer: o mais alto e melhor possível ao homem —, que esse olhar é sagrado, o não-ser-traído, não-ser-sacrificado por nada ou ninguém. Esse olhar não é limitado às crianças. Quadrinistas têm o hábito de representá-lo com uma lâmpada se acendendo acima da cabeça de um personagem que repentinamente teve uma ideia. Em termos simples e primitivos, esse é um símbolo adequado: uma ideia é uma luz acendida na alma do homem. É o reflexo confiante e constante dessa luz que você procura nos rostos dos adultos, particularmente daqueles a quem você confia seus valores mais preciosos. Você a procura nos olhos de um cirurgião operando no corpo de um ente querido; você a procura no rosto de um piloto no comando do avião em que você está voando; e, se você for consistente, você procura por ela na pessoa do homem ou mulher com quem vai se casar.

Esse olhar da lâmpada é um vislumbre da inteligência humana em ação; é a manifestação externa da faculdade racional do homem; é o sinal e símbolo da mente do homem. E, até onde vai sua humanidade, está envolvido em tudo que você almeja, aprecia, valoriza ou ama.

Mas suponha que a sua reação a esse olhar no rosto de uma criança ou adulto não seja de admiração. Suponha que sua resposta seja um medo inominável. Então você gastará sua vida e sua capacidade filosófica em uma batalha para que esse medo jamais seja nomeado. Você buscará racionalizações para escondê-lo e chamará o olhar dessa criança de "egoísmo", "arrogância", "intransigência" ou "orgulho" — e todos serão verdade, mas não da forma que você vai se esforçar para sugerir. Você sentirá que aquele olhar no rosto do homem é seu maior e mais perigoso inimigo, e o desejo de acabar com esse olhar se tornará seu único absoluto, precedendo razão, lógica, consistência, existência e realidade. O desejo de acabar com esse olhar é o desejo de destruir o espírito do homem.

Assim, você vai adquirir o tipo de sentido da vida que produziu a encíclica *Populorum Progressio*. Ela não foi produzida pelo sentido da vida de uma só pessoa, mas pelo sentido da vida de uma instituição.

O tom dominante do sentido da vida da encíclica é de ódio à mente do homem — portanto ódio ao homem; portanto ódio à vida e à esta terra; portanto ódio à apreciação do homem por sua vida na terra — e portanto, como última e menor consequência, ódio pelo único sistema social que possibilita todos esses valores na prática: o capitalismo.

Eu poderia defender esse posicionamento com um só exemplo: considere a proposta de condenar americanos a uma vida inteira de labuta forçada e sem recompensas, obrigando-os a trabalhar tanto ou mais do que já trabalham, sem receber nada além da mínima subsistência — enquanto selvagens colhem os produtos de seus esforços. Quando você ouve uma proposta desse tipo, que imagem vem à sua mente? O que eu vejo são jovens que começam suas vidas com um ímpeto de autoconfiança, que batalham nas escolas, com olhos voltados para seus futuros com uma dedicação comedida e contente — e como a compra de um novo casaco, tapete, carro de segunda mão ou ingresso de cinema impacta suas vidas, como o combustível de sua coragem. Qualquer um que deixe de reparar nessa imagem enquanto planeja dispor do "fruto do trabalho das pessoas" e declara que o esforço humano não é motivo suficiente para que um homem fique com seu próprio produto — pode alegar qualquer motivo, menos amor à humanidade.

Eu poderia encerrar minha defesa apenas com esse argumento, mas não devo. A encíclica oferece mais do que um senso de vida: ela contém uma corroboração filosófica consciente e específica.

Repare que ela não é focada em destruir a mente do homem, mas sim em um equivalente mais agonizante e lento: escravizá-la.

A chave para entender as teorias sociais da encíclica consta na declaração de John Galt:

> Eu sou o homem cuja existência os seus silêncios lhes permitiam ignorar. Sou o homem que vocês não queriam que vivesse nem que morresse — não queriam que eu vivesse porque tinham medo de saber que eu assumira a responsabilidade de que vocês haviam se esquivado e medo de constatar que suas vidas dependiam de mim; não queriam que eu morresse, porque sabiam isso" (*A Revolta de Atlas*).

A encíclica não nega nem reconhece a existência da inteligência humana: ela meramente a trata como um atributo humano inconsequente que não exige consideração. A principal e praticamente a única referência ao papel da inteligência na existência do homem é o seguinte:

> A introdução da indústria é uma necessidade para o crescimento econômico e para o progresso humano; ela também é um sinal de desenvolvimento e contribui com ele. Através do trabalho persistente e do uso de sua inteligência, o homem gradativamente extrai segredos da natureza e encontra uma aplicação melhor para suas riquezas. Conforme seu domínio de si melhora, ele desenvolve um gosto por pesquisa e descoberta, uma habilidade de assumir riscos calculados, audácia em empreitadas, generosidade acerca do que faz e um senso de responsabilidade (25).

Repare que o poder criativo da mente do homem (de seu meio básico de sobrevivência, da faculdade que o distingue dos animais) é descrito como um "gosto" adquirido — como gostar de azeitonas ou moda feminina. Repare que mesmo esse reconhecimento pífio não se sustenta por si só: a menos que "pesquisa e descoberta" sejam considerados um valor, eles são entremeados em irrelevâncias como "generosidade".

O mesmo padrão é repetido na discussão do assunto *trabalho*. A encíclica alerta que "ele [o trabalho] ocasionalmente pode receber importância exagerada", mas admite que o trabalho é um processo criativo, e então acrescenta que "quando um trabalho é exercido em comum, quando esperança, dificuldades, ambição e alegrias são compartilhados, os homens se percebem como irmãos" (27). E então: "O trabalho, naturalmente, pode ter efeitos contrários, pois ele promete dinheiro, prazer e poder, incita alguns ao egoísmo e outros à revolta [...]" (28).

Isso significa que *prazer* (o tipo de prazer recebido graças ao trabalho produtivo) é maligno — poder (poder econômico, o tipo recebido através do trabalho produtivo) é maligno — e *dinheiro* (a coisa pela qual a encíclica mendiga de forma apaixonada) é maligno caso fique nas mãos daqueles que o conquistaram.

Você vê John Galt fazendo trabalhos "em comum", compartilhando "esperanças, dificuldades, ambição e alegria" com James Taggart, Wesley Mouch e o dr. Floyd Ferris? Mas esses personagens são apenas ficcionais, você diz? Tudo bem. Você vê Pasteur? Você vê Colombo? Você vê Galileu — e o que aconteceu a eles quando tentaram compartilhar suas "esperanças, dificuldades, ambições e alegrias" com a Igreja Católica?

Não, a encíclica não nega a existência de homens geniais; se ela o fizesse, não precisaria demandar tão intensamente por compartilhamento global. Se todos os homens fossem intercambiáveis, se graus de habilidade não tivessem consequências, todos produziriam o mesmo tanto e não haveria benefícios advindos do compartilhamento para ninguém. A encíclica assume que as nascentes de riquezas, sem nome ou reconhecimento, devem continuar a funcionar de alguma maneira — e continua a estipular condições de existência que impossibilitariam seu funcionamento.

Lembre-se que inteligência não é um monopólio exclusivo dos homens geniais; ela é um atributo de todos os homens, e as diferenças são só uma questão de grau. Se as condições de existência forem destrutivas à genialidade, elas serão destrutivas a todos os homens, cada um em proporção à sua inteligência. Caso a genialidade seja penalizada, a faculdade da inteligência de todo outro homem também será. Há apenas essa diferença: o homem médio não possui a capacidade de resistência autoconfiante do homem genial, e vai fraquejar muito mais rápido; ele desistirá da sua mente em uma confusão impotente, ao primeiro toque de pressão.

Não há lugar para a mente no mundo proposto pela encíclica, e tampouco lugar para o homem. As entidades que o povoam são robôs sem consciência, articulados para executar tarefas prescritas em uma máquina tribal gigante, robôs desprovidos de escolhas, julgamentos, valores, convicções e autoestima — acima de tudo, de autoestima.

"Você não faz presentes à pessoa pobre com suas posses. Você lhe entrega o que lhe pertence" (23). A riqueza criada por Thomas A. Edison pertence aos mateiros que não a criaram? O contracheque que você recebeu essa semana pertence aos *hippies* da casa ao lado que não o receberam? Um homem não aceitaria essa noção; um robô aceitaria. Um homem se orgulharia de sua conquista; é o orgulho da conquista que precisa ser extirpado dos robôs do futuro.

"Pois o que foi dado em comum para o uso de todos, você reivindicou para si" (23). "Deus destinou a terra e tudo nela contido para o uso de todo povo e ser humano" (22). Você é uma das coisas contidas na terra; seria você, portanto, destinado "ao uso de todo povo e ser humano"? A resposta da encíclica aparentemente é "Sim" — uma vez que o mundo proposto nela é baseado nessa premissa em todos os seus aspectos essenciais.

Um homem não aceitaria essa premissa. Um homem, como John Galt, diria:

> Vocês jamais descobriram a era industrial. Atêm-se a uma moralidade de bárbaros, do tempo em que uma forma miserável de subsistência era obtida com o esforço muscular dos escravos. Todo místico sempre quer escravos, de modo a se proteger da realidade material que teme. Mas vocês, seus selvagenzinhos grotescos, encaram cegamente os arranha-céus que os cercam, as chaminés das fábricas, e sonham escravizar os cientistas, os inventores e os industriais que criam as coisas materiais. Quando vocês pedem a propriedade coletiva dos meios de produção, estão pedindo a propriedade coletiva da mente (*A Revolta de Atlas*).

Mas um robô não diria isso. Um robô seria programado para nunca questionar a fonte da riqueza — e jamais descobriria que a fonte da riqueza é a mente do homem.

Ao ouvir noções como "A totalidade da criação é para o homem" (22) e "O mundo foi dado a todos" (23), um homem compreenderia que esses são equívocos que se esquivam da questão a respeito do que é necessário para *fazer o uso* de recursos naturais. Ele saberia que nada lhe é *dado*, que a transformação de matéria-prima em bens humanos exige um processo de pensamento e trabalho, que alguns homens executarão e outros não — ou que, *sob a justiça,* homem algum pode ter um *direito* primário aos bens criados pelo pensamento e trabalho de outros. Um robô não protestaria; ele não veria diferença entre ele próprio e matérias-primas; ele compreenderia suas noções como *dadas.*

Um homem que ama seu trabalho e sabe qual virtude enorme — qual disciplina de pensamento, energia, propósito, devoção — ele exige, se rebelaria perante a perspectiva de deixar que ele sirva àqueles que zombam dele. E o escárnio pela produção material está espalhado por toda a encíclica. "Povos menos abastados nunca ficarão protegidos o suficiente contra essa tentação, que recai sobre eles por conta das nações ricas". Essa tentação é "uma forma de agir que é focada principalmente na conquista de prosperidade material" (41). Defendendo um "diálogo" entre civilizações diferentes com o propósito de fundar a "solidariedade mundial", a encíclica destaca que ele deve ser: "Um diálogo baseado no homem e não em produtos ou habilidades técnicas [...]" (73). O que significa que habilidades técnicas são uma característica negligenciável, que nenhuma virtude é necessária para adquiri-las, que a habilidade de fabricar produtos não merece reconhecimento e não é parte do conceito de "homem".

Assim, enquanto a encíclica inteira é um apelo almejando os produtos da riqueza industrial, ela é jocosamente indiferente à sua fonte; ela afirma um direito aos efeitos, mas ignora a causa; ela tem a pretensão de falar de um ponto de moral elevado, mas deixa o processo de produção material fora do âmbito da moralidade — como se esse processo fosse uma atividade de ordem inferior que não envolvesse nem exigisse quaisquer princípios morais.

Eu cito um trecho de *A Revolta de Atlas.* "O industrial — silêncio — não existe. Uma fábrica é um 'recurso natural', como uma árvore, uma pedra ou uma poça de lama. [...] Quem resolveu o problema da produção? A humanidade, respondem. Qual foi a solução? Os produtos estão aí. Como foi que eles apareceram? De um modo qualquer. O que causou seu aparecimento? Nada tem causas." (A última sentença não é aplicável; a resposta da encíclica seria: "A Providência").

O processo de produção é dirigido pela mente do homem. A mente do homem não é uma faculdade indeterminada; ela exige certas condições para funcionar — e a primeira dentre elas é a *liberdade.* A encíclica é singular e eloquentemente desprovida de qualquer consideração pelos requisitos da mente, como se fosse esperado que o pensamento humano continuasse se derramando em qualquer lugar, sob quaisquer condições, debaixo de qualquer forma de pressão — ou *como se pretendesse cessar o derramamento*.

Se a preocupação com a pobreza e o sofrimento do ser humano fosse o motivo primário de algum sujeito, ele buscaria descobrir suas causas. E não deixaria de perguntar: por que algumas nações se desenvolvem e outras não? Por que algumas nações alcançaram abundância de materiais enquanto outras continuam estagnadas em miséria sub-humana? A história e, especificamente, a explosão inédita de prosperidade do século XIX nos dariam uma resposta imediata: o capitalismo é o único sistema que permite que os homens produzam abundância — e a chave para o capitalismo é a liberdade individual.

É óbvio que um sistema político afeta a economia de uma sociedade, protegendo ou impedindo as atividades produtivas do homem. Mas isso é algo que a encíclica não admite nem permite. A relação entre política e economia é a coisa que ela mais enfaticamente ignora, evita ou nega. Ela declara que a relação não existe.

Quanto a projetar seu mundo do futuro, onde os países civilizados deverão assumir o fardo de ajudar e desenvolver os não-civilizados, a encíclica declara: "E os países beneficiados poderiam demandar que não houvesse interferência em suas vidas políticas ou subversão de suas estruturas sociais. Como Estados soberanos, eles têm o direito de conduzir seus próprios assuntos, decidir suas próprias políticas e rumarem livremente ao tipo de sociedade que eles escolherem" (54).

E se o tipo de sociedade que eles escolherem impossibilitar a produção, o desenvolvimento e o progresso? E se ela praticar o comunismo, como a Rússia soviética? Ou exterminar minorias, como a Alemanha nazista? Ou estabelecer um sistema religioso de castas, como a Índia? Ou se ater a uma forma de existência anti-industrial nômade, como os países árabes? Ou simplesmente consistir em quadrilhas tribais que governam pela força bruta, como alguns dos países mais novos da África? A resposta tácita da encíclica é que essas são as prerrogativas de Estados soberanos — que devemos respeitar "culturas" diferentes — e que as nações civilizadas do mundo devem compensar esses déficits *de algum jeito*.

Parte da resposta não é tácita.

Dadas as necessidades crescentes dos países subdesenvolvidos, deve-se considerar normal que um país avançado devote parte de sua produção para atender às demandas deles, bem como treinar professores, engenheiros, técnicos e estudiosos preparados para colocarem seus, conhecimentos e habilidades ao dispor de povos menos afortunados (48).

A encíclica fornece instruções severamente explícitas a esses emissários.

Eles não devem se conduzir de forma senhoril, mas sim como ajudantes e colegas de trabalho. Um povo rapidamente percebe se aqueles que vieram em seu auxílio o fazem sem afeição [...] A mensagem deles corre perigo de ser rejeitada se não for apresentada sob o contexto de amor fraternal (71).

Eles devem se libertar de "todo orgulho nacionalista"; eles devem "perceber que a competência deles não lhes confere uma superioridade em todas as áreas". Eles devem perceber que a civilização deles "não é a única civilização, nem desfruta de um monopólio de elementos valiosos". Eles devem "ter intenção de descobrir, junto com sua história, os elementos que compõem as riquezas culturais do país que os recebe. Uma compreensão mútua será estabelecida e há de enriquecer ambas as culturas"" (72).

Isso é dito a homens civilizados que vão se aventurar em países onde vacas sagradas são alimentadas enquanto crianças são deixadas em inanição — onde meninas recém-nascidas são assassinadas ou abandonadas à beira da estrada — onde homens ficam cegos porque auxílio médico é proibido por sua religião — onde mulheres são mutiladas de modo a garantir sua fidelidade — onde torturas indescritíveis são aplicadas cerimonialmente em prisioneiros — onde se pratica o canibalismo. São essas as "riquezas culturais" que um homem ocidental deve saudar com "amor fraternal"? São esses "elementos valiosos" que ele deve admirar e adotar? São esses os "campos" nos quais ele não deve se considerar superior? E quando ele descobre populações inteiras apodrecendo vivas nessas condições, ele não deve reconhecer, com um orgulho radiante — orgulho e gratidão — as conquistas de sua nação e de sua cultura, dos homens que os criaram e lhe transmitiram uma herança mais nobre para passar adiante?

A resposta implícita da encíclica é "Não". Ele não deve julgar, questionar, nem condenar — apenas amar; amar sem causa, indiscriminada, incondicionalmente, em violação a quaisquer valores, padrões ou convicções próprias.

(A única assistência valiosa que os homens ocidentais podem oferecer, de fato, a países subdesenvolvidos é iluminá-los sobre a natureza do capitalismo e ajudá-los a estabelecê-lo. Mas isso entraria em conflito com as "tradições culturais" dos nativos; a industrialização não pode ser inserida em irracionalidade supersticiosa; a escolha é por um ou outro. Além disso, é um conhecimento que o próprio ocidente perdeu; e é *o* elemento específico que a encíclica condena).

Enquanto a encíclica exige um tipo de relativismo mesquinho em relação a valores culturais e exige enfaticamente respeito pelo direito de culturas primitivas defenderem quaisquer valores, ela não estende essa tolerância à civilização ocidental. Quando a encíclica se refere aos empresários ocidentais que fazem comércio com países "recém-abertos à industrialização", ela declara: "Por que, então, eles retornam aos princípios desumanos de individualismo quando operam em países menos desenvolvidos?" (70).

Repare que os horrores da existência tribal naqueles países sem desenvolvimento não evocam qualquer tipo de condenação por parte da encíclica; apenas o individualismo — o princípio que fez a humanidade ascender dos pântanos primordiais — é taxado de "desumano".

À luz dessa declaração, repare no desprezo da encíclica pela integridade conceitual ao defender "a construção de um mundo melhor, que mostre respeito mais profundo pelos direitos e a vocação do indivíduo" (65). Quais são os direitos do indivíduo em um mundo que considera o individualismo "desumano"? Não há resposta.

Há outra observação relativa às nações ocidentais, que é digna de nota. A encíclica declara: "Temos o prazer de descobrir que em certas nações o 'serviço militar' pode ser cumprido parcialmente com a execução de 'trabalho social', um 'serviço puro e simples'" (74).

É interessante descobrir a provável fonte da noção de substituir o serviço militar por trabalho social, da alegação de que jovens americanos devem alguns anos de *servidão* pura e simples ao seu país — uma noção feroz, mais maligna que o recrutamento compulsório, uma noção particularmente antiamericana, pois contradiz todos os princípios fundamentais dos Estados Unidos.

A filosofia que criou os Estados Unidos é o alvo da encíclica, o inimigo que ela busca obliterar. Uma referência casual que parece focada à América Latina é um tipo de disfarce, uma armadilha para os transigentes, na qual eles caem avidamente. A referência declara:

> Se certos Estados possuem muitas terras, mas impedem a prosperidade geral por elas serem extensas, inutilizadas ou mal utilizadas [...] o bem comum às vezes exige a expropriação delas (24).

Mas independente dos pecados da América Latina, o capitalismo não está entre eles. O capitalismo — um sistema baseado no reconhecimento e proteção de direitos individuais — nunca existiu na América Latina. No passado e no presente, a América Latina foi e é governada por uma forma primitiva de fascismo: um governo desorganizado e desestruturado por golpes de estado, por quadrilhas militares, ou seja, por força física, a qual tolera uma pretensão mínima pela propriedade privada, sujeita a expropriação por qualquer quadrilha no poder (o que é a causa da estagnação econômica da América Latina).

A encíclica se preocupa em ajudar as nações não-desenvolvidas do mundo. A América Latina está no alto da lista de ausência de desenvolvimento; ela é incapaz de alimentar seu próprio povo. Alguém consegue imaginar a América Latina no papel de um provedor global, atendendo às necessidades do mundo todo? Apenas os Estados Unidos — o país criado pelos princípios do individualismo, o exemplo de capitalismo mais livre da história, o primeiro e último expoente dos Direitos do Homem — que poderia tentar exercer esse papel e que, dessa forma, seria induzido a cometer suicídio.

Agora repare que a encíclica não se preocupa com o homem, com o indivíduo; a "unidade" de seu pensamento é a *tribo*: nações, países, povos — e ela discorre sobre eles como se tivessem um poder totalitário para dispor de seus cidadãos, como se tais entidades como os indivíduos não tivessem mais significância. Isso é um indicativo da estratégia da encíclica: os Estados Unidos são a maior conquista do milênio na batalha da civilização ocidental rumo ao individualismo, e seu último resquício precário. Com a obliteração dos Estados Unidos — ou seja, do capitalismo — não restará nada para se ater na face do globo além de tribos coletivizadas. De modo a apressar a chegada desse dia, a encíclica trata isso como um *fato consumado*, e se destina às relações entre tribos.

Repare que a mesma moralidade — altruísmo, a moralidade da autoimolação — que por séculos foi proferida contra o indivíduo, agora é proferida contra as nações *civilizadas.* O credo do autossacrifício — a arma primordial utilizada para penalizar o sucesso do homem na terra, sabotar sua autoconfiança, incapacitar sua independência, envenenar sua apreciação à vida, diminuir seu orgulho, esmagar sua autoestima e paralisar sua mente — agora recebe a tarefa de causar a mesma destruição em nações civilizadas e à própria civilização.

Cito John Galt:

> Vocês chegaram ao beco sem saída da traição que cometeram quando aceitaram que não tinham o direito de viver. Outrora, vocês acreditaram que era "apenas uma transigência": aceitaram que era maligno viver para si próprios, porém era moral viver para seus filhos. Depois aceitaram que era egoísmo viver para seus filhos, porém era moral viver para a sua comunidade. Depois aceitaram que era egoísmo viver para a sua comunidade, mas era moral viver para a pátria. Agora vocês deixam este país, o maior de todos, ser devorado pela ralé dos quatro cantos do mundo, aceitando que é egoísmo viver para a pátria, e que o dever moral de cada um é viver para todo o mundo. O homem que não tem o direito de viver não tem o direito de ter valores, e jamais se aterá a eles (*A Revolta de Atlas*).

Direitos são condições de existência exigidas pela natureza do homem para sua sobrevivência adequada enquanto homem — ou seja, como ser racional. Eles não são compatíveis com o altruísmo.

A alma ou o espírito do homem é sua consciência; o motor de sua consciência é a razão; não lhe dê liberdade — ou seja, o direito de usar sua mente — e o que resta dele é apenas um corpo físico, pronto para ser manipulado pelas cordas de qualquer tribo.

Pergunte a si mesmo se você já leu algum documento tão orientado para o corpo quanto essa encíclica. Os habitantes do mundo que ela propõe estabelecer são robôs sintonizados para responder a um só estímulo: *necessidade* — a necessidade mais baixa, asquerosa, física e *fisicalista* de quaisquer outros robôs em qualquer lugar, as necessidades mínimas, o mínimo mais ínfimo para manter todos os robôs em funcionamento para trabalhar, comer, dormir, evacuar e procriar, de modo a produzir mais robôs para trabalhar, comer, dormir, evacuar e procriar. O nível mais desumanizante de pobreza é o nível no qual necessidades animais básicas se tornam a única preocupação e objetivo de um indivíduo; esse é o nível que a encíclica pretende institucionalizar, no qual propõe imobilizar toda a humanidade para sempre, com as necessidades animais de todos como a única motivação para tudo ("quaisquer outros direitos [...] devem ser subordinados a esse princípio").

Se a encíclica acusa que os homens em uma sociedade capitalista são vítimas de um "materialismo sufocante", qual é a atmosfera desse mundo proposto?

O sobrevivente de um plano desses o descreveu da seguinte maneira:

Não tínhamos como saber qual era a verdadeira capacidade deles [a capacidade de terceiros], não tínhamos como controlar suas necessidades — só sabíamos que éramos burros de carga lutando às cegas num lugar que era meio hospital, meio curral — um lugar onde só se incentivavam a incompetência, as catástrofes, as doenças —, burros de carga que só serviam às necessidades que os outros afirmavam ter. [...] Trabalhar, sem nenhuma perspectiva de ganhar uma ração extra enquanto os cambojanos não tivessem sido alimentados e os patagônicos não tivessem todos feito faculdade. Trabalhar, tendo cada criatura no mundo um cheque em branco na mão, gente que a senhora nunca vai conhecer, cujas necessidades a senhora jamais vai saber quais são, cuja capacidade, preguiça, desleixo e desonestidade são coisas de que a senhora jamais vai ter ciência nem terá o direito de questionar — enquanto as Ivys e os Geralds da vida resolvem quem vai consumir o esforço, os sonhos e os dias da sua vida (*A Revolta de Atlas*).

Você acha que eu estava exagerando e que ninguém prega ideais desse tipo?

Mas você acredita que o ideal da encíclica não vai funcionar? Não foi destinado a funcionar.

Não é destinado a aliviar o sofrimento ou abolir a pobreza, mas sim para induzir culpa. Não é destinado a ser aceito e praticado, mas para ser aceito e rompido — rompido pelo desejo "egoísta" do homem de viver, o qual, dessa forma, será transformado em uma fraqueza vergonhosa. Homens que aceitam como ideal uma meta tão irracional, a qual eles não têm como alcançar, nunca mais levantam suas cabeças — e nunca descobrem que suas cabeças abaixadas eram a única meta a ser alcançada.

O alívio ao sofrimento não é uma motivação do altruísmo, é apenas sua racionalização. O autossacrifício não é o meio do altruísmo para um fim mais feliz, ele é o seu fim — o autossacrifício como o estado permanente do homem, como um meio de vida e labuta infeliz na imundície de uma terra desolada onde nenhum "por que?" pode ser vislumbrado nos olhos apagados e turvos das crianças.

A encíclica chega perto de admitir este prospecto, e não tenta oferecer qualquer justificativa *possível* para o martírio altruísta. Ela declara: "Longe de ser a medida definitiva de todas as coisas, o homem só pode perceber a si mesmo ao se estender além de si mesmo" (42). (No além-túmulo?) E: "Essa estrada rumo a uma humanidade maior exige esforço e sacrifício, mas o sofrimento em si, ao ser aceito pelo amor aos nossos semelhantes, favorece o progresso de toda a nossa família humana". (79) E: "Estamos todos unidos nesse progresso em direção a Deus" (80).

Quanto à atitude em relação à mente do homem, a admissão mais clara é encontrada fora da encíclica. Em um discurso à conferência nacional dos bispos italianos, no dia 7 de abril de 1967, o Papa Paulo VI denunciou o questionamento de "qualquer dogma que não agrade e que exija receber a humilde homenagem da mente". E ele insistiu para que os bispos combatam o "culto pessoal de indivíduos" (*The New York Times*, 8 de abril de 1967).

Quanto à questão de qual sistema político a encíclica defende, ela apresenta uma indiferença jocosa: ela aparentemente acharia qualquer sistema político aceitável, desde que seja uma versão de estatismo. As alusões vagas a alguma forma nominal de propriedade privada dão a entender que a encíclica dá preferência ao fascismo. Por outro lado, o tom, estilo e vulgaridade da argumentação sugerem um marxismo antiquado. Mas essa mesma vulgaridade parece indicar uma indiferença profunda ao discurso intelectual — como se, desprezando seu público, a encíclica escolhesse quaisquer clichês que ela considerasse elegantes e seguros atualmente.

A encíclica insiste enfaticamente em apenas duas demandas políticas: que as nações do futuro abracem o estatismo, com um controle totalitário das atividades econômicas de seus cidadãos — e que essas nações se unam em um Estado global, com um poder totalitário sobre o planejamento global. "Essa colaboração internacional em escala mundial exige instituições que vão prepará-la, coordená-la e dirigi-la [...] Desse modo, quem não vê a necessidade de estabelecer progressivamente uma autoridade mundial, capaz de atuar efetivamente nos setores políticos e jurídicos?" (78).

Há alguma diferença entre a filosofia da encíclica e o comunismo? Eu estou prontamente disposta, a respeito desse assunto, a considerar a palavra de uma autoridade católica eminente. Sob a manchete "Encíclica Descreve Repulsa ao Marxismo", do *The New York Times* de 31 de março de 1967, declara-se:

> O Reverendo John Courtney Murray, o proeminente teólogo jesuíta, descreveu a nova encíclica de ontem do Papa Paulo como "a resposta definitiva da Igreja ao marxismo". [...] "Os marxistas propuseram um caminho, e para atender ao seu programa eles confiam apenas no homem", disse o Padre Murray.

"Agora o Papa Paulo VI emitiu um plano detalhado para alcançar a mesma meta com base no verdadeiro humanismo — humanismo esse que reconhece a natureza religiosa do homem".

Amém.

Foi o fim daqueles "conservadores" americanos que alegam que a religião é a base do capitalismo — e que acreditam que podem ter capitalismo e também consumi-lo, como exige o canibalismo moral da ética altruísta.

Foi também o fim daqueles "liberais" modernos que se orgulham de serem os campeões da razão, ciência e progresso — e que difamam os defensores do capitalismo com o rótulo de representantes supersticiosos e reacionários de um passado sombrio. Mexam-se, camaradas, e abram caminho para seus mais novos companheiros de viagem, que sempre estiveram ao seu lado — e então observem, se ousarem, o tipo de passado que *eles* representam.

Esse é o espetáculo da religião entrando na onda do estatismo, em uma tentativa desesperada de recuperar o poder que ela perdeu à época da Renascença.

A Igreja Católica nunca desistiu da esperança de restabelecer a união medieval entre Igreja e Estado, com um Estado global e uma *teocracia* global como meta de última instância. Desde a Renascença, ela sempre teve a cautela de ser a última a se unir ao movimento político que poderia servir seu propósito em cada época. Dessa vez, é tarde demais: o coletivismo está intelectualmente morto; a onda na qual a Igreja entrou é um carro fúnebre. Mas, confiando nesse veículo, a Igreja Católica está abandonando a civilização ocidental e convocando as hordas de bárbaros para devorarem as conquistas da mente do homem.

Há um elemento de tristeza nesse espetáculo. O catolicismo já foi a mais filosófica de todas as religiões. Sua história filosófica extensa e ilustre foi iluminada por um gigante: Tomás de Aquino. Ele trouxe uma visão aristotélica da razão (uma *epistemologia* aristotélica) de volta à cultura europeia, e iluminou o caminho ao Renascimento. Por um breve intervalo do século XIX, quando a influência dele foi dominante entre os filósofos católicos, a grandeza de seu pensamento quase elevou a Igreja próxima ao âmbito da razão (embora às custas de uma contradição básica). Agora estamos testemunhando o fim da linha de Aquino com a Igreja se voltando novamente ao seu antagonista primordial, que se encaixa melhor a ela, ao odiador da vida e da mente, Santo Agostinho. Só seria possível desejar que São Tomás recebesse um réquiem mais digno.

A encíclica é a voz da idade das trevas, surgindo de novo no vácuo intelectual de hoje, como um vento frio sussurrando através das ruas vazias de uma civilização abandonada.

Incapaz de resolver uma contradição letal, o conflito entre individualismo e altruísmo, o Ocidente está desistindo. Quando homens desistem da razão e da liberdade, o vácuo é preenchido por fé e força.

Nenhum sistema social pode durar muito tempo sem uma base moral. Imagine um arranha-céus magnífico construído sobre areia movediça: enquanto os homens se esforçam no topo para acrescentar o centésimo ou o ducentésimo andar, o décimo ou o vigésimo estão sumindo, engolidos pela terra. Essa é a história do capitalismo, de sua tentativa cambaleante e trôpega de se manter em pé na fundação da moralidade altruísta.

É um ou outro. Se os apologistas do capitalismo, aturdidos e cobertos de culpa, não souberem disso, dois representantes do altruísmo, plenamente consistentes, o sabem: o catolicismo e o comunismo.

A aproximação entre eles, portanto, não é surpreendente. As diferenças entre eles pertencem apenas ao sobrenatural, mas aqui, na realidade, na terra, eles têm apenas três elementos primordiais em comum: a mesma moralidade: altruísmo; a mesma meta: controle global através da força; o mesmo inimigo: a mente do homem.

Há um precedente para a estratégia de ambos. Na eleição nacional da Alemanha em 1933, os comunistas apoiaram os nazistas sob a premissa de que futuramente poderiam batalhar pelo poder entre si, mas primeiro precisavam destruir seu inimigo em comum: o capitalismo. Hoje o catolicismo e o comunismo podem muito bem cooperar, sob a premissa de que futuramente lutarão entre eles pelo poder, mas primeiro precisam destruir seu inimigo em comum, o indivíduo, forçando a humanidade a se unir, de modo a formar um pescoço pronto para receber uma coleira.

A encíclica foi endossada com entusiasmo pela imprensa comunista ao redor do mundo. "O jornal do partido comunista francês, *L'Humanité*, disse que a encíclica foi 'deveras comovente' e construtiva para destacar os males do capitalismo há muito enfatizados pelos marxistas", relata o *The New York Times* de 30 de março de 1967.

Aqueles que não entendem o papel da autoconfiança moral em assuntos humanos são incapazes de apreciar a qualidade do absurdo sarcástico do seguinte item da mesma reportagem: "Os comunistas franceses, no entanto, lamentaram o fracasso do papa em fazer uma distinção entre países comunistas ricos e países capitalistas ricos em suas estruturas gerais contra o desequilíbrio entre as nações 'providas' e 'desprovidas'".

Assim, a riqueza adquirida pela força é propriedade merecida, mas a riqueza obtida pela produção não é; saquear é moral, mas produzir não é. E enquanto os porta-vozes dos saqueadores se opõem à danação da riqueza exposta na encíclica, os porta-vozes dos produtores rastejam, evitando as questões, aceitando os insultos, prometendo doar suas riquezas. Se o capitalismo não sobreviver, esse é o espetáculo que o deixou indigno de sua sobrevivência.

O *The New York Times* de 30 de março de 1967 declarou em editorial que a encíclica "é notavelmente avançada em sua filosofia econômica. Ela é sofisticada, compreensiva e penetrante [...]". Se por "avançada" o editorial quis dizer que a filosofia da encíclica se alinhou com a dos "liberais" modernos, faz sentido concordar — exceto que o *Times* se enganou a respeito da *direção* do movimento envolvida: não é a encíclica que progrediu ao século XX, foram os "liberais" que retroagiram ao século IV.

O *The Wall Street Journal* de 10 de maio de 1967 foi além. Ele declarou, com efeito, que o Papa não quis dizer aquilo. A encíclica, alegou o jornal, foi um desentendimento causado por alguma conspiração misteriosa de tradutores do Vaticano, que interpretaram erroneamente as ideias do papa ao traduzi-las do original em latim para o inglês. "Sua Santidade pode não estar fazendo elogios ao sistema de livre mercado. Mas ele não está dizendo o que a versão em inglês do Vaticano parecia fazê-lo dizer".

Por meio de minuciosas comparações de parágrafos em latim com suas traduções oficiais e extraoficiais, e colunas de minúcias casuísticas, o Wall Street Journal chegou à conclusão de que não era o capitalismo que o Papa estava denunciando, mas apenas "algumas opiniões" sobre o capitalismo. Quais opiniões? De acordo com a tradução extraoficial, o parágrafo 26 da encíclica diz o seguinte:

> Mas dessas novas condições, não sabemos como, algumas opiniões se infiltraram na sociedade humana, segundo as quais (nessas opiniões) o lucro era considerado como o principal incentivo para encorajar o progresso econômico; a livre concorrência como regra suprema da economia; a propriedade privada dos meios de produção como um direito absoluto que não aceitaria limites nem deveres sociais a ele relacionados [...].

"Em latim", dizia o artigo,

o Papa Paulo está reconhecendo as dificuldades [...] no desenvolvimento de alguns tipos de capitalismo. Mas ele coloca a culpa disso não em 'todo o sistema lamentável' — ou seja, todo o sistema capitalista — mas em algumas visões corruptas dele.

Se as visões defendendo o lucro, a livre concorrência e a propriedade privada forem corruptas, *o que* é o capitalismo? Sem resposta. Qual é a definição de capitalismo do *The Wall Street Journal*? Sem resposta. O que devemos designar como "capitalismo", uma vez que todas as suas características essenciais tenham sido removidas? Sem resposta.

Essa última pergunta indica o sentido não-declarado do artigo: uma vez que o Papa não ataca o capitalismo, apenas seus princípios fundamentais, não temos com o que nos preocuparmos.

E para que, você imagina, o artigo encontrou coragem para se conectar à encíclica? "O que pode ter sido desejado na encíclica foi um reconhecimento de que o capitalismo pode aceitar, e inclusive aceita nos Estados Unidos e em outros lugares, diversas responsabilidades sociais."

Sic transit gloria viae Wall[149].

Uma atitude semelhante, com uma visão de alcance semelhante, foi redigida na revista *Time* de 7 de abril de 1967:

Embora o Papa Paulo tenha provavelmente tentado emitir uma mensagem cristã relevante à situação econômica atual do mundo, sua encíclica praticamente ignorou o fato de que o bom e velho capitalismo *laissez-faire* está tão morto quanto o *Das Kapital*. É deveras claro que a condenação ao capitalismo por parte do Papa foi destinada à variedade sem reconstrução dele que vigora, por exemplo, na América Latina.

Se isso fosse uma competição, o prêmio seria da revista para empresários *Fortune*, de maio de 1967. Sua atitude é agressivamente imoral e antifilosófica; ela está orgulhosamente determinada a manter a separação entre economia e ética. "Capitalismo é apenas um sistema econômico", segundo ela.

---

[149] Paráfrase do dito latino *Sic transit gloria mundi* [Assim passa a glória do mundo], que se refere à brevidade e transitoriedade das glórias desta vida, frequentemente encontrado nas entradas de cemitérios. Neste caso, significa "Assim passa a glória de Wall Street", uma rua em Manhattan considerada o "coração financeiro" de Nova York, dos Estados Unidos, e às vezes até do mundo. (N. E.)

Inicialmente reconhecendo o "propósito louvável" do Papa, a *Fortune* declara:

> Mas apesar de sua visão moderna e global, a encíclica *Populorum Progressio* pode ser um documento autorrefutado. Ela usa uma visão suspeita e antiquada do funcionamento de um empreendimento econômico. [...] O Papa criou um espantalho que tem poucos defensores — se essa passagem, [o parágrafo 26] for considerado de maneira literal. Um *laissez-faire* puro, na verdade, não governa nenhuma parte significativa do comércio mundial. [...] A "propriedade", em países avançados, evoluiu de uma forma que ela agrupa "obrigações sociais". [...] Direitos privados "absolutos" são irrelevantes em sociedades industriais avançadas.

Depois de conceder tudo isso, a *Fortune* parece surpresa e magoada porque o Papa não achou necessário incluir empresários entre os "homens de boa vontade" a quem ela conclama ao combate da pobreza global.

> Ao omitir qualquer referência específica aos empresários, ele desconsidera um aliado natural e necessário, que, na verdade, já está profundamente comprometido em várias partes do mundo em relação a um tipo de esforço que o Papa Paulo exige. Talvez os empresários tenham sido tomados por certo, como um tipo de força primordial que pode ser confiada para fornecer força motriz e que precisa apenas ser domada, aproveitada e vigiada com cuidado. [E não é essa a própria visão da *Fortune* acerca dos empresários em seu estado "puro"?]
>
> Raramente o Vaticano pareceu capaz de enxergar o capitalismo como algo além de um mal necessário, no máximo, e a *Populorum Progressio* sugere que uma melhor compreensão ainda é difícil. Isso não é uma sugestão de que o capitalismo é uma fórmula completa para a iluminação e o progresso social; ele é apenas um sistema econômico que homens de boa vontade podem usar — com mais sucesso do que qualquer outro sistema já concebido — para alcançar os objetivos que a política e a religião ajudam a definir.

Repare na indecência de se tentar justificar o capitalismo no âmbito do serviço altruísta. Repare também na ingenuidade dos cínicos: a encíclica não busca a riqueza deles nem o alívio da pobreza.

Os pragmatistas modernos, militantes que se atêm a concretos, ao equiparar o cinismo com "praticidade", são incapazes de enxergar além do momento ou conceber o que move o mundo e determina sua direção. Homens que estão dispostos a nadar em qualquer corrente, serem transigentes com qualquer coisa, servirem como meio para os fins de qualquer um, perderem a habilidade de compreender o poder das ideias. E enquanto duas hordas de odiadores de homens, que compreendem esse fato, convergem na civilização, eles ficam em cima do muro, declarando que princípios são espantalhos.

Eu ouvi a mesma acusação direcionada ao objetivismo: estamos lutando com um espantalho, eles dizem, ninguém prega o tipo de ideias a que nós estamos opondo.

Bem, como um amigo meu observou, apenas o Vaticano, o Kremlin e o Empire State Building[150] sabem os problemas reais do mundo moderno.

---

[150] Essa publicação transferiu seu escritório para o *Empire State Building* em setembro.

APÊNDICE

Os direitos do homem [151]

Ayn Rand

Se alguém deseja defender uma sociedade livre — ou seja, o capitalismo — deve perceber que sua fundação indispensável é o princípio dos direitos individuais. Se alguém deseja proteger direitos individuais, deve compreender que o capitalismo é o único sistema que pode aplicá-los e protegê-los. E se alguém deseja mensurar a relação de liberdade com as metas dos intelectuais de hoje, pode mensurá-la levando em conta que o conceito de direitos individuais é evitado, distorcido, pervertido e raramente discutido, mais raramente ainda pelos pretensos "conservadores".

"Direitos" são um conceito moral — o conceito que fornece uma transição lógica dos princípios que orientam as ações do indivíduo aos princípios que orientam sua relação com terceiros; o conceito que preserva e protege a moralidade individual em um contexto social; o elo entre o código moral de um homem e o código legal de uma sociedade, entre ética e política. *Direitos individuais são o meio de subordinar a sociedade à lei moral.*

Todo sistema político é baseado em algum código de ética. As éticas dominantes da história da humanidade foram variantes da doutrina altruísta-coletivista que subordinou o indivíduo a uma autoridade superior, seja ela mística ou social. Consequentemente, a maioria dos sistemas políticos foram variantes da mesma tirania estatista, diferindo apenas em grau, não em princípio básico, limitado apenas por seus acidentes de tradição, de caos, de conflitos sangrentos e colapso periódico. Sob todos os sistemas afins, a moralidade foi um código aplicável ao indivíduo, mas não à sociedade. A sociedade foi colocada fora da lei moral, como sua encarnação, ou fonte, ou intérprete exclusivo — e a proposição de devoção autossacrificante ao dever social era considerada o propósito central da ética na existência terrena do homem.

---

[151] Reimpresso de *A Virtude do Egoísmo*.

Uma vez que não há entidade como "sociedade", uma vez que sociedade é só uma quantidade de homens individuais, isso quis dizer, na prática, que os governantes da sociedade eram eximidos da lei moral; sujeitos apenas a rituais tradicionais, eles detinham poder pleno e exigiam obediência cega, sob o princípio implícito de que "o bem é aquilo que é bom para a sociedade (ou para a tribo, a raça, a nação), e os decretos do governante são sua voz na Terra".

Isso foi verdade para todos os sistemas estatistas, sob todas as variantes de ética altruísta-coletivista, mística ou social. "O direito divino dos reis" sumariza a teoria política dos primeiros; *Vox populi, vox Dei* dos segundos. Como exemplos, a teocracia do Egito, com o faraó incorporando um deus; o governo majoritário ilimitado da "democracia" de Atenas, o Estado de bem-estar social gerido pelos imperadores de Roma; a Inquisição do fim da Idade Média; a monarquia absoluta da França; o Estado de bem-estar social da Prússia de Bismarck; as câmaras de gás da Alemanha nazista e o matadouro da União Soviética.

Todos esses sistemas políticos foram expressões da ética altruísta-coletivista, e sua característica em comum é o fato de que a sociedade esteve acima da lei moral, como um deus caprichoso, soberano e onipotente. Assim, politicamente, todos esses sistemas foram variantes de uma sociedade *imoral*.

A conquista mais intensamente revolucionária dos Estados Unidos da América foi *a subordinação da sociedade à lei moral.*

O princípio de direitos individuais do homem representou a extensão da moralidade ao sistema social como uma limitação do poder do Estado, como proteção ao homem contra a força bruta do coletivo, como a subordinação do *poder ao direito.* Os Estados Unidos representaram a primeira sociedade *moral* da história.

Todos os sistemas anteriores enxergavam o homem como um sacrifício a fim de servir terceiros, e a sociedade como um fim em si mesma. Os Estados Unidos consideraram o homem como um fim em si mesmo, e a sociedade como um meio para uma coexistência ordeira, pacífica e *voluntária* para os indivíduos. Todos os sistemas anteriores defenderam que a vida do homem pertence à sociedade, que a sociedade pode dispor dela da forma que desejar, e que qualquer liberdade de que ele desfrute é apenas um favor, uma *permissão* da sociedade, que pode ser revogada a qualquer momento. Os Estados Unidos defenderam que a vida de um homem é sua por *direito* (ou seja, por princípio moral e pela sua natureza), que um direito é a propriedade de um indivíduo, que a sociedade como tal não tem direitos e que o único propósito moral de um governo é a proteção de direitos individuais.

Um "direito" é um princípio moral que define e sanciona a liberdade de ação de um homem em um contexto social. Existe apenas *um* direito fundamental (todos os outros são suas consequências ou corolários): o direito de um homem à sua própria vida. A vida é um processo de ação autossustentável e autogerada; o direito à vida significa o direito de se engajar em ações de autossustentação e autogeradas; o que significa a liberdade de realizar todas as ações exigidas pela natureza de um ser racional para o sustento, a promoção, a realização e o gozo de sua própria vida. (Este é o significado do direito à vida, à liberdade e à busca da felicidade.)

O conceito de um "direito" pertence apenas à ação — especificamente, à liberdade de ação. Ele representa liberdade contra a compulsão física, coerção ou interferência por parte de outros homens.

Assim, para cada indivíduo, um direito é uma sanção moral de um *positivo* — de sua liberdade para agir segundo seu próprio julgamento, rumo a suas próprias metas, por sua escolha voluntária e *sem coerção*. Quanto a seus vizinhos, seus direitos não lhes impõem obrigações, exceto de um tipo *negativo*: se abster de violar seus direitos.

O direito à vida é a fonte de todos os outros direitos — e o direito à propriedade é sua única implementação. Sem direito à propriedade, nenhum outro direito é possível. Uma vez que o homem precisa sustentar sua vida através de seu próprio esforço, o homem que não tem direito ao produto de seus esforços não tem meios para sustentar sua própria vida. O homem que produz enquanto outros dispõem de seu produto é um escravo.

Lembre-se que o direito à propriedade é um direito à ação, como todos os outros: ele não é o direito a *um objeto*, mas sim à ação e as consequências de produzir e ganhar esse objeto. Não é uma garantia de que um homem ganhará qualquer propriedade, mas apenas uma garantia de que ele terá sua posse caso o ganhe. É o direito de ganhar, manter, usar e dispor de valores materiais.

O conceito de direitos individuais é tão novo na história humana que a maioria dos homens não os compreendeu plenamente até hoje. Em acordo com as duas teorias de ética, a mística ou a social, alguns afirmam que os direitos são presentes de Deus; outros, que os direitos são presentes da sociedade. Mas, na verdade, a fonte dos direitos é a natureza do homem.

A Declaração de Independência declarou que os homens "são dotados por seu Criador de certos direitos inalienáveis". Quer se acredite ou não que o homem é o produto de um Criador ou da natureza, a questão da origem do homem não altera o fato de que ele é uma entidade de um tipo específico — um ser racional — a qual não pode funcionar com sucesso sob coerção e que direitos são uma condição necessária de seu modo particular de sobrevivência.

> A fonte dos direitos do homem não é a lei divina ou a lei do Congresso, mas a lei da identidade. A é A — e Homem é Homem.
>
> Os direitos são condições de existência exigidas pela natureza humana para a sua sobrevivência. Se o homem deve viver na terra, é *um direito* que ele use sua mente; é *um direito* que aja com base em seu próprio julgamento; é *um direito* trabalhar por seus valores e manter o produto de seu trabalho. Se a vida na terra é seu propósito, ele tem o direito de viver como um ser racional: a natureza lhe proíbe o irracional" (A Revolta de Atlas).

Violar os direitos do homem significa compeli-lo a agir contra seu próprio julgamento ou a expropriar seus valores. Basicamente, só há uma forma de fazer isso: pelo uso de força física. Há dois potenciais violadores dos direitos do homem: os criminosos e o governo. A grande conquista dos Estados Unidos foi fazer uma distinção entre ambos, proibindo ao segundo a versão legalizada das atividades dos primeiros.

A Declaração de Independência estipulou o princípio de que "de modo a assegurar esses direitos, os governos são instituídos entre os homens". Isso forneceu a única justificativa válida para um governo e definiu seu único propósito devido: proteger os direitos do homem ao protegê-lo contra a violência física.

Assim a função do governo foi alterada, do papel de governante para o papel de servo. O governo foi organizado para proteger o homem contra criminosos, e a Constituição foi escrita para proteger o homem contra o governo. A Carta de Direitos não foi direcionada contra cidadãos privados, mas contra o governo, como uma declaração explícita de que direitos individuais suplantam qualquer poder público ou social.

O resultado foi o padrão de uma sociedade civilizada que, pela breve duração de cerca de cento e cinquenta anos, os Estados Unidos quase alcançaram. Uma sociedade civilizada é uma na qual a força física é banida das relações humanas; na qual o governo, atuando como policial, pode usar a força apenas em retaliação e apenas contra aqueles que iniciam seu uso.

Esse foi o sentido essencial e a intenção da filosofia política dos Estados Unidos, implícita no princípio de direitos individuais. Mas ela não foi formulada explicitamente, nem foi plenamente aceita ou mesmo praticada consistentemente.

A contradição interior dos Estados Unidos foi a ética altruísta-coletivista. O altruísmo é incompatível com a liberdade, com o capitalismo e com direitos individuais. Não se pode combinar a busca pela felicidade com o *status* moral de um animal de sacrifício.

Foi o conceito de direitos individuais que deu à luz uma sociedade livre. Por isso que a destruição da liberdade precisou começar com a destruição dos direitos individuais.

Uma tirania coletivista não ousa escravizar um país através do confisco descarado de seus valores materiais ou morais. Isso precisa ser feito através de um processo de corrupção interna. Assim como o âmbito material da pilhagem da riqueza de um país é obtido através da inflação de sua moeda, hoje testemunha-se o processo de inflação ser aplicado ao âmbito dos direitos. O processo implica em tamanho crescimento de "direitos" recém-promulgados que as pessoas não conseguem notar que eles representam a reversão do conceito de direitos. Da mesma forma que dinheiro sujo expulsa o dinheiro limpo, esses "direitos à base de canetadas" negam os direitos autênticos.

Considere o fato curioso de que nunca houve uma proliferação assim, no mundo todo, de dois fenômenos contraditórios: os supostos "direitos" novos e os campos de trabalho escravo.

O "lance" foi a troca do conceito de direitos do âmbito político para o econômico.

A plataforma do Partido Democrata de 1960 resume a troca de forma audaz e explícita. Ela declara que uma administração democrata "reafirmará a carta econômica de direitos que Franklin Roosevelt escreveu à nossa consciência nacional há dezesseis anos".

OS DIREITOS DO HOMEM

Lembre-se claramente do sentido do conceito de "direitos" quando você ler a lista do que a plataforma oferece:

1) O direito a um emprego útil e assalariado nas indústrias, oficinas, fazendas ou minas do país.

2) O direito de ganhar o suficiente para fornecer comida, recreação e roupas de qualidade adequada.

3) O direito de todo fazendeiro cultivar e vender seus produtos com um lucro que concederá um sustento decente à sua família.

4) O direito de todo empresário, grande ou pequeno, de negociar em uma atmosfera de liberdade contra competição injusta e dominação por monopólios domésticos ou estrangeiros.

5) O direito de toda família a um lar decente.

6) O direito a tratamento médico adequado e a oportunidade de se obter e desfrutar de boa saúde.

7) O direito à proteção adequada contra os medos econômicos da velhice, doenças, acidentes e desemprego.

8) O direito a uma boa educação.

Uma só pergunta feita a todas as oito cláusulas supracitadas deixa a questão clara: *pagos por quem?*

Empregos, alimentos, roupas, recreação(!), moradias, saúde, educação, etc., não crescem na natureza. São valores criados pelo homem — bens e serviços produzidos por homens. Quem deve fornecê-los?

Se alguns homens merecem *por direito* os produtos do trabalho de outros, quer dizer que esses outros serão privados de direitos e condenados ao trabalho escravo.

Qualquer suposto "direito" de um homem que depende da violação dos direitos de outro não é e nem pode ser um direito.

Nenhum homem pode ter o direito de impor uma obrigação sem livre arbítrio, um dever sem recompensas ou uma servidão involuntária a outro homem. Não pode haver nada como "o direito de escravizar".

Um direito não inclui a implementação material desse direito por outros homens; ele inclui apenas a liberdade para se obter essa implementação através do próprio esforço do indivíduo.

Repare, nesse contexto, a precisão intelectual dos Pais Fundadores: eles falavam do direito à *busca* pela felicidade — não do direito à felicidade. Isso quer dizer que um homem tem o direito a agir como ele achar necessário para alcançar sua felicidade; não significa que terceiros devam fazê-lo feliz.

O direito à vida diz que um homem tem o direito de sustentar sua vida através de seu próprio trabalho (em qualquer nível econômico, tão alto quanto a sua habilidade o levar); ele não diz que terceiros devam atender às suas necessidades para viver.

O direito à propriedade diz que um homem tem o direito de efetuar ações econômicas necessárias para obter propriedades, usá-las e dispor delas; ele não diz que terceiros devam lhe fornecer propriedades.

O direito à liberdade de expressão diz que um homem tem o direito de expressar suas ideias sem o risco de censura, interferência ou ação punitiva por parte do governo. Ele não diz que terceiros devam providenciar um auditório, estação de rádio ou impressoras para que ele expresse suas ideias.

Qualquer empreitada que envolva mais de um homem exige consentimento *voluntário* de cada participante. Todos eles têm o direito de tomar suas próprias decisões, mas nenhum deles tem o direito de forçar essa decisão sobre outros.

Não existe nada como "um direito a um emprego" — há apenas o direito ao livre comércio, ou seja: o direito de um homem aceitar um emprego se outro homem escolher contratá-lo. Não existe "direito a uma moradia", apenas o direito ao livre comércio: o direito de construir ou comprar uma residência. Não há "direito a um salário 'justo' ou um preço 'justo'" se ninguém optar por pagá-lo, contratar um homem ou comprar seu produto. Não há "direito do consumidor" para leite, sapatos, filmes ou champanhe se nenhum produtor optar por fabricar tais itens (há apenas o próprio direito de se fabricar tais coisas). Não há "direitos" de grupos especiais, não há "direitos de fazendeiros, trabalhadores, empresários, funcionários, empregadores, idosos, jovens, não-nascidos".

Há apenas *Direitos do Homem* — direitos possuídos por todo homem individual e por todos os homens como indivíduos.

Direitos de propriedade e o direito ao livre comércio são os únicos "direitos econômicos" do homem (eles são, na verdade, direitos políticos), e não pode haver nada como "uma carta de direitos econômicos". Mas repare que os defensores da segunda opção quase destruíram a primeira.

Lembre-se que direitos são princípios morais que definem e protegem a liberdade de ação de um homem, mas não impõem obrigações a outros homens. Cidadãos privados não são uma ameaça aos direitos ou à liberdade de terceiros. Um cidadão privado que usa violência física e viola os direitos de terceiros é um criminoso e os homens têm proteção legal contra ele.

Criminosos são uma minoria ínfima em qualquer era ou país. E os danos que eles causaram à humanidade é pífio quando comparado aos horrores — o derramamento de sangue, as guerras, as perseguições, os confiscos, as fomes, as escravizações, as destruições em larga escala — executados pelos governos da humanidade. Potencialmente, um governo é a ameaça mais perigosa aos direitos do homem: ele detém o monopólio legal do uso da força física contra vítimas legalmente desarmadas. Um governo desprovido de limites e restrições delineadas por meio de direitos individuais é o inimigo mais mortal do homem. A Carta de Direitos não foi escrita para proteger o homem contra ações privadas, mas sim contra ações governamentais.

Agora repare no processo através do qual essa proteção vem sendo destruída.

O processo consiste em atribuir aos cidadãos as violações específicas constitucionalmente proibidas ao governo (que os cidadãos não têm poder para cometer) e, assim, liberar o governo de todas as restrições. A mudança está se tornando progressivamente mais óbvia no campo da liberdade de expressão. Durante anos, os coletivistas vêm propagando a noção de que a recusa de um particular em financiar um oponente é uma violação do direito de liberdade de expressão do oponente, e portanto constitui um ato de "censura".

É "censura", segundo eles, se um jornal se recusar a contratar ou publicar escritores cujas ideias sejam diametricamente opostas às políticas do jornal.

É "censura", segundo eles, se empresários se recusarem a publicar anúncios em uma revista que os denuncia, insulta e difama.

É "censura", segundo eles, se um patrocinador de TV se opõe a algum ultraje ocorrido em um programa financiado por ele — como o incidente de Alger Hiss ser convidado a denunciar o ex-vice-presidente Nixon.

E então há Newton N. Minow, que declara: "Há censura feita pela audiência, pelos anunciantes, pelos canais, pelos afiliados que rejeitam a programação oferecida a suas áreas". É o mesmo Minow que ameaça revogar a licença de qualquer estação que não cumpra com sua visão sobre a programação — e que alega que isso não é censura.

Considere as implicações dessa tendência.

"Censura" é um termo pertinente apenas à ação governamental. Nenhuma ação privada é censura. Nenhum indivíduo ou agência privada pode silenciar um homem ou suprimir uma publicação; apenas o governo pode. A liberdade de expressão de indivíduos privados inclui o direito de não concordar, não ouvir e não financiar seus próprios antagonistas.

Mas de acordo com doutrinas tais como a "carta de direitos econômicos", um indivíduo não tem o direito de dispor de seus próprios meios materiais orientado por suas convicções, e deve entregar seu dinheiro indiscriminadamente a qualquer orador ou propagandista, que têm um "direito" à sua propriedade.

Isso quer dizer que a habilidade de fornecer ferramentas materiais para a expressão de ideias priva o homem do direito de defender quaisquer ideias. Quer dizer que uma editora precisa publicar livros que ela considera imprestáveis, falsos ou ruins; que um patrocinador televisivo precisa financiar comentadores que escolheram afrontar suas convicções; que o dono de um jornal deve entregar suas páginas de editorial a qualquer jovem delinquente que pede a escravização da imprensa. Quer dizer que um grupo de homens adquire o "direito" a uma licença ilimitada enquanto outro grupo é reduzido à irresponsabilidade impotente.

Mas como é obviamente impossível fornecer um emprego, um microfone ou uma coluna de jornal a cada reclamante, *quem* determinará a "distribuição" de "direitos econômicos" e escolherá quem os recebe, uma vez que o direito de escolha dos donos foi abolido? Bem, Minow indicou isso claramente.

E se você cometer o engano de pensar que isso se aplica apenas a grandes proprietários, é melhor perceber que a teoria dos "direitos econômicos" inclui o "direito" de todo pretenso dramaturgo, todo poeta *beatnik*, todo compositor de barulhos e todo artista não-objetivo (que tem alguma influência política) a ter acesso ao apoio financeiro que você não lhes deu quando não compareceu a seus shows. Qual seria o outro sentido em gastar o dinheiro de seus impostos em arte subsidiada?

E enquanto as pessoas bradam sobre "direitos econômicos", o conceito de direitos políticos está desaparecendo. É comumente esquecido que o direito à liberdade de expressão representa a liberdade de defender

OS DIREITOS DO HOMEM

opiniões e suportar as possíveis consequências disso, incluindo discórdia com terceiros, oposições, impopularidade e falta de apoio. A função política do "direito à liberdade de expressão" é proteger dissidentes e minorias impopulares de supressão forçada — não de lhes garantir apoio, vantagens e recompensas de uma popularidade que eles não conquistaram.

A Carta de Direitos diz: "O congresso não deve fazer leis [...] reduzindo a liberdade de expressão ou de imprensa [...]". Ela não exige que cidadãos privados forneçam um microfone ao homem que defende sua destruição ou uma chave para o invasor que planeja roubá-los, ou uma faca para o assassino que pretende cortar suas gargantas.

Esse é o estado de uma das questões mais cruciais da atualidade: direitos *políticos* contra "direitos *econômicos*". Eles são mutuamente excludentes: um destrói o outro. Mas não há, de fato, nenhum "direito econômico", nenhum "direito coletivo", nenhum "direito de interesse público". O termo "direitos individuais" é uma redundância: não há outro tipo de direitos e ninguém para possuí-los.

Os defensores do capitalismo *laissez-faire* são os únicos que defendem os direitos do homem.

A NATUREZA DO GOVERNO [152]
Ayn Rand

Um governo é uma instituição que detém o poder exclusivo para *aplicar* certas regras de conduta social em uma determinada área geográfica.

Os homens precisam de tal instituição? Por quê?

Uma vez que a mente do homem é sua ferramenta básica, seu meio de obter conhecimento para guiar suas ações, a condição básica de que ele necessita é a liberdade para pensar e agir de acordo com seu julgamento racional. Isso não quer dizer que um homem deve viver só e que uma ilha deserta é o ambiente mais adequado às suas necessidades. Os homens podem obter benefícios enormes convivendo entre si. Um ambiente social é mais propício à sobrevivência, *mas apenas sob certas condições.*

Os dois grandes valores a serem obtidos da existência social são: conhecimento e trocas. O homem é a única espécie que pode transmitir e expandir sua reserva de conhecimento de geração em geração; o conhecimento potencialmente disponível ao homem é maior do que o que qualquer homem poderia começar a assimilar durante seu próprio tempo de vida; cada homem ganha um benefício incalculável do conhecimento descoberto por terceiros. O segundo grande benefício é a divisão do trabalho: ela permite ao homem devotar seus esforços a um campo de trabalho específico e fazer trocas com outros que se especializam em outros campos. Essa forma de cooperação permite que todos os homens participem na conquista de mais conhecimentos, habilidades e retorno produtivo de seus esforços do que poderiam obter se cada um precisasse produzir tudo que necessita, em uma ilha deserta ou em uma fazenda autossustentada.

Mas esses benefícios indicam, delimitam e definem que tipo de homens podem ser valiosos uns para os outros e em que tipo de sociedade: apenas homens racionais, produtivos e independentes, em uma sociedade racional, produtiva e independente ("A ética objetivista", em *A Virtude do Egoísmo*).

---

[152] Reimpresso de *A Virtude do Egoísmo.*

Uma sociedade que rouba o produto do esforço de um indivíduo, o escraviza, tenta limitar a liberdade de sua mente ou o compele a agir contra seu próprio julgamento racional — uma sociedade que estabelece um conflito entre seus decretos e as exigências da natureza do homem não é, estritamente falando, uma sociedade, mas sim uma turba agrupada por um mando de quadrilha institucionalizado. Tal sociedade destrói todos os valores da coexistência humana, não tem justificativa possível e representa a ameaça mais mortal à sobrevivência do homem ao invés de uma fonte de benefícios. A vida em uma ilha deserta é mais segura e incomparavelmente mais desejável do que a existência na Rússia soviética ou na Alemanha nazista.

Para que os homens vivam juntos em uma sociedade racional, produtiva e pacífica, e interajam entre si em prol de benefício mútuo, eles precisam aceitar o princípio social básico sem o qual nenhuma sociedade civilizada ou moral é possível: o princípio de direitos individuais.

Reconhecer direitos individuais significa reconhecer e aceitar as condições exigidas pela natureza do homem para sua sobrevivência adequada.

Os direitos do homem podem ser violados apenas pelo uso de força física. É apenas por meio da força física que um homem pode privar o outro de sua vida, ou escravizá-lo, ou impedi-lo de conquistar suas metas ou compeli-lo a agir contra seu próprio julgamento racional.

A pré-condição para uma sociedade civilizada é o expurgo da força física das relações sociais, assim estabelecendo o princípio de que se os homens quiserem lidar uns com os outros, eles só poderão fazê-lo por meio da *razão*: por meio de discussões, persuasão e acordos voluntários e sem coerção.

A consequência necessária do direito à vida do homem é seu direito à autodefesa. Em uma sociedade civilizada, a força só pode ser usada em retaliação e apenas contra aqueles que iniciam seu uso. Todas as razões que tornam o início do uso de força física um mal, tornam o uso retaliatório da força física um imperativo moral.

Se uma sociedade "pacifista" renunciar ao uso retaliatório da força, ela seria deixada impotente à mercê do primeiro bandido que decidisse agir de forma imoral. Uma sociedade assim conquistaria o oposto ao pretendido: ao invés de abolir o mal, ela o encorajaria e recompensaria.

Se uma sociedade não providenciasse nenhuma proteção organizada contra o uso de força, ela compeliria cada cidadão a se armar, transformar sua moradia em uma fortaleza, atirar em qualquer estranho que se aproximasse de seu portão — ou a se reunir a uma quadrilha protetora de cidadãos que combateria outras gangues, formadas com o mesmo propósito, assim causando a degeneração da sociedade rumo ao caos do governo de quadrilhas, ou seja, o governo da força bruta, em uma guerra tribal perpétua entre selvagens pré-históricos.

O uso de força física — ainda que retaliatório — não pode ser deixado a critério de cidadãos individuais. A coexistência pacífica é impossível se um homem precisar viver sob a constante ameaça de o uso da força ser praticado contra ele por parte de seus vizinhos a qualquer momento. Independentemente de as intenções de seus vizinhos serem boas ou ruins, seus julgamentos serem racionais ou não, motivados por um senso de justiça, ignorância, preconceito ou malícia — o uso da força contra um homem não pode ser relegado à decisão arbitrária de outro.

Visualize, por exemplo, o que aconteceria se um homem perdesse sua carteira, concluísse que foi roubado, invadisse todas as casas do bairro para procurá-la e atirasse no primeiro homem que lhe olhasse estranho, considerando o olhar uma admissão de culpa.

O uso retaliatório da força exige regras *objetivas* de evidência para estabelecer que um crime foi cometido e para *comprovar* quem o cometeu, assim como regras *objetivas* para definir punições e procedimentos de aplicação. Homens que tentam processar crimes, sem essas regras, são uma turba de linchadores. Se uma sociedade relegar o uso retaliatório da força às mãos de cidadãos individuais, ela se deterioraria até se tornar um governo com mando de quadrilhas, lei de linchamentos e uma série interminável de rixas e *vendettas* particulares sanguinolentas.

Para banir a força física das relações sociais, os homens precisam de uma instituição encarregada da tarefa de proteger seus direitos sob um código de regras *objetivo*.

Essa é a tarefa de um governo — de um governo *adequado* — sua tarefa básica, sua única justificativa moral e o motivo pelo qual homens realmente precisam de um governo.

Um governo é um meio de colocar o uso retaliatório de força física sob controle objetivo — ou seja, sob leis definidas objetivamente.

A diferença fundamental entre ação privada e ação governamental — uma diferença totalmente ignorada e relevada hoje — está no fato de que um governo detém o monopólio do uso legal da força física. Ele precisa manter esse monopólio, uma vez que é o agente de restrição e combate ao uso da força; e, pela mesma razão, suas ações devem ser definidas, delimitadas e circunscritas rigorosamente; nenhum capricho de qualquer natureza deve ser permitido em sua execução; ela deve ser um robô impessoal, cujas leis são sua única força motriz. Para que uma sociedade seja livre, seu governo deve ser controlado.

Sob um sistema social adequado, um indivíduo privado é legalmente livre para executar qualquer ação que desejar (desde que não viole os direitos de outros indivíduos), enquanto um oficial do governo é vinculado pela lei em cada um de seus atos oficiais. Um indivíduo privado pode fazer qualquer coisa, exceto o que é legalmente *proibido*; um oficial do governo não pode fazer nada, exceto o que for legalmente *permitido*.

Esse é o meio de subordinar a "força" aos "direitos". Esse é o conceito americano de "um governo de leis e não de homens".

A natureza adequada das leis para uma sociedade livre e a fonte da autoridade de seu governo devem ser derivadas da natureza e propósito de um governo adequado. O princípio básico de ambos é indicado na Declaração de Independência: "de modo a assegurar esses direitos [individuais], os governos são instituídos entre homens, derivando seus poderes do consentimento dos governados [...]".

Uma vez que a proteção de direitos individuais é o único propósito adequado de um governo, ela é o único assunto adequado de legislação: todas as leis devem ser baseadas em direitos individuais e focadas em sua proteção. Todas as leis devem ser *objetivas* (e justificáveis objetivamente): os homens devem saber claramente e antes de executarem qualquer ação, o que a lei os proíbe de fazer (e o motivo), o que constitui um crime e qual penalidade eles sofrerão se o cometerem.

A fonte da autoridade do governo é "o consentimento dos governados". Isso quer dizer que o governo não é o *governante*; mas sim o servo ou *agente* dos cidadãos; quer dizer que o governo, como tal, não tem direitos, exceto os direitos *delegados* a ele pelos cidadãos com um propósito específico.

Há apenas um princípio básico ao qual um indivíduo deve consentir caso deseje viver em uma sociedade livre e civilizada: o princípio de renunciar o uso da força física e delegar ao governo seu direito à autodefesa física, para o propósito de uma aplicação ordeira, objetiva e legalmente definida.

Ou, para explicar de outra forma, ele deve aceitar *a separação da força e dos caprichos* (qualquer capricho, incluindo os seus próprios).

Agora, o que acontece em caso de desacordo entre dois homens sobre uma situação na qual ambos estejam envolvidos?

Em uma sociedade livre, os homens não são forçados a lidar uns com os outros. Eles só lidam através de acordo voluntário e, quando se envolve um elemento temporal, por *contrato*. Se um contrato for quebrado por uma decisão arbitrária de um homem, isso pode causar um prejuízo financeiro desastroso ao outro e a vítima não teria nenhum recurso, exceto tomar a propriedade do infrator como compensação. Mas aqui, novamente, o uso de força não pode ser deixado à mercê de indivíduos privados. E isso leva a uma das funções mais importantes e mais complexas do governo: a função de um árbitro que resolve disputas entre homens de acordo com leis objetivas.

Criminosos são uma minoria ínfima em qualquer cidade semicivilizada. Mas a proteção e aplicação de contratos em tribunais civis é a necessidade mais crucial de uma sociedade pacífica; sem essa proteção, nenhuma civilização pode ser desenvolvida ou mantida.

O homem não pode sobreviver, como fazem os animais, agindo com foco apenas no momento presente. O homem precisa projetar suas metas e alcançá-las em um intervalo de tempo; ele precisa calcular suas ações e planejar para a duração de sua vida. Quanto melhor for a mente do homem e seus conhecimentos, maior será o alcance de seu planejamento. Quanto mais complexa for uma civilização, maior será o alcance de atividades necessárias e, portanto, maior o alcance de acordos contratuais entre os homens, e mais urgente a necessidade deles por proteção para se assegurar de tais acordos.

Mesmo uma sociedade de barganhas primitivas não pode funcionar se um homem concordar com a troca de um saco de batatas por uma cesta de ovos, mas se recusar a entregar as batatas depois de receber os ovos. Imagine o que esse tipo de ação baseada em capricho representaria em uma sociedade industrial na qual homens entregam bilhões de dólares em mercadorias com base em crédito, ou firmam contratos para construir estruturas multimilionárias, ou fazem aluguéis de noventa e nove anos de duração.

Um rompimento contratual unilateral envolve um uso indireto de força física: ele consiste, essencialmente, em um homem receber os valores ou bens materiais ou serviços de outrem, recusando-se a pagar por eles, assim se apossando deles à força (por mera posse física), não por direito — ou seja, retendo-os sem o consentimento de seu proprietário. A fraude envolve um uso indireto de força semelhante: consiste em obter valores materiais sem o consentimento de seu proprietário, sob mentiras ou falsas promessas. A extorsão é outra variante de um uso indireto da força: consiste em obter valores materiais, não em troca de valores, mas por ameaça de força, violência ou prejuízos.

Algumas dessas ações são obviamente criminosas. Outras, como um rompimento contratual unilateral, podem não ser motivadas criminalmente, mas talvez possam ser causadas por irresponsabilidade e irracionalidade. Outras ainda podem ser questões complexas com alguma questão judicial de ambas as partes. Mas independente de qual seja o caso, todas as questões precisam se tornar assunto de leis definidas objetivamente e precisam ser resolvidas por um árbitro imparcial, administrando as leis, ou seja, por um juiz (e um júri, quando apropriado).

Repare no princípio básico governando a justiça em todos esses casos: é o princípio de que nenhum homem pode obter valores dos outros sem o consentimento de seu proprietário — e, como um corolário, que os direitos de um homem não podem ser deixados à mercê de uma decisão unilateral, de uma escolha arbitrária, da irracionalidade ou dos *caprichos* de outro homem.

Esse, essencialmente, é o devido propósito de um governo: possibilitar a existência social aos homens, protegendo os benefícios e combatendo os males que os homens podem causar uns aos outros.

As funções adequadas de um governo caem em três categorias amplas, todas elas envolvendo questões de força física e a proteção dos direitos do homem: *a polícia*, para proteger homens contra *criminosos*; *as forças armadas,* para protegerem os homens de invasores estrangeiros; e os tribunais judiciais, para resolver disputas entre homens de acordo com leis objetivas.

Essas três categorias envolvem vários corolários e questões derivadas, e a implementação prática delas, na forma de legislação específica, é extremamente complexa. Ela pertence ao campo de uma ciência especial: a filosofia do direito. Vários erros e vários desacordos são possíveis na área da implementação, mas o essencial aqui é o princípio a ser implementado: o princípio de que o propósito da lei e do governo é a proteção de direitos individuais.

Hoje em dia, esse princípio foi esquecido, ignorado e evitado. O resultado é o presente estado do mundo, com o retrocesso da humanidade à ausência de leis de uma tirania absolutista, à selvageria primitiva da lei da força bruta.

Em um protesto irracional contra essa tendência, algumas pessoas levantam a questão sobre um governo assim ser maligno por natureza ou se a anarquia é o sistema social ideal. A anarquia, como conceito político, é uma abstração instável e ingênua: por todas as razões discutidas acima, uma sociedade sem um governo organizado ficaria à mercê do primeiro criminoso que surgisse e que a levaria ao caos das guerras de quadrilhas. Mas a possibilidade da imoralidade humana não é a única objeção à anarquia: mesmo uma sociedade na qual cada membro fosse um ser plenamente racional e de moral impecável, não poderia funcionar em um estado de anarquia; é a necessidade de leis *objetivas* e de um árbitro para desavenças honestas entre homens que exige o estabelecimento de um governo.

Uma variante recente da teoria anarquista, que está confundindo alguns dos mais jovens defensores da liberdade, é um absurdo estranho chamado "governos concorrentes". Aceitando a premissa básica de estatistas modernos, que não veem diferença entre as funções do governo e as funções da indústria, entre força e produção, e que defendem que o governo tenha posse do comércio, os proponentes de "governos concorrentes" se apossam do outro lado da mesma moeda e declaram que, uma vez que a competição é benéfica para as empresas, isso também deve ser aplicado ao governo. Ao invés de um só governo monopolista, eles alegam, deveria haver vários governos diferentes na mesma área geográfica, competindo pela lealdade de cidadãos individuais, com cada cidadão livre para "negociar" e patrocinar o governo que quiser.

Lembre-se que a contenção forçada dos homens é o único serviço que um governo tem para oferecer. Pergunte a si mesmo o que uma competição sobre contenção forçada significaria.

Não se pode chamar essa teoria de contradição de termos, uma vez que ela é obviamente desprovida de qualquer compreensão dos termos "competição" e "governo". Também não se pode chamá-la de abstração instável, já que ela é desprovida de qualquer contato ou referência à realidade e não pode ser concretizada afinal, nem mesmo de forma superficial ou aproximada. Uma ilustração será suficiente: suponha que o sr. Smith, um freguês do Governo A, suspeita que seu vizinho, sr. Jones, um freguês do

Governo B, tenha lhe roubado; um esquadrão da Polícia A vai à casa do sr. Jones e lá se encontra com um esquadrão da Polícia B, que declara que não aceita a validade da queixa do sr. Smith e não reconhece a autoridade do Governo A. O que acontece então? Você presume a partir daqui.

A evolução do conceito de "governo" tem uma longa e sinuosa história. Algum vislumbre da função adequada do governo parece ter existido em cada sociedade organizada, se manifestando em fenômenos como o reconhecimento de alguma diferença implícita (normalmente inexistente) entre um governo e uma quadrilha de ladrões — a aura de respeito e de autoridade moral concedida ao governo como um guardião da "lei e da ordem" —, o fato de que mesmo os tipos mais cruéis de governo consideraram necessário manter alguma aparência de ordem e alguma pretensão de justiça, ainda que só por rotina e tradição, e declarar algum tipo de justificativa moral ao seu poder, de natureza mística ou social. Assim como os monarcas absolutistas da França tiveram que invocar "o direito divino dos reis", os ditadores modernos da Rússia soviética gastaram fortunas com propaganda para justificar seus governos aos olhos de seus súditos escravizados.

Através da história da humanidade, o entendimento da função adequada do governo é uma conquista bem recente: ela tem só duzentos anos de idade e data dos Pais Fundadores da Revolução Americana. Eles não só identificaram a natureza e as necessidades de uma sociedade livre, como também desenvolveram os meios de traduzi-la à prática. Uma sociedade livre, como qualquer outro produto humano, não pode ser obtida por meios aleatórios, pelo mero desejo ou "boas intenções" de seus líderes. Um sistema legal complexo, baseado em princípios *objetivamente válidos* é necessário de modo a libertar uma sociedade e *mantê-la livre* — um sistema que não dependa de motivações, do caráter moral ou das intenções de qualquer um de seus oficiais, um sistema que não deixa oportunidades ou brechas legais para o desenvolvimento de uma tirania.

O sistema americano de controle de poderes foi uma dessas conquistas. E, ainda que certas contradições na Constituição tenham deixado uma brecha para o crescimento do estatismo, a conquista incomparável foi o conceito de uma constituição como um meio de limitar e restringir o poder do governo.

Hoje, quando um esforço orquestrado é feito para obliterar esta questão, é impossível repetir com excessiva frequência que a Constituição é uma limitação *ao governo,* não *a particulares*; que ela *não prescreve a conduta de particulares, mas apenas a conduta dos governos*; que não é uma carta de outorga de poder *para* o governo, mas uma carta de proteção dos cidadãos *contra* o governo.

Agora considere a extensão da inversão moral e política da visão de governo hegemônica de hoje. Ao invés de ser um protetor dos direitos do homem, o governo está se tornando seu mais perigoso violador; ao invés de proteger a liberdade, o governo implanta escravidão; ao invés de proteger homens dos iniciadores da força física, o governo está iniciando o uso de força física e de coerção da forma que desejar; ao invés de servir como um instrumento de *objetividade* em relações humanas o governo está criando um reino subterrâneo mortal de incerteza e medo por meio de leis não-objetivas, cuja interpretação é relegada às decisões arbitrárias de burocratas aleatórios; ao invés de proteger homens contra os prejuízos de caprichos, o governo toma para si o poder de caprichos ilimitados, de modo que nos aproximamos rapidamente do estágio da inversão definitiva: o estágio no qual o governo é *livre* para fazer o que desejar, enquanto os cidadãos podem agir apenas quando *permitido*, que é o estágio dos períodos mais sombrios da história humana, o estágio do governo do mais forte.

Há ressalvas frequentes sobre que, apesar de seu progresso material, a humanidade não alcançou qualquer grau comparável de progresso moral. A ressalva normalmente é acompanhada por alguma conclusão pessimista sobre a natureza humana. É verdade que o estado moral da humanidade é desgraçadamente baixo. Mas ao se considerar as inversões morais monstruosas dos governos (tornadas possíveis através da moralidade altruísta--coletivista) que a humanidade precisou suportar durante maior parte de sua história, pode-se começar a imaginar como os homens conseguiram preservar sequer uma aparência de civilização e qual vestígio indestrutível de autoestima os manteve caminhando de cabeça erguida.

Também é possível ver mais claramente a natureza dos princípios políticos que precisam ser aceitos e defendidos, como parte da batalha em prol da Renascença intelectual do homem.

Bibliografia Recomendada

Para um estudo do Objetivismo:

Branden, Nathaniel. *Who Is Ayn Rand?* Nova York: Random House, 1962, Paperback Library, 1964.

The Objectivist. Um jornal mensal publicado por The Objectivist, Inc., The Empire State Building, 5ª Avenida, Cidade de Nova York. (Antigo *The Objectivist Newsletter*.)

Rand, Ayn. *Anthem*. Caldwell, Idaho: The Caxton Printers, 1953; Nova York: The New American Library (Signet), 1961.

—. *Atlas Shrugged*. Nova York: Random House, 1957; Nova York: The New American Library (Signet), 1959.

—. *For the New Intellectual*. Nova York: Random House, 1961; Nova York. The New American Library (Signet), 1963.

—. *The Fountainhead*. Nova York: The Bobbs-Merrill Company, 1943; Nova York: The New American Library (Signet), 1952.

—. *The Virtue of Selfishness*. Nova York: The New American Library (Signet), 1964; Nova York: The New American Library, 1965.

—. *We the Living*. Nova York: Random House, 1959; Nova York: The New American Library (Signet), 1960.

Os seguintes autores não são expoentes do Objetivismo, e essas recomendações não deveriam ser entendidas como uma aprovação sem reservas da totalidade de suas posições intelectuais.

Anderson, Benjamin M. *Economics and the Public Welfare: Financial and Economic History of the United States, 1914-1946*. Princeton, New Jersey: D. Van Nostrand Co., 1949.

Anderson, Martin. *The Federal Bulldozer: A Critical Analysis of Urban Renewal, 1949-1962*. Cambridge, Massachusetts: The M.I.T. Press, 1964.

Ashton, T. S. *An Economic History of England: The Eighteenth Century*. Nova York: Barnes and Noble, 1955.

—. *The Industrial Revolution, 1760-1830*. Londres: Oxford University Press, 1948.

Ballvé, Faustino. *Essentials of Economics*. Princeton, New Jersey: D. Van Nostrand Co., 1963.

Bastiat, Frédéric. *Economic Sophisms*. Princeton, New Jersey: D. Van Nostrand Co., 1964.

—. *Selected Essays on Political Economy*. Princeton, New Jersey: D. Van Nostrand Co., 1964.

Boehm-Bawerk, Eugen von. *The Exploitation Theory*. South Holland, Illinois: Libertarian Press, 1960.

Buer, Mabel C. *Health, Wealth and Population in the Early Days of the Industrial Revolution, 1760-1815*. Londres: George Routledge & Sons, 1926.

Chu, Valentin. *Ta, Tan (Fight, talk); The Inside Story of Communist China*. Nova York: W. W. Norton & Co., 1963.

Crocker, George N. *Roosevelt's Road to Russia*. Chicago: Henry Regnery Co., 1959.

Dallin, David J. e Nicolaevsky, Boris L. *Forced Labor in Soviet Russia*. New Haven, Connecticut: Yale University Press, 1947.

Ekirch, Arthur A., Jr. *The Decline of American Liberalism*. Nova York: Longmans, Green & Co., 1955.

Fertig, Lawrence. *Prosperity Through Freedom*. Chicago: Henry Regnery Co., 1961.

Fleming, Harold. *Ten Thousand Commandments: A Story of the Antitrust Laws*. Nova York: Prentice-Hall, 1951.

Flynn, John T. *The Roosevelt Myth*. ed. rev., Nova York: The Devin-Adair Co., 1956.

George, M. Dorothy. *England in Transition: Life and Work in the Eighteenth Century*. Londres: Penguin, 1953.

—. *London Life in the Eighteenth Century*. 3ª ed., Londres: reimpresso por The London School of Economics and Political Science, 1951; Nova York: Harper and Row (Harper Torchbooks), 1964.

Hazlitt, Henry, ed. *The Critics of Keynesian Economics*. Princeton, New Jersey: D. Van Nostrand Co., 1960.

—. *Economics in One Lesson*. Nova York: Harper and Brothers, 1946.

—. *The Failure of the "New Economics": An Analysis of the Keynesian Fallacies*. Princeton, New Jersey: D. Van Nostrand Co., 1959.

—. *What You Should Know About Inflation*. 2ª ed., Princeton, New Jersey: D. Van Nostrand Co., 1965.

Hewitt, Margaret. *Wives and Mothers in Victorian Industry*. Londres: Rockliff, 1958.

Keller, Werner. *East Minus West = Zero Russia's Debt to the Western World. 862-1962*. Nova York: G. P. Putnam's Sons, 1962. (Publicado na Grã Bretanha como: *Are the Russians Ten Feet Tall?* Londres: Thames and Hudson, 1961.)

Kubek, Anthony. *How the Far East Was Lost: American Policy and the Creation of Communist China, 1941-1949*. Chicago: Henry Regnery Co., 1963.

Lynch, Matthew J., e Raphael, Stanley S. *Medicine and the State*. Springfield, Illinois: Charles C. Thomas, 1963.

Mason, Lowell B. *The Language of Dissent*. New Canaan, Connecticut: The Long House. (Originalmente publicado em: Cleveland, Ohio: The World Publishing Co., 1959.)

Neale, A. D. *The Antitrust Laws of the United States of America: A Study of Competition Enforced by Law*. Cambridge, Inglaterra: Cambridge University Press, 1960.

Paterson, Isabel. *The God of the Machine*. Caldwell, Idaho: The Caxton Printers, 1964. (Originalmente publicado em: Nova York. G. P. Putnam's Sons, 1943.)

Snyder, Carl. *Capitalism the Creator: The Economic Foundations of Modem Industrial Society*. Nova York: The Macmillan Company, 1940.

von Mises, Ludwig. *The Anti-Capitalistic Mentality*. Princeton, New Jersey: D. Van Nostrand Co., 1956

—. *Bureaucracy*. New Haven, Connecticut, e Londres: Yale University Press, 1944.

—. *Human Action: A Treatise on Economics*. New Haven, Connecticut: Yale University Press, 1949.

—. *Omnipotent Government*. New Haven, Connecticut: Yale University Press, 1944.

—. *Planned Chaos*. Irvington-on-Hu309dson, New York: The Foundation for Economic Education, 1947.

—. *Planning for Freedom*. 2ª ed., South Holland, Illinois: Libertarian Press, 1962.

—. *Socialism: An Economic and Sociological Analysis*. New Haven, Connecticut: Yale University Press, 1951.

—. *The Theory of Money and Credit*. Nova edição, New Haven, Connecticut, e Londres: Yale University Press, 1953.

Chrysler Building | NY

ATLAS | ROCKEFELLER CENTER | NY

Acompanhe a LVM Editora nas Redes Sociais

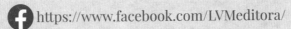 https://www.facebook.com/LVMeditora/

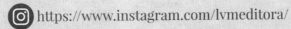 https://www.instagram.com/lvmeditora/

Esta edição foi preparada pela LVM Editora e por Décio Lopes,
com tipografia Playfair Display e Quartz, em agosto de 2023.